# 浦东开发开放30年大事记

## （1990—2020）

中共上海市浦东新区委员会党史办公室
上海市浦东新区地方志办公室　编

上海社会科学院出版社
SHANGHAI ACADEMY OF SOCIAL SCIENCES PRESS

▲ 1990年4月18日，上海大众汽车有限公司成立五周年庆祝大会

▶ 浦东开发办成立后在延安东路隧道口树立开发办指示牌

▲ 1990年9月11日,陆家嘴金融贸易区、金桥出口加工区、外高桥保税区三大开发公司在由由饭店召开成立大会

▲ 1992年7月28日,上海市张江高科技园区开发公司开业

▲ 1993年1月1日，浦东新区党工委、管委会挂牌成立，图为浦东群众围观浦东新区管委会成立仪式

▲ 1993年1月，浦东新区面向来自全国各地报考者招录机关工作人员，图为上海海运学院招录现场咨询报名情况

▲ 外高桥保税区首期隔离围墙工程

▲ 建设中的金桥出口加工区

▲ 1995年6月28日，中国人民银行上海市分行迁址浦东新区

▲ 1996年9月28日，浦东国际机场市政配套工程建设全面启动，图为龙东大道、远东大道开工典礼现场

▲ 1996年12月19日，浦东新区第一部地方性法规《上海外高桥保税区条例》出台，图为1996年12月30日《上海外高桥保税区条例》新闻发布会现场

▲ 1997年5月，华虹微电子有限公司与日本电气公司签署合同在金桥出口加工区建立华虹NEC电子有限公司，图为上海华虹NEC电子有限公司厂区

▲ 1997年12月19日，上海证券大厦正式启用，图为上海证券交易所交易大厅

▲ 1999年5月,上海外高桥造船有限公司成立,图为造船港埠码头

▲ 2000年3月,浦东软件园一期工程建成开园,图为建成后的上海浦东软件园

▶ 2000年8月8日，浦东新区区委、区人大、区政府、区政协、区纪委在浦东大道揭牌，图为记者在揭牌仪式现场报道

▶ 2000年8月4日～6日，浦东新区第一届人民代表大会第一次会议召开

▶ 2003年2月27日～3月2日，中国共产党上海市浦东新区第一次代表大会召开

▲ 2001年10月15日~21日，第九次APEC会议在浦东举行，图为第九次APEC会议企业领袖高峰会现场

▶ 2002年6月26日,中国第一座外海大桥开工建设,图为2005年5月25日东海大桥全线贯通仪式现场

▲ 2004年4月15日,外高桥保税物流园区封关运营

▲ 2006年3月25日，中共上海市委、市政府召开浦东综合配套改革试点推进工作会议，动员部署浦东综合配套改革试点

▲ 2006年8月19日，上海世博会园区工程正式动工，图为建设开工仪式现场

▲ 2006年6月21日，上海信托登记中心成立

▶ 2006年11月16日，海关支持浦东综合配套改革试点九项措施发布会举行

▲ 2008年1月9日，经中国证监会批准，黄金期货合约在上海期货交易所上市交易

▲ 2009年5月13日，中共上海市委、上海市人民政府举行有关原南汇区行政区域划入浦东新区工作会议

▲ 2009年12月28日，中国商用飞机有限责任公司总装制造中心浦东基地在祝桥开工奠基

▲ 2010年5月1日，上海世界博览会举行开园仪式，图为开园仪式烟火晚会

▲ 2010年1月19日，上海建设科创中心标志性科学中心——上海光源通过国家验收，图为位于张江的鹦鹉螺造型的上海光源

▲ 2013年8月，国务院批准设立中国（上海）自由贸易试验区，图为上海自由贸易试验区海关

▲ 2016年6月16日，上海迪士尼乐园正式开园，图为上海迪士尼乐园主体建筑——梦幻城堡

▲ 2017年5月5日，中国国产C919大型客机正式首飞成功

▲ 2017年12月10日,洋山港四期全自动化码头开港投入运营,图为洋山深水港四期码头全景

▲ 2019年7月22日,科创板首批25只股票在上海证券交易所集体上市

▲ 2019年7月27日，国务院批复同意设立中国（上海）自由贸易试验区临港新片区，图为高速公路的匝道口处悬挂的"上海自贸区临港新片区"道路指示牌

▲ 加快智慧城市建设，努力打造现代城市治理智能化样板，图为浦东新区城市运行综合管理中心控制室

▲ 2020年1月,国务院批复同意设立洋山特殊综合保税区

▲ 2020年12月28日,上海超强超短激光实验装置建成并通过验收,图为超强超短激光实验装置

▲ 2020年11月12日，在上海举行浦东开发开放30周年庆祝大会

▲ 2021年4月23日，中共中央、国务院印发《关于支持浦东新区高水平改革开放打造社会主义现代化建设引领区的意见》（2022年7月16日《浦东时报》转载）

# 编委会

主　任　裴玉义
副主任　杨　隽　金达辉

# 编辑部

主　编　龙鸿彬
编　辑　杨继东　丁丽华　谢晓烨　徐　瑞
　　　　陈长华　陈钱潼　柴志光　区雅蓉
　　　　沈乐平

# 前言

1990年4月18日,党中央、国务院正式宣布开发开放浦东,由此吹响了中国新一轮开发开放的号角。1992年10月,国务院批复上海市人民政府,同意设立浦东新区,随之于1993年1月成立浦东新区党工委、管委会。2000年,浦东新区建政,区委、区人大、区人民政府、区政协建立。2005年,浦东新区成为首个国家综合改革配套试验区。2009年4月,国务院批复上海市人民政府,撤销上海市南汇区,将其行政区域并入浦东新区。2013年9月,设立首个中国(上海)自由贸易试验区。2015年,中国(上海)自由贸易试验区扩区和建设科创中心实现战略联动。2019年7月,中国(上海)自由贸易试验区临港新片区设立。2020年11月12日,习近平总书记出席庆祝浦东开发开放30周年大会并发表重要讲话,为浦东未来发展做出了新的战略擘画。2021年7月,《中共中央 国务院关于支持浦东高水平改革开放打造社会主义现代化建设引领区的意见》公开发布,赋予浦东新区改革开放新的重大任务。30多年来,在党中央、国务院和中共上海市委、市政府的坚强领导下,浦东新区广大党员干部和全区人民一直以探索者的姿态勇立潮头、抓住机遇、勇于创新、敢为人先、攻坚克难,"一年一个样,三年大变样",创造了一个又一个奇迹,成为"中国改革开放的象征"和"上海现代化建设的缩影"。

1990年浦东开发开放以来的发展历程主要分为三个阶段。第一阶段是从1990年中央宣布浦东开发开放到2000年浦东新区建政。浦东率先开放、快速发展,设立全国第一个金融贸易区、第一个出口加工区和第一个保税区,引进全国第一家外资银行、第一家外商参股中资银行、第一家中外合资基金管理公司、第一家外资保险公司、第一家中外合资外贸公司、第一家中外合资物流企业、第一家中外合资商业零售企业、第一家中外合作办学项目等,通过一系列"第一",为中国加入世贸组织提供路径探索和压力测试。这个时期的浦东,形态开发与功能开发并举,经济规模迅速扩大。到2000年浦东新区正式建政时,地区生产总值达到930亿元。第二阶段是从浦东新区建政到党的十八大召开。浦东抓住我国加入世贸组织、举办世博会等重大机遇,坚持以开放促改革,率先开展综合配套改革试点,全面推进上海"四个中心"核心功能区建设,全力服务保障上海世博会举办,在完善社会主义市场经济体制、政府职能转变、推进城乡一体化发展等方面在全国先试先行。这个时期的浦东,改革开放全面发力,核心功能不断提升,城市综合服务能力显著提高。2009年,南汇区行政区域并入浦东新区,浦东的发展空间更加广阔,迎来"二次创业"的机遇期。第三阶段是党的十八大以来,在习近平新时代中国特色社会主义思想指引下,按照习近平总书记提出的"浦东发展的意义在于窗口作用、示范意义,在于敢闯敢试、先行先试,在于排头兵的作用"的定位要求,浦东进入全面深化改革开放、推进创新驱动发展的新阶段。深入推进自贸试验区建设,在投资、贸易、金融、事中事后监管等领域开展制度创新,为我国全面深化改革和扩大开放探索了新途径、积累了新经验。全力推进科创中心建设,不断完善创新创业生态环境,提高自主创新能力,努力代表国家参与国际经济科技合作竞争。2021年地区生产总值达1.54万亿元,财政总收入达5064亿元,城乡居民人均可支配收入80746元。浦东实现快速、跨越式发展,基本建成"四个中心"核心承载区,基本形成科创中心核心承载区框架体系,稳步提高城市建设管理品质,持续增进民生福祉,成为一座功能集聚、要素齐全、设施先进的现代化新城。

百川归海,寻根思源。浦东开发开放所取得的每一项成就,都凝聚着党中央对浦东的亲切关怀和悉心指导。从邓小平"抓紧浦东开发不要动摇,一直到建成"的谆谆嘱托,到江泽民"浦东开发开放是从整个国家经济发展战略出发提出来的,一定要集中力量把浦东开发这件大事办好"的战略定位,到胡锦涛"要继续搞好浦东开发开放,加快体制创新,不断提高外向型经济层次,努力在更高起点上实现快速发展"的殷切期望。尤其是党的十八以来,习近平总书记多次到浦东考察指导工作,为浦东的发展明确了新方位、新定位、新路径。2020年11月12日,习近平总书记出席浦东开发开放30周年庆祝大会并发表重要讲话,指出"支持浦东在全面建设社会主义现代化国家新征程中锐意进取,推进更深层次改革、更高水平开放,为实现全面建设社会主义现代化国家的奋斗目标、实现中华民族伟大复兴的中国梦作出新的更大的贡献",要求浦东勇于挑最重的担子、啃最硬的骨头,努力成为更高水平改革开放的开路先锋、全面建设社会主义现代化国家的排头兵、彰显"四个自信"的实践范例,更好向世界展示中国理念、中国精神、中国道路。

  历史是最好的教科书。本书通过大事记的形式来回眸浦东开发开放所走过的创业之路、奋斗之路,展现了浦东人民从新时期到新世纪,从新起点到新时代,在党的引领下绘就的一幅幅波澜壮阔、气势恢宏的开发开放历史画卷。从中让我们领悟到党领导的改革开放,是为中国人民谋幸福、为中华民族谋复兴的重要法宝,是实现"两个一百年"目标的关键所在。进入新时代,浦东新区要继续高举浦东开发开放旗帜,坚持以开放促进改革,以创新驱动发展,勇当新时代全国改革开放和创新发展的标杆。

2022年10月

# 目 录

前　言 ………………………………………… 1

1990 年 ………………………………………… 1
1991 年 ………………………………………… 4
1992 年 ………………………………………… 9
1993 年 ………………………………………… 16
1994 年 ………………………………………… 25
1995 年 ………………………………………… 34
1996 年 ………………………………………… 44
1997 年 ………………………………………… 54
1998 年 ………………………………………… 64
1999 年 ………………………………………… 74
2000 年 ………………………………………… 83
2001 年 ………………………………………… 92
2002 年 ………………………………………… 102
2003 年 ………………………………………… 112
2004 年 ………………………………………… 121
2005 年 ………………………………………… 133
2006 年 ………………………………………… 148
2007 年 ………………………………………… 158
2008 年 ………………………………………… 170
2009 年 ………………………………………… 180
2010 年 ………………………………………… 192
2011 年 ………………………………………… 205
2012 年 ………………………………………… 224

| | |
|---|---|
| 2013 年 | *236* |
| 2014 年 | *249* |
| 2015 年 | *267* |
| 2016 年 | *287* |
| 2017 年 | *304* |
| 2018 年 | *322* |
| 2019 年 | *342* |
| 2020 年 | *366* |
| 附　录 | *395* |
| 后　记 | *397* |

# 1990 年

## 4 月

18 日 中共中央政治局常委、国务院总理李鹏在上海大众汽车有限公司成立 5 周年庆祝大会上宣布,党中央、国务院同意上海加快浦东地区开发,在浦东实行经济技术开发区和某些经济特区的政策。

21 日 中共上海市委书记、上海市市长朱镕基在上海市九届人大第三次会议上作《政府工作报告》时指出,上海走发展外向经济的道路是历史的抉择,经过多年的努力,现在浦东开发的条件已经成熟。上海将实施"面向世界、面向 21 世纪、面向现代化"的战略思想,借鉴国内外大城市开发新区的成功经验,把黄浦江两岸的规划和建设作为一个整体来考虑,有计划、有重点、分层次、分步骤地加以实施。

30 日 上海市人民政府新闻办公室召开第一次浦东开发新闻发布会,朱镕基向中外记者宣布:成立上海市浦东开发领导小组,设立上海市人民政府浦东开发办公室和上海市浦东开发规划研究设计院;宣布上海市政府在浦东采取 10 项优惠政策措施。

## 5 月

3 日 上海市人民政府浦东开发办公室和上海市浦东开发规划研究设计院在浦东大道 141 号挂牌。朱镕基在挂牌仪式上号召创造浦东速度,树立浦东风格,培育浦东精神,扎扎实实地苦干、实干、拼命干,披荆斩棘,奋力开拓,把开发浦东的工作做好。

4 日 中共上海市委、上海市人民政府正式向中共中央、国务院上报《关于开发浦东、开放浦东的请示》。6月2日，中共中央、国务院批复原则同意。同时指出，开发和开放浦东是深化改革、进一步实行对外开放的重大部署，必将对上海和全国的政治稳定与经济发展产生极其重要的影响。开发和开放浦东是一件关系全局的大事，一定要切实办好。

## 6月

8日~20日　朱镕基率上海经济代表团访问香港地区和新加坡，向当地工商界人士及海外记者介绍浦东开发开放的有关政策特点及优势。

## 7月

5日　上海市人民政府任命杨昌基为浦东开发办公室主任。

## 8月

5日　上海安徽裕安实业总公司与浦东签订第一块土地批租合同，用于建造裕安大厦。该大厦于1991年6月24日奠基，1995年6月26日竣工启用。

24日　中国农业银行浦东分行开业。随后，中国建设银行、中国工商银行、交通银行、招商银行等相继在浦东开设分行。1991年5月15日，中国银行上海浦东分行正式开业。至此，我国各大专业银行全部在浦东设立了分行。

## 9月

8日　国务院批准在上海浦东外高桥设立保税区。1991年8月28日，外高桥保税区市政基础设施首期工程开工。1992年3月9日，外高桥保税区投入营运，首期0.453平方千米区域的隔离设施通过国家海关总署验收。到2003年5月29日，经过6次扩大海关监管区域隔离设施，封关运作面积达到8.5平方千米。

10日　上海市人民政府举行新闻发布会，发布国家财政部、海关总署、中国人民银行和上海市人民政府为开发开放浦东制定的9个法规。

11日　上海市外高桥保税区开发公司、上海市金桥出口加工区开发公司和上海市陆家嘴金融贸易区开发公司在塘桥由由饭店挂牌成立。

## 10月

6日　上海市人民政府召开浦东开发专题会议。会议确定上海市浦东开发办公室列入市政府常设机构序列,任命杨昌基为浦东开发领导小组副组长。

## 11月

26日　中共中央总书记江泽民在深圳特区建立10周年纪念大会上指出:"党中央、国务院从我国经济发展的长远战略着眼,今年又作出了开发与开放浦东新区的决定。这将充分发挥上海和长江沿岸腹地的经济资源和科学技术优势,使我国的对外开放出现一个新的局面。"

## 12月

3日　英国前首相爱德华·希思一行参观浦东。

25日　中共中央总书记江泽民在中共十三届七中全会闭幕式上讲话指出,要办好上海浦东新区,充分发挥上海和长江沿岸腹地经济资源和科学技术的优势。

同日　中共中央政治局常委、国务院总理李鹏在《关于制定十年规划和"八五"计划建议说明》中指出,近几年应当集中力量办好上海浦东开发。

# 1991 年

## 1月

28日～2月20日　邓小平在上海视察。他指出:"开发浦东,这个影响就大了,不只是浦东的问题,是关系上海发展的问题,是利用上海这个基地发展长江三角洲和长江流域的问题。""抓紧浦东开发,不要动摇,一直到建成。""金融很重要,是现代经济的核心,金融搞好了,一着棋活,全盘皆活。上海过去是金融中心,货币自由兑换的地方,今后也要这样搞。中国在金融方面取得国际地位,首先要靠上海。""希望上海人民思想更解放一点,胆子更大一点,步子更快一点。"

## 2月

10日　国家主席杨尚昆在上海视察浦东新区南浦大桥,希望加快浦东的开发和建设,使浦东的起步更快一些、更好一些、更大胆一些。

27日　上海海关与上海市浦东开发办公室、上海市外商投资企业协会联合举办"浦东新区外商投资企业优惠政策座谈会",有75家企业代表160余人出席。

## 3月

6日　上海陆家嘴联合发展有限公司合资意向书正式签约,由6家单位合资组建,总投资10亿元。

14日　中共中央政治局委员、国务院副总理田纪云视察浦东新区。

15日　外高桥港务公司挂牌成立。

18日～20日　朱镕基在上海市对外宣传工作会议上提出"开发浦东,振兴上海,服务全国,面向世界"的16字方针;提出开发浦东坚持规划、基础设施、金融贸易三个先行的方针。

18日~4月3日 全国人大常委会委员长彭真视察浦东新区。

## 4月

15日 上海市金桥联合投资开发公司成立。该公司由上海市金桥出口加工区开发公司、工商银行浦东分行、交通银行浦东分行等单位合资组成,合作期为50年,从事土地开发经营,首期开发面积4平方千米,注册资金4.7亿元。

21日 吉林省经济代表团访问上海,实地考察浦东新区,双方签署《关于进一步加强全面协作促进两地共同繁荣的会谈纪要》。

23日 国务委员李铁映视察浦东新区。

30日 全国人大常委会副委员长荣毅仁视察浦东新区。

## 5月

14日 中美合资上海杜邦农化有限公司在浦东新区奠基,这是国务院宣布开发开放浦东之后成立的第一家大型合资企业。

15日 中国银行上海浦东分行正式开业。根据中共中央、国务院开发上海浦东的决定,中国银行决定采取两年内每年拨1亿美元贷款用于基础建设,港澳中银集团采取每年提供2亿美元的外汇短期周转资金等10项措施支持开发浦东。

17日 浦东新区城市化地区范围内第一块预征土地在川沙县张桥乡政府签约,该地块面积2.78平方千米。浦东新区首批实行土地预征的范围为市区行政区划和川沙县境内88平方千米土地,其中率先起步的约7平方千米。

23日 上海市市长黄菊率领市有关委、办、局领导30多人到川沙县召开现场办公会议,协调解决有关浦东开发中出现的一些问题,强调开发浦东必须发扬一盘棋精神。

## 6月

20日 南浦大桥主桥合龙、全桥东西贯通。工程总投资8.2亿元,全长8 346米,主跨423米,为上海第一座双塔双索斜拉桥。工程于1988年12月15日开工,1991年11月19日全部建成,12月1日正式通车,邓小平为大桥题写桥名。

**23日～28日** 安徽省党政代表团访问上海,双方签署《关于进一步加强经济技术合作的会谈纪要》,并参观浦东新区。

**24日** 全国第一家进入浦东新区的省级公司——上海安徽裕安实业总公司在浦东陆家嘴金融贸易区开业。

**29日** 1991年上海市政府实事工程之一、日产100万立方米城市煤气的浦东煤气厂二期工程建成投产。

## 7月

**1日** 外高桥新港区一期工程举行打桩仪式,1993年10月通过验收,10月30日正式开港。首期工程建成900米码头,有4个万吨级泊位。1994年5月5日,港区接卸第一艘日本集装箱货轮"阳亚号"。1999年9月6日,二期工程竣工投入使用。

**25日** 中共上海市委书记吴邦国、上海市市长黄菊率市浦东开发办公室及市有关委办负责同志赴北京汇报浦东开发进展情况,江泽民、李鹏、朱镕基、邹家华等党和国家领导人接见。

**28日** 中共中央政治局常委、中央书记处书记、中共中央纪律检查委员会书记乔石视察浦东,听取浦东开发进展情况、中远期规划等。

**31日** 上海市浦东开发办公室主任杨昌基调京工作。

## 8月

**18日** 宣传浦东开发开放的第一部电视专题片《面向世界,面向未来》摄制完成。

**21日** 中共中央政治局常委、国务院总理李鹏在会见日本富士通公司董事长时介绍说,浦东的建设是中国今后10年开发的重点。

**29日** 国务院正式确定浦东开发归口国务院特区办公室管理,陆家嘴、金桥、外高桥3家公司征地工作完成,"七通一平"全面开展,三资企业激增至135家,浦东开发进入实质性启动阶段。

**同月** 夏克强任上海市浦东开发办公室主任。

## 9月

17日～18日　意大利共和国总理朱利奥·安德烈奥蒂参观浦东新区。

18日　上海市人民政府召开新闻发布会，公布浦东开发3项新政策：《上海市鼓励外地投资浦东新区的暂行办法》《中华人民共和国上海海关对进出上海外高桥保税区货物、运输工具和个人携带物品的监管和征免税实施细则》《上海浦东外高桥保税区外汇管理实施细则》。

24日　泰国总理阿南·班雅拉春参观南浦大桥、沪东造船厂。

## 10月

9日　中共中央政治局常委宋平视察浦东新区，参观南浦大桥等。

19日～25日　中共中央政治局常委、中央书记处书记李瑞环在上海考察浦东新区、宝山钢铁总厂、上海大众汽车有限公司等处。

24日　上海市副市长赵启正在上海市七届政协常委会第19次会议上作《抓住时机，放开思路，大力推进浦东开发开放》报告时指出，经过一年多的努力，浦东开发已进入了实质性启动阶段，达到了预期的目标。

## 11月

7日　浦东新区出让第一块商业用地，面积8 116平方米。由美国99集团、上海申大公司和黄浦区房屋开发经营公司联合以每平方米900美元获得使用权。

14日　杨高路一期工程建成通车。

17日　浦东新区首届人才交流洽谈会举行，近1.5万人参加。

17日～22日　中共中央政治局常委、国务院总理李鹏在上海考察，19日，参加南浦大桥建成典礼，他要求以建设南浦大桥的上海水平、上海风格、上海效率、上海精神，搞好浦东的开发、开放和整个上海各方面的工作，促进长江流域经济的振兴和发展。

## 12月

3日　东方明珠电视塔在陆家嘴金融贸易区动工建造。1993年12月14日，

350米主体结构封顶,1994年5月1日,电视塔天线桅杆攀升至468米高度,1995年5月1日正式开播。

27日 国家"八五"重点工程、国内规划装机容量最大的火力发电厂——上海外高桥发电厂一期工程开工兴建。该厂规划装机容量540万千瓦,总投资54亿元。一期工程为120万千瓦,1997年11月10日建成。二期工程总投资100亿元,于1999年11月8日开工建设,2003年5月28日安装完成,2004年1月并网发电,同年4月23日,第一台90万千瓦超临界燃煤发电机组并网发电。

# 1992 年

## 1月

7日～10日　吴邦国、黄菊率领上海市党政代表团访问浙江省沿海开放地区时表示,90年代上海的开发开放要打"中华牌",开发浦东要立足于整个长江三角洲和华东沿海各省。上海欢迎浙江各地区、各企事业单位到浦东开店设厂,兴办实业,共同开发浦东。

11日　我国第一家中外合资造船企业——上海爱德华造船有限公司在浦东挂牌开业。

15日～18日　中共中央总书记江泽民在上海考察时指出：把上海建设好,搞好浦东的开发,将对全国的发展起重要作用。上海不仅是最大的工商业中心和重要的港口城市,还要在金融方面发挥重要作用。加快高新技术产业的发展,使科研优势尽快转化为产业优势,促进上海的经济发展。党中央、国务院非常关心、支持上海的工作和浦东新区的开发。

16日　日本第一劝业银行上海分行正式开业。至此,有12家外国银行先后获准在上海设立分行。

同日　浦东新区首家合资企业——金桥出口加工区内的日商企业爱丽丝制衣有限公司开业。

31日～2月20日　邓小平视察南浦大桥和建设中的杨浦大桥、贝岭微电子制造有限公司、上海市第一百货商店等处,并指出："浦东开发比深圳晚,但起点可以更高,我相信可以后来居上。"

## 2月

**1日~14日** 国家主席杨尚昆在上海视察工作。在沪期间,杨尚昆与邓小平一起视察浦东新区。

**12日** 国内烟草行业规模最大的合资企业——上海高杨国际烟草公司在外高桥保税区动工兴建,总投资3000万美元。

**16日** 亚洲开发银行提供90万美元赠款,资助上海开展浦东开发、经济改革政策和城市基础设施规划研究。

**21日** 国家级粮油交易所在浦东张杨路金融商贸中心筹建,总投资5000多万元,于1996年4月24日竣工。

**29日** 深圳市宝安企业(集团)股份有限公司与上海陆家嘴金融贸易联合发展有限公司签约,投资3亿元,受让一块土地50年的土地使用权,成为深圳第一家到浦东参加投资开发的企业。

## 3月

**10日** 黄菊在上海对外开放和浦东开发新闻发布会上宣布,中央对上海浦东新区新增加5项优惠政策和5项配套资金的筹措权。

**16日** 上海外高桥保税区联合发展有限公司正式成立。

**19日** 黄菊在杨高路现场办公会上提出"两桥一路促三区"的浦东新区三年开发方略,即以南浦大桥、杨浦大桥、杨高路带动陆家嘴、金桥、外高桥3个小区的开发,做到分段开发,每段集中,一年走一步,年年有变化,三年成气候。

**20日** 中共中央政治局常委、国务院总理李鹏在第七届全国人民代表大会第五次会议《政府工作报告》中提出,上海浦东新区是今后10年开发开放的重点。要进一步加强基础设施建设,创造良好的投资环境,建设一些投资效益好的项目,通过上海浦东的开发开放,带动长江三角洲乃至整个长江流域经济的发展,逐步使上海发展成为远东地区的经济、金融、贸易中心之一。

**同日** 上海市人民政府宣布:市政府决定委托上海久事公司、上海市投资信托公司、上海申能电力开发公司发行5亿元浦东建设债券。该债券于同年4月1日上市。

20日～23日　吴邦国在七届全国人大第五次会议期间接受记者采访时指出：浦东开发要打"中华牌"，要吸引全国的资金和人才，不能自我封闭，"肥水可以流到外人田"，让万商云集，上海就会繁荣，就会快速发展。

28日　浦东新区投资规模最大的沪港合资企业——上海东方储罐有限公司投入运行。该公司是中国首家专为中外客商提供石油、化工商品储运、中转等服务的专业性公司，也是中国外经贸系统规模最大的石油、化工液体散装储运企业。

31日　《浦东新区规划方案》编制完成，包括住宅小区、道路交通、工业等30多项规划。

## 4月

4日　上海市经济委员会召开工业企业会议，强调要用好中央给浦东的政策，提出浦东工业发展要搞集团化、小区化，要成片开发。

16日　中泰合资的上海富都世界发展有限公司举行合同签字仪式，共占地40万平方米，总投资20亿美元。

21日　黄菊在上海市九届人大第五次会议作《政府工作报告》时指出，浦东新区是上海振兴和发展新的生长点，我们必须抓住机遇，加快开发开放的步伐，努力创造良好的投资环境，迎接浦东大开发高潮的到来。

26日　天津市政府代表团参观浦东新区。

## 5月

1日　陈云在上海听取中共上海市委、市政府工作汇报时指出："我非常赞成开发浦东、开放浦东""你们的工作做得很好""上海大有希望"。

4日　上海市人民政府召开新闻发布会，宣布浦东新区10项特优政策。

同日　上海市机械进出口公司浦东公司挂牌。这是浦东第一家市属外贸公司。

6日～12日　黄菊率领上海市代表团访问日本大阪、横滨和东京，在"上海经济研讨会"上作上海对外开放和浦东开发的演讲，并出席横滨市政府举行的"上海浦东开发恳谈会"。

14日　上海浦东华夏实业总公司成立,华夏文化旅游区开发启动。

27日　国内60多所著名大学集资7 000万元组建的中国高科技集团公司在浦东新区成立。

28日　上海王桥联合投资开发公司成立,注册资金3 500万元。

## 6月

1日　上海外高桥保税区管理委员会成立并对外办公。管委会对保税区实行集中统一管理,负责保税区的中外投资项目、土地规划、基建工程等管理。

19日　上海市人民政府将建立浦东新区政府的方案提交市人大常委会讨论。方案提出浦东新区的机构设置按照"小政府、大服务"的要求,在转变职能、精简机构、健全法制、理顺关系、提高办事效率上作重大改革,以适应新的经济运行机制的需要。

24日～27日　国务院在北京召开长江三角洲及长江沿江地区经济规划座谈会。主要内容为集中力量先搞好浦东开发开放,分层次推进长江沿江地区发展。中共中央总书记江泽民、国务院总理李鹏出席会议,并就如何贯彻落实邓小平南方谈话及党中央关于"以上海浦东为龙头、进一步开放长江沿岸城市"的决策发表重要讲话。

25日　国家民政部部长崔乃夫视察浦东新区周家渡街道社区服务中心。

## 7月

7日　上海市人民政府决定,对前来浦东新区参与开发的长江三角洲及沿江地区省市给予"优先接纳上述地区进入外高桥保税区开展外企业务、优先赋予上述地区在浦东新区内的出口企业以自营产品出口权"等八方面的优先政策,以密切双方经济联系,实现共同繁荣的目标。

同日　上海市人民政府召开浦东新区总体规划专家评议会,黄菊提出浦东新区应成为具有世界一流水平的外向型、多功能、现代化的新区。

22日　上海市人民政府教育卫生办公室成立浦东办事处,开始实施浦东新区各项社会设施的建设规划。

26日　日本伊藤忠商事有限公司在外高桥保税区设立外贸公司。这是我国首次批准外商在我国设立独资外贸公司。

28日　张江高科技园区开发公司揭牌。园区规划面积17平方千米，首期开发2平方千米启动。

同日　上海市浦东土地发展（控股）公司成立。公司挂靠上海市土地局，并由上海市土地局、市财政局、上海投资信托公司三方各出资1 000万元作为公司注册资金。

## 9月

1日　中国工商银行上海市分行联合全国工行系统，引进投入40亿元资金，推出8条措施，全力支持浦东开发。

10日　上海东方广播电台和上海东方电视台在浦东注册成立，东方电台于10月28日开播，东方电视台于1993年1月1日开播。

11日　安徽省代表团考察位于陆家嘴的安徽裕安公司和正在建设中的裕安大厦工地。

14日　解放以来上海第一家民办大学——杉达大学在浦东正式开学。该校由上海交通大学、北京大学和清华大学三校教师联合创办。

30日　韩国总统卢泰愚参加上海经济发展和浦东新区情况介绍会，并参观原韩国临时政府旧址和南浦大桥。

## 10月

11日　国务院以国函〔1992〕第146号文批复：同意设立上海市浦东新区。撤销川沙县建制，并将黄浦、南市、杨浦3个区的浦东地段和原上海县的三林乡并入浦东新区。浦东新区面积522平方千米、人口143.75万。

12日　中共中央总书记江泽民在中国共产党第十四次全国代表大会的报告中指出："以上海浦东开发开放为龙头，进一步开放长江沿岸城市，尽快把上海建成国际经济、金融、贸易中心之一，带动长江三角洲和整个长江流域地区经济的新飞跃。"

27日　日本天皇明仁参观南浦大桥。

28日　中国浦发机械工业总公司在上海成立，具体负责机械工业浦东开发区的建设。

## 11月

**15日~22日** 中共中央总书记江泽民在上海视察浦东新区,考察东方明珠电视塔、合流污水工程、上海金属交易所、海军上海基地等,并召开多种类型座谈会。江泽民指出,党的十四大把开发开放浦东列为我国20世纪90年代经济建设的重点,这是我国扩大对外开放的重要标志。希望大家努力,不断使浦东开发开放工作跃上新高度。

**19日** 中共上海市委、上海市人民政府召开首次浦东新区干部大会。会议宣布,成立中共上海市浦东新区工作委员会(筹)和上海市浦东新区管理委员会(筹),赵启正兼任党工委(筹)书记、管委会(筹)主任。

**20日** 由法国政府公共工程部和上海市人民政府联合举办的上海陆家嘴中心地区规划及城市设计咨询会议在上海国际贸易中心开幕。

**21日~23日** 土库曼斯坦总统萨·帕尔穆拉特·尼亚佐夫参观浦东新区。

**23日** 罗马尼亚社会主义劳动党主席伊利耶·维尔德茨一行访问浦东。

**24日** 浦东首家城市信用社——上海福康城市信用社在浦东杨家渡开业。

**26日** 上海市九届人大常委会第38次会议举行,会议通过《上海浦东新区总体规划方案》《浦东新区国民经济和社会发展十年规划和"八五"计划纲要》。

**28日** 山东齐鲁大厦在浦东陆家嘴金融贸易区开工,总投资2.7亿元,于1996年建成开业。

**30日** 贵州省政府代表团考察浦东新区。

## 12月

**8日** 浦东新区第一个大型通信产品企业——上海贝尔电话设备制造公司浦东新厂奠基典礼在金桥出口加工区第12号地块举行。

**同日** 1992年上海市第一号重大工程杨高路扩建工程竣工通车。该工程于1992年1月25日开工,南起上南路,北迄江海路,全长24.5千米。

**15日~20日** 中国共产党上海市第六次代表大会召开。大会确定加快浦东开发、开创对内对外全方位开放的指导方针,制订争取在20世纪90年代浦东新区国民生产总值翻三番的目标,并提出在全方位开放中,真心实意地打"中华牌""世界牌",实行基础设施、金融贸易和高新技术产业三个先行,依托浦西、以东带西、东西联动的战略思想。

21日　上海浦东新区外高桥保税区第一个中外合资企业——上海JVC电器有限公司建成投产。

22日　国内迄今最大的台商投资项目——汤臣金融大厦和汤臣国贸大厦在上海浦东新区开工。

27日～29日　以色列总统哈伊姆·赫尔佐克一行参观耀华·皮尔金顿玻璃有限公司、南浦大桥等处。

28日　投资4.5亿元、实行跨行业组建的中国生产规模最大的传真机公司——上海传真机公司在浦东金桥出口加工区开业。

# 1993 年

## 1月

**1日** 中共上海市浦东新区工作委员会、上海市浦东新区管理委员会在浦东大道141号正式挂牌成立。吴邦国、黄菊及市委、市人大、市政府、市政协有关领导出席成立仪式。中共浦东新区工作委员会作为中共上海市委的派出机构,浦东新区管理委员会作为上海市人民政府的派出机构。

**7日** 中共上海市委、上海市政府宣布中共上海市浦东新区工作委员会、上海市浦东新区管理委员会组成人员。赵启正任书记,王洪泉、胡炜任副书记,王安德、华国万、朱晓明、阮延华、李佳能、沈国雄、施耀新、黄奇帆、盛道钧任委员。赵启正任主任,王洪泉、胡炜、黄奇帆、朱晓明、王安德、阮延华任副主任,盛道钧、华国万、李佳能、沈国雄任委员。

**同日** 接上海市政府文件,浦东新区管委会发出通知:华国万任管委会办公室主任,施耀新任劳动人事局局长,杨德锦任综合规划土地局局长,康慧军任经济贸易局局长,徐林伯任农村发展局局长,李佳能任城市建设管理局局长,张学兵任社会发展局局长,张耀伦任财政税务局局长,沈慧琪任工商局局长。监察局局长黄梦秋先工作后任命。

**9日** 上海首家区域性、综合性、股份制商业银行——上海浦东发展银行开业。中共中央总书记江泽民题词:"为社会主义金融事业闯新路"。国务院总理李鹏题词:"办好上海浦东发展银行,为振兴上海经济做出贡献"。

**16日** 浦东新区综合规划土地局在浦东南路2111号挂牌成立。

**19日** 浦东新区工商行政管理局在浦东大道2330号银珠商厦正式挂牌成

立并对外办公。

27日　由上海证券交易所和上海浦利房地产有限公司共同投资建造的上海证券大厦举行奠基仪式。

28日　浦东新区面向全国招聘机关公务员,来自上海和全国各地的应聘者达1816人,于4月6日按计划录取40人。

30日　中共中央政治局委员、国务院副总理邹家华视察浦东新区。

## 2月

2日　浦东新区党工委书记暨管委会专职主任会议召开。会议审议新区党工委、管委会会议制度;研究布置与相关4个区的社会管理职能交接工作;审议关于原市政府浦东开发办公室和原川沙县级机关工作人员对口充实到新区党政机关的意见;讨论关于建立新区城市建设、环卫、环保、园林绿化等中介机构设置等。

7日　浦东新区经济贸易局在陆家嘴路300号正式挂牌并对外办公。

12日　浦东新区管委会召开第一次计划工作会议。

同日　浦东新区党工委召开党建工作会议,要求党建工作尽快理顺机制,与新区的经济建设同步发展。

25日　浦东新区召开干部分流工作会议。会议集中研究原川沙县县级机关干部的分流安排问题。

28日　浦东新区29个乡镇党委、纪委换届选举工作启动,历经2个月,选举产生新一届乡镇党委、纪委领导班子。

## 3月

1日　浦东新区社会发展局正式挂牌成立并对外办公。

6日　浦东新区财政税务局正式挂牌成立并对外办公。

8日　德国在浦东新区最大的合资项目——上海高桥巴斯夫分散体有限公司开业。1998年8月16日,该公司增资1.2亿元,扩建6万吨羧基丁苯胶乳生产线,成为国内规模最大的羧基丁苯胶乳生产基地。

10日～19日　塔吉克斯坦最高苏维埃主席赫莫诺夫、瓦努阿图共和国总理卡洛特·科尔曼先后访问上海,参观浦东新区南浦大桥和工厂、医院、商店。

13日　浦东新区召开1993年财政工作会议。会议确定1993年新区财税工作目标:建立和完善财税征管机构及运行机制;初步建立适应新区经济发展需要的财政体制框架,研究统一乡、镇、街道的承包形式,确立财政支出的合理结构;严格以法治税,统一财政税收政策,实施税收征管政策。

15日　浦东新区召开机关、各重点开发区和各乡、镇、街道党员负责干部会议。

19日　浦东新区同四区一县社会管理职能交接完成,浦东新区管委会全面行使管理职能。

25日　上海外高桥保税区保税生产资料交易市场建立,于11月29日正式开业。

## 4月

3日　奥地利总理费拉尼茨基参观陆家嘴金融贸易区。

4日　广东省政府代表团来浦东新区参观考察。

6日　浦东新区农村发展局在川沙镇新川路540号正式挂牌成立并对外办公。

7日　浦东新区党工委召开党建工作会议。

8日　杨浦大桥主桥钢梁合龙。10月23日,杨浦大桥建成通车,中共中央政治局常委、国务院副总理朱镕基参加通车典礼。大桥跨径602米,全长7 658米,主塔高208米。为世界第一大斜拉桥。

14日　中共中央政治局常委、国务院总理李鹏视察浦东新区,并题词:"开发浦东,振兴上海"。

15日　浦东新区改革外资项目审批制度,实行"一门式"服务,审批时间最长不超过一周。

17日　外高桥保税区2平方千米正式封关运行,中共中央政治局常委、国务院总理李鹏出席封关运行剪彩仪式。上海外高桥保税区开发(控股)公司、外高桥保税区第二、第三联合发展有限公司同时成立。

19日　浦东新区招商洽谈会在上海商城举行,共签订60项协议、50项投资意向,投资总额达5.28亿美元。

24日　中共中央政治局常委、中央军委副主席刘华清视察浦东新区。

## 5月

6日　黄菊、赵启正听取陆家嘴地区规划深化方案的汇报。黄菊指出,这个规划要在中与外、东与西、历史与未来三个结合上做到尽心尽力。

11日　中共中央总书记江泽民视察浦东新区,并实地察看金桥出口加工区。江泽民在听取汇报后强调:中央开发和开放浦东的政策是坚定不移的,不会改变的。

12日　中国民主建国会浦东新区委员会(筹)成立。

同日　浦东新区管委会召开街道工作会议。赵启正指出,要切实抓好街道和社区的管理和社会治安工作,组织协调街道经济的发展。

同日　浦东新区第1 000家三资企业——上海金桥—藤田联合开发有限公司成立。

13日　中共中央政治局常委、国务院副总理朱镕基视察浦东新区,察看杨浦大桥、外高桥港区等建设工地,要求创造出新的管理体制,实施适应现代化建设的新型、高效的管理办法。同时把浦东新区的国有土地资源管好、用好,充分发挥级差地租效益。

同日　浦东新区党工委召开党员负责干部会议,传达中央领导在全国经济工作通气会上的重要讲话。

16日　赵启正率领上海市经贸友好代表团赴澳大利亚和泰国访问。

17日　浦东新区人大工作联络处成立。根据上海市第九届人民代表大会常务委员会的决定,在新区人民代表大会召开以前,建立浦东新区人大工作联络处,作为市人大常委会的派出机构,王洪泉为主任。

同日　新西兰总理吉姆·博尔格参观浦东新区。

18日　华东师范大学在浦东东昌中学设立浦东新区第一所大学分部和大学附中。

31日　浦东新区党工委召开各局和各乡镇、街道以及各开发公司分管书记会议,传达中央政法委电报及市委关于巩固大好形势、维护社会稳定会议的精神。

同日　中国国民党革命委员会浦东新区委员会(筹)成立。

同月　浦东率先实施药品专业化监管,成立浦东新区药品监督管理所。

## 6月

3日　浦东新区人民法院、浦东新区人民检察院举行揭牌成立仪式。

同日　浦东新区召开首次政法工作会议。赵启正指出,新区政法部门要振奋精神,为新区的开发建设保驾护航;同时要实现与国际接轨,掌握国际经济和法律的运行情况。

9日　九三学社上海市浦东新区委员会(筹)成立。

同日　浦东新区召开纪检监察工作会议,通报和部署新区纪检监察工作的指导思想和1993年纪检监察工作的主要任务。

12日　中国农工民主党浦东新区委员会(筹)成立。

19日　中国致公党浦东新区委员会(筹)成立。

26日　澳大利亚总理保罗·基廷访问浦东新区,并参加中澳合资上海富士达酿酒有限公司的奠基典礼。

30日　中国民主促进会浦东新区委员会(筹)成立。

## 7月

1日　黄菊视察浦东,实地考察内环线浦东段,龙阳路、罗山路立交桥、杨浦大桥、金桥出口加工区、张江高科技园区及在建的龙东路、上川路等工地,并听取浦东新区党工委、管委会工作汇报。

7日　黄菊主持召开上海市浦东开发领导小组全体会议,宣布领导小组成员的调整名单。

同日　共青团上海市浦东新区工作委员会揭牌成立。

16日　浦东新区党工委召开各民主党派人士座谈会。

20日　浦东新区工会工作委员会揭牌成立。

同日　上海市建筑行业第一个集设计、科研、施工和管理于一体的经济实体——上海远东国际桥梁建设总公司在浦东新区正式成立。

30日　台湾民主自治同盟浦东新区联络处正式成立。

**31日** 浦东新区党工委召开全体机关干部大会,通报上半年工作情况,部署下半年工作。

## 8月

**4日** 浦东新区党工委召开新闻宣传工作座谈会。赵启正指出,要正确理解浦东开发,浦东开发不仅仅是项目开发,而且是整个社会开发,要以功能开发为主,讲究开发质量。

**10日** 浦东新区第一幢大型综合涉外办公楼——建于陆家嘴金融贸易区内高27层的众城大厦封顶。

**12日** 黄菊视察浦东,实地考察杨浦大桥等重大市政工程建设工地并慰问工程建设者。

**22日** 浦东新区党工委召开全体委员会议,学习中共中央总书记江泽民在十四届中纪委二次全会上的讲话。

**26日** 浦东新区妇女工作委员会揭牌成立。

**28日～30日** 泰国总理川·立派访问上海,参观浦东新区的南浦大桥等处。

**31日** 浦东新区党工委召开党风廉政建设大会。

## 9月

**8日** 浦东新区党工委召开党风廉政联席会议。

**10日** 浦东新区党工委召开组织工作会议。

**24日** 浦东新区党工委召开街道、镇党委书记会议。

**25日** 中共中央政治局常委、全国人大常务委员会委员长乔石视察浦东新区。乔石指出,上海浦东开发是党中央、国务院的重要决策,对此中央是坚定不移的,希望浦东开发起点要高,要抓住时机,在90年代基本形成新上海格局。

**29日** 浦东新区管委会召开整治乱收费工作新闻发布会。

**30日** 罗山路立交桥竣工通车。罗山路立交桥于1992年9月开工,该桥全长2 331米,为国内第一座5层分流的互通型立交桥。

## 10月

4日　浦东新区党工委、管委会召开各局、重点小区开发公司及各街道、乡、镇负责干部会议。

9日　浦东新区首家学术研究和政策咨询机构——浦东改革与发展研究院成立。

11日　赵启正率领浦东新区招商团赴深圳参加"全国大中型企业对外经济建设协作洽谈会",在4天会期中共推出100多个招商项目,接洽外商184家,洽谈项目46个。

12日　浦东新区党工委召开基层党建工作会议。

13日　浦东新区党工委召开反腐败斗争汇报会。

14日　以色列总理扎克·拉宾参观杨浦大桥、金桥出口加工区及周浦镇。

16日　外高桥保税区开发(控股)公司与上海JVC电器有限公司签订全国免税总代理合同,国内各保税区域及享受免税政策的单位将直接受惠于上海外高桥保税区。

20日~21日　哈萨克斯坦共和国总统努尔苏丹·阿比舍维奇·纳扎尔巴耶夫访问上海,参观浦东新区。

24日　赵启正率领上海经济贸易代表团出访德、英两国。

28日　中国船舶工业总公司参与浦东开发的重点项目,国内规模最大、技术最先进的现代化船舶总装厂——上海外高桥造船基地围海造地工程奠基。1999年10月18日,造船基地开工兴建,这是我国造船工业为缩短与世界先进造船国家的差距而实施的重大战略举措。

## 11月

11日　浦东新区党工委、管委会召开干部大会,部署学习《邓小平文选》第三卷。

16日　上海西门子移动通信有限公司在金桥出口加工区举行基建开工典礼,1994年建成。投产后年产30万台数字式移动电话和500个无线基站。

18日　浦东新区党工委、管委会召开负责干部会议,传达党的十四届三中全会精神。

同日 德国总理科尔一行参观杨浦大桥和南浦大桥。

20日 上海第一条标准城市交通快速干道——内环线浦东段暨龙阳路立交桥建成通车。

23日 浦东新区工会工作会议召开,传达全国工会十二大精神。

27日 浦东新区第一届工商联代表大会开幕。出席代表157人。

## 12月

1日 浦东新区管委会法律顾问团成立,14名律师和法学专家受聘为法律顾问。

4日 中央反腐败调查组到浦东新区检查工作,听取浦东开发及新区反腐斗争的情况汇报。

8日 银都大厦结构封顶,这是陆家嘴金融贸易区内首幢动工、第一个实现结构封顶的金融大楼。

9日 赵启正在浦东新区农村发展局调研时指出,浦东农村应该和工业、金融、贸易一样要与国际接轨;要采取吸引外资、聘请专家、引进发达国家发展农业的先进经验等手段来发展新区农业。

13日 邓小平视察浦东,并登上杨浦大桥,眺望浦东开发开放的建设情景。邓小平在视察上海内环线浦东段和浦东罗山路、龙阳路立交桥后说:"喜看今日路,胜读百年书。"

23日 浦东新区党工委召开对外宣传工作会议。

同日 陆家嘴滨江大道一期工程建成。

24日 浦东新区第一次归侨、侨眷代表大会召开。

同日 凌桥水厂一期工程开始供水,日供水达10万吨。1994年6月4日,一期工程全部建成,日供水量20万吨。1996年6月17日,二期工程全部建成,日供水量增至40万吨。

25日 浦东新区成立全国第二家、上海市第一家劳动保障监察机构。

27日 浦东新区1993年城市建设重点工程——"七路会战"(滨江路、源深路、龙东路、上川路、汾河路、东徐路、同高路)告捷,在龙东路举行通车典礼。

28日 总投资近10亿元的中国空调压缩机生产基地——中日合资上海日

立电器有限公司在金桥出口加工区建成试生产。

  **同日** 经国务院批准的中国最大的自由贸易区——外高桥保税区提前一年完成4平方千米的土地开发目标。上海保税生产资料交易第一分市场开张。

  **29日** 合流污水治理一期工程建成通水。

# 1994 年

## 1月

5日　浦东新区市政管理委员会和绿化委员会挂牌成立。

8日　浦东新区管委会召开1994年新闻通气会,来自内地30多家新闻单位及香港《文汇报》《经济导报》的记者出席会议。

10日　中共中央政治局委员、国务院副总理李岚清视察浦东新区,充分肯定浦东开发建设三年多来取得的成绩,并希望浦东新区开发要与老城区、老企业改造相结合,要加快培养高层次的决策、管理人才。

11日　韩国议长李万燮访问浦东新区。

18日　上海第二批十大市政基础建设项目之一、上海第一个采用BOT方式建设和管理市政基础建设项目——延安东路隧道复线工程在浦东一侧的三号井工地举行奠基仪式。1996年4月1日贯通,同年11月29日建成通车。

同日　美国前总统乔治·布什访问浦东新区,参观杨浦大桥、南浦大桥。

24日　浦东新区召开1993年"七路"建设表彰会和1994年重点工程建设动员会。

27日　浦东新区党工委召开组织工作会议,提出一流的开发建设必须有一流的党建工作作保证。

28日　全国政协副主席洪学智视察浦东新区。

## 2月

1日　浦东新区党工委召开纪检监察工作会议。

3日　浦东新区"90年代教育发展战略及规划研究"评审会召开。赵启正强调,浦东开发呼唤一流的人才、一流的市民、一流的管理者和建设者。

同日　浦东新区党工委召开政法工作暨外来人口管理工作会议。

15日　黄菊视察浦东新区。黄菊指出,希望新区在全面贯彻国家出台的财税、外贸体制等重大改革措施过程中,特别要宣传和落实好中央一再重申的"开发开放浦东坚定不移,政策不变"的指示精神,保持改革开放和浦东开发的良好势头。

16日　浦东新区社会发展基金会成立。在揭牌捐赠仪式上,各开发公司、企事业单位现场捐赠基金1 047万元。

20日　浦东新区党工委召开全体委员扩大会议,研究城乡一体化发展思路。赵启正要求把"城乡一体,共同发展"原则贯彻于浦东开发始终。

同日　赵启正应日中经济学会和美国旧金山友好城市委员会邀请,率上海市经济贸易代表团出访日本和美国。

23日　斯洛伐克共和国总理弗拉基米尔·梅恰尔一行访问浦东新区。

## 3月

4日　浦东新区管委会召开农村工作会议,提出1994年农村工作主要目标。

7日　中国国际贸易促进委员会(中国国际商会)浦东调解中心成立。该中心是浦东新区首家涉外调解机构。

同日　浦东新区妇女儿童工作委员会挂牌成立。

10日　阿塞拜疆共和国总统盖达尔·阿利耶夫一行访问浦东新区并参观金桥出口加工区。

同日　浦东新区党工委召开宣传思想工作会议。

11日　中共中央总书记、国家主席、中央军委主席江泽民在八届全国人大二次会议上参与上海代表团讨论时指出,浦东开发是中央的重大决策,浦东开发开放必须坚定不移,中央对浦东的政策不变,希望浦东开发真正成为带动长江流域发展的名副其实的"龙头"。

16日　浦东新区管委会和上海市公安局举行"上海市蓝印户口首发仪式"。1999年12月11日,这批蓝印户口正式转为本市常住户口。

19日　厄瓜多尔共和国总统西斯托·杜兰巴连一行参观金桥出口加工区。

21日　日本首相细川护熙一行参观金桥出口加工区、杨浦大桥和南浦大桥。

25日　浦东新区党工委、管委会召开党政负责干部大会。传达十四届中纪委第三次全会和上海市干部大会精神,部署党风廉政建设工作。

27日　韩国总统金泳三一行访问浦东新区,参观金桥出口加工区、杨浦大桥和南浦大桥。金泳三对浦东的成就表示赞赏,并题词:"浦东开发,中国繁荣"。

28日　中国驻联合国大使李肇星考察浦东新区。

31日　欧洲委员会议会议长马丁内斯一行参观金桥出口加工区和东方明珠电视塔工地。

## 4月

1日～8日　国务院经济特区办公室主任胡平来浦东新区检查工作,先后考察外高桥保税区、金桥出口加工区、陆家嘴金融贸易区。

6日　最高人民检察院副检察长梁国庆带领中央政法委调查组来浦东新区视察工作。

7日　厄里特里总统伊萨亚斯和芬兰共和国总理埃斯科·阿霍分别访问浦东新区。

9日　浦东新区人民武装部挂牌成立。

13日　葡萄牙总理席尔瓦访问浦东新区。

16日　中共中央政治局委员、监察部部长尉健行到浦东新区考察。

18日　《浦东新区九十年代文化事业发展规划》通过专家评审。

20日　浦东新区首届技术交易会开幕。

21日～22日　浦东新区举办BOT项目国际研讨会,与会专家对新区推出的生活垃圾焚烧厂、轻轨交通、快速干道、集中供热、临江水厂等五大项目采用BOT方式实施的适应性、可行性以及政策、法律保障等问题提出一系列具体意见。

22日　中共上海市委批准成立浦东新区党工委宣传部、统战部,实行两块牌子、一套班子。

26日～5月6日　中共中央总书记江泽民视察浦东新区,听取汇报后指出,一定要按照邓小平"抓紧浦东开发,不要动摇,一直到建成"的指示,把浦东开发这项跨世纪的伟大工程搞好。

28日　浦东新区政协工作联络处挂牌成立。王洪泉任联络处主任。

## 5月

4日　浦东新区管委会举行"浦东新区90年代社会事业发展战略及规划研究"课题评审会。赵启正指出,浦东开发不仅是项目开发,而且是一种社会开发、社会进步。

5日　赵启正会见杨福家校长率领的复旦大学代表团,共同商讨全面参与浦东开发有关事宜。同月21日,双方签订全面参与浦东开发的合作协议。

6日　中国社会学会1994年会在浦东新区开幕。全国人大常委会副委员长、中国社会学会名誉会长雷洁琼与会讲话。会后,雷洁琼一行视察浦东新区。

同日　外高桥港区接卸第一艘日本的集装箱货轮"阳亚"号,结束浦东没有集装箱船舶装卸的历史。

8日～10日　中共中央政治局常委、中央军委副主席刘华清视察浦东新区。

10日　我国第一座超高层大厦——金茂大厦正式开工,1997年8月28日结构封顶,1998年8月28日建成,1999年3月18日对外试营业,同年8月28日正式开业迎客。大厦高88层,集智能化、信息化和现代化于一体。

12日　贵州省在浦东新区投资的第一个项目——贵州大厦举行签字仪式。

13日　越南共和国中央书记处书记杜先胜访问浦东新区。

15日　美国前国务卿亨利·基辛格一行访问浦东新区。

18日～19日　苏里南共和国总统鲁纳多·费内希恩参观南浦大桥、杨浦大桥等处。

21日　浦东新区首届科技工作会议举行。会议确定新区近、中期科技发展目标,宣布支持高科技产业化的一系列优惠政策,同时宣布成立浦东新区科技产业基金,设立科技成果转化奖。

23日～25日　中共中央政治局常委、国务院总理李鹏视察浦东新区,指出,开发开放浦东是中央的重大决策,是国家整体发展的需要,全国要支持浦东的开发开放,浦东要为全国的改革开放和经济发展服务。

28日～29日　俄罗斯联邦政府主席(总理)切尔诺梅尔金访问上海并考察浦东新区,参观南浦大桥、杨浦大桥、上海夏普空调机公司等处。

31日　浦东新区管委会召开法制工作会议。

## 6月

1日　全国人大常委会副委员长、民建中央主席李沛瑶一行视察浦东新区。

6日　全国人大常委会副委员长倪志福视察浦东新区。

8日　浦东新区创建国家卫生城区动员大会召开。

9日　浦东新区党工委召开政法工作会议。

10日　瓦努阿图总理马克西姆·卡洛特·科尔曼一行参观浦东新区。

同日　国务委员陈俊生率国家防汛总指挥部检查团来浦东新区，视察浦东新区外运河、外高桥港区的防汛设施。

11日　秘鲁共和国总统阿尔韦托·藤森一行访问浦东新区。

15日　爱沙尼亚共和国总统伦纳特·梅里访问浦东新区。

18日　上海市第一所全日制民办高校——杉达大学总部在金桥出口加工区揭牌。1995年3月30日校舍奠基开工。

同日　浦东新区党工委召开乡镇领导班子思想作风建设专题会议。

23日　菲律宾总统埃斯特拉达参观外高桥保税区。

29日　毛里求斯共和国总统卡萨姆·乌蒂姆和夫人参观金桥加工区、杨浦大桥和南浦大桥。

同日　张江开发地区联合党委成立。

## 7月

4日　浦东新区党工委召开党风廉政建设干部大会。赵启正指出，浦东开发的目标和宗旨决定了必须两手抓、两手都要硬，必须把党风廉政建设放在与发展经济同等重要的位置。浦东开发不仅仅是项目的开发，应该是全社会的进步，廉政也是重要的投资环境。

7日　吉布提共和国总统哈桑·吉莱德·阿普蒂敦访问浦东新区，参观南浦大桥。

14日　吴邦国视察陆家嘴金融贸易区、金桥出口加工区、外高桥保税区和王桥工业区、华夏旅游开发区及东方明珠电视塔工地。

18日　国务院经济特区办公室主任胡平视察外高桥保税区。

20日　中共上海市浦东新区内联企事业单位工作委员会成立,为浦东新区党工委的派出机构。

22日　国内第一幢证券公司总部大厦——上海万国金融大厦在陆家嘴破土动工。

26日　浦东新区管委会召开拥军优属先进表彰大会。

29日　经上海市人民政府批准,浦东新区管委会宣布浦东新区46条交通干道命名、更名方案。

30日　黄菊视察东方明珠广播电视塔、世纪大道样板段、金桥立交桥、沪南公路和张杨路共同沟等建设工地,并指出上海后三年大变样主要就是看浦东。

同日　福建省党政代表团访问浦东新区。

## 8月

5日　浦东新区召开涉外律师座谈会。来自英国、美国、加拿大等国的律师和香港地区的律师事务所驻沪办事处代表就新区的法制建设与投资环境等问题进行座谈。

12日　浦东新区召开机关党政领导干部会议,布置加强思想作风建设活动。

16日　国家电子工业部大规模集成电路专项设备研制基地在张江高科技园区签约落户,占地5.8万平方米。

18日　浦东新区召开乡镇企业工作会议,颁布发展乡镇企业的5项优惠政策。

25日　陆家嘴开发公司和外高桥新发展公司与国际银团贷款签字仪式举行,分别筹集5 000万美元和4 500万美元。这是重点开发小区首次利用驻沪外资银行的贷款。

## 9月

6日　上海孙桥现代农业开发区暨上海浦东现代农业开发有限公司揭牌成立,规划面积4平方千米。

10日　加蓬共和国总理姆巴一行访问浦东新区。

13日　浦东新区党工委书记暨管委会专职副主任会议召开,专题研究加强法制建设。

**14日** 浦东新区管委会召开新闻发布会。发布会公布,截至1994年8月底,浦东新区吸引外国累计投资项目达2 299个,总投资达93.4亿美元,协议吸收外资52.4亿美元。

**16日** 联合国秘书长加利访问浦东新区,参观金桥出口加工区、杨浦大桥。

**26日** 上海海关与外高桥保税区联合发展有限公司、上海外高桥港务公司、上海JVC电器有限公司、震旦集团公司4家企业举行运行EDI管理系统协议签字仪式,率先实行海关与企业的计算机联网。

**同日** 浦东新区私营企业党支部成立。至8月初,在新区1 070户私营企业中,有党员企业主44位,新区组织部门首次在私营企业中建立3个党支部。

**29日** 上海市浦东新区国家税务局挂牌成立。

## 10月

**7日** 浦东新区召开"五路一桥"(即张杨路扩建、沪南公路改建、同高路二期、延安东路隧道浦东段配套、世纪大道样板段和金桥立交桥)立功竞赛表彰大会。12月26日,"五路一桥"工程竣工通车。

**8日** 玻利维亚副总统兼国会主席维克托卡德纳斯一行访问浦东新区。

**10日** 捷克共和国总理瓦茨拉夫·克劳斯一行访问浦东新区。

**11日** 上海市人民政府任命李佳能、张耀伦为浦东新区管委会副主任,免去黄奇帆浦东新区管委会副主任职务。

**12日** 浦东新区党工委召开全体委员会议,学习贯彻党的十四届四中全会决定。

**15日** 塞拉利昂国家元首斯特拉瑟一行访问浦东新区。

**15日~19日** 中共中央政治局常委、中央书记处书记胡锦涛在上海考察,听取上海工作汇报并考察浦东新区,参观金桥出口加工区、上海证券交易所、外汇交易中心和外高桥港区。

**19日** 浦东新区党工委召开基层党建工作经验交流会。赵启正指出,基层党组织建设是实现经济发展、社会稳定的重要基础,浦东开发要有一流的党建加以保证。

24日　扎伊尔共和国总统蒙博托一行访问浦东新区。

26日　乌兹别克斯坦共和国总统伊斯拉姆·阿布加尼亚维奇·卡里莫夫一行访问浦东新区。

27日　浦东新区党工委、管委会召开党政机关思想作风养成教育总结交流大会。

28日　由上海久事公司和上海高桥石化公司投资兴建的年产3万吨丙烯酸及酯工程建成投产，总投资10.28亿元。这是浦东开发以来建成的最大规模的工业项目。

## 11月

3日　浦东新区首次举行土地出租招标，仁恒公司获得张杨路一地块70年使用权。

9日　由美国亚洲经济研究委员会、浦东新区管委会、中国社科院、上海社科院联合主办的第五届中国经济发展国际研讨会——"浦东开发与中国经济发展"在上海举行。

同日　中共中央政治局委员、国务委员、国家体改委主任李铁映考察浦东外高桥保税区、金桥出口加工区，肯定了浦东新区"一年一个样、三年大变样"所取得的巨大成就。

11日　《浦东新区现代化农业发展规划研究》通过专家评审。规划提出，浦东新区要由城郊型农业逐步向都市型农业转变，建设出口加工和创汇农业基地，形成外向型、现代化都市型农业体系。

13日　中共中央政治局常委、国务院副总理朱镕基视察浦东新区，参观金桥卫星通信中心、汽车试验中心和外高桥保税区等处。

15日　浦东新区管委会召开规划工作会议。会议指出，浦东开发的规划必须以人的全部活动为中心，实现社会、经济、形态规划的高度统一，通过浦东开发，要为后代留下一个尽可能完善的新城区。

18日　浦东新区第一个现代化体育场馆——临沂游泳馆(后改名为"浦东游泳馆")奠基开工，该馆占地约2.7万平方米，1997年9月投入使用。

21日　应韩国商工资源部和马来西亚国际贸易工业部的邀请，赵启正率领浦东新区经济贸易代表团赴韩国和马来西亚访问。

## 12月

1日　冰岛共和国总理大卫·奥德松一行访问浦东新区,参观金桥出口加工区和日立电器有限公司。

5日　巴基斯坦总统莱加利一行访问浦东新区,参观外高桥保税区、杨浦大桥和南浦大桥。

6日　全国人大常委会副委员长王丙乾一行参观外高桥保税区、金桥出口加工区。

7日　邹家华视察金桥出口加工区和外高桥保税区,他要求浦东开发要打好"世界牌""中华牌",要面向世界、辐射全国,为全国的改革开放和经济发展服务。

同日　中国迄今规模最大、设施最齐全、功能最完善的城市高架快速干道系统——上海市内环线工程全线建成,全长48千米,由浦东段、浦西段、南浦大桥、杨浦大桥组成。

12日　张江高科技园区顾问委员会、专家咨询委员会成立。来自全国20多所高校和科研机构的校长、中科院院士、工程院院士等95人被聘为"两委"委员。

同日　浦东新外滩——滨江大道(富都世界段)开工建设。

17日　全国政协副主席、中共中央统战部部长王兆国视察浦东新区。

19日　中共中央政治局常委、国务院副总理李岚清视察外高桥保税区,并指出,保税区的运作要规范化、法制化。

同日　外高桥保税区新建的3.5平方千米范围通过国家海关总署验收,至此,外高桥保税区封关运行范围已扩大至5.5平方千米。

同日　浦东新区管委会召开各局、各开发公司负责人会议,贯彻中央经济工作会议精神。

22日　拉脱维亚共和国总统贡季斯·乌尔曼尼斯一行参观金桥出口加工区。

24日　中共中央政治局委员、上海市委书记黄菊视察即将建成的浦东新区"五路一桥"(即张杨路扩建、沪南公路改建、同高路二期、延安东路隧道浦东段配套、世纪大道样板段和金桥立交桥)工程,强调浦东开发在新三年中要注意集中,力量不能太分散,要体现大规模开发建设的气势。

# 1995 年

## 1月

10日　张江高科技园区孵化基地正式落成。

13日　浦东新区党工委召开"学习邓小平同志建设有中国特色社会主义理论指导浦东开发实践"交流会。

17日　李沛瑶视察浦东外高桥保税区。

18日　浦东新区劳动力市场正式开业。

19日　白俄罗斯共和国总统亚历山大·卢卡申科访问浦东新区,参观南浦大桥、杨浦大桥等处。

同日　上海信息产业有限公司在陆家嘴金融贸易区挂牌成立。

20日　中共中央政治局常委、全国人大常委会委员长乔石视察浦东新区。

同日　浦东新区召开"五路一桥"建设功臣表彰大会。

24日　浦东新区党工委召开组织工作会议。会议要求全区各级党组织要深刻理解党工委"以一流党建促一流开发"的指导思想,切实抓好领导班子建设和年轻干部的选拔培养。

## 2月

8日　上海市政协主席陈铁迪到浦东新区调研。

14日　总投资6 000万美元的中国保险大厦在陆家嘴金融贸易区开工建造。

17日　黄菊在上海市第十届人民代表大会第三次会议所作的《政府工作报

告》中指出,浦东开发开放正在形成基础开发出形象、功能开放出效益的新态势。

**24日** 浦东新区党工委召开党建工作会议。会议传达市委党建工作会议精神,部署新区1995年党建工作。

**28日** 美国惠尔普公司与上海水仙电器股份有限公司签约,双方共同投资7500万美元,在金桥出口加工区联手开发具有世界级水平的洗衣机和其他家用电器。

## 3月

**5日** 中共中央政治局常委、国务院总理李鹏在第八届全国人民代表大会第三次会议所作的《政府工作报告》中指出,继续办好经济特区和上海市浦东新区,发挥开放城市、开放地带的积极作用。这些地区要靠先进技术、集约化经营和产业结构升级,在发展外向型经济中创造新的优势。

**8日** 中共中央总书记、国家主席、中央军委主席江泽民在出席第八届全国人民代表大会第三次会议的上海代表团小组会时指出,浦东开发进展顺利,已取得了很大的成绩,中央是满意的。党中央、国务院关于开发浦东的基本政策不变,把浦东办成沿江开发"龙头"的目标和决心不变。在适应向社会主义市场经济体制转轨的过程中,可能有些具体的做法和措施要做点调整,这是必要的,同时根据浦东开发的需要还可能提出一些新的政策和措施。目的只有一个,都是为了把浦东开发搞得更好更扎实,使它尽快形成名副其实的"龙头"优势。

**同日** 拥有63条营运线的上海浦东公交公司从上海市公交总公司划出,归浦东新区城建局管理。

**11日** 总投资达26.68亿元的中德合资汽车发动机控制系统生产基地落户金桥工业城。

**14日** 浦东新区召开信访工作总结表彰大会。会议对1994年的信访工作作总结,对城建局等7个信访先进单位和31名信访先进工作者给予表彰。

**21日** 浦东新区管委会召开街镇工作会议。

**22日** 浦东新区举行世界水日纪念活动。新区党工委和管委会领导察看外环运河和泵闸工程。

**24日** 浦东新区党工委召开党政负责干部会议,传达贯彻市委有关社会稳定工作会议精神。

25日　浦东新区党工委召开宣传工作会议。会议指出，一流的精神文明建设要与一流的经济建设相匹配，要以浦东开发开放的伟大实践，塑造好中国改革开放的标志和形象。

29日　俄罗斯国家杜马议员团访问浦东新区。

30日　浦东新区管委会召开1995年度创建国家卫生城区工作会议。

31日　浦东新区首批10名机关干部派往10个乡镇、街道挂职锻炼。

## 4月

6日　上海浦东国际机场筹建处在金桥出口加工区挂牌。

同日　国家民政部部长崔乃夫视察浦东新区。

6日～13日　中共中央政治局常委、国务院副总理朱镕基率国务院有关部委负责人考察浦东新区外高桥保税区和地铁一号线等一批重大市政设施，并就进一步推动上海经济建设、社会发展和扩大浦东开发开放等问题，与上海市和浦东新区负责人进行座谈。

8日　科威特国王储兼首相谢赫·萨阿德·阿卜杜拉·萨利姆·萨巴赫访问浦东新区。

11日　全国人大常委会副委员长李锡铭视察浦东新区。

同日　日本森海外株式会社、三井物产、藤田、大林组等5家公司出资成立的上海森茂国际大厦在陆家嘴金融贸易区开工建设，1998年4月竣工。

18日　浦东新区党工委、管委会在陆家嘴中央轴线大道广场举行国旗升旗仪式，热烈庆祝浦东开发开放五周年。

同日　经国家海关总署批准，上海浦东海关和外高桥保税区海关正式开关。

19日　中共中央政治局常委、国务院总理李鹏视察浦东新区。李鹏指出，浦东开发开放成绩有目共睹，中央开发开放浦东政策不变。浦东应努力发挥"龙头"作用，进一步带动长江三角洲乃至长江流域的改革开放和经济发展，更好地为全国服务。

同日　尼泊尔王国首相曼·莫汉·阿迪卡里访问浦东新区，参观金桥出口加工区、杨浦大桥。

22日　上海六里现代生活园区开发有限公司揭牌成立,浦东六里现代生活园区正式启动。

同日　马绍尔总统阿马塔·卡布阿访问浦东新区。

26日　浦东新区党工委、管委会召开浦东开发开放五周年总结大会。大会指出,从现在到2000年,是浦东开发开放进入基础开发与功能开发并举,全面出形象、出效益的关键时期。

27日　由国家建设部和上海御桥发展有限公司联合投资建设的浦东新区住宅试点小区——御桥花园民乐苑开工建设,1997年4月15日竣工。

28日　上海市重大工程、浦东新区1号重点工程——锦绣路(曾名"浦川路")工程开工建设。该工程投资6.8亿元,12月23日竣工通车。

## 5月

1日　全国政协副主席霍英东视察浦东新区。

4日　由上海新安乳品公司、丹麦宝隆洋行、丹麦工业发展基金会共同投资2.36亿元的英特尔营养乳品公司在金桥出口加工区建成投产。

6日　日本首相村山富市访问浦东新区。

同日　香港宏业集团和上海牛奶公司共同投资1.6亿元的上海福乐食品有限公司在金桥出品加工区建成投产。

10日　国务委员、国防部部长迟浩田上将视察浦东新区。

15日　韩国总理李洪九访问浦东新区。

17日　中共中央总书记、国家主席、中央军委主席江泽民视察浦东新区,并指出,希望上海珍惜邓小平同志开发开放浦东号召带来的机遇,把浦东开发开放搞得更好,不仅在经济建设上成为龙头,而且在率先建立社会主义市场经济体制、"两个文明"建设和社会全面进步方面起带头示范作用。

19日　浦东新区党工委召开统战工作会议。

20日　新加坡总理吴作栋访问浦东新区。

25日　浦东新区管委会召开乡镇企业工作会议,全面启动"列车工程"计划,要让5 000余家乡镇企业在重点开发公司"火车头"的带领下,成为浦东经济新的增长点。

26日　土耳其共和国总统苏莱曼·德米雷尔访问浦东新区。

30日　塞舌尔共和国总统费朗·阿尔贝·勒内访问浦东新区。

## 6月

18日　荷兰王国首相维姆·科克访问浦东新区。

19日　上海市浦东新区张江地区人民检察院挂牌成立。

20日　国务院印发《关于"九五"期间上海浦东新区开发开放有关政策的通知》,赋予浦东"九五"期间一系列新的功能性政策。

21日　上海浦东国际机场建设领导小组和上海浦东国际机场建设指挥部成立,上海浦东国际机场公司同时成立。

同日　总投资2 900万美元的上海松下电池有限公司在浦东建成投产,是目前国内规模最大的电池生产企业。

同日　全国第一家建筑有形市场——浦东新区建筑营造交易中心成立。

28日　中国人民银行上海市分行迁入陆家嘴金融贸易区银都大厦,标志着浦东金融功能开发进入新里程。

同日　浦东新区党工委召开纪念中国共产党成立74周年暨党务工作表彰大会。11个标杆党组织、11名标兵共产党员、91个先进党组织、120名先进共产党员和66名先进党务工作者受到表彰。

## 7月

4日　浦东新区红十字会成立,召开第一次会员代表大会并选举产生首届理事会。

5日～7日　罗马尼亚共和国总理尼古拉·沃克罗尤访问浦东新区,参观南浦大桥、东方明珠塔等处。

9日　赵启正率浦东新区经济代表团赴美国、加拿大考察。

18日　黄菊到浦东外高桥电厂视察。

20日　奥地利联邦议会议长哈赛尔·巴赫夫访问浦东新区。

27日　日本上海环球金融中心投资株式会社正式在日本注册登记。

28日　总投资5 000万美元的上海高杨国际烟草有限公司在外高桥保税区

投产,是当时外高桥保税区投资最大的出口加工企业。

## 8月

7日　胡平考察浦东新区。

12日　上海市欧美同学会浦东新区分会在上海海运学院成立。

15日　浦东新区举行《1994年浦东新区社会发展报告》(绿皮书)发布会。

16日　浦东新区思想政治工作研究会成立。

23日　黄菊视察浦东张江高科技园区。黄菊指出,上海浦东的开发开放是党中央、国务院的战略决策,中央要求浦东开发的基本政策不变、目标不变、决心不变。

25日　全国第一个法律援助机构——浦东新区法律援助中心成立。

29日　浦东新区党工委召开国有企业领导干部廉洁自律工作会议。会上,外高桥联合发展公司等12家单位联合发出"创造一个廉洁、俭朴、和谐的社会氛围,创造奋发、高效、务实的浦东新区"的倡议书。

30日　纪念张闻天同志诞辰95周年座谈会在北京召开,赵启正代表张闻天家乡人民参加座谈会并发言。

## 9月

2日　浦东新区和黄浦区等单位在陆家嘴滨江大道和浦西外滩广场联合举办"浦江两岸同庆抗日战争胜利五十周年"演唱会。

同日　冰岛共和国总统维格迪丝·芬博阿多蒂尔参观浦东新区。

同日　中美合作创办的上海建平二十一世纪高级中学开学。

6日　孙桥现代农业开发区顾问委员会和专家咨询委员会成立。

同日　由中美企业共同投资1625万美元的上海萨沃液压传动有限公司落户金桥出口加工区。

7日　英国渣打银行集团主席访问浦东新区。

12日　上海市外经贸委、上海市协作办、浦东新区管委会召开"关于各地、各有关部门外贸企业在浦东新区设立子公司"的新闻发布会。

同日　艺术大师吴昌硕纪念馆在浦东华夏文化旅游区落成开馆。

16 日　浦东新区首届残疾人运动会召开。

18 日　上海市人民政府新闻办公室、外事办公室和浦东新区管委会联合召开浦东开发情况介绍会,宣布此后 5 年,浦东进入功能开发阶段。中央政府在保持原有政策不变的前提下,又给予浦东一系列新的功能性政策。

19 日　世界银行行长詹姆斯·沃尔芬森访问浦东新区。

20 日　奥地利共和国总统托马斯·克莱斯蒂尔访问浦东新区。

25 日　张江高科技园区第一个投产的项目——美国联信增压器(上海)有限公司运行。

28 日　全国第一家外资银行——日本富士银行上海分行在陆家嘴金融贸易区银都大厦开业。

同日　党的十四届五中全会通过的《中共中央关于制定国民经济和社会发展"九五"计划和 2010 年远景目标的建议》指出,经济特区和上海浦东新区的基本政策不变,在发展社会主义市场经济的过程中,有些具体办法要有所调整和完善。经济特区、沿海开放城市和开放地带要培育新优势,积极参与高水平的国际经济合作和竞争,充分发挥示范、辐射和带动作用。

同日　中共中央总书记、国家主席、中央军委主席江泽民在党的十四届五中全会所作的《正确处理社会主义现代化建设中的若干重大关系》讲话中指出,中央对 5 个经济特区和上海浦东新区的基本政策不变,在发展社会主义市场经济的过程中,有些具体办法要有所调整和完善。要把 5 个经济特区和浦东新区办得更好。进一步发挥经济特区、沿海开放城市和开放地带在改革与发展中的示范、辐射、带动作用。

同日　上海市规模最大的泵闸——外高桥泵闸竣工通水。

## 10 月

1 日　上海海关决定,凡上海外高桥港区的有关海关业务均由外高桥保税区海关代为办理。

3 日　阿根廷共和国总统卡洛斯·萨乌尔·梅内姆一行访问浦东新区。

10 日　赞比亚共和国副总统戈费雷·米扬达一行访问浦东新区。

同日　新加坡共和国副总理李显龙一行访问浦东新区。

同日　全国政协副主席马万祺视察浦东新区。

13日　赵启正率浦东新区经济代表团赴雅加达、新加坡和中国香港地区访问。

13日~14日　澳大利亚总督海登访问上海,参观南浦大桥、东方明珠电视塔等处。

17日　辽宁省党政代表团访问浦东新区。

18日　"迈向二十一世纪的上海浦东发展——高新技术发展战略"国际会议暨1995年上海浦东科技节开幕。

26日　中共中央政治局委员、国务院副总理兼外交部部长钱其琛视察浦东新区。

同日　吉尔吉斯共和国总理阿帕斯·朱古马洛夫访问浦东新区。

## 11月

2日　我国最大的微波炉和磁控管生产基地——中日合资的上海松下微波炉有限公司和上海松下电子应用机器有限公司在张江高科技园区建成投产。

3日　埃塞俄比亚联邦民主共和国总理梅莱斯·泽纳维访问浦东新区。

7日　全国人大常委会副委员长费孝通、雷洁琼、程思远,全国政协副主席钱伟长、董寅初、万国权等视察浦东新区。

同日　黄菊视察浦东新区,调研陆家嘴金融贸易区,并对今后两年陆家嘴金融贸易区的开发建设提出要求。

9日　首批12家外省市外贸公司正式落户浦东新区。

同日　经上海市人民政府批准:撤销陆家嘴街道、张家浜街道办事处建制,建立新的陆家嘴街道办事处;撤销杨思乡、杨思镇建制,合并建立新的杨思镇;撤销高南乡、东沟乡建制,合并建立东沟镇;撤销高桥乡建制,建立外高桥镇;撤销城镇乡建制,建立东城镇;撤销洋泾乡建制,建立钦洋镇;撤销施湾乡、六团乡、江镇乡、蔡路乡、合庆乡、黄楼乡、孙桥乡、唐镇乡、王港乡、龚路乡、顾路乡、杨园乡、张桥乡、金桥乡、高东乡、凌桥乡、张江乡、花木乡、严桥乡、六里乡、三林乡建制,相应建立镇建制。

14日　上海新药研究中心总部在张江高科技园区筹建。

16日　上海西门子通信终端公司的第一条年产20万部以上数字式智能电话流水线在金桥出口加工区建成投产。

18日　上海日立电器有限公司在金桥出口加工区建成投产。

27日　智利共和国总统爱德华多·弗雷·鲁伊斯·塔格莱访问浦东新区。

30日　越南共产党中央总书记杜梅访问浦东新区。

同日　上海外国语大学附属浦东外国语学校在张江高科技园区兴建。1997年5月10日，一期工程落成。

同日　上海市浦东新区公共交通投资发展有限公司、上海浦东大众公交有限责任公司、上海浦东冠忠公交有限责任公司同时宣告成立。

## 12月

1日　浦东新区党工委、管委会召开浦东功能开发研讨会。

4日　古巴共和国国务委员会主席兼部长会议主席菲德尔·卡斯特罗访问浦东新区。

6日　浦东开发开放研究会第二届理事会年会暨学术研讨会召开。

9日　上海信息港中心枢纽——上海信息城在浦东新区联洋社区奠基。

12日　经上海市人民政府批准，建立浦东新区金杨新村街道办事处。

14日　上海广电股份有限公司、上海真空电子股份公司与日本索尼公司签订组建"上海索广映像有限公司"协议，该项目落户于王桥工业开发区，总投资4.1亿美元。至1997年8月13日，彩显、彩管和彩电一期工程3条生产线全面投产。

14日~20日　中共中央政治局常委、国务院副总理朱镕基在上海考察工作，视察浦东新区三林苑住宅小区和康乐小区、贝尔公司、东方明珠电视塔、上海证券交易所等处。

16日　中共上海市委通知：周禹鹏任中共上海市浦东新区工作委员会委员、书记。赵启正不再兼任党工委书记职务。27日，上海市人民政府决定：周禹鹏任上海市浦东新区管委会副主任。1996年1月2日，浦东新区召开全体干部大会，中共上海市委常委、市委组织部部长罗世谦在会上宣布市委、市政府关于周禹鹏任浦东新区党工委书记、管委会副主任的决定。

18日　上海招商局大厦在浦东落成,招商银行上海分行同时挂牌。

20日　南斯拉夫联盟共和国总统佐兰·利利奇访问浦东新区。

同日　中国第一家中外合资大型商业零售企业——中日合资上海第一八佰伴新世纪商厦在浦东新区开业,总建筑14.5万平方米,营业面积11万平方米,为亚洲规模最大的百货商店。

22日　上海浦东林克司外商休闲社区在三甲港海滨开工兴建,总投资9 600万美元。

26日　浦东新区党工委、管委会召开干部大会,学习贯彻党的十四届五中全会和六届上海市委四次全会精神。

29日　投资2.3亿美元的英国英特尔公司落户外高桥保税区。

# 1996 年

## 1 月

4 日　中共中央政治局常委、全国人大常委会委员长乔石视察浦东新区，参观金桥出口加工区上海贝尔电话设备制造有限公司。在听取企业汇报后，乔石鼓励公司员工要再接再厉、再创佳绩，并题词："民族工业的骄傲，通信产业的脊梁"。随后乔石视察第一八佰伴新世纪商厦。

12 日　全国政协副主席钱伟长一行视察浦东新区。

15 日~17 日　中共中央政治局常委、国务院总理李鹏在上海考察，主持召开浙江、江苏、上海和国务院有关部门负责人会议，讨论上海建设国际航运中心事宜。李鹏指出，把上海建成国际航运中心，是开发开放浦东、使上海成为国际经济、金融、贸易中心之一的重要条件，对我国对外开放、对长江经济带的经济发展意义重大。

17 日　浦东新区党工委召开党政负责干部会议。会议传达市政府扩大会议精神，周禹鹏提出大力开展招商工作、抓大项目的引进和基础工程的启动、加快城乡一体化步伐等贯彻落实意见。

18 日　阿尔巴尼亚共和国总统萨利·贝里沙访问浦东新区。

19 日　由浦东商业建设联合发展公司与廖氏国际集团有限公司合资建造的上海胜康廖氏大厦落成。

20 日　上海久事公司和上海外高桥石油化工公司投资建造的年产 30 万吨丙烯酸及酯工程通过竣工验收，工程总投资 12.2 亿元。

同日　1996 年度重点水利工程——随塘河疏浚工程竣工。

26日　上海市政协主席陈铁迪、全国政协常委谢希德带领在沪全国政协委员视察浦东新区。

同日　亚洲规模最大的综合性商城——新上海商业城主体工程完工。

28日　地处三林镇的安居工程"三林苑"举行竣工交接仪式和建设总结大会。"三林苑"总建筑面积18万平方米，是国家建设部安居工程的重点小区。

同日　西藏自治区主席江村罗布率领西藏代表团考察浦东新区。

## 2月

1日　乌干达共和国总统约韦里·卡古塔·穆塞韦尼一行访问浦东新区。

11日　浦东新区第一家集社区服务、社区教育、文化体育等功能于一体的市民会馆——罗山市民会馆开张。

15日　浦东新区党工委召开1996年度组织工作会议，会议强调要以一流的党建带动一流的开发。

26日　上海天原(集团)有限公司与日本伊藤忠商事株式会社、旭硝子公司签约，建年产20万吨PVC化工原料基地，项目总投资2亿美元。

28日　浦东新区召开党政负责干部大会，会议从招商引资、功能开发、重大设施建设等方面部署了全年工作。

28日～29日　浦东新区公安工作会议召开。会议要求浦东公安改革要继续深化、理顺和发挥警察署的机制和功能；公安队伍要走"素质强警、科技强警"之路。

## 3月

5日　浦东新区召开纪念"三八"国际劳动妇女节86周年大会，表彰浦东新区104名全国、市级、区级妇女标兵、十佳巾帼等先进个人，以及26个全国、市级、区级先进单位、巾帼文明岗等集体。

7日　浦东新区党工委召开党政负责干部大会，传达贯彻十四届中纪委第六次会议精神。

9日　全国十强有色金属企业之一——铜陵有色金属(集团)公司在浦东新区成立上海进出口有限公司。

**11日** 世界最大的汽车零部件制造公司——美国德尔福公司与东风汽车签约,双方共同出资2 200万美元,在浦东新区建立上海东风沙基诺转向器有限公司。

**13日** 上海信谊药业公司在金桥出口加工区投资兴建的新厂建成并投入试生产,这是浦东新区迄今规模最大的现代化制药企业。

**15日** 东海天然气早期开采供应上海城市燃气工程进入实质性阶段,上海市天然气输配公司在浦东新区挂牌。

**19日** 云南省党政代表团一行考察浦东新区。

同日 浦东新区党工委召开党政负责干部会议,传达江泽民总书记在八届全国人大四次会议上与上海代表团座谈时的讲话。

**20日** 中国航空工业总公司参与开发浦东项目——总投资2 500万美元、中日合资的上海三国长航机械电子有限公司在王桥工业区举行奠基典礼。

同日 浦东新区人武部收归军队建制交接大会举行,上海警备区政委王传友少将、浦东新区党工委书记周禹鹏为"中国人民解放军上海市浦东新区人民武装部"揭牌,浦东新区党工委副书记王洪泉在交接仪式上签字。

**28日** 泰国总理班汉·西巴阿差一行访问浦东新区。

同日 国内首家造船集团——沪东造船集团成立。

同日 上海市市长徐匡迪视察浦东新区三林苑居住小区。

**29日** 国内液压行业投资规模最大的上海液压气动总公司浦东液压基地在金桥开发区建成投产。

**30日** 中共中央政治局常委、全国政协主席李瑞环视察浦东新区。

## 4月

**1日** 美国惠普公司投资浦东新区的首家高技术企业——中国惠普上海金桥计算机公司开业。

**6日** 浦东新区党工委召开党政负责干部会议。传达4月初国务院在珠海召开的经济特区工作会议和李鹏总理、李岚清副总理的讲话精神。周禹鹏指出,全国经济特区工作会议首次以"5+1"的形式召开,说明党中央、国务院对浦东开发的决心,要按照党中央关于进一步办好经济特区的指示精神,在认真总结浦东开发开放六年经验的基础上,发扬二次创业精神,在经济体制、经济增长方式、对外开放和发挥区位优势等方面,争创新优势,把新一轮浦东开发开放推向前进。

**同日** 位于东方路的煤炭大厦结构封顶。

**9日** 天津市党政代表团一行考察浦东新区。

**11日** 国家铁道部浦东集团成立,集团由78家大中型铁路运输、设计、工程和多种经营企业组成,实施多元经济发展战略。

**16日** 上海海关召开纪念浦东开发开放六周年信息发布会,推出施行浦东海关管理新模式等8项举措。

**18日** 上海城市合作银行浦东分行开业。

**同日** 芬兰共和国总统马尔蒂·阿赫蒂萨里一行访问浦东新区。

**24日** 全国人大常委会副委员长王丙乾率全国人大常委会环保执法检查组来浦东新区进行环境保护执法检查。

**25日** 由韩国投资1.86亿美元的超甲级全智能型综合大厦——银冠大厦(后更名为浦项大厦)在陆家嘴金融贸易区动工兴建。

**27日** 中共中央总书记、国家主席、中央军委主席江泽民视察浦东新区,参观金桥出口加工区内的上海信谊药业有限公司、上海贝尔电话设备制造有限公司和上海第一八佰伴新世纪商厦,同时察看了居民住宅小区。

**28日** 上海日立电器有限公司承建的国家"八五"规划重点项目——年产140万台空调压缩机的空调压缩机公司在金桥出口加工区建成投产。

**28日~5月11日** 国家副主席荣毅仁考察浦东新区时指出:"当前浦东新区在抓基础建设的同时,尤其要重视功能开发,积极改善投资环境,使浦东新区的开发开放再上新台阶。"

## 5月

**1日** 上海市人民政府召开浦东开发开放第二次领导小组专题会议,作出关于加快陆家嘴金融贸易区形态和功能开发建设步伐的决定,并成立由徐匡迪为组长的陆家嘴"四个一"工程领导小组。

**7日** 浦东新区管委会召开城市建设和环境保护工作会议,公布城市建设和环保工作蓝图,宣布近几年要着力搞好陆家嘴"四个一"工程,即滨江大道"一道"、文明景观路线"一线"、菊园旧城改造"一块",以及陆家嘴中心地区"一区"。5月23日,"四个一"工程全面启动。

**11日** 由泰国正大集团联合泰国农业银行等6家银行共同投资3亿美元兴建的正大广场动工。2002年10月18日正大广场正式开业。

**同日** 由中联汽车电子有限公司和德国博世公司共同投资组建、总投资26.68亿元的上海市重大工程——联合汽车电子有限公司在金桥出口加工区举行开工仪式,1997年11月6日建成投产。

**17日** 由上海市邮电管理局和陆家嘴金融贸易区开发公司合资建设的全智能型大楼——上海信息枢纽大楼在陆家嘴金融贸易区动工,2001年7月1日建成。

**18日** 上海国际会议中心在浦东陆家嘴开工建设,1999年8月8日建成。

**23日** 由瑞士罗氏公司与上海第六制药厂、上海三维制药公司联合投资组建的罗氏泰山(上海)维生素制品有限公司和罗氏三维(上海)维生素有限公司在浦东星火开发区落户,两项目总投资4700万美元。

**27日** 由上钢三厂改制的上海浦东钢铁(集团)有限公司成立。以其为母公司,24家企业以资产为纽带组建的上海浦东钢铁集团同时成立。

**28日** 浦东房地产集团举行成立仪式,集团拥有全资子公司2个,控股子公司16个,参股公司10个,企业成员34个。

## 6月

**3日** 浦东新区检察院反贪污贿赂局挂牌成立。

**同日** 招商银行迁往陆家嘴招商局大厦,其6家分支机构也同时开业。

**6日** 中共浦东新区城区工作委员会、浦东新区社区管理委员会同时挂牌成立。

**7日~11日** 中共中央政治局常委、国务院副总理朱镕基在上海考察,其间视察了浦东新区。

**10日** 宁夏回族自治区政府代表团考察浦东新区。

**同日** 浦东新区十大金融大楼之一的金穗大厦结构封顶。

**同日** 联信中国投资有限公司在浦东新区成立,这是美国联信公司为加强对华对沪投资而采取的一大举措。

**12日** 浦东新区党工委举行处级以上干部思想作风、党风廉政建设党课教育,周禹鹏作题为《建设一支思想作风过硬的干部队伍,迎接浦东开发的第二次创业》的党课报告。

**16日** 黎巴嫩总理拉菲克·哈里里访问浦东新区。

**18日** 地铁2号线一期工程经国务院批准启动。其中浦东段轨道工程上行线长7.14千米,下行线长7.55千米,1996年7月31日浦东段陆家嘴东站动工,1998年4月30日,浦东段上下线贯通。1999年9月20日建成试通车,2000年6月11日正式通车。

**同日** 由美国摩托罗拉公司和上海无线通信设备制造有限公司共同投资1200万美元的摩托罗拉公司落户张江高科技园区,于1997年4月2日建成投产。

**20日** 浦东新区召开农村工作会议,提出"九五"基本目标:加快农业现代化、工业园区化、农村城市化进程,使新区农村初步形成现代化城市型新农村框架。会上,中共浦东新区农村工作委员会揭牌成立。

**25日** 南起三里桥、北到浦建路,全长1.4千米的东方路辟通工程竣工。

**26日** 浦东新区党工委召开纪念中国共产党建党75周年大会。

## 7月

**1日** 日本八佰伴国际集团总部迁至浦东。

**2日** 浦东新区推出投资项目审批"一门式"服务,将3000万美元以下的项目审批时间从60天压缩至10个工作日。

**9日** 浦东新区党工委、管委会召开专题会议,学习黄菊7月8日在市委常委扩大会议上的"讲自豪感,深入研究再创浦东开发新优势"的讲话精神。

**17日** 徐匡迪听取市科委、浦东新区管委会有关建立张江生物医药产业发展基地情况汇报时指出,张江高科技园区要形成"生物医药谷"。

**18日** 中国船舶大厦在陆家嘴金融贸易区建成。

**31日** 浦东新区召开搞好房地产市场情况介绍会,宣布浦东的内销房向全国开放,凡购房达一定面积或金额的可申办蓝印户口。

## 8月

**3日** 国家科委、卫生部、国家医药管理局和上海市人民政府签约,决定在张江高科技园区合作建立国家上海生物医学科技产业基地。1997年5月9日,上海鲲鹏投资发展有限公司和日本麒麟生物医药公司合资项目签约,标志着国家上海生物医药科技产业基地正式启动。

**8日** 浦东新区农村经济工作会议召开,推出支持农村经济发展的三项政策,即《关于发展乡镇企业的若干意见》《关于重点扶持"龙虎榜"乡镇企业的若干意见》和《关于扶持经济薄弱村的若干意见》。

**同日** 由台胞叶根林捐资建造的上海进才中学落成。

**18日** 全国各省、市、自治区35家邮电单位共同投资组建的全国第一家国家级通信产品交易市场——中国通信产品交易中心在外高桥保税区正式开业。

**同日** 黄浦江上第五座大桥——徐浦大桥主桥贯通。1997年6月24日,徐浦大桥建成通车。桥长6017米,宽35.95米,主塔高217米。徐浦大桥的配套工程浦东外环线一期工程和浦西外环线应急道路等同时竣工通车。

**20日** 浦东新区房地产交易中心成立。

**22日** 总投资4.35亿元的黄浦江行人观光隧道工程启动。这是国内首条过江行人隧道,于1999年4月10日全线贯通,2001年1月1日正式开放。

**23日** 上海市人民政府新闻办公室和浦东国际机场建设指挥部联合举行新闻发布会,宣布国务院正式批准浦东国际机场建设工程立项。拟建中的机场位于浦东新区,计划建设4条跑道。1999年9月,第一条跑道建成通航。2005年,浦东国际机场第二条跑道建成投入使用。2007年,浦东国际机场扩建工程竣工,建成第三条跑道及第二座航站楼。2015年3月,浦东机场第四条跑道建成投入使用。

**27日** 泰国泰华银行总部落户浦东新区,这是中国改革开放以来在中国境内设立的首家外资银行总部。

**29日** 徐匡迪来浦东新区调研"九五"开发机制和当前浦东新区开发几项重点工作的进展情况。

**31日** 上海城市外环线(浦东段)开工。2002年10月26日,二期工程竣工通车。

## 9月

5日 浦东新区国有资产管理委员会、国有资产管理办公室同时挂牌成立。

同日 浦东新区管委会在蔡路镇召开动迁现场会,宣布包括龙东大道、远东大道合流污水二期工程等浦东国际机场市政配套工程全面启动。同月28日,浦东国际机场市政配套工程动工兴建。11月12日,连接机场周边地区的八路(周祝路、顾江路、镇北镇、施新路、江心路、六施路、卫东路和东环路)工程也进入全线施工。1997年12月18日,龙东大道、远东大道竣工通车。

6日 化工部进军浦东要素市场的第一个项目——中达广场在陆家嘴竹园商贸区落成。

同日 上海城乡产权交易所搬迁至浦东新区。

7日 黄菊视察浦东新区,听取关于小陆家嘴地区综合整治和景观建设以及陆家嘴金融贸易区开发公司关于滨江大道二期工程工作情况汇报。

20日 由德国巴斯夫公司与上海染料公司共同投资16.4亿元的大型现代化工企业——上海巴斯夫染料化工有限公司在浦东新区建成投产。

21日~28日 '96上海国际旅游节在浦东新区96广场举行。旅游节期间举行48项大型活动,发行了"上海浦东"邮票。

## 10月

1日 经国家外经贸部批准,外国公司、企业可与中国的公司、企业在浦东新区设立专门从事进出口贸易的中外合资外贸公司。

3日 甲级智能综合大厦——之江大厦在金桥落成,这是浙江省参与浦东开发规模最大的项目。

5日 全国首家集国际商品博览、国内外贸易代理、物资信息交流、现场商品交易等系列功能为一体的大型综合性交易中心——上海浦东物资流通中心运营。

9日 由瑞士罗氏公司与上海三维制药有限公司合资的上海罗氏制药有限公司在张江高科技园区建成并投产,项目投资4 500万美元。

14日 中共中央政治局委员、国务院副总理姜春云视察孙桥现代农业开发区和陆家嘴金融贸易区。

15日　海南省党政代表团访问浦东新区。

## 11月

11日　目前国内银行规模最大的计算机系统——中国工商银行上海市分行外高桥计算中心正式建成并开通运行，同时该行对公结算业务实现全市联网。

13日　美国英特尔公司首期投资9 900万美元在中国建立的首家制造企业——英特尔科技（中国）有限公司在外高桥保税区动工，并于1997年10月14日二期追加投资9 900万美元。

16日　'96上海全国商品交易会在新上海商业城开幕，19日闭幕。

27日　中共中央政治局常委、国务院总理李鹏出席上海华虹NEC微电子有限公司超大规模集成电路芯片生产线奠基仪式，该生产线建在金桥出口加工区。

## 12月

7日　中国第一个生产VCD机芯的企业——飞利浦光磁电子（上海）有限公司在外高桥保税区投产。

11日　世界著名保险公司瑞士丰泰保险公司经中国人民银行批准，以丰泰保险（亚洲）有限公司上海分公司的名称在浦东新区注册。

12日　美国IBM公司投资2 000万美元，在外高桥保税区建立国际商业机器工程技术（上海）有限公司。

15日　上川路（顾路段、王桥段）、金海路等"六路一桥"工程竣工通车。

18日　中国光大证券有限公司总部迁入浦东。这是首家将总部设在浦东陆家嘴金融贸易区的全国性证券公司。

19日　上海市第十届人民代表大会常务委员会第32次会议审议通过浦东开发开放第一个地方性法规——《上海外高桥保税区条例》。该条例于1997年1月1日起实施。

同日　拥有40个大类、2 500个题目、100余万字的中国首条法律咨询热线在浦东新区开通。

27日　上海期货大厦结构封顶。

28日　浦东新区建设（集团）有限公司暨浦东建设集团成立。

30日　上海粮油商品交易所东迁浦东。

同日　徐匡迪到浦东新区视察工作,听取浦东新区1997经济发展目标、固定资产投资计划、财政计划安排、招商引资、陆家嘴"四个一"工程建设、城市建设管理等有关问题的情况汇报。

同月　中国人民银行颁布《上海浦东外资金融机构进行人民币业务试点的暂行管理办法》,这是我国首次对外开放本币业务市场。

# 1997 年

## 1月

8日　由浦东新区主办的"5+1"地区(经济特区和浦东新区)对外宣传工作会议召开。上海市委外宣办、浦东新区党工委宣传部介绍浦东新区开发开放进展情况、浦东新区外宣工作的基本做法与思路，并相互作了工作交流。

13日　中共中央政治局常委、全国人大常委会委员长乔石视察浦东新区。

17日　上海市人大常委会主任叶公琦与部分在沪全国人大代表到浦东新区调研。

18日　由香港华润(集团)有限公司和上海华联商厦股份有限公司投资1.2亿美元兴建的上海时代广场竣工开业。

同日　浦东新区管委会召开经济和计划工作会议，部署1997年新区开发建设和经济工作任务。

20日　中日合资上海夏普电器有限公司追加投资1.17亿美元兴建的10万平方米"上海夏普城"结构封顶。

24日　经中国人民银行批准，日本第一劝业上海分行、日本三和上海分行、渣打银行上海分行和上海巴黎国际银行等4家外资银行迁址浦东新区并试点经营人民币业务。

28日　浦东新区招商引资工作会议召开，市有关委、办、局负责人，新区各部、委、办、局和中外投资企业代表400余人出席会议。会议提出1997年和"九五"期间浦东招商引资工作的主要目标、任务和措施。会议表彰26家中外先进企业。

## 2月

**3日** 浦东新区管委会召开住宅建设工作会议,部署1997年浦东新区住宅建设和管理工作。

**14日** 上海科技城建设领导小组讨论通过上海科技城项目方案和实施纲要,标志着本市建设一流科普基地的项目正式启动。项目位于花木行政文化中心,占地8万平方米,建筑面积9.6万平方米。工程于1998年12月开工,2001年建成使用。

**16日** 浦东新区贯彻市农村工作会议讨论会召开。会议指出,农口要排出时间表,订出1997年目标并分步实施,以农村面貌大变样迎接中华人民共和国成立75周年;浦东农村、农业的发展要打破思想和地域束缚,进行联动发展。会议要求,新区农业要在产业结构调整上做好文章,乡镇工业要在"抓大活小"上做实文章,在新一年精神文明建设上要以环境整治为抓手,切实加强农村的环卫设施建设。

**17日** 美国花旗银行上海分行迁址浦东船舶大厦。

**18日** 徐匡迪在上海市十届人大五次会议所作《政府工作报告》中提出,浦东要成为上海继续扩大开放的一面旗帜。尽快出形象、出功能,努力发挥促进全市经济发展的带头作用。

**24日** 美国普莱克斯公司与上海麦克电子公司的合资企业——上海普莱克斯仪电实用气体有限公司与金桥出口加工区开发股份有限公司签署土地使用权转让合同,项目总投资1 000万美元。

**25日** 浦东新区各界人士收看邓小平同志追悼大会的电视转播,沉痛悼念邓小平同志。

**26日** 浦东新区党工委召开干部大会,传达贯彻十四届中纪委第八次全会精神。

**27日** 浦东新区招商中心国际互联网络正式开通启用。

**28日** 上海房地产交易中心在位于陆家嘴金融贸易区的上海房地大厦投入运转。

**同日** 陆家嘴金融中心区城市管理委员会挂牌。

## 3月

1日　葡萄牙总统布兰科·德·桑帕约一行访问浦东新区。

4日　上海市首家台资合资银行——华一银行落户新上海国际大厦。

5日　浦东新区划转企业改革工作专题研究会议召开。会议听取划转企业改制转制设想的汇报并进行研究。会议明确划转16家小企业的具体办法和措施。

12日　外环线环城绿带浦东段一期工程开工。

13日　浦东新区党工委召开各局党委专职书记会议，会议对党建工作提出明确要求。

17日　日本东京三菱银行上海分行迁址招商局大厦，并获准经营人民币业务。

18日　上海市人民政府和中国银行签署备忘录，"九五"期间中国银行将安排15亿美元外汇贷款支持浦东新区开发建设项目。

19日　总投资5 500万元，由美国德尔福能源及发动机管理系统与上海电气(集团)公司合资兴建的上海德科国际蓄电池有限公司在浦东新区动工。

20日　国家卫生部部长陈敏章考察浦东新区社区卫生工作。

21日　香港汇丰银行迁址上海船舶大厦。

24日　日本兴业银行上海分行迁址陆家嘴金融贸易区并开始对外营业。

## 4月

1日　由法国法雷奥公司与上海汽车工业总公司共同投资4 990万美元组建的国内规模最大的汽车电机生产企业——上海法雷奥汽车电器系统有限公司在张江高科技园区破土动工。

同日　浦东新区党工委召开加强和改进国有企业党的建设工作座谈会。

3日　由新加坡发展银行置地集团和浦东房地产集团共同投资20多亿元的陆家嘴菊园小区改造建设工程启动。

4日　中共中央政治局委员、国务委员李铁映到浦东新区视察。

8日　上海冰箱压缩机股份有限公司和上海新新机器与外高桥保税区新发

展公司签约,投资 5 500 万美元在外高桥建立冰箱压缩机生产基地。

10日　交通银行浦东分行与外高桥联合发展公司举行 7 400 万美元的贷款签约仪式,专项支持全国一流保税仓储中心的建设。

15日　国家建设部安居工程住宅试点小区御桥花园"民乐苑"竣工落成。

同日　浦东新区农村工作会议召开,部署 1997 年农村工作任务。

17日　浦东新区党工委、管委会召开"以邓小平理论指导浦东开发开放实践学习交流会",决心继承邓小平同志遗志,高举浦东开发开放的旗帜,努力交出物质文明和精神文明两份满意的答卷。

同日　毛里求斯总理纳文·拉姆古兰博士和夫人访问浦东新区。

18日　浦东新区源深体育中心奠基。

同日　上海证券报社东迁浦东。

同日　浦东新区深化改革工作会议召开。会议回顾新区几年来的改革工作,提出年内改革工作任务。周禹鹏提出,新建立的新区体改办要积极争取市体改办和市有关部门领导的支持,正确处理体改工作与国有资产管理工作的关系,机构人员尽快到位,打开体改工作新局面。

20日　上海华虹微电子有限公司与日本东棉株式会社签约,合资组建国内第一家中外合资电子元器件综合配套中心——上海虹日国际电子有限公司。

同日　埃及总理兼计划部长詹祖里一行访问浦东新区。

21日　日本第一劝业银行上海分行迁址浦东船舶大厦。

同日　沙特阿拉伯亲王瓦立德一行访问浦东新区。

23日　乌拉圭总统桑吉内蒂一行访问浦东新区。

## 5月

2日　荣毅仁视察浦东新区。

3日　浦东新区首届文化体育艺术节开幕。

4日　福建省党政代表团访问浦东新区。

5日　甘肃省党政代表团访问浦东新区。

8日　科特迪瓦总统亨科·科南·贝迪埃访问浦东新区。

12日　贵州省党政代表团访问浦东新区。

13日　吉林省党政代表团访问浦东新区。

17日　中共中央政治局委员、中央宣传部部长丁关根视察浦东新区。

18日　法兰西共和国总统雅克·希拉克在浦东新区汤臣大酒店发表演讲，阐述中法两国建立面向21世纪的特殊合作和全面伙伴关系的光辉前景。

19日　浦东新区举行1997年实事项目和重点工程建设目标责任制签约仪式。

20日　上海界龙浦东彩印公司正式投产。

21日　陕西省党政代表团访问浦东新区。

22日　浦东新区党工委召开党建工作会议，会议对当前党建工作提出具体意见。

25日　汤臣上海浦东高尔夫球场落成。项目占地140万平方米，于1992年动工。

29日　尼日尔共和国总统易卜拉欣·迈纳萨拉·巴雷一行访问浦东新区。

## 6月

5日　浦东新区第一届运动会在川沙体育场开幕，至11月20日结束，68支体育代表团、近1万名运动员参赛。

同日　徐匡迪等视察浦东新区孙桥现代农业开发区、陆家嘴中心绿地。

同日　"九五"期间上海最大环保项目——上海市污水治理二期工程在浦东新区耀华路奠基。

9日　比利时信贷银行在华首家分行——上海分行在浦东陆家嘴金融贸易区开业。

12日　中美合资项目——上海通用汽车有限公司和泛亚汽车技术中心有限公司在金桥出口加工区举行成立大会暨奠基仪式。该项目总投资15.7亿美元。1998年12月17日，通用汽车项目的首辆新世纪轿车下线，上海汽车工业进入新的发展阶段。

同日　国内目前规模最大的绿色冰箱压缩机生产基地——上海森林电器有限公司在金桥出口加工区建成投产。

同日　马其顿共和国总统基罗·格利格罗夫一行访问浦东新区。

**14日** 浦东新区局级干部开展"三讲"(讲学习、讲政治、讲正气)为主要内容的党性党风教育。23日,浦东新区党工委举办正处级干部"三讲"学习班。

**16日** 香港汇丰银行上海分行迁址浦东船舶大厦。

**同日** 占地10万平方米的陆家嘴中心绿地竣工并对外开放。

**17日** 中纪委副书记侯宗宾率检查组一行5人来浦东新区,检查贯彻落实中共中央关于厉行节约、制止奢侈浪费行为8条规定和中纪委两次电视电话会议精神情况,同时对浦东新区反腐倡廉的探索和实践情况作专题调研考察。

**18日** 外高桥保税区扩大封关区域,运作面积由原来的5.5平方千米扩大到6.4平方千米。

**25日** 法国里昂信贷银行上海分行迁入陆家嘴金融贸易区,于10月16日正式营业。

**28日** 我国第一家以民营企业投资入股为主的全国性股份制商业银行——中国民生银行,其上海分行入驻齐鲁大厦并开业。

**30日** 浦东新区重大建设项目——浦东中央公园(后改名为世纪公园)首期工程20万平方米乡土田园区竣工。公园占地总面积140.3万平方米,总投资10亿元。2004年全面建成开放。

**同日** 在浦西外滩和浦东滨江大道举行"迎香港回归,颂伟大祖国——浦江两岸百支歌队万人唱"活动。

## 7月

**8日** 地处三林镇临江村的临江水厂日供水40万立方米建设工程竣工投产。

**10日** 浦东新区首批社区卫生服务中心挂牌成立。

**13日** 中国建设银行浦东分行向浦东新区一批重点建设项目提供5.6亿元贷款,用于建设陆家嘴中心城区。

**16日** 张江高科技园区股份有限公司与德国上海德意志工贸中心签订土地转让合同,德方投资8 000万马克在张江高科技园区建设该中心。1998年4月26日,中心正式开业。

**17日** 上海华虹NEC电子有限公司成立。该公司于1999年2月23日建成我国第一条代表世界主流技术的现代化半导体生产线并投入试生产。1999年9月28日,上海华虹NEC电子有限公司开业投产。

19日　全国政协副主席叶选平视察浦东新区。

22日　浦东新区召开土地管理工作会议。会议传达《中共中央、国务院关于进一步加强土地管理切实保护耕地的通知》。

25日　浦东新区全长13千米的海塘加固一期工程全面竣工。

28日　渣打银行上海分行迁址船舶大厦并正式开办人民币业务。

29日　黄菊到浦东新区调研高桥石油化工有限公司、外高桥电厂二期。

30日　浦东新区留学生工作站挂牌成立。

## 8月

2日　美国伊顿公司投资2920万美元独资组建的伊顿卡车客车零部件(上海)有限公司落户外高桥保税区。

8日　长江流域产权交易共同市场在上海产权交易所成立。

21日　国家和上海市重点建设工程——外高桥发电厂4号机组并网发电。

同日　中国首批中外合资外贸企业——东菱贸易有限公司、上海兰生大宇有限公司和中技一鲜京贸易有限公司在浦东新区成立。

## 9月

1日　由陆家嘴金融贸易区开发公司和上海金穗实业股份有限公司等18家单位出资入股组建的浦东新区第一家地方性非银行性金融机构——上海浦东联合信托有限公司成立。

5日　浦东新区召开城区工作会议。会议总结浦东新区城区工作情况,提出抓好社区服务管理、加强社区党建工作和推进"两个文明"建设的任务。

8日　宝钢集团国际贸易总公司迁址浦东新区。

同日　罗马尼亚总统埃米尔·康斯坦丁内斯库一行访问浦东新区。

9日　浦东新区管委会召开民营企业工作会议。周禹鹏指出,要充分认识发展民营经济在国家经济建设和浦东开发开放中的重要地位和作用;要努力做到政策、服务和管理"三配套";民营企业要抓住机遇、提高水平、创新机制、苦练内功,以崭新的面貌迎接新世纪的到来。

12日 江泽民总书记在党的十五大报告中指出:"进一步办好经济特区、上海浦东新区。鼓励这些地区在体制创新、产业升级、扩大开放等方面继续走在前面,发挥对全国的示范、辐射、带动作用。"

15日 浦东新区提出跨世纪绿化建设目标,到20世纪末,全区公共绿地建设面积达1056万平方米,人均公共绿地8平方米,绿化覆盖率35%,成为国家级园林城区。

19日 '97上海国际服装文化节在浦东新区游泳馆开幕。

25日 浦东新区浦兴路街道办事处成立。

29日 跨上海、浙江、江苏等省市的港口集装箱码头的行政管理机构——上海组合港成立,中共中央政治局委员、国务院副总理吴邦国为组合港揭牌。

30日 中国共产党浦东新区代表会议召开,应到代表180人,实到代表172人,会议选举出席中共上海市第七次代表大会代表周禹鹏、胡炜、华国万等15人。

## 10月

8日 国家技术监督局和上海市技术监督局联合投资的上海浦东技术监督中心落成。

同日 全国政协副主席阿沛·阿旺晋美率领的全国民族宗教考察团来浦东新区参观。

10日 花旗银行上海分行和上海汽车集团财务有限公司牵头组建的中外联合银团,融资8亿美元支持上海通用汽车有限公司发展。

同日 莫桑比克总理帕斯科亚尔·曼努埃·莫昆比访问浦东新区。

14日 德意志银行等18家金融机构组成的国际银团向外高桥保税区开发股份有限公司提供1亿美元无担保贷款,用于配合上海国际航运中心建设的项目。

15日 浦东国际机场一期工程举行开工仪式。中共中央总书记、国家主席、中央军委主席江泽民,中共中央政治局委员、国务院副总理吴邦国,中共中央政治局委员、国务委员李铁映,中共中央政治局委员、上海市委书记黄菊等出席开工仪式。

18日　中共中央总书记、国家主席、中央军委主席江泽民到浦东新区视察,为陆家嘴金融贸易区题词:"努力把陆家嘴建设成为面向国际的现代化金融贸易区"。

20日　印度尼西亚三林集团与上海油脂公司共同投资兴建的、上海市目前规模最大的棕榈油生产加工基地在浦东新区开工。

24日　中共中央政治局常委、国务院副总理朱镕基视察陆家嘴金融贸易区。

27日　挪威国王哈拉尔五世访问浦东新区。

同日　广东省政府代表团访问浦东新区。

## 11月

5日　浦东新区农村经济体制改革研讨会召开。会议就改制目的、主体、方式、方法和衡量改制成功的标准、改制的力度等问题作出部署。

6日　中共中央政治局委员、全国人大常委会副委员长田纪云视察上海贝尔公司。

7日～11日　中共中央政治局常委、中央书记处书记胡锦涛在上海考察浦东新区建设、街道党组织建设和实施再就业工程的情况。

16日　国务委员李贵鲜视察浦东新区。

19日　上海浦东新区协作办公室成立。

同日　投资5.34亿元建造的国家级通信产品交易中心——中国通信贸易大厦落成并投入运行。

20日　波兰总统亚历山大·克瓦希涅夫斯基一行访问浦东新区。

21日　古巴共和国国务委员会第一副主席兼部长会议第一副主席莫尔·卡斯特罗一行访问浦东新区。

28日　中国石化上海高桥石油化工公司、瑞士汽巴精化集团与日本三井石化烷基酚株式会社共同出资8874万美元组建的上海汽巴高桥化学有限公司在浦东新区建成投产。

## 12月

2日　恒生银行上海分行在陆家嘴金融贸易区开业。

5日　上海海洋水族馆在陆家嘴金融贸易区奠基。2002年2月7日正式对外营业。

9日　浦东新区各选区选举人民代表工作顺利结束,参选率95.2%。选出浦东新区人民代表383人。

12日　中国工商银行浦东分行独家贷款6.12亿元,支持浦东新区世纪大道开工建设。

15日　浦东新区首届科技功臣评选活动揭晓,沈建芳等5位科技工作者当选。

同日　全国各省市信息办主任座谈会在浦东新区召开。国务院信息办主任、电子工业部副部长吕新奎出席会议,他希望浦东在信息化方面成为全国的先行试验区。

17日　上海浦东钢铁集团公司与德国克房伯蒂森公司在北京人民大会堂签约,共同投资14亿美元在浦东新区成立上海克房伯不锈钢有限公司。国务院副总理邹家华、国家计委副主任叶青、冶金部部长刘淇、上海市市长徐匡迪等出席签约仪式。

19日　中国上海人才市场东迁陆家嘴金融贸易区乐凯大厦。

同日　上海证券交易所迁至位于浦东新区陆家嘴的上海证券大厦并正式营业。

24日　乌克兰总理普斯托沃伊坚科访问浦东新区。

27日　浦东新区党工委、管委会召开党政负责干部大会,传达学习上海市第七次党代会精神。

30日　张江高科技园区开发公司与中国美术学院签订合作协议建设中国美术学院上海设计艺术分院。1999年8月18日,中国美术学院上海设计艺术分院选址张江园区开工建设。该校是浦东新区开发开放以来第一个新建的本科普通高等院校。

# 1998 年

## 1月

6日～8日　浦东新区人民代表会议在中油大酒店召开,这是浦东新区成立后的首次人民代表会议。会议应到代表383人,实到372人。会议由主席团常务主席周禹鹏主持。会议选举产生68名出席上海市第十一届人民代表大会代表。

8日　华夏东路延伸段竣工通车。至此,全长14千米的华夏东路全线贯通。

同日　中共中央政治局常委、全国人大常务委员会委员长乔石视察浦东新区,参观陆家嘴中心绿地、上海证券大厦。

15日　浦东新区召开党政负责干部会议,会议总结1997年工作,部署1998年工作任务。

16日　浦东新区党工委召开书记扩大会议。会议讨论《浦东新区1998年组织工作要点》,通过《关于进一步加强和改进知识分子工作意见》和《关于吸收高层次人才和本科以上应届毕业生来浦东创业和发展的若干规定》。

18日　占地3.5万平方米的东视大厦落成启用。上海东方电视台在浦东新区新址举行开播5周年庆典。

19日　浦东新区党工委举行1998年度首次民主党派"双月座谈会"。会议通报1997年浦东新区开发开放情况,并就后三年的工作目标、任务等问题进行座谈。

24日　浦东新区推出三项人才政策欢迎各地优秀人才加入浦东开发队伍。同时成立浦东新区知识分子工作领导小组,组建博士后及高级科技人才工作站,为引进人才提供"一条龙"服务。

**26日** 世纪大道建设工程启动。2000年1月1日全线贯通,同年4月18日正式通车。

**27日** 由我国最大的远洋集装箱运输船队组成的中远集装箱运输有限公司在浦东新区成立,中共中央政治局委员、国务院副总理吴邦国为中远公司揭牌。

**同日** 国家重点工程——长江口深水航道治理一期工程在浦东新区外高桥开工,工程分三期,总投资155亿元。2000年7月,一期工程竣工,2005年3月,二期工程竣工,2010年3月,三期工程竣工。长江口入海主航道水深达12.5米。

## 2月

**6日** 浦东新区管委会召开专职主任办公会议。会议研究新区招商引资工作,讨论通过《浦东新区利用外资工作的若干问题》和《关于浦东新区1997年利用外资情况和1998年招商引资工作的报告》。

**10日** 浦东新区召开干部大会,传达贯彻十五届中纪委二次全会精神。

**11日** 经上海市人民政府批准:撤销罗山新村街道办事处、金杨新村街道办事处建制,建立新的金杨新村街道办事处,管辖面积8.05平方千米;撤销梅园新村街道办事处、崂山西路街道办事处、陆家嘴街道办事处建制,建立新的梅园新村街道办事处,管辖面积6.81平方千米;将歇浦路街道办事处更名为沪东新村街道办事处。

**12日** 徐匡迪在上海市第十一届人民代表大会所作的《政府工作报告》中指出,要继续发挥浦东开发开放的示范、辐射、带动作用,不断推进与市场经济和国际通行惯例相适应的全方位、多层次、宽领域的对外开放,进一步提高利用外资水平,加快培育浦东新区外向型经济功能;继续改善投资环境,推进中外金融机构、国内外大集团总部、各类要素市场向浦东金融贸易区集聚,形成连接国际国内两个市场的枢纽。

**15日** 黄菊参加上海市第十一届人大一次会议浦东代表团讨论会时指出,要抓住新机遇,解决新问题,增创新优势,把一个社会全面进步、面向世界、服务全国的浦东新区带入21世纪。

**19日** 上海市第十一届人大一次会议举行第五次全体会议,会上周禹鹏当选为上海市副市长。

22日 浦东新区新经济组织党总支成立,党总支下属党支部23个,252名党员,主要分布在浦东新区200家三资企业、私营企业和民营企业。

23日 浦东新区党工委召开书记扩大会议。会议讨论通过《关于浦东新区外商投资企业、内联企业享受公平待遇的若干措施》等文件。

25日 浦东新区党工委、管委会召开党政负责干部大会。会议传达上海市十一届人大一次会议、市政协九届一次会议精神和黄菊、徐匡迪在人代会期间参加浦东代表团讨论时的讲话精神。

26日 浦东新区召开招商引资工作会议。周禹鹏提出要着重抓好三方面工作:一是加大招商力度,形成招商合力;二是拓展招商领域,提高引资水平;三是提高招商效率,改善投资环境。

同日 全球电子行业最大的专业生产连接器系统企业——上海莫仕连接器有限公司正式获营业执照,成为在浦东新区的第5000家外商投资企业。

27日 外高桥股份有限公司和大通国际运输有限公司签订6.6万平方米土地转让合同,投资1.8亿元在外高桥保税区兴建国际大型物流中心。

同日 浦东新区公安分局东沟警署挂牌成立。至此,浦东新区所有街道、镇都成立了警察署。

28日 全国煤炭系统最大的非煤炭项目和最大的三产投资项目——中国煤炭大厦和浦东假日酒店同时在浦东落成开业。

## 3月

2日 上海市人民政府召开重大工程建设工作会议,上海通用汽车公司轿车项目被列为头号工程,浦东垃圾焚烧厂、中央公园、世纪大道、机场南干线等项目也被列入1998年重大工程项目。

3日 浦东新区党工委召开书记扩大会议,决定建立孙桥现代农业开发领导小组和浦东新区重大工程项目办公室。

8日 中国人保信托投资公司浦东证券交易营业部成立。

11日 浦东新区组织工作会议召开,会议传达市组织工作会议精神。

15日 1998年中国华东出口商品交易会闭幕,浦东参展团成交额达1 562万美元。

17日　华东地区规模最大的汽配超市——上海由由汽配市场在浦东落成。

19日　浦东新区召开机关干部思想作风养成教育大会,公布《新区党政机关干部工作作风问题的处理规定》。

22日　源深体育中心二期工程开工建设,项目占地3.8万平方米,建筑面积1.8万平方米。

23日　浦东新区纪检监察干部会议召开。会议对党风廉政建设和反腐败斗争提出新要求。

25日　浦东新区机构编制委员会成立。

27日　上海贝尔电话设备制造有限公司浦东扩产迁建项目通过验收。

28日　可口可乐公司在中国最大的瓶装厂在金桥出口加工区落成,总投资5 000万美元。

同日　徐匡迪主持召开浦东开发领导小组会议。会议要求浦东新区切实抓好经济增长、招商引资和为"三港"建设服务等工作。

30日　上海唯一的中外合资银行——上海巴黎银行落户浦东新区。2003年12月4日,该银行率先由合资转为外商独资,更名为法国巴黎银行(中国)有限公司,在中国注册成立。

## 4月

2日　浦东新区召开名牌战略高级研讨会,国家和市有关部门领导和来自全国各地的专家、学者及企业家代表60余人参加会议。

同日　莫桑比克总统若阿金·阿尔贝托·希萨诺一行访问浦东新区。

4日　第三次沪港经济发展与合作会议在浦东新区汤臣大酒店举行。

12日　钱其琛视察浦东新区中达斯米克电子电器公司。

13日　坦桑尼亚联合共和国总统本杰明·威廉·姆卡帕一行访问浦东新区。

同日　浦东新区召开浦东开发开放8周年陆家嘴情况介绍会。会上介绍江泽民总书记1997年10月18日视察陆家嘴金融贸易区情况。

14日　上海市人民政府决定:周禹鹏兼任上海市浦东新区管理委员会主

任,胡炜任上海市浦东新区管理委员会常务副主任,免去赵启正的上海市浦东新区管理委员会主任职务。

**16日** 国家新药筛选中心、国家(上海)新药安全评价中心、上海人类基因组研究中心、上海市教委(浦东)重点实验室、上海浦东工业技术研究院、上海建设产权经纪公司张江高科技分公司、上海讯博软件公司和金桥现代科技园八大高新科技项目签约,并全部挂牌进入浦东。

**同日** 徐匡迪到浦东外高桥保税区调研,实地考察惠普公司。

**17日** 浦东新区招商中心开始实施招商引资"一门式"服务、项目审批"二审终结制"。同时浦东项目审批受理服务中心揭牌。8月27日,浦东新区投资项目"一门受理、一口收费"正式运行。

**同日** 上海海关发布支持浦东开发开放等五大方面的最新举措。

**20日** 上海中路实业有限公司成为首家进驻上海证券大厦的私营企业。

**同日** 葡萄牙共和国总理安东尼奥·古特雷斯访问浦东新区。

**25日** 浦东新区教育工作会议召开,印发《浦东新区党工委、管委会关于优先发展教育的若干意见》和《浦东新区加强农村基础教育若干意见》两个文件。

**同日** 全国四大绿色样板市场之一的上海农产品中心批发市场在浦东北蔡镇开业。

**28日** 总投资20亿元、占地84.3万平方米的浦东国际机场东航基地开工。

## 5月

**4日** 巴布亚新几内亚议长约翰·托马斯·蓬达里访问浦东新区。

**5日** 浦东新区1998年实事项目建设责任签约仪式举行。11家实事责任单位签订1998年新区实事项目责任书。

**7日** 澳大利亚参议长玛格丽特·里德访问浦东新区。

**9日** 中央军委副主席迟浩田视察浦东新区。

**11日** 哈萨克总理努尔兰·乌吉博维奇·巴尔金耶夫访问浦东新区。

**12日** 浦东新区召开国有资产管理工作会议。浦东新区国资办与陆家嘴、金桥等9家公司签订1998年国有资产保值增值考核责任书。

**13日** 保加利亚总统彼德·斯托扬诺夫访问浦东新区。

14日　首家进入中国大陆的中国台湾地区证券商——台湾京华证券在浦东设代表处。

18日　泰国国会主席兼下院议长万·穆哈默德·诺·马他访问浦东新区。

19日　卢森堡大公国大公储亨利亲王访问浦东新区。

21日　苏里南共和国总统尤勒斯·韦登博斯访问浦东新区。

23日　浦东新区南干线工程全线开工,1999年10月通车。

24日　斯里兰卡议长基里·班达·拉特纳耶克访问浦东新区。

26日　国家上海生物医药科技产业基地引进的第一个项目——国家麒麟鲲鹏(中国)生物医药有限公司在张江高科技园区开工。

31日　英国博闻公司和上海华展国际展览公司共同投资的上海博华国际有限公司在外高桥保税区成立。

## 6月

1日　由上海市人民政府和世界健康基金会共同立项建设的上海交通大学医学院附属上海儿童医学中心正式建成对外开业。

7日　中国上海人才市场东迁后举行第一场人才服务、人事政策咨询活动。

8日　浦东新区外商投资企业、私营企业、外来建设者、内联企业4家区域性工会联合组织揭牌成立。

同日　浦东新区纪工委、组织部、社区局、农工委、城工委召开深化村务公开联席会议。

10日　上海市第一家专门从事涉外企业购并业务和股权交易、代理业务的发起式股份公司——上海东浩国际产权经纪股份有限公司在浦东挂牌成立。

12日　国家信息产业部与上海市人民政府共同投资兴建的国家软件产业基地——上海浦东软件园在张江高科技园区启动建设。1999年12月24日迎来首批20余家软件企业入驻,2000年3月18日正式开园,同年7月20日揭牌。2002年9月18日,二期工程正式开园。

同日　潍坊街道、梅园街道被中共上海市委、上海市人民政府命名为首批"上海市文明社区"。

18日　浦东新区举行陆家嘴花木地区项目建设签约大会。

**19日** 浦东新区党工委召开"两委"会议。会议明确新区党工委、管委会领导班子成员分工；讨论通过《关于浦东新区党工委、管委会会议的若干规定》《浦东新区党工委、管委会文件审批制度》和《浦东新区党工委、管委会领导集体学习制度和调查研究制度》。

**29日** 浦东新区召开纪念中国共产党建党77周年大会，表彰一批新区先进党组织和党员。

**30日** 美国总统夫人希拉里到上海儿童医学中心参观访问。随同美国总统克林顿访沪的美国国务卿布莱特一行参观浦东新区法律援助中心。

## 7月

**1日** 美国总统克林顿访问浦东新区，参观上海证券交易所。

**6日** 广东省党政代表团访问浦东新区。

**9日** 浦东新区党工委召开"三讲"教育工作会议。会议要求要着重解决政治信念、政治立场、政治素质和思想作风问题。

**11日** 浦东新区党工委召开办公会议。会议讨论通过《关于认真学习贯彻〈中共中央关于在全党深入学习邓小平理论的通知〉的实施意见》。

**13日** 爱尔兰议会议长谢默斯·帕特森访问浦东新区。

**17日** 上海森茂国际大厦在陆家嘴金融贸易区建成。

**同日** 浦东新区经贸局宣布：放宽各地、各有关部门外贸公司在浦东新区设立外贸子公司的条件。此举进一步加快浦东新区的功能开发，促进全国各地共享上海口岸优势条件。

**21日** 由全国政协副主席经叔平任团长，来自国内颇具知名度的30多个民营企业80多人组成的全国工商联企业会员赴沪考察团到浦东新区考察。

**23日** 浦东新区召开部分落户浦东新区的中央部属企业座谈会。

## 8月

**3日** 浦东新区召开党风廉政建设干部大会。会议要求，各级干部要率先垂范、以身作则，做理论学习的表率、实践宗旨的表率、艰苦奋斗的表率和廉洁自律的表率。

12日　经国务院批准,中国人民银行决定继续扩大外资银行在浦东经营人民币业务的试点。

16日　美国大都会人寿保险公司上海办事处入驻新金桥大厦。

同日　浦东新区召开纪念党的十一届三中全会20周年座谈会。

18日　中国东方航空公司与中国远洋运输(集团)总公司联合组建的中国货运航空公司在浦东新区注册成立。

19日　浦东新区召开依法治区动员大会。会议要求浦东新区各级领导干部带头学法用法,提高法律素质和工作水平,努力推进依法治区进程。

20日　奥地利联邦议会议长阿尔弗雷德·盖斯特尔访问浦东新区。

25日　黄菊等领导到上海通用汽车有限公司视察建设情况。

27日　美国香格里拉集团投资1.3亿美元建造的五星级宾馆——浦东香格里拉酒店开业。

## 9月

2日　上海市新一轮产业重点项目信息发布会在浦东新区召开。

4日　浦东新区党工委召开处以上级干部大会,传达贯彻上海市委常委会议和上海市委、市人大、市政府、市政协领导对浦东开发开放的讲话精神。

7日　经上海市人民政府批准,撤销施湾镇和江镇建制,成立机场镇;撤销高桥镇和外高桥镇建制,建立新的高桥镇。

9日　浦东新区农村体改工作会议召开,会议总结1998年以来新区农村集体企业改制情况,部署后阶段工作。

17日　爱尔兰总理伯蒂·埃亨访问浦东新区。

23日　中共中央政治局常委、中央纪律检查委员会书记尉健行视察浦东新区。

27日　浦东新区外高桥保税区与香港地区间的区港"直通道"开通。

## 10月

1日　中国钢铁工业最大的中外投资项目——上海克虏伯不锈钢有限公司在浦东奠基。2001年11月2日建成投产,总投资14亿美元。

12日　牙买加总理帕西瓦尔·帕特森访问浦东新区。

15日　台湾海峡交流基金会董事长辜振甫率领台湾海基会参观团访问浦东新区。

16日　中国首台达到国际先进水平的国产轿车自动变速箱在上海通用公司下线。

24日　浦东新区首次外贸工作会议召开。会议指出，新区外贸广大干部职工要进一步努力，认清形势，坚定信心，不断开拓，为实现新区外贸出口占全市1/3的目标而奋斗。会上表彰1997年度外贸出口企业20强。

同日　总投资1 200万美元的上海美国学校浦东校区落成。

26日　投资2 000万美元的美国靳羽西-科蒂化妆品（上海）有限公司在金桥开发区竣工。

27日　浦东新区召开基层党建工作交流会。会议表彰193个一级党支部，陆家嘴（集团）公司市政分公司党支部等6个基层支部作交流发言。

28日　同创集团下属3家企业在浦东开业，标志着同创上海信息产业基地全面启动。

同日　俄罗斯国家杜马主席谢列滋尼奥夫访问浦东新区。

29日　浦东新区召开新闻发布会，宣布加强为高新技术产业化服务的10条措施。

同日　国家人类基因组南方研究中心在张江高科技园区挂牌运行。

## 11月

5日　德国巴伐利亚州银行落户浦东新区，在华都大厦设立上海办事处。

10日　美国埃梯梯工业公司与上海东上海石化实业有限公司合资建立的上海高质泵有限公司在外高桥保税区开业。

11日　最高人民检察院检察长韩杼滨视察浦东新区。

12日　陈铁迪率部分市人大常委会委员到浦东新区视察《上海街道办事处条例》执行情况。

14日　韩国总统金大中访问浦东新区。

16日　世界四大名船之一、环球航行26年的4万吨级巨型英国皇家游轮——"奥丽安娜"号落户浦东,成为沪上旅游景观之一。

**17日** 由宝钢、上海冶金、梅山等3家钢铁企业联合组建的上海宝钢集团在浦东新区成立。

**同日** 陈铁迪视察金桥开发区。

**18日** 中国第一家跨行政区的中国人民银行上海分行在浦东新区陆家嘴金融贸易区成立。该行从1999年1月1日起,在上海市、浙江省、江苏省、福建省履行中央银行职责。

**19日** 张家浜整治一期工程启动,西起黄浦江水闸,东至三八河,总长6.8千米,投资2亿元,于1999年12月24日竣工。

## 12月

**2日~3日** 上海市政协主席王力平带领市政协委员视察浦东新区。

**3日** 1998年上海浦东新区房地产大型交易会在泰星广场开幕。

**同日** 浦东新区社会主义学院在新区党校揭牌成立。

**7日** 摩洛哥首相阿卜杜勒·拉赫曼·尤素福访问浦东新区。

**8日** 浦东新区举行政法机关企业移交地方交接签约仪式。

**18日** 上海科技城项目(即上海科技馆)建设正式启动。该项目位于浦东新区行政文化中心区,总投资15亿元,占地8万平方米,建筑面积9.6万平方米。于2001年建成开放。

**同日** 浦东新区电话交换容量突破100万门。

**20日** 全国最大、上海市首家生活垃圾焚烧发电厂——上海浦东垃圾焚烧厂在浦东北蔡御桥工业小区内开工建设。2001年12月26日实现并网发电。

**28日** 国内最大的软件投资项目——上海浦东中软融鑫软件开发公司在金桥现代科技园区成立。

**31日** 投资3 000万元、浦东新区规模最大的长途汽车客运站——浦东新区长途客运总站竣工,1999年1月25日投入运营。

# 1999 年

## 1月

**5日** 浦东商场股份有限公司成立。

**同日** 浦东新区召开农村党政负责干部会议,部署农村经济工作。周禹鹏强调,坚持两手抓,一手抓大规模的招商引资,包括内资、外资;一手抓村镇企业的改制、改组、改造管理,促进农村经济有效益、有速度地发展。按照市委发展都市农业的精神,做到农业向规模集中、工业向小区集中、居住向小集镇集中,加快农业产业化的步伐。进一步抓好农村社会稳定,确保一方平安。

**6日** 浦东新区召开城区工作会议,提出1999年城区工作具体目标和任务。

**12日** 上海金松机器人及自动化装备有限公司落户金桥出口加工区。

**15日** 浦东新区党政机关实施国家公务员管理工作通过中共上海市委组织部、上海市人事局检查验收。浦东新区管委会办公室等12个区级机关、28个镇人民政府、11个街道办事处共1844人按照国家公务员制度过渡。纪工委等9个区级机关、28个镇党委、11个街道党工委共608人参照国家公务员过渡。

**18日** 上海浦东发展(集团)有限公司成立,标志着浦东新区投融资体制和国有资产管理体制改革进入全面运转阶段,新区政企分开举措进一步深化。

**同日** 江苏省参与浦东开发开放的窗口和基地——江苏大厦及紫金山大酒店开业。

**19日** 由上海金桥(集团)有限公司、上海市足球发展总公司、上海东方明珠股份有限公司、上海体育场有限公司共同发起组建的上海浦东足球俱乐部有限公司成立。

同日 浦东新区菜篮子工程之一、中国最大的熟肉制品加工基地——上海柯咪特食品有限公司建成投产。

22日 国家新药筛选中心、国家上海新药安全评价研究中心在张江高科技园区举行开工奠基仪式。

26日 浦东新区26个镇党委换届选举工作结束。新一届镇党委班子成员共184人。

28日 徐匡迪视察梅园新村街道就业与社会保障服务中心。

30日 上海市慈善基金会浦东办事处成立。

同月 新亚汤臣大酒店通过国家旅游局审核,成为浦东新区第一家五星级酒店。

## 2月

3日 东方医院改扩建项目一期工程病房大楼竣工并投入使用。

6日 由上海市商委和浦东新区管委会共同牵头组建的新上海商业城联合管委会挂牌成立。

11日 浦东新区党工委召开干部大会。会议传达十五届中纪委第三次会议和全市党政负责干部会议精神,总结1998年浦东新区党风廉政建设和反腐败工作,部署1999年工作任务。

19日 国务委员吴仪视察浦东新区。

25日 王力平视察正在建设中的国际会议中心、世纪大道和中央公园。

同日 浦东新区1999年度招商引资暨外贸工作会议召开。会议表彰1998年度外商投资先进企业、国内协作先进企业、外贸出口先进企业以及招商引资工作先进单位和先进个人,部署1999年浦东新区招商引资和外贸工作。

26日 上海市人民政府召开重大工程建设工作会议。确定地铁2号线向东延伸至张江、上海国际会议中心、浦东国际机场一期主体工程、国际航运大厦、浦东中央公园、世纪大道等建设项目为1999年市重大工程。

## 3月

4日 浦东新区26个镇新一届人民代表大会第一次会议召开,选举产生镇新一届地方政府机关的领导班子。

10日　浦东新区产业配套办公室在浦东新区经贸局挂牌运行。

12日　新加坡大华银行上海分行在陆家嘴上海证券大厦开业。

18日　浦东新区党工委召开1999年组织人事工作会议，提出干部制度改革7项措施。

同日　浦东新区党的建设研究会揭牌成立。

19日~20日　浦东新区人民代表会议召开，出席代表321人。周禹鹏出席会议并发言。

27日　北京市党政代表团考察浦东新区。

28日　浦东清真寺在源深路新址落成开放。

29日　浦东新区土地资产管理中心揭牌成立，此举旨在深化土地使用制度改革，加大土地管理力度。

## 4月

6日　国家科技部火炬高技术产业开发中心与浦东新区实施高新技术及其产业化全面合作协议在北京人民大会堂上海厅签订。

8日　浦东新区城市管理工作会议召开。会议提出以"绿、洁、畅、亮、美"为目标，建成国家卫生城区和国家环保模范城区。

11日　浦东新区管委会与中国科学院合作设立的高科技"种子基金"启动。

15日　浦东新区农口系统在试点基础上，全面推行向镇、村新经济组织选派政治指导员工作，加强与无党员、无党组织的"两新组织"的联系，增强党的工作的有效性。

17日　浦东新区精神文明建设表彰大会召开，表彰在精神文明建设中的先进集体和先进个人。

20日　瑞士马特士（上海）医疗器械贸易有限公司落户浦东。

27日　浦东新区党工委、管委会召开农村工作会议，提出1999—2000年农村工作目标。

28日　国家"九五"期间重点工程——东海天然气一期工程项目投产供气。

同日　陈铁迪率队到浦东新区唐镇大众村视察村民委员会换届选举工作。

30日 首届浦东开发建设杰出人才颁奖典礼在金茂大厦举行,60名在开发建设中成绩显著、贡献突出的杰出人才获奖。

同日 经中共上海市委、上海市人民政府批准:浦东新区工商行政管理局划归上海市工商行政管理局管理,更名为上海市工商行政管理局浦东新区分局,为上海市工商行政管理局直属机构。

## 5月

2日 投资1亿美元的京银大厦在陆家嘴金融贸易区投入使用。

5日 荣毅仁视察浦东新区,考察上海通用汽车公司。

13日 浦东新区残联法律援助中心成立,免费为残疾人提供法律服务。

19日 上海万递网络科技有限公司成立党支部。这是陆家嘴金融贸易区内第一个成立党组织的私营企业,标志着非公经济组织党建工作迈出重要一步。

同日 浦东新区党工委、管委会印发《浦东新区党政机关推行竞争上岗试行办法》《浦东新区副处级以上干部交流试行办法》《关于在浦东新区部分处级领导岗位试行职务任期制和首次任期职级制的意见》3个文件。

26日 国家级经济技术开发区外资工作会议在浦东新区中国煤炭大厦闭幕。国务委员吴仪、外经贸部部长石广生出席会议并讲话。

同日 国内首座双拥大厦在浦东建成揭牌,国内第一家双拥活动中心同时成立。

28日 上海市至此规模最大的社区服务中心——上钢新村街道社区服务中心开业。

31日 经中共上海市委、上海市人民政府批准,孙桥镇、合庆镇被命名为首批"上海市文明镇"。孙桥镇环东村、北蔡镇北蔡村、金桥镇三桥村、六团镇牌楼村、东沟镇解放村、三林镇联丰村被命名为"上海市文明村"。

## 6月

3日 浦东新区区属国有独资创业投资公司——上海浦东科技投资有限公司成立。

10日 王力平等到浦东新区考察环境与发展工作。

28日 浦东新区党工委召开党员领导干部党课教育暨"八字承诺"动员

大会。

30 日　上海第二工业大学浦东校区在杨思镇举行揭牌仪式。

## 7 月

1 日　首航北极的"雪龙"号科考船在外高桥码头启航,这是中国政府组织的首次北极科学考察。9月9日结束考察,返回浦东新区新华港。

2 日　浦东新区城建局、社发局、经贸局、农发局等6个局属及下属的183家企业划转浦东发展(集团)有限公司。

8 日　上海高分子材料研究开发中心在张江高科技园区成立。

15 日　浦东新区召开党政负责干部大会,全面落实中共上海市委七届四次全会精神。

16 日　经国务院批准,中国船舶工业集团公司在浦东新区船舶大厦成立。

23 日　澳门特别行政区首任长官何厚铧访问浦东新区。

26 日　浦东新区管委会召开国民经济和社会发展"十五"规划工作会议。

28 日　上海新兴血液制品研究所在浦东新区竣工投产。

## 8 月

2 日　总建筑面积1.55万平方米的宝钢科技园在张江高科技园区竣工。

4 日　为贯彻党的十四届六中全会决议,浦东新区党工委召开"三讲"教育领导小组第一次全体会议。10日,浦东新区党工委召开全体委员会议,讨论开展"三讲"教育的有关问题,提出要以整风精神开展以"三讲"为主要内容的党性党风教育。26日,浦东新区召开"三讲"教育动员大会。10月25日,浦东新区党工委、管委会领导班子召开"三讲"教育总结大会。

9 日　金桥现代科技园创建ISO14000环境管理体系国际示范区试点工作启动。

10 日　由法国安盛集团和中国五矿集团共同出资2亿元组建的金盛人寿保险有限公司在浦东成立。

12 日　黄菊视察浦东新区。

20 日　钱其琛视察浦东新区。

22日 投资8亿元建造的上海国际会议中心试营业。

24日 中国建设银行与华虹NEC电子有限公司、华虹(集团)公司签署3亿美元的境外借款中方担保协议,支持华虹NEC深亚微米超大集成电路芯片生产线建设。

26日 徐匡迪在全国技术创新大会交流发言中提出,在今后5年内,上海将集中力量把张江高科技园区建成申城技术创新的示范基地,成为名副其实的国家生物医药产业和国家软件产业的创业基地。

## 9月

1日 上海市公安局国际机场分局挂牌成立。至此,浦东国际机场各配套机构全部到位。

11日 工商银行上海市分行与张江高科技园区开发股份有限公司签订银企全面合作协议,贷款5亿元支持张江高科技园区建立国际一流的技术创新基地。

14日 上海市重大工程——连接浦东和虹桥两个国际机场的环南一大道、迎宾大道建成通车。

16日 浦东国际机场一期工程竣工通航。

22日 总投资14亿美元的上海克虏伯不锈钢项目国际融资合同在上海签约。

23日~28日 中共中央总书记、国家主席江泽民在上海考察华虹NEC电子有限公司、上海通用汽车有限公司等。

27日 以"中国:未来的50年"为主题的'99《财富》全球论坛上海年会在上海国际会议中心开幕,中共中央总书记、国家主席江泽民参加开幕式并发表重要讲话。

30日 世界500强之一的德国麦德龙集团与浦东新区管委会签订土地出让合同,在花木地区投资1500万美元建设麦德龙浦东商场。

## 10月

6日 经国家建设部批准,浦东新区成为国家园林城区。

15日 中欧国际工商学院迁入金桥出口加工区新校园。

18日 中国船舶工业总公司参与浦东开发的重点项目,国内规模最大、技术最先进的现代化船舶总装厂——上海外高桥造船基地开工兴建,2002年10月25日一期工程建成投产,2003年10月24日全面完工。

同日　浦东新区第一所三级甲等医院——仁济医院东院开诊。

同日　投资8 000万美元的罗氏维生素园区全面启动生产。

22日　上海卓多姿中信化妆品有限公司在张江高科技园区竣工投产。

27日　集中体现研发创新、孵化创新功能的张江高科技园区技术创新区正式启动,2000年4月22日落成开园。

28日　"广洋杯"第六届世界象棋锦标赛在浦东新区钦洋镇正式开赛,这是浦东新区首次举办世界性体育大赛。

## 11月

1日　国内最大的轿车发动机及发电机生产厂——上海法雷奥汽车电气系统有限公司在张江厂区工程通过验收。

2日~4日　德国总理施罗德在上海访问,并参加上海新国际博览中心建设工程奠基仪式。该工程于2001年11月2日建成。

10日　中共中央政治局常委、国务院副总理李岚清视察浦东新区,参观张江高科技园区人类基因研究基地。

12日　杨高路绿化带改造项目开工,标志着浦东新区100千米快速干道绿色走廊工程启动。

18日　上海浦东国际机场海关开关。

同日　浦东香格里拉大酒店获美国优质服务科学协会授予的最高荣誉奖——五星钻石奖,这是上海唯一被授予此项殊荣的酒店。

21日　国际认证联盟28个成员之一的香港品质保证局进驻外高桥保税区新发展公司区域,正式设立国内第一家分公司。

23日　吴邦国视察浦东新区。

29日　日本压着端子制造株式会社与外高桥保税区举行土地出让合同签约仪式,投资3 000万美元建立高科技连接端子生产企业。

同日　美国通用电气公司的照明产品分拨销售中心、美国康柏公司的计算机及配套产品分拨中心、德国蔡司公司的分拨中心以及日本夏普公司的独资物流分拨中心分别在外高桥保税区新发展信息产业基地组建。

30日　由上海拍拍网络科技有限公司开发的全新的集团采购电子商务模式在浦东运行。

## 12月

1日　中国建设银行上海分行与张江高科技园区签订合作协议,向已经启动的1平方公里张江技术创新区提供5亿元信贷支持。

2日　浦东新区召开"迎接新千年,发挥新优势"招商引资大会,会议要求在立足中国加入WTO的基础上,重新设计浦东招商引资和经济贸易的新思路、新对策,在定位于服务上海、服务长江三角洲、服务全国的基础上,把浦东建成外向型、多功能、现代化的新城区。

8日　东明路街道办事处成立。

9日　高桥化工厂年产12万吨苯酚丙酮装置工程竣工投产。

10日　上海外高桥(集团)有限公司成立。这是外高桥保税区集聚国企优势、推进上海外向型经济发展的重要举措。

11日　首批在浦东新区购房的外省籍人士正式转为本市常住户口。

同日　孙桥现代农业开发区科技创新大会在上海国际会议中心举行。

16日　由通用电气公司(GE)塑料集团投资2 900万美元的塑料合成厂——GE塑料上海有限公司在浦东外高桥保税区正式开工。

18日　总投资1亿元的上海证券交易所通信卫星地面站在外高桥保税区奠基。

20日　浦东新区推出鼓励企业进行产业配套的10项举措,扶持中小企业发展。

21日　上海出入境检验检疫局入驻浦东,其下属9个地域性出入境检验检疫局同时挂牌,实行商检、动植检、卫检"三检合一"。

22日　国家上海中药制药工程技术研究中心等七大项目签约入驻张江技术创新区。

同日　张江高新技术发展促进中心在全国高新技术创业服务中心工作会议上入选第三批国家高技术创业服务中心。

23日　黄菊到浦东新区调研。

24日　浦东新区举行21世纪浦东文化发展战略研讨会。

同日　国家软件产业基地——上海浦东软件园迎来首批20余家软件企业入驻,国家信息产业部、浦东新区管理委员会和企业代表举行签约仪式。

27日　由上海市政府和中国科学院联合组建的第三代同步辐射工程装置,落址浦东张江高科技园区。

同日　王力平等视察上海科技馆建设工地。

同月　上海金属交易所、上海商品交易所和上海粮油交易所合并组建上海期货交易所并正式运营。

# 2000 年

## 1月

4日 浦东新区党工委召开第二次"三讲"教育工作会议。

6日 由海外留学生与国内企业共同创建的我国首个软件"孵化器"在上海浦东软件园诞生。

10日 浦东新区党工委、管委会召开党政负责干部大会,全面启动中心城区发展计划、科技产业带发展计划、滨江沿海发展计划、小城镇发展计划、浦东文化发展计划等新一轮浦东开发开放工作。

11日 浦东新区新经济组织和新社会组织党建联席会议成立。

12日 浦东新区博士后科研工作站成立。

17日 张江高科技园区领导小组成立并召开第一次会议,会议宣布园区由17平方千米扩大到25平方千米,并出台由上海市政府发布实施的《上海市促进张江高科技园区发展的若干规定》。

19日 浦东新区管委会召开创建国家环保模范城区大会,对新区创模工作作出部署。

28日 浦东新区管委会召开招商引资工作会议。新一轮的招商引资将着重拓展高新技术产业、服务贸易业等重点领域。

## 2月

4日 浦东新区留学生联谊会成立。

13日 总额为1.5亿元的张江科技创业投资基金建立。

14日　钱正英视察浦东新区张家浜一期整治工程。

23日　浦东新区党工委召开党建工作会议。会议要求浦东新区干部将进一步解放思想作为党建工作创新之源。

26日　浦东新区人民检察院被最高人民检察院授予"人民满意的检察院"荣誉称号。

## 3月

1日　浦东新区党工委召开政法暨信访工作会议。会议要求强化大局意识、责任意识和忧患意识，加强党对政法及信访工作领导，建立和完善社会稳定工作领导责任制，加强政法、信访队伍建设，完善社会稳定工作网络。

15日　国内第一个搜救直升机专用机场——上海高东海上救助机场在浦东新区建成。2003年3月15日投入试运行。

17日　浦东新区党工委与18个区属部、委、局、开发公司签订《社会治安综合治理工作目标责任书》。

18日　国内第一家互联网孵化器机构——上海互联网创业投资有限公司在张江高科技园区成立。

21日　浦东新区2000年人民代表会议在中油大酒店召开，370余名人民代表参加会议。

同日　浦东新区党工委决定在外高桥保税区、金桥出口加工区、张江高科技园区分别建立综合党委。

25日　浦东新区党工委召开第三次"三讲"教育工作会议。

29日　上海港外高桥港区一期码头合资经营项目合同在外高桥港区签约。

30日　王力平到浦东新区调研。

31日　中央"三讲"教育检查组到浦东新区检查指导"三讲"教育工作。

## 4月

3日　中共中央政治局常委、全国人大常委会委员长李鹏到浦东视察，实地考察金茂大厦和华虹NEC电子有限公司。李鹏指出，浦东发展迅速，取得了举世瞩目的成就。浦东要保持发展的后劲，就必须创造好的投资环境和新的管理机制，不断提高产品的科技含量，同时要吸引更多世界一流的企业来这里投资办厂；及时调整战略，在技术开发、产品更新、人才培养等方面下功夫。

4日　浦东新区城市规划工作会议召开。

8日　5集电视专题片《让浦东告诉世界》播出。

9日　上海市第一家银行博物馆在浦东新区世纪金融大厦建成开馆。

12日　上海市人民政府新闻办公室和浦东新区新闻办公室就"浦东开发开放十周年回顾与展望"联合举行中外记者招待会。

同日　上海软件出口联盟在浦东新区成立。

14日　陈铁迪到浦东调研，视察世纪大道、中央公园、张家浜整治工程、张江高科技园区和浦东软件园。

17日　浦东开发开放十周年招待会在香格里拉大酒店举行，徐匡迪出席。

18日　上海市庆祝浦东开发开放10周年大会在上海国际会议中心举行，黄菊发表题为《再接再厉开拓进取，把浦东开发开放搞得更好更扎实》的讲话。

同日　世界企业孵化与技术创新大会在上海国际会议中心开幕，全国政协副主席、中国工程院院长宋健作主题讲演。

同日　中央公园易名为世纪公园并正式对外开放，占地总面积140.3万平方米，是上海内环线中心区域内最大的富有自然特征的生态型城市公园。

同日　上海新国际博览中心在浦东花木开工建设。2001年11月2日竣工。

20日　上海浦东开发开放战略研讨会在金茂大厦举行。

21日　中国科学院院士报告会暨浦东科技创新研讨会在上海国际会议中心召开。来自全国各地的35名中科院院士和20多名专家出席。

22日　张江技术创新区（一期）落成开园。首批30多家创业孵化企业进驻，其中有中科院上海浦东科技园、科技部成果转化基地、上海浦东火炬创业园等项目。

28日　经上海市人民政府批准，撤销花木镇、严桥镇建制，建立新的花木镇。

29日　商务部、海关总署同意在外高桥保税区率先开展企业进出口经营权试点工作。

## 5月

1日　上海市人民政府决定自零时起,取消黄浦江大桥、隧道的设卡收费。

6日　中共中央政治局常委、全国政协主席李瑞环视察浦东新区。

8日　中国建设银行上海市分行入驻陆家嘴金融贸易区世界金融大厦。

8日~15日　中共中央总书记、国家主席、中央军委主席江泽民到江苏省、浙江省、上海市视察。在上海期间,江泽民视察浦东新区张江高科技园区、世纪公园等。

10日　中共中央政治局常委、国务院总理朱镕基出席在上海国际会议中心召开的美国亚洲协会第11届企业年会。

14日　第五届全国残疾人运动会在东方明珠广播电视塔广场闭幕。

17日　浦东十年建设精品评选揭晓,有金奖、银奖、铜奖各10个。

18日　经上海市人民政府批准,上海由由实业发展公司在浦东新区乡镇企业中率先改制为发起式股份公司。

28日　上海市政府一号工程——上海超级计算机中心在张江高科技园区动工兴建。

29日　甘肃省党政代表团访问浦东新区。

30日　浦东新区社会工作者协会潍坊街道、沪东街道、东方医院和育英学校社会工作站成立,这是全市首批成立的社会工作站。

31日　浦东新区精神文明建设工作会议召开,会议总结三年来精神文明建设的成绩及经验,提出浦东将用三年时间,把城市化地区建成全国文明城区。

## 6月

2日　东芝电脑(上海)有限公司在金桥开发区开业。

5日　亚太地区城市信息化高级论坛在上海国际会议中心举行。

21日　中共上海市委召开浦东新区党政负责干部会议,宣布中共上海市浦东新区委员会成立,区委常委会由周禹鹏、胡炜、姚海同、王午鼎、林泉璋、张耀伦、王安德、沙海林、张贤训、田赛男组成;周禹鹏任书记,胡炜、姚海同、王午鼎、林泉璋任副书记,张贤训任纪委书记。

29日　中国国民党革命委员会浦东新区委员会、中国民主同盟浦东新区委员会、中国民主建国会浦东新区委员会、中国民主促进会浦东新区委员会、中国农工民主党浦东新区委员会、中国致公党浦东新区委员会、九三学社浦东新区委员会、台湾民主自治同盟浦东新区委员会成立大会召开。

## 7月

1日　浦东电信局成立。

2日　上海浦东交通巴士长途客运有限公司成立。

5日　经上海市人民政府批准,撤销高桥镇、凌桥镇建制,建立新的高桥镇;撤销高东镇、杨园镇建制,建立新的高东镇;撤销顾路镇、龚路镇建制,建立曹路镇;撤销金桥镇、张桥镇建制,建立新的金桥镇;撤销合庆镇、蔡路镇建制,建立新的合庆镇;撤销唐镇、王港镇建制,建立新的唐镇;撤销川沙镇、黄楼镇、六团镇建制,建立新的川沙镇;撤销三林镇、杨思镇建制,建立新的三林镇。北蔡镇、孙桥镇、张江镇、东沟镇、机场镇不变。浦东新区22个镇调整为13个镇。

10日　浦东新区区委召开第四次"三讲"教育工作会议。

12日　德国汉莎航空公司上海办事处落户浦东商务广场,成为首家在新区开设办公机构的外国航空公司。

20日　国家计委批准,浦东软件园成为国内第一家由信息产业部挂牌的国家软件产业基地。

23日　浦东新区召开全区党政负责干部大会,总结上半年经济和社会发展情况,部署下半年经济工作。

24日　中共中央政治局常委、国务院副总理李岚清视察浦东,实地考察张江高科技园区和上海儿童医学中心。

28日　中芯国际集成电路公司开工建设,工程投资14亿美元。2001年9月25日竣工投产。

31日　中共上海市委、上海市人民政府印发《关于浦东新区党政机构设置的通知》,区委设8个工作部门,区政府设13个工作部门,其级别为副局级。

## 8月

3日~5日　中国人民政治协商会议上海市浦东新区第一届委员会第一次会议在宝钢大厦召开。大会选举李佳能为主席,邵煜栋、陈炳辉、王以忠、蔡威、王志雄为副主席,唐国良为秘书长。

4日~6日　上海市浦东新区第一届人民代表大会第一次会议在宝钢大厦举行。姚海同当选为区人大常委会主任,张枫来、徐林伯、聂祖仪、陈才麟、汪尧昌当选为副主任。胡炜当选为区长,张耀伦、王安德、周汉民、臧新民、姜平当选为副区长。沈志先当选为浦东新区人民法院院长,张华当选为浦东新区人民检察院检察长。

8日　中国共产党上海市浦东新区委员会、上海市浦东新区人民代表大会常务委员会、上海市浦东新区人民政府、中国人民政治协商会议上海市浦东新区委员会、中国共产党上海市浦东新区纪律检查委员会在浦东大道141号挂牌。

18日　中保康联人寿保险有限公司在陆家嘴金融贸易区开业。

25日　李铁映视察浦东新区。

28日　中银大厦在陆家嘴金融贸易区落成,总投资2亿美元。

30日　浦东新区区委、区人大、区政府、区政协四套班子成员瞻仰张闻天故居,纪念伟大的无产阶级革命家张闻天诞辰100周年。

## 9月

2日　英国RS元件集团在中国的首家大型营运及物流管理中心——欧时电子元件(上海)有限公司在外高桥保税区开业。

3日　中共中央政治局委员、全国人大常委会副委员长姜春云视察浦东新区。

7日　陈铁迪率上海市人大代表到浦东调研,视察金桥镇和潍坊新村街道。

10日　世纪购物广场在世纪大道、张杨路口东侧开业。

11日　上海外高桥保税区建区10周年大会在上海国际会议中心召开。

同日　阿根廷总统费尔南多·德拉鲁阿访问浦东新区。

12日　国内最大的进口水果批发市场——上海浦东进口水果批发交易市场

开业。

13日　上海市浦东新区第一届人民代表大会常务委员会召开第一次会议，会议审议通过《上海市浦东新区人民代表大会常务委员会组成人员守则》《上海市浦东新区人民代表大会常务委员会主任会议议事规则》《上海市浦东新区人民代表大会常务委员会任免国家机关工作人员办法》和《上海市浦东新区人民代表大会常务委员会关于设立办事机构和工作机构的决定》。会议任命首届区政府组成人员。

23日　第三届中国国际园林花卉博览会在世纪公园开幕，10月22日闭幕，共接待游客150多万人次。

24日　国家新药筛选中心和国家（上海）新药安全评价研究中心落户张江高科技园区。

28日　国家信息安全成果产业化（东部）基地在上海浦东软件园成立。

同日　中国科学院上海药物研究所在张江高科技园区举行签约暨奠基仪式。

30日　浦东新区区委、区人大常委会、区人民政府、区政协及所属工作机构迁入世纪大道2001号浦东新区办公中心办公。

同日　由浦东新区党工委、管委会组织编写的反映浦东开发开放从决策到推进全过程的总结性资料性全书——《浦东开发开放十年》出版发行。

## 10月

7日　《上海浦东》特种邮资明信片发行。

9日　浦东新区区委召开农村思想政治工作会议，总结近年来开展农村思想政治工作的经验，动员部署今后工作。

12日　上海建桥学院在浦东新区唐桥开发区建成开学。

18日　浦东新区区委、区政府召开党政负责干部会议，学习贯彻党的十五届五中全会和上海市委七届七次全会精神。

同日　卢浦大桥正式开工建设。该桥为全钢结构拱桥，全长3900米，主桥长750米，主桥面宽28.7米，桥下净高46米。2003年6月28日全面竣工通车。

同日　德国科隆集团在外高桥保税区的中国区总部和亚洲决策中心建成

开业。

19日　田纪云视察浦东新区。

21日　污水治理二期工程、浦东国际机场一期场道工程、世纪大道和地铁2号线陆家嘴车站工程获上海市政工程金奖。

25日　浦东新区人民政府首届法律顾问团成立。

26日　上海WTO事务咨询中心在浦东成立。

同日　经国家科技部、人事部、教育部批准,上海张江留学人员创业园成为首批"国家留学人员创业园"。

27日　国家级钻石交易所——上海钻石交易所在金茂大厦开业。上海钻石交易所是中国现有的证券、期货、金属、粮油等交易所中唯一的中外合资交易所。与钻石交易所配套的陆家嘴、龙华两大钻石加工区于12月8日正式成立。

同月　第一届上海国际音乐烟花节在浦东新区举行,开创亚洲举办国际音乐烟花节之先河。

## 11月

1日　浦东新区政府召开企业技术创新大会并下发《关于鼓励新区企业技术开发机构发展的若干意见》和《关于加强浦东新区技术创新的决定》。

同日　第二届中国上海国际艺术节在世纪公园开幕。

8日　国内首座3万平方米自控玻璃温室在孙桥现代农业开发区建成。

10日　投资2.15亿元的浦东新区少年宫建成开放。

11日~16日　中共中央政治局常委、国家副主席胡锦涛在上海视察期间,视察了张江高科技园区、上海通用汽车有限公司、华虹NEC电子有限公司。

18日　总投资16.3亿美元的上海宏力半导体制造有限公司在张江高科技园区奠基建造。

20日　首届国际机械工程学术会议在上海国际会议中心召开。

同日　香港汇丰银行上海分行和该行驻中国总代表处进驻陆家嘴金融贸易区汇丰大厦。

25日　美国派克汉尼汾液压系统(上海)有限公司在金桥出口加工区建成投产。

26日　浦东新区气象科普馆建成对外开放。

同日　全国人大常委会副委员长邹家华视察浦东新区。

29日　浦东新区区委、区政府召开小城镇建设工作会议并发布《浦东新区关于小城镇建设的若干意见》。

30日　由浦东新区人民政府主办的2000年浦东房产交易会在宝安大厦举行。

## 12月

4日　"亚太工业发展论坛上海2000"大会在上海国际会议中心召开。

8日　浦东新区区委、区政府召开2000年浦东开发建设杰出人才表彰大会，59人获奖。

12日　上海通用汽车有限公司的"别克赛欧"紧凑型家用轿车下线。

14日　徐匡迪率上海市委调研组到浦东新区调研。

16日　上海长江轮船公司入驻浦东长航大厦，这是进驻浦东新区的第一家大型水运企业。

19日　上海张江集成电路产业区开发有限公司在浦东软件园成立。

20日　浦东新区政府召开投资工作会议，推出一系列吸引外资的新政策。

21日　世界最大的私营化工公司——亨斯迈集团投资的亨斯迈化工贸易（上海）有限公司在外高桥保税区开业。

26日　上海地铁2号线东延伸段张江高科站投入运营。

27日　越南国家主席陈德良访问浦东新区。

# 2001 年

## 1 月

1 日　21 对新人在世纪大道 2001 号浦东新区办公中心举行集体婚礼。从 2 月起，每逢月末的最后一个星期六，浦东新区办公中心向市民开放。

4 日　总投资 15.52 亿元的上海信息港主体工程在张江高科技园区建成开通。

9 日　浦东国际机场一期航站楼、"909"生产厂房和远东大道迎宾大道立交工程获 2000 年度中国建筑工程鲁班奖。

11 日　上海中医药大学、上海第二工业大学浦东新校区奠基仪式举行。两校将整建制搬迁至浦东新区。

16 日～19 日　朝鲜劳动党总书记、国防委员会委员长金正日访问上海，其间金正日到浦东新区参观。

17 日　国泰君安证券公司与德国德累斯顿银行合作成立基金管理公司，这是我国第一家中外合资基金管理公司。

同日　意大利总理朱利亚诺·阿马托访问浦东新区。

18 日　吴邦国视察张江高科技园区。

同日　全国首例人工心脏安装手术在东方医院实施成功。

22 日　浦东新区区委召开加强党风廉政建设干部大会。会议指出，要使中央部署的反腐败任务真正贯彻落实，必须做到认识、责任、管理、纪律、思路"五到位"。

同日　张江高科技园区领导小组工作会议举行，初步确定"十五"产业发展目标。争取用5年时间,把张江高科技园区建成以创新、创业为主体功能的园内一流高科技园区;用10年时间,建成世界知名的高科技园区。

## 2月

11日　首张出口集装箱电子单证在外高桥二期港区面世并试行。

14日　中共中央组织部调研组到浦东新区调研浦东新区探索新经济组织和新社会组织党建工作的实践做法。

同日　加拿大总理让·克雷蒂安访问浦东新区。

15日　浦东新区人民检察院评为全国模范检察院。

同日　《上海市浦东新区人民政府公报》创刊。

18日　上海市浦东新区国家税务局、上海市浦东新区地方税务局成立。

19日　孟加拉国执政党人民联盟主席成员、总书记齐鲁尔·拉赫曼访问浦东新区。

22日　浦东新区区委召开党建工作会议暨党委书记研讨班,部署2001年浦东新区组织人事和宣传思想政治工作。

同日　中国电信集团上海研究与开发中心落户浦东。

28日　浦东新区政府与8个"城中村"重点改造地块的开发建设责任单位签订目标责任书,"城中村"改造工程启动。

## 3月

1日　上海磁悬浮列车示范运营线工程开工建设。

同日　富国基金管理有限公司迁入金茂大厦。

3日　爱沙尼亚总统伦纳特·梅里和尼泊尔国王比兰德拉·比尔·比克拉姆·沙阿·德瓦分别访问浦东新区。

8日　浦东新区政法系统召开"先进表彰暨队伍建设"大会,浦东新区司法局被司法部记集体一等功,葛建萍被最高人民法院授予全国法院系统"人民满意的好法官"荣誉称号。

15日　浦东新区区属企业国有资产产权重新登记工作基本结束,555户企业共有国有资产总额194亿元。

20日　浦东新区政府召开劳动保障工作会议。会议明确年内净增1.2万个就业岗位；提出试行新的征地人口安置方法，实现征地劳动力安置向劳动力市场的全面过渡。

21日　全国人大常委会原委员长乔石视察浦东新区。

同日　浦东新区政府聘任第一届18位特邀监察员。

22日　阿尔巴尼亚人民议会议长斯坎德尔·吉努什访问浦东新区。

26日～29日　中国人民政治协商会议上海市浦东新区第一届委员会第二次会议召开，282名委员参会。会议收到提案201件。会议审议并通过陈炳辉所作的常委会工作报告，听取邵煜栋所作的一届一次会议以来提案工作情况报告。与会委员列席新区人民代表大会一届二次会议，听取和讨论区长胡炜所作的《关于浦东新区国民经济和社会发展第十个五年计划纲要（草案）的报告》及《关于浦东新区2001年国民经济和社会发展计划（草案）的报告》《关于浦东新区2001年预算（草案）的报告》及新区人民法院和人民检察院的工作报告。

27日～30日　上海市浦东新区第一届人民代表大会第二次会议召开，出席代表370人。会议批准《浦东新区国民经济和社会发展"十五"计划纲要》。审议通过《关于浦东新区2001年国民经济和社会发展计划的报告》《关于浦东新区2001年预算的报告》以及人大常委会、法院、检察院3个工作报告；审议通过人民代表大会议事规则和关于代表议案、代表书面意见的规定。收到代表10人以上联名提案34件，意见和建议282件。

31日　浦东新区区委印发《关于加强和改进新区基层思想政治工作的实施意见》。

## 4月

3～4日　浦东新区第一次妇女代表大会召开，出席正式代表297人。会议审议区妇工委工作报告，选举产生区妇联第一届执行委员会，蔡竞当选为主席。

8日　总投资34亿元、全长31.1千米的上海外环线（浦东段）二期工程开工。2002年10月26日竣工。

同日　沪东造船厂和中华造船厂联合成立沪东中华造船（集团）有限公司。

12日　上海张江高新技术展示交易中心暨上海产权交易所张江高科技分所

竣工落成。

17日　中共中央政治局常委、国务院总理朱镕基视察浦东新区张江高科技园区、浦东软件园和国家人类基因南方研究中心。

18日　浦东新区科学技术协会第一次代表大会召开。大会通过科学技术协会章程,选举产生由86名委员组成的科协第一届委员会和一届常委会。

同日　外高桥保税区第五次新建的隔离设施通过海关总署验收,保税区总面积达7.5平方千米。

20日　国家中药现代化(上海)创新中心进驻张江高科技园区。

21日　中国共产主义青年团上海市浦东新区第一次代表大会召开,600多名代表出席。会议审议团工委报告,选举产生新一届委员会,胡军当选为团区委书记。

同日　浦东新区区委、区政府印发《关于命名1999—2000年度浦东新区文明单位、军民共建社会主义精神文明先进集体的决定》。

同日　黎巴嫩国民议会议长纳比赫·贝里访问浦东新区。

22日　浦东新区图书馆建成开放,馆舍面积9 300平方米,藏书容量75万册。

25日　浦东新区区委召开精神文明建设表彰暨创建文明城区动员大会。会议指出,要坚持以德治国基本方针,实施文明城区创建规划。

27日　浦东新区第二届运动会在源深体育中心开幕,9月25日闭幕。运动会有312个代表团,进行90项次赛事,参赛者逾1.49万人次。

30日　坦桑尼亚革命党总书记菲利普·加非特·曼谷拉访问浦东新区。

## 5月

6日　上海国际新闻中心在陆家嘴金融贸易区竣工,APEC会议国际新闻中心10月14日开始启用。

同日　全国政协副主席、中共中央统战部部长王兆国视察浦东新区。

17日　吴邦国视察浦东新区。

18日　浦东新区政府代表团赴青海省西宁市学习考察。

19日　奥地利总统托马斯·克莱斯蒂尔在金桥出口加工区为奥地利AVL

公司中国技术中心奠基。

21日　浦东新区政府召开扶持经济薄弱村工作会议。会议提出力争在本届政府任期内全面实现"脱贫"目标。

同日　安哥拉国民议会议长罗贝托·德·阿尔梅达访问浦东新区。

23日　浦东新区区委召开农村"三个代表"重要思想学习教育活动动员大会。会议要求建成团结坚强的班子,找准创新发展的路子,增加农民口袋里的"票子",搞出村镇建设的样子,完善事业发展的机制,开创"强村富民"的新局面。

24日　中共上海市委决定,张华、邵煜栋、田卫华任区委常委,免去沙海林区委常委职务。

26日　总投资16.55亿元、全长2.5千米的东方路大连路越江隧道工程开工,2003年9月29日竣工通车。

29日　拉脱维亚议会议长雅尼斯·斯特拉乌梅访问浦东新区。

30日　德国巴斯夫集团投资、年产4万吨丙烯酸乳胶的巴斯夫安固力工厂投产。

## 6月

1日　巴布亚新几内亚总理梅克雷·莫劳塔访问浦东新区。

6日　2001年亚太经合组织(APEC)贸易部长会议在上海国际会议中心举行。

7日　中共中央政治局常委、国务院副总理李岚清视察浦东新区。

11日～14日　钱其琛视察浦东新区。

14日　世界知识产权组织主办的"知识产权保护高级研讨会"在浦东新区召开。

15日　"上海合作组织"诞生,中、俄、哈、吉、塔、乌6国元首在浦东签署《"上海合作组织"成立宣言》和《打击恐怖主义、分裂主义和极端主义上海公约》。

同日　中共中央政治局候补委员、中共中央组织部部长曾庆红视察浦东新区。

同日　中国建筑第八工程局总部迁入浦东。

16日～17日　中共中央总书记、国家主席、中央军委主席江泽民视察浦东新区。江泽民在考察居民小区时指出,不断提高人民群众的生活水平,是我们进行改革开放和现代化建设的根本出发点和落脚点。

20日　浦东新区区委召开老干部工作会议,出台关于提高老干部政治生活待遇的5项措施。

30日　浦东新区区委召开纪念中国共产党成立80周年大会。

## 7月

1日　浦东新区党政领导干部集中收看中共中央总书记江泽民在庆祝中国共产党建党80周年大会上的讲话实况电视。

5日　上海市人民政府发布《上海市促进张江高科技园区发展的若干规定》。《规定》扩大了园区行政管理机构的权限,提出了财税、关税、融资、土地使用、工商登记、收费减免等一系列扶持政策。

同日　马耳他共和国总统圭多·德马科访问浦东新区。

6日　浦东新区工会第一次代表大会召开,800余人出席。会议审议工会工作报告、财务工作报告,选举产生由35人组成的第一届委员会和由7人组成的第一届经审委员会,彭戌兰当选为主席。

9日　江西省党政代表团访问浦东新区。

18日　上海海关出台7项政策,支持浦东微电子产业带建设,同时推出9项支持微电子企业通关措施。

20日　浦东新区党建研究中心成立。

同日　浦东新区农村经济工作会议召开。会议要求以学习"三个代表"思想为动力,力争早日实现"5021"战略目标(即农村镇平均各业总产值超过50亿元,税收实现2亿元,可支配财力1亿元)。

25日　上海市、云南省合作工程——上海瑞吉红塔大酒店开业。

## 8月

1日　外高桥保税区开始实行新的行政审批制度,行政审批事项从128项减至69项。

同日　经上海市人民政府同意,东沟镇更名为高行镇。

2日　浦东新区区委印发《关于加强统一战线工作的意见》。

3日　浦东新区政府召开经济体制改革工作会议,确定年内完成行政审批制度、国有开发公司、农村土地流转机制和融投资体制改革四大任务。

11日　张闻天故居被国务院公布为第五批全国重点文物保护单位。

14日　浦东新区区委召开加强党风廉政建设干部大会。大会总结党风廉政建设八条经验,指出要进一步建立党风廉政建设预防、发现、纠正、惩处等机制。

18日　上海市浦东新区和浙江省嘉兴市在嘉兴市举行"缔结友好关系"签约仪式。

22日　吉尔吉斯斯坦议会人民代表大会主席鲍鲁巴耶夫·阿尔泰·阿瑟卡诺维奇访问浦东新区。

26日　吴邦国视察浦东新区。

28日　国内最大的外贸上市公司——中化国际贸易股份有限公司总部入驻陆家嘴金融贸易区。

30日　上海外高桥造船基地第一个造船专用码头竣工。

## 9月

1日　浦东新区行政学院成立,与浦东新区区委党校合署办学。

5日　浦东新区区委、区政府召开社会治安社会稳定工作会议。

12日　由美国、日本共同投资2 500万美元的GE东芝有机硅上海有限公司在外高桥保税区开业。

19日　浦东新区政府召开外资外贸工作会议。

20日　新加坡总统S.R.纳丹访问浦东新区。

24日　北京市海淀区和上海市浦东新区"缔结友好关系"签约仪式在北京钓鱼台宾馆举行。

同日　芯成半导体(上海)有限公司落户张江高科技园区。

26日　上海旅游节"联洋之夜"第二届上海国际音乐烟花节在世纪公园举行。

同日　外高桥保税内4 000余家中外贸易和加工企业全部纳入"电子商务网"。

28日　杉达大学金海校区一期工程竣工暨开学典礼举行。

同日　莫桑比克共和国议长穆伦布埃访问浦东新区。

同月　国务院批准在金桥出口加工区南区建立海关监管区,规划占地3平方千米。

## 10月

5日　中共中央宣传部、司法部授予浦东新区"1996—2000年全国法制宣传教育先进区"称号,司法部授予浦东新区法律援助中心"全国法律援助先进集体"称号。

9日　上海市政府召开行政审批制度改革试点工作会议,会议确定浦东新区为先行试点区,对724项审批事项取消292项,另84项改变审批方式。

12日　中共中央政治局委员、中央政法委书记罗干视察浦东新区。

同日　上海市药品监督管理局浦东新区分局挂牌成立。

16日　亚太经合组织(APEC)第13届部长级会议非正式高官会在浦东召开。17日　亚太经合组织(APEC)第13届部长级会议在浦东召开,外交部部长唐家璇、外经贸部部长石广生共同主持会议。

18日　亚太经合组织(APEC)工商领导人峰会在浦东召开。中共中央总书记、国家主席江泽民发表讲话。

19日　亚太经合组织工商咨询理事会(ABAC)第四次会议在浦东召开。

21日　亚太经合组织(APEC)第九次领导人非正式会议在上海科技馆举行,20个国家和地区领导人参加会议。中共中央总书记、国家主席江泽民主持会议并发表《加强合作,共同迎接新世纪的挑战》的讲话,会议通过了《领导人宣言》。

23日　上海贝尔有限公司正式改制为外商投资股份有限公司,并更名为上海贝尔阿尔卡特有限公司。阿尔卡特是第一家进入中国电信产业领域的世界跨国公司。

25日　经上海市人民政府批准,撤销花木镇、钦洋镇建制,建立新的花木镇。

31日　世界上第一条双层双管六车道越江公路隧道——复兴东路隧道开工,2004年1月17日全线贯通,2005年9月29日竣工通车。

## 11月

2日　上海磁悬浮列车示范运营线轨道梁启运仪式举行。中共中央政治局常委、国务院总理朱镕基和德国总理施罗德为启运揭幕。

同日　由德国拜耳公司和上海华谊集团所属上海氯碱化工股份有限公司共同投资31亿美元的一体化综合性化工生产基地奠基。中共中央政治局常委、国务院总理朱镕基和德国总理施罗德为开工启动按钮。

同日　国内钢铁工业最大的中外合资项目——上海克虏伯不锈钢有限公司一期工程投产。

同日　全国第一家合资建造的展览中心——上海新国际博览中心开业。

8日　浦东新区区委召开镇党委换届选举工作动员大会。至12月31日，全区12个镇党委换届工作全部完成。

9日　中共中央政治局候补委员、国务委员吴仪视察浦东新区。

14日　卢旺达共和国总统保罗·卡加梅访问浦东新区。

23日～27日　第三届上海国际工业博览会在上海新国际博览中心举行，观众达52.5万人次。

24日　摩尔多瓦总理瓦西里·塔尔列夫访问浦东新区。

28日　全球500强企业之一的美国应用材料公司中国总部及培训中心在张江高科技园区开业。

同日　浦东新区首家民营企业党委——德隆国际战略投资有限公司党委成立。

## 12月

4日　浦东新区区委、区政府召开依法治区工作会议，印发《中共浦东新区区委关于进一步加强依法治区工作的意见》。

9日　浦东新区区委、区政府召开第一次基础教育工作会议，提出"十五"期间推进教育改革与发展的总体目标。

10日　全国人大常委会副委员长蒋正华视察浦东新区。

11日　南非共和国总统塔博·姆约耶尔瓦·姆贝基访问浦东新区。

17日　南非非国大总书记卡莱马·莫特兰蒂访问浦东新区。

18日　上海市人民政府2001年一号工程——上海科技馆试开馆。

21日　云南省党政代表团访问浦东新区。

26日　国内最大的生活垃圾焚烧发电厂——日处理垃圾1 000吨、年发电量1亿千瓦时的浦东垃圾焚烧厂实现并网发电。

27日　上海外高桥物流中心有限公司成立。

28日　东方书城、东方出版交易中心在浦东新区新上海商业城开业。

31日　中共上海市浦东新区社会事业工作委员会和中共上海市浦东新区企业工作委员会成立。

# 2002 年

## 1月

10日　黄浦江两岸综合开发工程启动,在规划开发的22.6平方千米中,浦东新区有13.9平方千米,占61.5%。

11日　南斯拉夫联盟共和国总统沃伊斯拉夫·科什图尼察访问浦东新区。

12日　韩国国会议长李万燮访问浦东新区。

同日　上海市浦东新区国家(地方)税务局稽查局成立。

14日　浦东新区政府公布川沙古城墙等26处古迹与建筑物为区首批文物保护单位及文物保护地点。

15日　中共上海市委决定,张贤训任浦东新区区委副书记。

18日　上海市小城镇建设试点镇——高桥中心镇建设启动。

19日　约旦国王阿卜杜拉二世·本·侯赛因访问浦东新区。

21日　上海浦东发展银行香港代表处成立。

29日　总投资8.8亿元、全长9.96千米的外高桥港区集疏运通道——赵家沟航道整治工程开工。

## 2月

1日　上海海关在外高桥保税区启动EDI无纸化报关操作试点。

同日　黄浦江两岸开发项目浦东老港区整体开发实质性启动,东昌港区杨家渡码头高层仓库爆破拆除。

7日　位于陆家嘴的上海海洋水族馆正式开放。

8日　乌拉圭众议长佩纳德斯访问浦东新区。

11日　上海市黄浦江两岸浦东新区综合开发领导小组及办公室成立。同日,上海市黄浦江两岸浦东新区开发建设投资有限公司成立。

19日　浦东新区人民政府印发《浦东新区妇女儿童发展"十五"计划和2015远景目标》。

20日　全国第一批国家留学人员创业园示范建设试点——张江国家留学人员创业园示范建设试点揭牌。

21日　浦东新区政府举行新闻发布会,启动新一轮陆家嘴金融贸易区开发建设。

28日　浦东新区人民政府与国家开发银行上海分行签署金融合作协议。国家开发银行提供50亿元贷款,用于浦东新一轮重大基础设施等项目的建设。

同日　乌克兰最高苏维埃主席伊万·斯捷潘诺维奇·普柳希访问浦东新区。

## 3月

4日　上海勃林格殷格翰药业有限公司在张江高科技园区生物医药基地落成。

6日　经上海市人民政府批准,撤销张江镇、孙桥镇建制,建立新的张江镇。

同日　浦东新区政府召开重点工程实事立功竞赛表彰大会。

12日　国际展览局副局长兼执行委员会主席卡门·塞雯女士一行在市领导陪同下到浦东"国际友谊林"植树。

同日　广西壮族自治区党政代表团访问浦东新区。

14日　浦东新区政府召开农村税费改革试点工作动员大会并印发《浦东新区人民政府关于开展农村税费改革试点工作的实施意见》。

18日　沃尔沃(VOLVO)建筑设备(中国)有限公司落户金桥出口加工区。

18日～21日　中国人民政治协商会议上海市浦东新区第一届委员会第三次会议召开,出席委员268名。会议审议并通过陈炳辉所作的《常委会工作报告》,听取王以忠所作的《一届二次会议以来提案工作情况报告》,听取和讨论了新区政府、人民法院和人民检察院3个工作报告。会议一致通过《政协浦东新区第一届委员会第三次会议决议》。会议收到提案186件。

19日~22日　上海市浦东新区第一届人民代表大会第三次会议召开,出席代表351人。会议审议通过《浦东新区人民政府工作报告》及区人大常委会、区人民法院、区人民检察院3个工作报告。审议批准《关于浦东新区2001年国民经济和社会发展计划执行情况与2002年国民经济和社会发展计划》《关于浦东新区2001年预算执行情况和2002年预算》。会议选举潘福仁为区人民法院院长,选举陈乃保为区人民检察院检察长。大会收到代表10人以上联名提案26件,代表书面意见和建议240件。

23日　全国人大常委会副委员长何鲁丽视察浦东新区。

同日　蒙古人民革命党主席都伦金·伊德沃赫腾访问浦东新区。

同日　厄瓜多尔总统古斯塔沃·诺沃亚·贝哈拉诺访问浦东新区。

26日　总投资7.8亿元的上海东方艺术中心在花木行政文化中心区开工建设。2004年12月31日落成开放。

同日　中国银联股份有限公司在上海期货大厦挂牌成立。

27日　复旦大学与张江高科技园区签约合作建设"复旦大学(张江)国家软件示范学院"和"复旦大学(张江)微电子学院"。

## 4月

1日　外高桥造船有限公司开工建造17.5万吨好望角型散货轮船,这是国内迄今建造的吨位最大的散货船。

同日　新西兰国家党代表团访问浦东新区。

4日　中共上海市浦东新区代表会议召开,选举产生浦东新区出席中共上海市第八次代表大会的代表19名。

同日　浦东新区国家保密局挂牌成立。

10日　国内首次由保险公司承担融资信用担保、工程总投资30亿元的上海南环高速公路项目签约。

13日　2002年国际人类基因组织大会在上海国际会议中心召开。

16日　中共中央政治局委员、中央书记处书记、中央军委副主席张万年视察浦东新区。

18日　泰国正大集团投资4亿美元兴建的正大广场竣工,同年10月18日开业。

19日　上海银行大厦在陆家嘴金融贸易区开工建设。

20日　浦东新区区委组建5个检查组,对全区基层党建工作进行全面检查。

同日　辽宁省党政代表团访问浦东新区。

同日　越南国会主席阮文安访问浦东新区。

25日　中共上海市委决定免去姚海同浦东新区区委副书记、常委职务。

同日　马其顿总统博里斯·特拉伊科夫斯基访问浦东新区。

26日　软件工程界顶级国际性专业会议——SEPG(软件工程改进组)年会在浦东举行。

同日　浦东新区"海外人才招聘团"赴美国、加拿大等地招聘高级人才。

27日　巴西共产党主席雷纳多·拉贝罗访问浦东新区。

同日　印度尼西亚人民协商会议主席阿敏·拉伊斯访问浦东新区。

28日　金桥开发区第一次员工代表大会召开,这是区域性工会代表会议制度第一次进入外商投资企业集中的开发区。

同日　科特迪瓦总统洛朗·巴博访问浦东新区。

## 5月

4日　上海浦东中高级人才香港招聘会在香港华润展览中心举行。

8日　亚洲开发银行理事会第35届年会系列活动在浦东举行。中共中央总书记、国家主席江泽民出席开幕式并讲话。

9日　中共中央总书记、国家主席、中央军委主席江泽民视察浦东新区。

10日　全国人大常委会副委员长成思危视察浦东新区。

14日　克罗地亚总统斯捷潘·梅西奇访问浦东新区。

15日　经中国人民银行核准,台湾银行机构——世华联合商业银行上海代表处在浦东揭牌。

同日　惠普中国软件研发中心在金桥出口加工区揭牌。

同日　浦东新区街镇机构改革和人员分流工作结束,街镇行政编制由2 122名精简至1 405名。

**23日** 浦东新区政府召开2002年经济体制改革工作会议。

**同日** 浦东新区协作办与重庆万州五桥移民开发区管委会签订援建协议，这标志着浦东新区对口支援三峡工程启动。

**24日** 浦东新区获得国家教育部命名的第一批"全国社区教育实验区"称号。

**27日** 由国家外国专家局批准的上海市首个"国家级引进国外智力成果推广基地"在孙桥现代农业开发区运行。

**28日** 世界第二大印刷制造商——德国曼罗兰上海客户印艺中心在外高桥落户。

**同日** 在中共上海市第八届委员会第一次全会上，周禹鹏当选为中共上海市委常委。

**29日** 浦东新区区委召开党员负责干部会议，传达上海市第八次党代会精神。

**31日** 金桥出口加工区（南区）管理委员会和浦东海关驻金桥出口加工区（南区）办事处揭牌。6月20日，金桥出口加工区（南区）通过国家验收。

## 6月

**1日** 亚太经合组织（APEC）第五次电信信息部长会议在上海国际会议中心闭幕。

**2日** 世界航空运输会议在香格里拉大酒店召开。

**4日** 由华虹集成电路有限公司自主研发的中国第一款具有知识产权的带RSA协处理器的IC卡芯片诞生。

**6日** 国内第一家保险中介服务机构——上海双希保险公估有限公司在浦东成立。

**7日** 希腊共和国总理康斯坦丁·西米蒂斯访问浦东新区。

**10日** 上海空港部分国内航班由虹桥机场搬迁至浦东国际机场。10月27日，从零时起，原在上海虹桥机场起降的国际和港澳航班全部移至浦东国际机场起降。

**18日** 亚洲最大的软件公司印度塔塔咨询服务公司（TCS）落户浦东软件园。

**19日** 浦东新区政府召开郊区工作会议，提出到2007年郊区基本实现现代化。

20日 浦东新区重大建设项目稽查特派员办公室成立。

22日 突尼斯国民议会议长富阿德·迈巴扎访问浦东新区。

25日 浦东新区土地资产交易中心成立,标志着上海市第一家土地有形市场开始运转。

27日 老挝国家主席坎代·西潘敦访问浦东新区。

28日 浦东新区区委召开纪念中国共产党成立81周年暨党建理论学习研讨会。

## 7月

1日 西门子移动通信亚太总部入驻陆家嘴金融贸易区,成为国内首个全球知名手机品牌亚太区总部。

同日 亚太银行上海分行落户陆家嘴金融贸易区中银大厦。

同日 基里巴斯总统赛布罗罗·斯托访问浦东新区。

3日 世纪公园被评为上海市首批五星级公园。

同日 毛里求斯共和国总理阿内罗德·贾格内特访问浦东新区。

14日 尼泊尔国王贾南德拉·比尔·比克拉姆·沙阿·德瓦访问浦东新区。

20日 浦东新区新一轮行政审批制度改革方案施行,审批事项由445项精简为253项。

26日 2002年上海国际卡通漫画展在金茂大厦开幕。

29日 张江海外科技创新园正式开园。

同日 马耳他众议院议长安东·塔博恩访问浦东新区。

## 8月

8日 浦东新区专利信息检索数据库建成。

14日 张江高科技园区民主管理委员会成立。

17日 上海市浦东新区第一届人民代表大会第四次会议召开,出席代表381人。王午鼎当选为区人大常委会主任。

20日 加纳议长彼得·阿拉·阿杰蒂访问浦东新区。

21日 "狮子星号"邮轮抵达外高桥码头,这是有史以来抵达上海的最大邮轮。

28日 川沙镇新城建设启动,规划城镇面积由现在的6.04平方千米扩大到15.3平方千米。

同月 上海规模最大的网球馆——坐落于源深体育中心内的浦东网球中心对外开放。

## 9月

1日 华东师范大学第二附属中学新校区在张江高科技园区落成开学。

6日 浦东新区党政代表团赴北京市海淀区学习考察并签署《中关村—浦东21世纪科技合作宣言》。

11日 2002年"浦东创业创新周"在正大广场开幕。

17日 英国辛普森潘斯和扬船舶代理公司(简称SSY)在浦东设立分公司。

18日 浦东新区区委、区政府召开推进软件产业发展大会。

19日 首届浦东高级国际论坛在张江高科技园区开幕。

26日 中芯国际集成电路有限公司举行一厂投产周年暨二、三厂投产庆典仪式。"中芯国际"为国内第一家提供0.18微米逻辑制程技术及服务的芯片工厂。

27日 中共上海市委决定,姜平任浦东新区区委常委、副书记,免去王午鼎浦东新区区委副书记、常委职务。

同日 第10届中国国际体育用品博览会在上海新国际博览中心举行,这是亚洲迄今规模最大的体育博览会。

## 10月

7日 上海市重大工程配套商品房基地启动仪式在三林镇"杉林新月"基地举行。

同日 国际交易所联合会第42届年会接纳上海证券交易所为会员。

10日 "新浦东号"集装箱船在沪东中华造船公司下水,该船系国内建造的最大集装箱船。2003年2月20日,国内建造的航速最快、载箱量最大、现代化程度最高的全集装箱船"新浦东号"从外高桥码头出发,开始欧洲"处女航"。

11日　法属波利尼西亚自治政府主席加斯东·弗洛斯访问浦东新区。

15日　莫桑比克总理帕斯科亚尔·曼努埃尔·莫昆比访问浦东新区。

17日　乌拉圭总统巴特列夫妇访问浦东新区。

18日　乌干达议长爱德华·基瓦努卡·塞坎迪访问浦东新区。

同日　太平洋保险集团迁址陆家嘴金融贸易区。

20日　浦东新区区委、区政府联合印发《关于推行浦东新区政府政务公开工作的实施意见》。

21日　上海市第一所实行英国国家教育大纲的国际学校——上海英国学校在浦东康桥地区落成开学。

22日　全国人大常委会副委员长彭佩云视察浦东新区。

同日　克罗地亚议长兹拉特科·托姆契奇访问浦东新区。

同日　美国欧华律师事务所上海代表处在浦东中银大厦开业。

25日　上海外高桥造船厂一期工程建成投产。

28日　中国交通银行总部迁入浦东陆家嘴交银金融大厦。

同日　加纳共和国总统约翰·阿吉耶库姆·库福尔访问浦东新区。

29日　中央精神文明建设指导委员会发布《关于表彰全国精神文明创建工作先进单位的决定》，浦东新区获"全国创建文明城市工作先进城区"称号，张江镇、高行镇解放村同时获第一批"全国创建文明村镇工作先进县（市）、镇、村"称号。

同日　国内目前规模最大的物流中心——中外运空运发展有限公司上海浦东国际机场物流中心开业。

30日　全国人大常委会副委员长铁木尔·达瓦买提视察浦东新区。

## 11月

1日　上海市最大的社区文化中心——花木镇社区文化中心启用。

3日　第十四次上海市市长国际企业家咨询会议在浦东香格里拉大酒店举行。

同日　马耳他总理爱德华·芬内克·阿米达访问浦东新区。

5日　浦东新区司法局获"全国司法行政系统人民调解工作先进单位"称号。

8日　中共中央总书记、国家主席、中央军委主席江泽民在中国共产党第十六次全国代表大会上所作的《全面建设小康社会,开创中国特色社会主义事业新局面》的报告中指出,鼓励经济特区和上海浦东新区在制度创新和扩大开放等方面走在前列。

11日 "2002网球大师杯赛·上海"在上海新国际博览中心举行,为期6天。中共中央政治局常委、全国政协主席李瑞环出席闭幕式并向冠军颁奖。

14日 2002年中国国际旅游交易会(CITM2002)在上海新国际博览中心举行。

同日 上海市第十二届运动会浦东新区代表团总结表彰大会召开,区代表团在市运会上获88.5枚金牌,排名全市第四位。

15日 浦东新区政府召开质量工作会议并公布《浦东新区2003—2010年质量振兴规划纲要暨2003—2005年质量工作发展计划》。

16日 2002年国际展览行业上海浦东峰会在上海国际会议中心举行。

19日 浦东新区区委召开全区副处级以上党员干部大会,传达贯彻党的十六大会议精神。

20日 李铁映视察浦东新区。

26日 第一届中国互联网大会暨中国互联网展示会在上海国际会议中心举行。

27日 三林镇606街坊1宗10 167平方米的地块挂牌出让成交,这是上海市第一块以公开挂牌方式出让的国有土地。上海恒大房产股份有限公司获得该地块40年的使用权。

30日 占地2.8万平方米的浦东展览馆动工建造,2006年4月18日竣工开馆。

## 12月

3日 在摩纳哥蒙特卡洛举行的国际展览局第132次大会上,中国上海在5个候选城市中获得2010年世博会的举办权。2010年世博会主会场设在浦东新区。

5日 2010年中国上海世博会申办成功庆祝大会在上海国际会议中心举行。

10日 厄瓜多尔议长何塞·科尔德罗访问浦东新区。

13日　伊朗议会议长迈赫迪·卡鲁比访问浦东新区。

21日　毛里塔尼亚民主社会共和党总书记卢莱德·乌尔德韦达德率团访问浦东新区。

22日　轨道交通6号线工程开工建设。

26日　注册资本10亿元、由张江高科技园区开发公司改制的上海张江（集团）有限公司成立。

同日　上海通用汽车有限公司第一款为中国打造的新车——别克"君威"面世。

27日　上海科技馆、瑞吉红塔大酒店获2002年度中国建筑工程鲁班奖。

30日～31日　上海市浦东新区第一届人民代表大会第五次会议召开，会议选举产生上海市第十二届人大代表80名。

31日　世界第一条商业化运营的高速磁浮交通系统——上海磁悬浮列车示范运营线试运行通车，中共中央政治局常委、国务院总理朱镕基，德国总理施罗德为通车剪彩，并一同乘坐磁悬浮列车。该运营线路始点为龙阳路站，终点为浦东国际机场。

# 2003 年

## 1月

**2日** 上海浦东发展银行与花旗集团合作,花旗集团以6亿元取得上海浦东发展银行5%的股份,共同开发联名信用卡服务。2004年2月4日在全国发行。

**8日** 斯洛伐克总统鲁道夫·舒斯特访问浦东新区。

**9日** 上海浦东发展银行上海总部迁入陆家嘴金融贸易区浦发大厦。

**同日** 中共上海市委决定,张耀伦任浦东新区区委常委、区委副书记,栾国梁任浦东新区区委常委、区委副书记、区纪委书记,张国洪、臧新民任浦东新区区委常委;免去张贤训浦东新区区委副书记、常委、区纪委书记职务。

**同日** 浦东新区区委、区政府召开党政负责干部大会,部署2003年工作。

**12日** 上海浦东发展(集团)有限公司发行总额达15亿元的2003年国内首支公司债券。

**13日~15日** 中共中央政治局常委、书记处书记曾庆红到上海市考察,其间考察浦东干部教育培训设施。

**20日** 同济大学城市发展研究中心在浦东挂牌。

**同日** 美国橡子园管理公司与上海创业投资有限公司、上海张江(集团)有限公司在浦东软件园合作建立橡子园上海孵化器。

**24日** 乌拉圭众议长吉列尔莫·阿尔瓦雷斯访问浦东新区。

**25日** 上海市检测中心在张江高科技园区奠基开工。

**26日** 浦东新区人民政府与中国科学院计算机研究所签署科技合作协议。

**26日~2月9日** 中国台湾地区的远东、中华、华信、长荣、立荣、复兴等6家航空公司的16班台商包机从台湾起飞降落浦东国际机场,这是50多年来台湾民航客机首次循正常途径降落祖国大陆。

29日　一届区人大常委会第22次会议任命张国洪、尚玉英、杨建荣、张恩迪为浦东新区人民政府副区长。

## 2月

10日　上海西门子移动通信有限公司、上海通用汽车有限公司、上海乐金广电电子有限公司、上海贝尔阿尔卡特有限公司和上海华虹NEC电子有限公司被评为上海市2002年度外贸先进企业。

同日　总投资122亿元、由浦东通向崇明的长江越江工程项目建议书经国务院批准立项。

11日　中共上海市委决定,姜斯宪任浦东新区区委常委、书记,免去周禹鹏浦东新区区委书记、常委职务,免去胡炜浦东新区区委副书记、常委职务,免去王安德浦东新区区委常委职务。

12日　浦东新区区委召开常委会,作出《中共浦东新区区委关于开展向英雄民警陈卫国、季心开同志学习活动的决定》。

13日　高492米、101层的上海环球金融中心工程重新开工启动仪式举行。2008年8月30日,环球金融中心建成对外开放,接待观光游客。

24日　上海西门子医疗器械有限公司在金桥出口加工区落户。

25日　中国第一家钟表交易的功能性专业公司——上海外高桥钟表交易中心成立。

26日　浦东新区个体劳动者协会、私营企业协会被评为全国先进集体。

同日　摩尔多瓦总统弗拉迪米尔·沃罗宁访问浦东新区。

27日～3月2日　中国共产党上海市浦东新区第一次代表大会召开。大会出席党代表382人,会议审议通过中共浦东新区委员会工作报告和中共浦东新区纪律检查委员会工作报告。选举产生中共上海市浦东新区第一届委员会委员25名、候补委员4名,选举产生中共上海市浦东新区第一届纪律检查委员会委员20名。在区委一届一次全会上,姜斯宪、林泉璋、姜平、张耀伦、栾国梁、张国洪、田赛男、张华、邵煜栋、田卫华、王如勇、臧新民当选为区委常委,姜斯宪当选为区委书记,林泉璋、姜平、张耀伦、栾国梁当选为区委副书记。全会批准一届区纪委一次全会选举产生的领导班子,栾国梁任区纪委书记,赵开国、冯济时任区纪委副书记。

## 3月

1日 国家主席江泽民陪同古巴国务委员会主席兼部长会议主席菲德尔·卡斯特罗视察浦东新区。

3日 浦东第一个全集装箱码头公司——上海浦东国际集装箱码头有限公司开业。

同日 浦东新区妇联获得全国"三八"红旗集体荣誉称号。

6日 浦东新区消费者协会被评为全国先进集体。

10日 绿色环保型17.5万吨好望角型散货船在浦东下水。这是国内建造的最大吨位散货船。5月17日试航成功,2004年2月9日正式启航。

15日 国内第一个搜救直升机专用机场——上海高东海上救助机场建成投入运行。

18日 韩国国会议长朴宽用访问浦东新区。

22日 全球最大的电子示波器生产商——泰克科技(中国)有限公司在金桥出口加工区开业。

22日~26日 中国人民政治协商会议上海市浦东新区第二届委员会第一次会议召开。会议审议并通过陈炳辉所作的《常委会工作报告》,听取邵煜栋所作的《一届三次会议以来提案工作情况报告》,听取和讨论了新区政府、人民法院和人民检察院3个工作报告。会议一致通过《政协浦东新区第二届委员会第一次会议决议》。大会出席委员316人,选举产生常务委员会委员39名,林泉璋当选为主席,邵煜栋、陈炳辉、陈南岗(女)、李忠湧、张显平、解放(女)、陈志龙当选为副主席,唐国良当选为秘书长。会议收到提案174件。

23日~28日 上海市浦东新区第二届人民代表大会第一次会议召开。会议审议通过《浦东新区人民政府工作报告》及区人大常委会、区人民法院、区人民检察院3个工作报告。审议批准《关于浦东新区2002年国民经济和社会发展计划执行情况与2003年国民经济和社会发展计划》《关于浦东新区2002年预算执行情况和2003年预算》。大会出席代表446人,选举产生区人大常委会委员21名,王午鼎当选为主任,陈德昌、顾国籁、彭戍兰、胡宪雄、岳勇、蔡威当选为副主任。选举姜斯宪为区长,张国洪、臧新民、尚玉英、杨建荣、张恩迪为副区长。选举潘福仁为区人民法院院长,陈乃保为区人民检察院检察长。

25日 重新组建的东丽集团亚洲总部落户浦东。

26日 上海市银行卡产业园区在浦东开园。

30日 江苏省党政代表团访问浦东新区。

## 4月

1日 圭亚那总统巴拉特·贾格迪奥访问浦东新区。

3日 浦东新区区委召开宣传工作会议暨开展"世博会与上海新一轮发展"大讨论动员大会。

4日 上海市第一个旅游会展专业网——上海浦东旅游会展网开通。

8日 国内第一家针对境外人士的信息服务中心——上海浦东国际访问者中心在正大广场成立。

9日 公安部和中共上海市委在上海国际会议中心联合召开陈卫国英雄事迹报告会。大会宣读《关于追授陈卫国同志全国公安系统一级英雄模范称号的命令》《公安部关于向陈卫国同志学习的决定》《中共上海市委关于学习陈卫国同志先进事迹的通知》和上海市公安局《关于给浦东分局季心开同志记一等功的命令》。

16日 全国政协副主席陈奎元视察浦东新区。

17日 山东省党政代表团访问浦东新区。

18日 浦东新区区委、区政府举行第三届"浦东开发建设杰出人才"颁奖仪式。

19日 浦东新区区委、区政府召开防病工作紧急会议,部署落实上海市委、市政府提出的关于做好传染性非典型肺炎防范工作的10项措施,同时成立区传染性非典型肺炎预防和控制工作领导小组。

21日 第10届上海国际汽车工业展在上海新国际博览中心举行。

22日 中共上海市浦东新区新经济组织工作委员会成立。

23日　浦东新区区委、区政府召开党政负责干部大会,进一步部署防治传染性非典型肺炎工作。

29日　国家商务部、海关总署同意在外高桥保税区率先开展企业进出口经营权试点工作。

## 5月

8日　浦东新区区委、区政府召开党政负责干部会议,再次对防治"非典"工作进行部署。

14日　上海市张江高科技园区领导小组第四次会议召开。会议确定,到"十五"期末,把张江建成有产业支撑的、以创新创业为主要功能的国内一流高科技园区,到2010年,建成世界知名的高科技园区,在全世界打响"张江牌"。

15日　浦东新区人民政府发布《2003年浦东新区经济体制改革工作要点》。

16日　总投资3亿元的12年寄宿制民办学校——上海东方世纪学校在浦东开工建设。

27日　复旦大学张江校区奠基建设。2005年5月27日一期工程正式启用。

29日　外高桥保税区第六次扩大海关监管区隔离设施正式通过验收。扩大后的保税区域由原来的7.52平方千米增加至8.52平方千米。

## 6月

4日　上海移动斥资7 497万元在金桥出口加工区购入总面积2万多平方米的通用厂房,用于上海移动网络的局房建设。

19日　项目总投资8.6亿元的上海曦龙生物医药工程有限公司的APS-BCCS细胞工程生产基地在张江开工建设。

22日　经中共中央、国务院批准的国家级干部培训基地——中国浦东干部学院开工建设,中共中央政治局委员、中央书记处书记、中央组织部部长贺国强出席开工典礼。学院占地约333 335平方米。2005年3月18日,中国浦东干部学院举行开学暨竣工典礼,贺国强出席。

23日　科摩罗总统阿扎利·阿苏马尼访问浦东新区。

25日　梅园社区党员服务机构——"阳光驿站"创设。

27日 "2003上海浦东——永达汽车环球嘉年华"大型游园活动在陆家嘴金融贸易区开幕。活动共历时76天,经营收入2.4亿元。

## 7月

1日 浦东新区区委举行浦东新区先进基层党组织和优秀共产党员颁奖仪式。

2日 中国第一套完全自主研究开发的二维码技术"龙贝码"在张江国家信息安全成果产业化(东部)基地诞生。

3日 上海赛达生物药业有限公司和中国人民解放军第四军医大学合作研究开发的"国家一类新药注射用重组改构人肿瘤坏死因子"在浦东问世。

10日 韩国总统卢武铉访问浦东新区。

15日 塞黑共和国总理米洛·久卡诺维奇访问浦东新区。

16日 浦东新区区委、区政府召开郊区工作会议。

18日 中国新闻社上海分社浦东支社在上海期货大厦挂牌。

20日 国内业务规模最大的民营商业担保机构——上海中科智担保有限公司在陆家嘴揭牌。

## 8月

1日 上海浦东国际机场海关缉私分局、上海海关驻外高桥港区办事处缉私分局成立。

2日 2003年上海国际城市动画漫画展在浦东开幕。

7日 中国科学院计算技术研究所上海分所(MCR)落户张江。

8日 中共上海市浦东新区第一届委员会第二次会议召开。会议学习传达市委八届三次全会精神和《中共上海市委关于进一步推进"凝聚力工程"加强和改进基层党的建设的决定》。会议通过《浦东新区经济发展三年行动纲要(2003—2005)》。

14日 浦东新区第二批8处文物保护单位和保护地点公布并挂牌。

同日 第13届中国国际自行车展览会在上海新国际博览中心举行。

19日 全国政协副主席、中央统战部部长刘延东视察浦东新区宗教工作。

24日　罗马尼亚总统扬·依利埃斯库访问浦东新区。

28日　总投资6 000万美元的新加坡优特半导体(上海)有限公司开业。

29日　中共中央政治局常委、国务院总理温家宝视察浦东新区并主持召开浦东开发开放座谈会。

30日　厄瓜多尔总统卢西奥·埃德温·古铁雷斯·博武阿访问浦东新区。

31日　首届上海时尚大使评选活动在上海国际会议中心举行。

## 9月

4日　浦东新区区委召开加强党风廉政建设干部大会。

同日　浦东新区区委召开精神文明建设工作会议暨陈卫国英雄事迹报告会。

5日　外高桥物流园区开发全面启动,园区总面积约2.56平方千米。

11日　2003年全国田径锦标赛在源深体育中心举行。

同日　全国人大常委会副委员长乌云其木格视察浦东新区。

12日　浦东新区区政府召开2003年度招商引资和外贸工作会议。

17日　中共中央政治局委员、国务院副总理曾培炎视察浦东新区。

21日　东帝汶总理马里·阿尔卡蒂里访问浦东新区。

同日　上海浦东发展银行获证券投资基金托管业务资格,成为国内第二家获批资格的上市银行。

22日　上海金融高等专科学校更名为上海金融学院,并与相邻的上海第二工业大学一起升格为本科院校。

23日　上海宏力半导体制造有限公司开业,这是国内第一家自主研发出0.15微米逻辑与存储器集成电路制造技术的企业。

24日　安徽省党政代表团访问浦东新区。

同日　重庆市党政代表团访问浦东新区。

25日　喀麦隆总统保罗·比亚访问浦东新区。

27日　浦东新区政府召开推进就业和社会保障工作会议。

28日　全国人大常委会副委员长布赫视察浦东新区。

## 10月

6日　上海中医药大学在张江高科技园区蔡伦路1200号落成开学。

10日　浦东新区海外人才招聘团赴欧洲举行招聘会。

11日　浦东新区与纽约曼哈顿签署"推动两区友好合作与交流意向书"。

13日　爱尔兰总统玛丽·麦卡利斯访问浦东新区。

18日　总投资32.14亿元、占地146万平方米的上海外高桥造船厂船舶总装基地一期工程竣工,这是中国迄今建设规模最大、技术设施最先进、现代化程度最高的大型船舶总装厂。

23日　美国通用电气(GE)公司全球第三个研发中心在张江高科技园区开业。

同日　美国捷智半导体有限公司加盟上海华虹NEC电子有限公司有关新战略合作协议签订,全国政协原副主席胡启立出席签字仪式。

25日　全国人大常委会副委员长王丙乾视察浦东新区。

28日　英国伦敦城市行业协会中国总部落户浦东。

同日　浦东新区政府和香港贸易发展局在香港联合举行浦东新区开发开放信息发布会。

30日　上海世博会事务协调局成立。

## 11月

3日　以集成电路产业为核心的张江集电港一期工程全面落成。

4日　投资1.24亿元的杜邦中国研发中心在张江高科技园区奠基。

6日　"2003年中国(上海)电子政务发展与实践高层论坛"在上海国际会议中心召开。

6日～11日　第五届上海国际工业博览会在上海新国际博览中心举行。"神舟"载人航天五号返回舱在工博会上展出。

10日　塞尔维亚总理佐兰·日夫科维奇访问浦东新区。

14日　投资1.33亿元的斯凯孚(上海)轴承有限公司在金桥出口加工区开业。

25日 总投资7.6亿元的中兴通讯股份有限公司上海研发中心在张江高科技园区建成启用。

26日 浦东新区政府发布《浦东新区关于〈上海市被征用农民集体所有土地农业人员就业和社会保障管理办法〉的实施意见》。

同日 中国首家由合资转为外商独资，并在中国注册的银行——法国巴黎银行(中国)有限公司在证券大厦成立。

30日 2003年第1000万标准集装箱起运仪式在外高桥港区举行。

同日 上海临港新城(一期工程)开工。临港新城是上海建设国际航运中心的重要支撑和组成部分。

同日 上海临港新城管理委员会成立。

## 12月

1日 欧洲500强之一的芬兰美卓集团在外高桥投资的物流中心——美卓造纸机械(上海)有限公司开业。

2日 浦东新区政府与北京大学、清华大学、复旦大学签署协议，在张江高科技园区内合作创办北京大学浦东微电子研究院、清华大学上海微电子研究中心和复旦大学国家微分析中心。

3日 上海市浦东新区第一次少数民族代表大会召开。

5日 上海市浦东新区第三次归侨侨眷代表大会召开。

8日 国务院同意在外高桥保税区和外高桥港区实施"港区联动"，这是全国第一家"港区联动"试点。

同日 上海市地震局浦东地震监测中心在张江高科技园区开工建设。

15日 总投资1.2亿美元的新天哈瓦那大酒店在浦东开工建设，2009年12月正式开业，这是古巴政府在海外的最大投资项目。

17日 浦东新区政府召开记者招待会，姜斯宪向落户外高桥保税区的第10 000家外商企业——德尔福中国研发中心颁发证书。至此，浦东新区累计引进来自84个国家和地区的投资企业1万家，合同利用外资达216.16亿美元。

25日 浦东新区获"全国文物工作先进县(区)"称号。

27日 河南省党政代表团访问浦东新区。

# 2004 年

## 1月

2日　新版上海浦东政府门户网站开通。

6日　我国第一个专门的生物专利数据库与检索分析系统——由上海市浦东科技信息中心开发的"上海市生物医药行业专利数据与检索分析系统"正式开通使用。

9日　国家民政部、解放军总政治部授予浦东新区"全国双拥模范城"称号。

12日　"历道证券博物馆"在陆家嘴金融贸易区开馆,填补了中国证券类博物馆的空白。

14日　张家浜荣获"中国人居环境范例奖"。

17日　一届区委常委会第23次会议审议并原则通过《浦东新区灾害、事故和事件应急处置总体预案》。

25日～28日　中共中央政治局常委、国务院副总理黄菊考察上海市,其间到浦东新区外高桥造船基地考察。

## 2月

2日　外高桥保税区获上海市颁发的无燃煤区称号,并被授予达标奖牌,成为新区第一家无燃煤区。

5日　夏普家电研发中心在金桥出口加工区开业,这是日本夏普集团在中国设立的第一个研发中心。

6日　上海仲裁委员会浦东国际仲裁中心揭牌。

9日～12日　中国人民政治协商会议上海市浦东新区第二届委员会第二次

会议召开。会议审议并通过《常委会工作报告》,听取《二届一次会议以来提案工作情况报告》,听取和讨论了新区政府、人民法院和人民检察院3个工作报告。会议一致通过《政协浦东新区第二届委员会第二次会议决议》。出席区政协委员310名。大会收到提案151件。

10日~13日　上海市浦东新区第二届人民代表大会第二次会议召开。大会应到代表441名,实到代表420名。会议审议通过《新区政府工作报告》《新区2003年预算执行情况和2004年预算草案报告》《人大常委会工作报告》和法院、检察院工作报告。选举丁寿兴为新区人民法院院长。大会收到10人以上联名提案20件,收到代表书面意见和建议276件。

11日　巴布亚新几内亚总理迈克尔·索马雷访问浦东新区。

18日　美国安讯公司将它本土之外的首家研发中心设在张江软件园。

19日　国内最大的公共旅游展——2004首届上海世界旅游资源博览会在上海新国际博览中心开幕。来自德国、澳大利亚、法国、英国等国家和中国香港地区、澳门地区及苏浙沪25家旅游企业参展。

## 3月

5日　浦东新区民间组织服务中心揭牌成立。

6日　张江"药谷"3家医药、IT机构成立中国首家中药体外药物代谢和相互作用评价(IDMIE)组织,以解决中、西药相互作用的问题。

15日　浦东新区教育系统成立第一、第二、第三、第四教育署。1998年建立的全区18个中、小、幼教学区随之撤销。遵循城郊结合、均衡合理、理顺关系的原则划分辖区,对所属中、小、幼教和职校、成人教育实施统一管理。

16日　全球最大的半导体及FPD制造设备供应商之一的日本TEL集团落户张江高科技园区,其投资的东电电子(上海)有限公司(TES)竣工开业。

同日　被誉为"中国芯片第一股"的中芯国际在纽约证券交易所挂牌上市。

同日　世界500强企业利乐拉伐集团旗下的西得乐上海技术中心在外高桥新发展区域成立。

18日　由上海市教委和上师大联合命名,并在全市第一个挂牌的"教师专业发展学校"——上海市实验学校在浦东新区揭牌。

23日　首届中国(上海)国际半导体照明论坛在张江集电港召开。

同日　浦东新区开展集中梳理流动党员试点工作。共梳理出流动党员2 969名,其中转入正式组织关系的568名,按有效证件确认党员身份、编入党小组的1 537名,暂时无法证明党员身份、编入活动小组的520名,处理(包括恢复组织关系、教育考察、除名)344名。

## 4月

1日　浦东新区全面推行新闻发言人制度。第一批新闻发言人由新区各政府部门、委办机构和开发公司负责人(共29人)组成。

8日　英特尔公司研发项目落户外高桥新发展IT产业园区,英特尔亚洲控股公司和上海外高桥保税区新发展有限公司签署投资备忘录。

9日　保利文化艺术有限公司和文汇新民联合报业集团共同组建的上海东方艺术中心管理有限公司注册成立。

12日　拉脱维亚总统瓦伊拉·维基耶-佛赖贝加女士访问浦东新区。

15日　我国首个保税物流园区——上海外高桥保税物流园区正式封关运营,并率先进行"区港联动"(保税区与临近的港口合作,实行保税区政策)的试点。

22日　联合国亚太经社会(ESCAP)第60届年会在上海国际会议中心开幕,亚太经社会62个成员国和准成员国的800多名代表出席会议。26日,联合国亚太经社会第60届会议部长级会议开幕式在上海国际会议中心举行,中共中央政治局常委、国家副主席曾庆红出席并讲话。

24日　中共中央政治局常委、国家副主席曾庆红考察江南和沪东两家造船企业,以及正在建设中的中国浦东干部学院。

27日　中国第一颗具有自主知识产权的GSM/GPRS(2G/2.5G)基带处理芯片/软件及系统解决方案在张江高科技园区面世。

## 5月

4日　中共上海市委召开浦东新区党政负责干部会议,宣布浦东新区党政主要领导任免决定:杜家毫任中共浦东新区区委委员、常委、书记,张学兵任中共浦东新区区委委员、常委、副书记。

7日　贺国强视察中国浦东干部学院建设情况。

8日　中国首家缓释肥料工厂——上海汉枫缓释肥料公司在孙桥农业园区投产。

12日　中共中央政治局委员、全国人大常委会副委员长、中华全国总工会主席王兆国视察后腾电子(上海)有限公司、复旦金仕达计算机有限公司。

14日　二届区人大常委会召开第11次会议，审议并经投票表决，任命张学兵为浦东新区副区长，同时接受姜斯宪辞去浦东新区区长职务的请求，并根据区人大常委会主任会议的提请，张学兵担任浦东新区代理区长。

16日　上海外高桥造船有限公司出口欧洲的第一艘船"上海宝藏"号正式交付比利时波士玛航运公司。该船是我国目前出口欧洲的最大吨位散货船。

17日　浦东新区海外联谊会成立。杜家毫担任名誉会长，林泉璋担任会长。

同日　马达加斯加共和国总统拉瓦卢马纳纳访问浦东新区。

20日　浦东国际机场三类仪表着陆导航系统完工，成为国内唯一一个拥有三类盲降系统的机场。

24日~25日　中共中央政治局常委、国务院总理温家宝在上海考察，其间考察外高桥造船厂、外高桥发电厂和外高桥港区。

26日~27日　全球扶贫大会在上海国际会议中心召开，中共中央政治局常委、国务院总理温家宝出席开幕式并讲话。会议发表了《上海宣言》和《上海减贫议程》。

## 6月

1日　全国政协副主席张思卿视察浦东新区。

7日　中国咨询服务领域第一个博士后工作站——上海WTO事务咨询中心博士后工作站建立。

8日　奥地利奥钢联自动化(上海)公司在浦东软件园成立。

10日　上海市市长韩正、副市长周禹鹏调研丸红(中国)有限公司及阿尔卡特亚太区总部和通用电气中国技术中心，并与通用电气、阿尔卡特、通用汽车、拜耳、联合利华、丸红、震旦、第一资讯等8家跨国公司地区总部负责人座谈。

11日　中共上海市委决定，免去姜平浦东新区区委副书记、常委、委员职务。

14日　总投资800万美元的世界著名跨国公司——美国罗克韦尔自动化公司入驻金桥出口加工区（南区）。

23日　索尼上海技术中心在张江落成。

同日　巴西劳工党主席若泽·热诺伊诺访问浦东新区。

25日　国家发改委批复同意《上海国家微电子产业基地发展规划》。

28日　占地1.1万平方米、总投资2 000万美元的上海理光数码设备有限公司在金桥出口加工区建成投产。

## 7月

7日　注册资金1.45亿美元的巴斯夫（中国）投资有限公司被认定为跨国公司地区总部。

8日　浦东新区第二轮环保三年行动计划暨深化创建国家环保模范城区推进大会召开，会议宣布新的环境保护和环境建设协调推进委员会及创建环保模范城区工作协调推进委员会成员名单。

同日　"上海国际航运中心港航人才培养基地"成立，基地旨在培养紧缺的港航经营、管理和技术人才。

15日　一届区委四次全会召开。会议审议通过《浦东新区区委关于贯彻"三个代表"重要思想，树立和落实科学发展观，深入推进制度创新和扩大开放的若干意见》以及《中国共产党上海市浦东新区第一届委员会第四次全体会议关于递补区委委员的决定》。全会对新区上半年经济社会发展情况进行总结，并部署下半年主要工作。

同日　首批入驻外高桥保税区物流园区的上海实业外联发国际物流有限公司设在园区内的仓库迎来了第一批货物，这标志着中国"区港联动"首个试点的业务开始运转。

15日～17日　缅甸联邦总理钦纽和马里共和国总统杜尔先后访问浦东新区。

19日　浦东第10 000家外企——德尔福中国科技研发中心在外高桥保税

区奠基。2006年4月19日开业。

19日~20日 上海市浦东新区第二届人民代表大会第三次会议召开。394名区人大代表出席会议。会议选举张学兵为浦东新区区长。

23日 高行镇解放村被司法部、民政部评为"全国民主法治示范村"。

26日~27日 中共中央总书记、国家主席胡锦涛视察浦东磁悬浮列车、张江高科技园区中科院上海药物研究所、住友居民小区和外高桥造船公司、外高桥港区。胡锦涛要求,要继续搞好浦东开发开放,加快体制创新,不断提高外向型经济层次,努力在更高的起点上实现快速发展。

30日 中共上海市委决定,万大宁任浦东新区区委委员、常委;免去戴海波浦东新区区委副书记、常委、委员职务。

同月 上海市教委和市财政局批复,同意民办教育收费改革在浦东新区的民办平和、东方世纪和金苹果3所学校试点。

## 8月

2日 上海市人大常委会主任龚学平到浦东新区调研,视察东方艺术中心、浦东文献中心、金桥碧云社区等。

4日 浦东新区加强党风廉政建设干部大会召开。会议传达上海市加强党风廉政建设干部大会精神,通报浦东新区上半年党风廉政建设和反腐败工作情况,并提出下一步工作要求。

同日 以"人·城市·湿地"为主题的九段沙湿地保护国际研讨会在浦东新区举行。

8日 通用汽车金融服务公司和上海汽车集团财务公司共同合资组建的上汽通用汽车金融公司获得中国银监会批准开业,这是中国银监会批准开业的国内第一家汽车金融公司。

9日 上海世博人才发展中心揭牌,这是为中国2010年上海世博会成立的第一个人力资源开发、培训机构,标志着世博人才培训工作启动。

17日 "2003年上海行业经济排行榜"公布,浦东新区有86个村成为"特色亿元村",占全市27.2%。

19日 二届区人大常委会举行第15次会议。根据区长张学兵的提请,经投票表决,决定任命万大宁为副区长。

**20日** 为纪念邓小平诞辰100周年,浦东新区区委宣传部在浦东新舞台举行"永远的纪念——浦东新区隆重纪念邓小平同志诞辰100周年文艺演出"。

**同日** 巴哈马总理佩里·克里斯蒂访问浦东新区。

**22日** 由中国信息产业部主办的"中国芯片工程"成果报告会举行,宣布中国首款装有自主产权芯片的手机投放市场,展讯通信(上海)有限公司成为国内首家实现产业化的芯片设计企业。

**24日** 浦东新区政府与上海市世博土地储备中心签订世博会新区企事业单位拆迁合作框架协议,浦东新区世博区域企事业单位动迁工作实质性启动。浦东世博地块有企事业单位188家,约占全市世博动迁企事业单位总户数的近70%,新区政府负责拆迁129家。

**26日** 浦东新区区委召开"三服务"(党的上级组织为基层组织服务、党的基层组织为党员服务、党的各级组织和党员都为群众服务)活动暨发展党员工作推进会。

**同日** 东帝汶国民议会议长弗朗西斯科·古特雷斯·卢奥格、加蓬国民议会议长居伊·恩祖巴·恩达马分别访问浦东新区。

**30日** 中芯国际集成电路制造有限公司宣布,成功开发0.18微米30~40伏高电压CMOS组件制程技术。

**同日** 上海外高桥造船厂为美国福茂航运公司建造的绿色环保型17.5万吨好望角散货船"德梅号"轮举行命名典礼。

## 9月

**2日** 国内首个、亚洲第四个高内涵药物筛选技术平台在张江生物医药基地启用,从此新药综合研发效率将提高50%以上。

**同日** 国家级张江药品交易中心在张江生物医药基地正式启动建设,并着手建立全国性的数据交换中心,公布具有指导性的全国药价指数,形成全国范围的实时交易系统。

**8日** 国家微电子产业基地在张江高科技园区揭牌。

**10日** 加蓬共和国总统哈吉·奥马尔·邦戈·翁丁巴访问浦东新区。

**16日** "首届全球管理咨询2004亚太年会"在世纪公园会议厅开幕。本次年会的主题是"崛起中的中国管理咨询——创新与变革之源"。

**同日** 浦东新区区委召开宗教工作会议。会议要求各有关单位做好抵御境外利用宗教进行渗透的各项工作,把对宗教事务的管理,以及整治非正常宗教活动纳入社区(村)网格化管理,列入社区(村)精神文明建设的考核内容。

**17日** 张学兵应邀率团访问毛里求斯,考察港口物流及自由贸易。

**同日** 阿尔巴尼亚总理法托斯·纳诺阁访问浦东新区。

**同日** 外高桥保税区首家公共型危险品物流企业——上海日陆外联发物流有限公司正式开业。

**22日** 浦东新区区委召开党政负责干部大会,传达学习贯彻党的十六届四中全会精神。

**同日** 浦东新区区委、区政府印发《关于加强和改进浦东新区未成年人思想道德建设的实施计划》的通知。

**23日** 作为全市首批6个试点单位之一的浦东新区第一个社区党工委——中共潍坊社区(街道)工作委员会正式成立。11月22日,中共浦东新区区委印发《浦东新区推进社区党建和社区建设试点工作意见》。

**24日** 日本国会众议长河野洋平访问浦东新区。

**27日** 花旗集团大厦在陆家嘴金融贸易区揭幕,成为花旗集团在中国的全球企业与投资银行业务和全球消费总部。

**28日** 浦东新区区委、区政府印发《关于建立陆家嘴等四个功能区域党工委、管委会的通知》,明确功能区域组织机构设置、职能配置、管理权限和人员编制、领导职数、内设机构设置等问题。

**29日** 浦东新区政协召开庆祝中国人民政治协商会议成立55周年大会。新区各界人士代表300多人参加会议。

**同日** 亚美尼亚总统罗伯特·谢德拉科维奇·柯恰良访问浦东新区。

**同月** 浦东新区小城镇社会保险工作在花木镇、张江镇进行试点。至年底,全区参加镇保人数31 042人。从2005年起正式享受保障待遇。

## 10月

**5日** 上海市浦东教育发展研究院成立。该研究院是全国第一家区域性教育研发机构。

**9日** 浦东新区区委、区政府召开"区镇联动"工作会议,宣布成立四大功能区域党工委、管委会,统筹协调以四大开发园区为核心的陆家嘴、张江、金桥、外高桥四大功能区域经济与社会发展。四大功能区域为:陆家嘴功能区域(包括陆家嘴金融贸易区、花木镇、潍坊街道、梅园街道、洋泾街道、唐桥街道)、张江功能区域(包括张江高科技园区、孙桥现代农业开发区、张江镇、唐镇、合庆镇)、金桥功能区域(包括金桥出口加工区、金桥镇、曹路镇)、外高桥功能区域(包括外高桥保税区、高桥镇、高东镇、高行镇)。

**11日** 上海通用汽车有限公司与上汽集团联合宣布,将共同开发用于日常运行的混合动力客车,这是中外汽车公司首次联手打造未来绿色客车。

**12日** 上海市文化科技创意产业基地和上海戏剧学院创意学院在张江高科技园区揭牌。

**13日** 为期8天的"埃菲尔塔——巴黎文化展"在东方明珠广播电视塔开幕。

**17日** 李铁映视察浦东新区。

**21日** 云南省党政代表团访问浦东新区。

**25日~26日** 二届区人大常委会召开第16次会议,审议通过《浦东新区人民代表大会常务委员会任免国家机关工作人员办法》《浦东新区人民代表大会常务委员会关于区人民代表大会代表联系选民办法》和《浦东新区人民代表大会常务委员会关于述职评议工作办法(试行)》。

**26日** "2004韩国商品展"在新国际博览中心举行,201家韩国企业参展。

**28日** 美国机械制造技术协会(ATM)上海技术服务中心正式入驻上海外高桥国际商品展示交易中心。

**30日** 罗氏全球第五个研发中心进驻张江,是跨国药企在上海独资建立的第一个药物研发中心。

## 11月

**2日** 巴基斯坦国民议会议长乔杜里·阿米尔·侯赛因访问浦东新区。

**3日~6日** 2004年世界工程师大会在上海国际会议中心召开。此次大会由世界工程组织联合会和联合国教科文组织发起,中国科学技术协会、中国工程院和上海市人民政府承办。

**4日** 为期6天的"第六届上海国际工业博览会"在新国际博览中心开幕。

**5日** 浦东新区政府获电子政务应用示范奖。

**8日** 世博动迁定向安置基地"世博家园"在三林镇正式开工。总用地面积132.91万平方米,其中居住面积101.23万平方米,规划建设多层、高层住宅90万平方米。住宅一期建设约36万平方米,二期建设54万平方米。

**10日** 湖北省党政代表团访问浦东新区。

**14日** 第11届"浦东新区十大杰出青年"评审会召开,以无记名投票方式选举产生了十大杰出青年。

**16日** 全区24个街镇全部创建成为上海市一级卫生街镇。

**同日** 浦东新区区委、区政府召开"集中处理信访突出问题及群体性事件"工作会议,会议传达了全国处置和预防群体性事件电视电话会议精神,并对进一步做好社会稳定工作提出要求。

**16日~17日** 首届"中国上海E—CBD(电子化国际商务中心区)论坛"在浦东召开。150多位中外著名CBD代表和专家学者参加论坛。

**18日** 世界500强企业——全球工业巨子霍尼韦尔正式启用其位于张江高科技园区内的亚太地区总部及研发中心。

**20日** 浦东开发开放投资项目发布会在上海国际新闻中心召开,有31个外资和19个内资项目签约,合同外资总额超过11亿美元,项目注册资金达55.4亿美元。

**22日** 浦东新区监察委、人事局、法制办联合制定《上海市浦东新区行政过错责任追究暂行办法》,进一步明确了行政过错责任追究的主体、范围、方式和程序。该办法于2005年1月1日正式实施。

**24日** 浦东新区成立全国首家卫生服务公司——伟康卫生服务公司,它是一个受政府委托开展卫生服务市场化、专业化的运作机构。

**同日** 浦东新区区委召开机关干部大会,900多名机关党员干部出席会议。会议指出,全体机关干部要坚定理想信念,始终保持政治上的清醒;要坚持"两个务必",始终发扬谦虚谨慎、艰苦奋斗的创业精神;要进一步增强学习的紧迫感,不断提升与浦东未来发展相适应的综合素质。

**同日** 中国科学技术协会颁发《关于命名第二批全国科普示范城区和科普示范县(市、区)的决定》,命名浦东新区为第二批全国科普示范城区。

**25日** 浦东新区召开党政负责干部会议,传达贯彻中央和市委关于预防和处置群体性事件、落实党风廉政建设责任制等会议精神。

**29日** 中国2010年上海世博会会徽揭晓,吴仪揭晓会徽。

**同日** 吉尔吉斯共和国总理尼古拉·塔纳耶夫访问浦东新区。

## 12月

**3日** 浦东新区首批6家世博动迁企业拆房启动仪式在第一家被拆除的企业——杨思漂染厂举行。

**6日** 新华社播发上海分社署名专稿《科学发展观指引浦东发展"路线图"》,介绍浦东新区以科学发展观指引创业新路的做法。7日,《解放日报》《文汇报》《劳动报》等予以刊发。

**7日** 长江三角洲地区青年企业家浦东论坛举行,长三角地区16个地市的近300名青年企业家代表参加活动。

**9日** "全国文化产业示范基地"在张江高科技园区揭牌。

**10日** 浦东新区召开"保税区发展论坛"。全国13个保税区的领导、海关总署和上海海关的领导出席论坛。

**11日** 上海中医药创新园在张江国家上海生物医药科技产业基地启用,上海市中医药科技产业促进中心同时揭牌。国家中药制药工程技术中心、上海中药标准化研究中心、上海中药现代化研究中心和上海针灸经络研究中心首先入驻创新园。

**15日** 浦东新区召开首次文化工作会议。会议要求提高认识,统一思想,深化改革,统筹发展,不断增强浦东文化的创造力和影响力。

**15日~16日** 国内时尚界首次高层峰会——2004中国时尚年会(上海)在上海金茂大厦举行。

**18日** 2004年市政府科普实事工程建设项目——上海中医药博物馆在上海中医药大学张江新校区开馆。

21日~22日 一届区委五次全会召开。会议传达市委第八届六次全会精神,审议通过《区委常委会2004年工作报告》《区委常委会2005年工作要点》等。会议强调,2005年要成为浦东的"优化环境年",要大力营造推进科教兴市的创新环境、符合国际惯例的商务环境、依法高效优质的服务环境、舒适便利安宁的生活环境和人与自然和谐的生态环境等,全面优化浦东综合发展环境,努力在构筑产业高地、深化综合改革、统筹区域发展、建设和谐社会和抓好干部队伍建设等5个方面实现新突破。

23日 杜家毫、张学兵率浦东新区四套班子领导赴杨浦区学习考察。参观复旦微电子、复旦光华等高科技企业以及建设中的五角场城市副中心、淞沪路中央社区、新江湾城和文化佳园住宅小区,与杨浦区领导进行交流并签署了《浦东新区与杨浦区关于实施科教兴市主战略,加强两地合作,共同发展框架协议》。

25日 国家重大科学工程"上海光源"在张江高科技园区开工建设。这一工程由中国科学院与上海市政府联合申请,总投资12亿元。2009年4月29日竣工,5月6日正式向国内用户开放试运行,2010年1月19日通过国家验收。

26日 第一届"浦东优秀青年律师论坛"暨"浦东十大杰出青年律师"评审会举行,评选产生浦东十大杰出青年律师和提名奖获得者。

27日 国家建设部授予浦东新区"浦东新区城市绿化建设·中国人居环境范例奖"奖牌。

30日 浦东新区精神文明建设委员会和浦东新区社会发展局命名新区十大全民健身特色项目基地,分别为:三林镇"舞龙"、梅园新村街道"海派秧歌"、花木镇"中国象棋"、高东镇"门球"、洋泾街道"羽毛球"、北蔡镇"乒乓球"、南码头路街道"南凤扁鼓"、金杨新村街道"健身操"、张江镇"电子竞技"、川沙镇"武术"。

同日 被列为2004年上海市政府实事工程项目标准化的合庆、高行、金桥3个社区卫生服务中心同时揭牌。标准化社区服务中心具有医疗、预防、保健、计划生育、康复、健康教育等功能。

# 2005 年

## 1月

1日 《浦东新区行政过错责任追究暂行办法》实施。

4日 浦东新区公共卫生应急指挥中心暨公共卫生信息网(一期工程)和医疗急救中心投入使用,并联通全区20家医疗机构。

5日 中央保持共产党员先进性教育活动电视电话工作会议召开。浦东新区区委、区人大、区政府、区政协领导,新区各部、委、办、局及新区四大功能区域主要负责人50多人在浦东分会场参加会议。

7日 中共上海市委决定,张国洪任浦东新区区委副书记。

9日 北京大学上海微电子研究院和清华大学信息学院上海微电子中心在张江高科技园区东侧开工。

10日 浦东新区保持共产党员先进性教育活动督导组成立。全区共组建6个督导组,负责对第一批党政机关和部分企事业共80家单位的先教活动进行督导。

12日 浦东新区保持共产党员先进性教育活动领导小组成立并召开第一次会议。市委常委、区委书记杜家毫担任组长,区委副书记栾国梁,区委常委、组织部长张华和区委常委、区委区政府办公室主任陈高宏担任副组长,张华兼任领导小组办公室主任。24日,浦东新区保持共产党员先进性教育活动动员大会在新区行政办公中心举行。3月23日,浦东新区区委召开全区保持共产党员先进性教育活动转段工作会议。会议指出,浦东新区第一批先教活动学习动员阶段进展顺利,基本达到预期目标,对于分析评议阶段,要抓住取得实效这个关键,防止形式主义；坚持开门搞教育，听取群众意见；紧密联系实际，找准突出问题；坚持边议边设，探索"高兴、放心、凝聚、覆盖"的长效工作机制。5月17日，浦东新区召开全区保持共产党员先进性教育活动第二次转段工作会议。7月1日，浦东新区纪念"七一"暨保持共产党员先进性教育活动第一批总结、第二批动员大会举行。杜家毫作总结、动员讲话，宣布新区第一批先教活动集中学习教育基本结束，取得明显成效。12月6日，浦东新区召开保持共产党员先进性教育活动第二批总结暨第三批动员大会，会议对第二批先教活动进行总结，对第三批活动作了部署。12月12日，中央巡视组到浦东新区调研第三批保持共产党员先进性教育工作，中央巡视组听取区委介绍第三批先教工作的准备和启动情况。

15日 葡萄牙共和国总统若热·桑帕约访问浦东新区。

17日 国家发改委调研组考察浦东开发开放和改革发展情况，听取浦东新区政府关于申报国家综合改革试验区方案和意见的汇报。张学兵在汇报中表示，浦东成为国家综合改革试验区对于更好地贯彻落实胡锦涛总书记提出的"继续搞好浦东开发开放，加快体制创新，不断提高外向型经济的层次，努力在更高的起点上实现快速发展"的要求，成为"上海建设四个中心"的核心功能区具有重要意义。

同日 浦东新区区委、区政府印发《关于推进功能区域发展的若干意见（试行）》（以下简称《意见》），要求正确把握功能区域党工委、管委会的职能定位和"两委"的事权划分，强调加快推进联动发展，明确2005年功能区域财政体制。

21日 爱尔兰总理伯蒂·埃亨访问浦东新区。

同日 浦东新区入驻企业服务大会举行。

25日～27日 中国人民政治协商会议上海浦东新区第二届委员会第三次全体会议召开。应到委员349人，实到218人。会议审议通过林泉璋所作的《常委会工作报告》，听取陈南岗所作的《关于二届二次会议以来提案工作情况的报告》。会议明确2005年新区政协工作的指导思想和总体要求。会议对10件优秀提案、6个提案承办优秀单位、9名提案承办先进个人、4件优秀社情民意、3名反映社情民意先进个人进行了表彰。会议增选王洁、沉忠良、庄振文、张浩光、陈帮国、郑德厚、宫云龙、盛朝林8位同志为二届政协常务委员会委员。

26日~28日 上海市浦东新区第二届人民代表大会第四次会议召开。应到代表436名,实到代表412名。会议听取和审议张学兵作的《政府工作报告》以及区人大常委会、区人民法院、区人民检察院工作报告。会议审查《关于浦东新区2004年预算执行情况和2005年预算草案的报告》。会议期间,收到代表书面意见248件。

28日 毛里求斯共和国总理保罗·雷蒙·贝朗热访问浦东新区。

31日 张学兵主持召开浦东新区第一次区长网上办公会议。

## 2月

1日 梅园新村街道成立浦东新区首家街道调解工作室,承担街道10%的一般纠纷和90%的疑难纠纷调解。

2日 浦东新区区委召开加强党风廉政建设干部大会,传达中纪委第五次全会和上海市加强党风廉政建设干部大会精神,通报2004年党风廉政建设和反腐败工作情况,提出2005年工作要求。11日,浦东新区党风廉政建设责任制领导小组成立,杜家毫任组长。

4日 深圳市党政代表团访问浦东新区。

同日 土耳其总理埃尔多安一行访问浦东新区。

5日 一届区纪委五次全会召开。会议传达中纪委五次全会、上海市及浦东新区加强党风廉政建设干部大会精神。会议指出,要从提高党的执政能力的高度来增强对反腐倡廉工作的自觉性,要加强学习,增强素质,切实提高纪检监察工作能力,要突出重点,狠抓落实,确保全年工作任务完成。要抓紧制定建立健全教育、制度、监督并重的惩治和预防腐败体系的具体实施意见,加大源头治理腐败力度,为新区创建国家综合改革试验区提供更好的环境。

17日 上海市领导韩正、冯国勤、周禹鹏、杨雄在浦东新区调研,研究下一阶段发展问题。韩正指出,在新形势下浦东开发开放要在指导思想上把握好三个方面:一是浦东发展在全局中的重要作用;二是浦东的功能定位;三是浦东下一轮关键是要依靠功能的提升和积聚。

22日 浦东新区人民政府和上海市工商局联合宣布浦东新区率先试行"促进企业发展三项政策",即企业年检申报备案制、人力资本出资办法和企业注册资本分缴办法。

同日　上海半导体照明工程技术研究中心、上海市生物医药外包服务基地、上海浦东生物医药研发外包服务中心在张江高科技园区挂牌成立。

25日　浦东新区人民检察院反贪局荣获"全国十佳反贪局"称号，浦东新区人民检察院渎职侵权检查处刘秋华被授予"全国渎职侵权检察处优秀处长"。

同日　浦东新区荣获"全国无障碍设施建设示范城区"称号。

同日　二届区人大常委会第19次会议召开，审议浦东新区人大常委会2005年度工作要点及新区人大常委会关于接受张国洪辞去副区长职务请求的决定。

26日　哥伦比亚议会议长苏莱玛·德尔卡门·哈丁·克拉莱斯访问浦东新区。

## 3月

1日　中央保持共产党员先进性教育督导组和上海市委保持共产党员先进性教育领导小组负责同志在浦东新区检查工作。浦东新区被确定为中央保持共产党员先进性教育备选联系点。

3日　上海迄今最大的粮食储运基地——外高桥粮食储备库及码头设施开工。基地位于浦东长江南岸五号沟下游，占地68.5万平方米，总投资15.5亿元。

7日　浦东新区首家社区委员会——潍坊社区委员会成立。

10日　浦东新区人民检察院荣获"全国先进检察院"荣誉称号。

16日　国家统计局农村社会经济调查总队首次发布全国小城镇综合发展指数测评报告，在全国1 000个综合发展水平较高的小城镇中，浦东新区有3个镇跻身前10名。其中，花木镇列第6名、金桥镇列第9名、张江镇列第10名。

17日　浦东国际机场第二条跑道启用。浦东机场成为中国大陆第一个两条跑道均可独立运行的机场。

18日　全球最大的空调和冷冻设备供应商——美国开利公司与金桥出口加工区联合发展有限公司签订土地使用权转让合同，在此建设全球研发中心。

21日　国务委员华建敏视察浦东新区。

同日　马达加斯加议长让·拉依尼里库访问浦东新区。

22日 梅园新村街道被中央文明办、文化部评选为"全国文化先进社区"。

24日 上海市领导韩正、刘云耕等考察浦东新区潍坊街道"一门式"社区事务受理中心,了解本市社区建设试点情况,并就下一步社区建设扩大试点进行座谈。

25日 朝鲜民主主义人民共和国总理朴凤柱访问浦东新区。

28日 外高桥船厂二期全面开工。

同日 亚洲最大的油脂加工、油脂化工生产基地——嘉里粮油高东项目一期建成并在高东经济园区正式开业。

## 4月

3日 全国政协副主席黄孟复祭扫川沙烈士陵园,瞻仰黄炎培故居。

6日 浦东新区推进现代服务业发展工作会议召开。会议公布《2005—2007年浦东新区发展现代服务业三年行动纲要》和新区促进现代服务业发展的财政扶持政策。

8日 哥伦比亚总统阿尔瓦罗·乌里韦·贝莱斯和澳大利亚众议院院长戴维·霍克分别访问浦东新区。

同日 二届区人大常委会第20次会议召开,听取和审议万大宁关于区二届人大四次会议代表书面意见办理情况的报告、区人大常委会人事代表工委关于区二届人大四次会议代表书面意见办理情况的报告、区政府关于做好世博动迁推进工作情况的报告,审议区人大常委会关于做好本区世博动迁工作、推进世博建设的决定(草案),审议和表决有关人事任免事项。

9日~11日 第一届国际名中学校长论坛在浦东新区举行。

11日 孟加拉国国民议会议长贾米尔乌丁·西尔卡访问浦东新区。

13日 浦东新区事业单位改革联席会议召开第一次会议。会议要求认真贯彻中央、市委的有关精神,认真做好年内的事业单位改革试点工作。

15日 乌克兰最高苏维埃主席弗拉基米尔·米哈伊洛维奇·利特温访问浦东新区。

16日 摩托罗拉汽车电子研发中心、开利空调冷冻(管理)有限公司、汉高研发总部、国信人寿保险等16个中外投资项目签约,总额超过30亿元。

同日　浦东新区党政负责干部大会召开。会议传达市委常委会关于浦东下一步发展定位的会议精神。杜家毫指出,认真学习领会,把思想和认识统一到市委对浦东开发的定位和要求上来;增强责任感和紧迫感,承担起市委赋予我们的使命和任务;落实责任、形成合力,推动各项工作再上新台阶。

18日　浦东开发开放15周年成果展在浦东展览馆开幕。

同日　上海道路交通骨架网络系统"三环十连"的重要组成部分——五洲大道开工。大道全长7.09千米,总投资约20亿元。2006年12月28日,五洲大道正式全线通车。

同日　上海外高桥国际动漫游戏发展中心有限公司在外高桥保税区挂牌。

同日　上海海关宣布进一步支持浦东开发开放的8条措施。

同日　上海半导体装备产业基地、上海半导体装备产业发展中心在金桥出口加工区南区揭牌。

19日　浦东新区举行"驻沪领事看浦东"活动。

23日　上海中医药大学附属曙光医院东院在张江高科技园区开业。

27日　浦东新区表彰20名"浦东开发建设杰出人才"和5名"为浦东开发建设做出积极贡献的外籍和港澳台专家"。浦东新区从1999年开始,已连续举办4届,评选并表彰143人,其中外籍和港澳台专家16人。

## 5月

12日　英特尔技术开发(上海)有限公司在外高桥保税区落成。

13日　萨摩亚独立国总理图伊拉埃帕·萨伊莱莱·马利埃莱额奥伊访问浦东新区。

14日　上海科技馆二期正式对外开放。

19日　全国政协副主席、中央统战部部长刘延东到浦东新区考察。

20日　新疆维吾尔自治区党政代表团访问浦东新区。

23日　第24届世界港口大会在上海国际会议中心举行。

25日　浦东新区被评为2001—2004年度全国综合治理工作先进单位。

26日　杜家毫赴松江区调研城市化进程中的"三农"工作。

27日　IBM亚太首家"零售创新中心"在复旦大学张江校区挂牌。

28日　占地24.6万平方米、年产16万辆整车的通用金桥南厂投产。

同月　中纪委、监察部和上海市纪委、市监察委决定在浦东新区开展推进依法监察试点工作。9月，浦东新区区委常委会决定，根据中纪委、监察部和市纪委、市监察委的要求，把依法监察试点工作纳入综合配套改革试点方案。

## 6月

4日　爱尔兰众议院院长罗里·奥汉伦访问浦东新区。

8日　浦东新区首个"人大代表之家"在梅园社区"阳光驿站"成立。

9日　葡萄牙共产党总书记热罗尼莫·德·索萨一行访问浦东新区。

同日　中共中央政治局原常委宋平考察浦东新区。

同日　由国家商务部和上海市政府主办的世界服务贸易论坛在上海国际会议中心开幕。

10日　松下电器机电(中国)有限公司在外高桥商贸中心开业。

15日　韩正、吴志明、杨雄等市领导考察浦东国际机场二期工程建设。

17日　圣卢西亚参议院院长约瑟夫·巴登·阿莱因访问浦东新区。

21日　国务院第96次常务会议批准浦东新区进行综合配套改革试点。会议要求，浦东综合配套改革试点要着力转变政府职能，着力转变经济运行方式，着力改变二元经济与社会结构；要把改革和发展有机结合起来，把解决本地实际问题与攻克面上共性难题结合起来，把实现重点突破与整体创新结合起来，把经济体制改革与其他方面改革结合起来，率先建立起完善的社会主义市场经济体制，为推动全国改革起示范作用。

23日　牙买加总理帕森特一行访问浦东新区。

27日　中共江苏省委代表团访问浦东新区。

29日　美国罗门哈斯中国研发中心在张江奠基。该中心是其全球第二大研发中心，占地3.3万平方米，项目初期投资3000万美元。

## 7月

4日　中共中央政治局常委、中央纪律检查委员会书记吴官正视察浦东新区。

**8日** 浦东新区2005年精神文明建设工作会议召开。会议提出"全力打造文明和谐新浦东"的奋斗任务。

**11日** 夏令热线浦东新区区长专线开通。

**17日～18日** 湖北省党政代表团访问浦东新区。

**18日** 印度共产党（马克思主义）总书记普格卡什·卡控特率领的印度共产党（马克思主义）代表团访问浦东新区。

**同日** 浦东国际机场二期工程建设动拆迁工作全面启动。机场二期工程及市政配套项目征用机场镇10平方千米土地，涉及13个村6 600多户居民，拆除房屋总面积约180万平方米，搬迁企业200多家，撤制行政村9个，撤制生产队35个，安置劳动力9 000人。

**同日** 浦东新区劳动部门首次向在新区从业的外来人员发放"上海市外来从业人员综合保险卡"。

**19日** 一届区委六次全会召开。会议传达市委八届七次全会精神，总结回顾区委常委会上半年工作情况，部署下半年工作。会议强调要按照胡锦涛总书记、温家宝总理对浦东开发开放提出的新要求，认真贯彻落实国务院常务会议对浦东新区综合配套改革试点的决策部署，以及市委对浦东新区提出的"一个作用、三个区"的功能定位，努力做到咬定"一个目标"，即确保全面完成"十五"计划确定的各项主要任务，确保经济增长速度高于全市平均水平；落实"一个定位"，即结合编制"十一五"规划，进一步深化研究落实"一个作用、三个区"功能定位的思路和措施；加快"三个转变"，即着力转变经济运行方式和政府职能、着力转变经济增长方式、着力改变城乡经济和社会二元结构。

**21日** 全国政务公开督察组来浦东新区检查政务公开工作。

**25日** 哈萨克斯坦祖国党代表团访问浦东新区。

**26日** 圭亚那总理海因兹一行访问浦东新区。

**同日** 张江研究生联合培养基地启动。复旦大学等13所大学、科研院所与张江园区及园区内26家生物医药、信息产业企业签订共建研究生培养基地合作协议。

**29日** 浦东新区郊区工作会议召开。会议传达贯彻中央农村工作会议、上海市郊区工作会议和一届区委六次全会精神，并对郊区工作进行总结和部署。

## 8月

3日 浦东新区红十字会第二次代表大会召开选举产生新一届理事会,审议通过2006年—2010年工作规划。

同日 浦东新区政府召开改革工作座谈会。张学兵主持会议并指出,在努力建设"服务政府、责任政府、法治政府",不断提高政府的服务效率和服务水平的同时,要着重在7个方面进行改革探索:建立公共财政体制;推进事业单位改革;大力培育社会自治组织;进一步促进综合执法重心下移,推进城管执法网络化;进一步做实功能区域,发挥功能区域的统筹协调作用;加大开发公司改革力度,促进政企分开;积极推进第四轮行政审批制度改革。

同日 全球最大的信息技术和咨询提供商之一Infosys与上海张江高科技园区签署Infosys上海软件园投资协议。

6日 杜家毫、张学兵专题听取浦东综合配套改革试点整体性实施方案研究情况汇报。杜家毫指出,实施方案要全面贯彻中央和市委对浦东新区开发开放的定位和要求,围绕科学发展、改革创新这一核心,以贯彻落实科学发展观为主线,以提升自主创新能力为重心,以完善体制为保障,以促进社会和谐为归宿,对目前梳理出的改革需求和事项作深入研究,突出重点,注重实效,增强可操作性。

10日 中国人民银行上海总部在浦东揭牌成立。

17日 浦东新区监察委、法制办、人事局联合印发《浦东新区追究行政过错责任工作规程》,进一步完善新区行政过错责任追究的制度体系。

同日 二届区人大常委会第22次会议决定任命田赛男为副区长。

19日 浦东新区召开推进非税收入收缴分离改革动员大会,传达《浦东新区非税收入收缴管理制度改革方案》。

22日 梅园、金杨社区(街道)党工委揭牌成立。

24日～26日 杜家毫、张学兵率浦东新区党政代表团到友好城市青海省西宁市学习考察。

30日 上海市信息安全测评认证中心浦东分中心在张江高科技园区揭牌成立。

31日 全球化工领域排名第一的陶氏化学公司与张江生物医药基地签署土

地转让协议,宣布在园区内成立全新的陶氏中心。2006年10月20日动工兴建。

**同日** 张学兵在西藏日喀则市出席"浦东路"开工典礼及江孜安康示范小区一期工程奠基仪式。

**同月** 《浦东论坛》创刊。该刊物由浦东新区区委主办,区委党校、新区行政学院、新区党建研究会承办。杜家毫担任编委会主任。

## 9月

**1日** 展讯通信(上海)有限公司在张江的办公研发中心——"展讯中心"奠基,规划占地2万多平方米。

**8日** 上海张江文化科技创意产业发展有限公司与韩国软件振兴院签署合作备忘录,在网络游戏、动漫制作等张江动漫基地主力发展的领域达成战略合作。

**12日** 中共中央政治局常委、全国政协主席贾庆林视察浦东新区。

**同日** 芬兰总理马蒂·万哈宁访问浦东新区。

**13日** 二届区人大常委会举行第23次会议。会议听取和审议区政府关于促进就业工作的报告、区人民法院关于提高庭审质量情况的报告和区人民检察院关于开展预防和减少未成年人犯罪工作的报告,以及区人大常委会执法检查组关于检查《中华人民共和国行政许可法》实施情况的报告,并书面审议区政府贯彻实施《行政许可法》情况的报告。

**15日** 中国台湾地区亲民党主席宋楚瑜一行访问浦东新区。

**20日** 中国建设银行股份有限公司与浦东新区政府签署《银政战略合作协议》。根据协议,建行给予新区基础设施建设项目融资100亿元的金融支持。

**23日** 中共浦东新区区委召开人大工作会议,印发《中共浦东新区区委关于加强人大工作的意见》。

**同日** 中共浦东新区区委召开政协工作会议,印发《中共浦东新区区委关于加强政协工作的意见》。

**24日** 中共中央政治局常委、全国人大常委会委员长吴邦国到浦东新区视察齐耀动力、中科院上海药物所和贝尔阿尔卡特。

**27日** 国家发改委与浦东新区人民政府联合在北京召开座谈会,就浦东综合配套改革方案听取专家学者意见。

同日 中央巡回检查组到浦东新区检查指导先进性教育活动。指出,浦东新区先进性教育活动重点突出、工作扎实、措施有力、成效显著,规定动作工作到位、自选动作富有创造力,体现了浦东整体工作特色。

同日 全国人大常委会副委员长、民建中央主席成思危到浦东新区考察调研。

28日 上海市人民政府召开常务会议,研究浦东综合配套改革试点总体方案、张江高科技园区发展支持政策。会议明确,要把聚焦张江作为重中之重,同时整合各方资源、放大政策效应,使高新技术产业开发区成为实施科教兴市主战略、提高自主创新能力的重要载体。

29日 上海张江现代医疗器械园开园,标志着张江高科技产业东区全面启动。

30日 上海农村商业银行浦东分行成立,这是上海农村商业银行总行辖属的唯一一家分行。

## 10月

12日 上海市文化科技创意产业基地和上海戏剧学院创意学院在张江园区揭牌。

14日 浦东新区召开党员负责干部大会,传达学习和贯彻党的十六届五中全会精神、上海市委常委会和全市党员负责干部会议精神。

15日 九段沙湿地自然保护区成为国家级自然保护区,"九段沙湿地自然保护基金会"同时成立。

17日 国务委员陈至立视察浦东新区。

17日~19日 杜家毫率浦东新区有关部门负责人分别拜访国土资源部、科技部、保监会、银监会、证监会,对有关部门长期对浦东开发开放的支持表示感谢,并汇报浦东新区在上海市委、市政府领导下贯彻落实国务院常务会议精神、推动综合配套改革的主要思考和设想,听取各部门领导对改革的总体思路,并就可能在浦东先试先行的改革措施进行研讨。

18日 浦东新区第一个镇级开业园区——金桥现代服务业开业园区建成启

用。这是新区探索主管局推动、街镇呼应、社会化管理的多元化建设开业园区新模式建成的第一家开业园区。

22日 国家外汇管理局、外汇管理局上海分局和浦东新区政府联合发布国家外汇管理局推动新区跨国公司外汇管理改革试点的九项措施,包括允许跨国公司以人民币利润购汇从事境外放款、在试点银行设立离岸账户、支持中外资银行开展人民币兑外币的金融创新等。

25日 上海市委常委会第144次会议听取市发改委、浦东新区区委关于编制新区综合配套改革试点总体方案和三年行动计划框架的汇报,要求新区围绕制度创新,发扬敢为人先的精神,充分发挥先行先试的特殊优势,尽快建立有效的工作机制。

26日 浦东新区被授予"全国文明城区"称号,张江镇、高行镇解放村被评为全国文明镇(村),梅园新村街道办事处被评为全国文明单位,花木镇、金桥镇被评为全国创建文明镇工作先进镇,张江(集团)公司、建平中学被评为全国精神文明工作先进单位。

## 11月

5日 国家开发银行与浦东新区人民政府签署《开发性金融合作协议》《财务顾问协议》。根据协议,"十一五"期间国家开发银行给予新区300亿元贷款,支持新区市政基础设施、科教文卫等社会事业及重大产业项目建设,并作为新区政府的财务顾问,献计献策。

6日 李铁映率领全国人大常委会执法检查组检查浦东新区对《劳动法》的执行情况。检查组走访上海华虹NEC电子有限公司、上海贝尔阿尔卡特股份有限公司及上海怡新医疗设备有限公司。

7日 上海浦东海关、浦东新区经济贸易局联合向浦东新区24家便捷通关企业授证。同时海关宣布在浦东先行先试6项便捷通关措施:提前报关;申报地直接办理放行手续;加急通关;上门查验;优先办理预归类、预审价;支持企业应用联网功能。

8日 中国银监会批准筹建国内第一家货币经纪公司——上海国利货币经纪有限公司。该公司由上海国际信托投资有限公司和英国德利万邦有限公司共同发起成立,注册资金为4 000万元。

**9日** 国家网络游戏动漫产业发展上海基地在张江高科技园区揭牌。

**11日** 中共上海市浦东新区三林世博功能区域工作委员会和上海市浦东新区三林世博功能区域管理委员会在成山路216号临时办公地挂牌。三林世博功能区域于9月成立,下辖南码头路街道、周家渡街道、上钢新村街道、东明路街道、北蔡镇和三林镇,辖区总面积82.3平方千米,常住人口84.2万人。上海世博会场馆浦东部分全部在功能区域内。

**12日** 三林镇被命名为"全国文化先进社区"。

**16日** 上海环球金融中心全面开工建设。该大厦高492米,地面上101层,2008年8月落成启用。

**同日** 浦东新区召开妇女儿童工作会议,传达全国和上海市妇女儿童工作会议精神。

**18日** 新上海德国中心在张江高科技园区揭牌成立,标志着德国企业在上海的发展跨入新阶段。

**22日** 杜邦中国研发中心在张江高科技园区启用。

**27日** 国家环保创模检查组到浦东新区考核验收创模工作,一致同意新区环保创模通过国家验收。2006年1月,国家环保总局授予新区"国家环境保护模范城区"称号。

## 12月

**1日** 美国财富500强企业之一的库柏工业集团亚洲新总部、中国制造和研发中心在浦东新区开业。

**5日** 上海轨道交通7号线开工。全线长35千米,在浦东规划设10个站点,其中5个车站进入浦东世博园区。2010年2月20日正式开通运行。

**8日** 浦东新区政府、张江(集团)公司、上海电影艺术学院共同投资1 400万元组建的上海动漫研发公共服务平台在张江高科技园区开业。

**10日** 中共中央政治局常委、国务院副总理黄菊出席上海国际航运中心洋山深水港开港暨洋山保税港区启用仪式。

**14日** 上海市政府举行新闻发布会,宣布为构建以服务经济为主的产业结构,制定《关于上海加速发展现代服务业的若干政策意见》,相关政策将首先在浦东新区先行先试,并重点加快金融业向新区进一步集聚。

15日　国务委员唐家璇到浦东新区视察。

15日~16日　一届区委七次全会召开。会议学习传达党的十六届五中全会、中央经济工作会议和市委八届八次全会精神,听取并审议《区委常委会2005年工作报告》《区委常委会2006年工作要点》《区委、区政府关于深入推进综合配套改革试点的若干意见》。会议明确浦东"十一五"发展的总体要求和基本原则,强调要坚持以科学发展观统领经济社会发展全局,以国家综合配套改革试点和举办2010年世博会为动力,以增强国际竞争力为主线,大力实施科教兴市主战略,努力实现建设创新浦东、和谐浦东、国际化浦东等三大战略任务。

19日　招商银行大厦在陆家嘴奠基,总建筑面积约9.8万平方米,建设资金13.5亿元。

20日　上海陆家嘴金融贸易区联合发展有限公司与李嘉诚和记黄埔地产有限公司签署合作协议,共同开发大型商贸综合性项目"世纪大都会"。

同日　全国人大常委会副委员长、中国科学院院长路甬祥视察张江高科技园区。

22日　浦东国际机场扩建工程开工。扩建工程包括第二座航站楼、第三条跑道和西货运场物流园区及相应配套设施。2008年3月26日正式通航启用。

23日　浦东新区区委、区政府印发《关于深入推进综合配套改革试点的若干意见》。该意见明确,综合配套改革试点的基本目标是力争在全国率先建立制度比较完备、运行比较高效的社会主义市场经济运行机制,基本形成比较完善的社会主义市场经济运行机制、充分激发自主创新活力的有效机制、有利于实现统筹协调发展和构建和谐社会的制度环境、与经济全球化趋势和开放经济相适应的经济运行规则体系、制度创新和扩大开放的示范引领作用。

27日　浦东新区加强领导班子和干部队伍思想政治建设会议召开。会议强调,建设忠诚于党的事业、充满朝气活力的领导班子和干部队伍是浦东改革发展、开拓前进的重要保证;要进一步把加强领导班子和干部队伍思想政治建设提到更加突出的位置上;要提高思想政治建设的针对性和有效性。

28日　上海市政府发言人在新闻发布会上指出,国务院批准浦东新区进行综合配套改革试点以来,市委、市政府和新区高度重视,组织力量进行深入调查研究,找准改革创新的着力点和突破口,同时争取中央各部门的支持,积极推进和加大改革创新力度。浦东综合配套改革重点是抓好"五个创新",即创新政府管理体制、创新市场运行机制、创新经济增长方式、创新城市发展模式、创新社会治理机制。

31日 川沙功能区域党工委、管委会成立大会召开。成立川沙功能区域和川沙新镇是浦东新区区委、区政府完善功能区域布局、推进区域功能一体化的重要举措,这标志着浦东城郊一体化发展迈出新步伐。

# 2006 年

## 1 月

**1 日** 浦东新区各功能区域即日起承担起城市管理职责,浦东新区5个城市管理署的事权和城管大队人员划转各功能区域。

**2 日** 美国迈梭电子电源分配总线产品部上海公司在金桥成立。

**9 日** 浦东新区荣获"2003—2004年度全国科技进步先进区"称号。上海振华港口机械(集团)股份有限公司的项目"新一代港口集装箱起重机关键技术研发与应用"获国家科学技术进步奖一等奖。

**9 日~11 日** 中国人民政治协商会议上海市浦东新区第二届委员会第四次会议在新区办公中心召开。会议审议并通过《常委会工作报告》,听取《二届三次会议以来提案工作情况报告》,听取和讨论了新区政府、人民法院和人民检察院3个工作报告。会议一致通过《政协浦东新区第二届委员会第四次会议决议》。326名委员出席,共收到提案234件。

**9 日~12 日** 上海市浦东新区第二届人民代表大会第五次会议在新区办公中心召开。会议审议通过《浦东新区人民政府工作报告》及区人大常委会、区人民法院、区人民检察院3个工作报告。审议批准《关于浦东新区2005年国民经济和社会发展计划执行情况与2006年国民经济和社会发展计划》《关于浦东新区2005年预算执行情况和2006年预算草案的报告》。会议审议通过《关于浦东新区国民经济和社会发展第十一个五年规划纲要(草案)的报告》。

**11 日** 世界著名的电液伺服阀、伺服电机生产商——穆格公司在外高桥保税区成立穆格动力控制(上海)有限公司。

15日　韩正在上海市十二届人大四次会议上所作的《关于上海市国民经济和社会发展第十一个五年规划纲要(草案)的报告》中提出,"十一五"期间,将进一步发挥浦东新区的示范作用,深化经济体制改革是上海市"十一五"时期主要任务之一。

17日　国家发改委批复同意由上海市发改委牵头、浦东新区政府配合共同制定的《浦东新区综合配套改革试点总体方案和三年行动计划》。

18日　浦东新区知识产权中心在全市率先挂牌成立,并与上海光电子学会、上海市药监局情报所以及数家知识产权代理公司签订战略合作联盟。

25日　渣打银行宣布与上海陆家嘴金融贸易区开发股份有限公司签署"陆家嘴金融贸易区D3-5地块"命名及楼宇使用意向书。

27日　由浦东新区环保局和北丹麦欧盟办等联合向欧盟提出申请的"推进浦东新区循环经济国际合作项目"获欧盟批准。

## 2月

9日　浦东新区召开综合配套改革试点工作领导小组会议。

14日　浦东新区召开第三批保持共产党员先进性教育活动整改提高阶段工作会议,要求以此次"先教"活动为契机,围绕中央提出建设社会主义新农村的主题,按照市委、区委提出的"新郊区"建设总要求,着力把先进性教育活动办成群众满意工程。4月30日,浦东新区第三批保持共产党员先进性教育活动集中学习教育总结会议召开。新区第三批先进性教育活动从2005年12月6日开始,在新区郊区全面铺开,共有918个党组织和30 391名党员参加。

同日　一届区纪委第六次全会召开。会议审议并通过了区纪委常委会工作报告,部署2006年反腐倡廉重点工作。会议强调,要维护人民群众根本利益,全面推进综合配套改革,重点建立和完善区委一届七次全会提出的投诉、问责、评估和监察四项工作制度。

17日　浦东新区政府召开"2006年新区标准化菜场建设工作签约大会"。会议宣布,年内新区对符合条件的84家菜场进行改造,提前一年实现市政府提出的标准化菜场全面改建目标。

25日　10 660户世博居民动迁全面完成,浦东世博动迁结束。

28日　浦东新区推出"政府首席联络员制度",以加强招商引资工作力度。

## 3月

1日　三林世博家园公共绿地开工,总投资达5170万元。

同日　张江镇沔北、川沙镇界龙、曹路镇永和、高东镇竞赛等4个村被确定为浦东新区首批新郊区建设试点村。

2日　全球物流业龙头企业DHL与外高桥保税区第三联合发展公司签约,租赁1500平方米仓库,成立DHL中外运敦豪外高桥服务中心。至此,全球物流三巨头DHL、德国铁路、UPS齐聚外高桥保税区。

5日　国家新药筛选中心与丹麦灵北医药公司达成协议,以国家新药筛选中心收集和保存的中草药提取物和合成化合物为基础,联手开发针对全球市场的神经和神经系统疾病治疗药物。

10日　上海市委巡视组第一组到浦东新区开展巡视工作。杜家毫代表区领导班子介绍浦东改革发展稳定工作情况。

20日　浦东新区政府印发《浦东新区进一步支持和引导民营经济发展的实施意见》。

22日　巴西联邦共和国副总统阿伦卡尔一行访问浦东新区。

23日　在上海市科学技术大会上,浦东新区的16个科研项目获科技进步奖,其中4个一等奖、6个二等奖、6个三等奖。

同日　IBM公司上海全球服务执行中心新址在外高桥保税区新发展园区落成。

24日　浦东新区食品安全检测实验室揭牌成立,该实验室能够对国家实行市场准入的223种食品进行质量安全检测。

25日　上海市委、市政府召开浦东新区综合配套改革试点推进工作会议,对浦东综合配套改革试点工作进行深入动员和全面部署。

27日　浦东新区召开党政干部大会,传达学习贯彻上海市浦东综合配套改革试点工作会议精神,动员全区力量全力推进浦东综合配套改革试点工作。

同日　由世界最大的电池壳生产商——德国海金杜门集团独资设立的海杜(上海)五金制品有限公司在外高桥保税区新发展园区正式开业。

29日　浦东新区城市管理行政执法局和6个功能区域的城市管理监察大队在全市率先成立。

30日　《"十一五"期间外高桥保税区财政扶持经济发展的若干意见》正式出台。该意见对新办企业的扶持力度明显加大,对动漫、展示等新兴产业给予重点扶持倾斜。

31日　浦江世博家园配套的三鲁、浦星两条改建道路(浦东段)竣工通车。

## 4月

4日　浦东新区荣获"全国社区卫生服务示范区"称号。

6日　浦东新区召开自主创新推进大会。会议指出,浦东将按照"自主创新、重点跨越、支持发展、引领未来"的指导方针,举全区之力,加快区域创新体系和高新技术产业高地建设,探索具有浦东特点的自主创新之路。

8日　由证大集团投资20亿元建设的"证大·喜玛拉雅艺术中心"在芳甸路奠基。

14日　上海市工商局与浦东新区政府联合召开新闻发布会,宣布工商若干措施在新区率先试行。包括扩大工商浦东新区分局登记管辖权、在新区允许商标专用权出资、优化新区外商投资企业审批登记办法、将企业不良记录相关责任人员的信息纳入个人征信系统。

同日　格鲁吉亚总统萨卡什维利一行访问浦东新区。

18日　浦东新区环境工作大会召开。会议提出8项环保约束性指标,并设立环保基金吸引社会力量共同参与,全力打造最适宜居住和创业的生态城区。

18日~22日　中共中央政治局常委、全国人大常委会委员长吴邦国在上海考察,其间考察浦东新区、洋山深水港区、临港产业区。

28日　浦东新区举行加强机关效能建设大会,推出效能评估、行政问责、效能投诉和电子监察等四项制度,贯彻落实一届区委七次全会精神,全面加强机关效能建设。

## 5月

1日　浦东国际食品城开业。总面积达1万平方米,约60家国内外知名美食品牌商家进驻。

11日 "国家知识产权试点园区"在张江高科技园区揭牌。

14日 浦东新区宣布正式启动建设节水型社会示范区。

17日 浦东创新港启用。创新港位于张江高科技园区,是新区推进科教兴市主战略的标志性工程之一。

19日 国内首家拥有二级非法人资格的国有股份制商业银行信用卡机构——招商银行股份有限公司信用卡中心在陆家嘴金融贸易区挂牌。

19日~25日 张江(集团)有限公司首次向全国公开发行公司债券,总额为6亿元,主要用于张江集电港二期、银行卡产业园区、软件出口基地等项目。

30日 荷兰世天威物流外高桥保税物流园区项目正式开工。

## 6月

6日 位于金桥出口加工区的欧姆龙(上海)有限公司竣工,这是欧姆龙集团的工业自动化领域全球核心基地,占地面积5.3万平方米。

8日 周家渡社区总工会宣布成立。至此,浦东新区23个街镇全部建立社区总工会,成为全市第一个完成社区工会改制的城区。

12日~13日 中共中央总书记、国家主席胡锦涛先后视察孙桥现代农业园区、张江镇环东村以及洋山深水港、上海振华港机等单位。

21日 国内首家信托登记中心在浦东新区成立。

同日 浦东新区荣获"全国学习型家庭创建示范城市(城区)"称号。

25日 浦东新区科学技术协会第二次代表大会召开。大会听取并审议通过《浦东科协一届委员会工作报告》、《上海市浦东新区科学技术协会章程》修改草案和《浦东科协第二次代表大会决议》。会议选举产生科协第二届常务委员、主席、副主席,上海市中医药大学校长、中科院院士陈凯先当选为浦东科协新一届主席。

28日 国内最大的停车场——新区成山路停车场改扩建工程正式开工建设。工程总投资6.3亿元,总建筑面积达18万平方米,可供停车1 200辆,车辆保养1 000辆。2008年竣工。

30日 浦东新区纪念中国共产党成立85周年暨总结保持共产党员先进性

教育活动大会举行。200名优秀党员和党务工作者以及50个基层党建组织进行表彰。

## 7月

**6日** 金桥生产性服务业集聚区揭牌成立。

**13日** 上海浦东国际展览品监管服务中心在高东工业园区揭牌成立。

**17日~18日** 浦东新区第二次妇女代表大会召开。500多位代表参会,大会表决通过《关于浦东新区妇女联合会第一届执行委员会报告的决议》。选举产生浦东新区妇女联合会第二届执行委员会主席、副主席和常务委员。

**20日** 国务院正式批准将"上海高新技术产业开发区"更名为"上海张江高新技术产业开发区"。

**21日** 一届区委八次全会召开。全会审议并通过《关于浦东新区建设社会主义现代化新郊区的若干意见》。全会号召,全区各级党组织要进一步增强使命感、责任感和紧迫感,认真抓好全会精神的贯彻落实,进一步把全区干部群众的思想统一到科学发展观的要求上,统一到市委对浦东"一个作用、三个区"的功能定位上来,统一到建设社会主义现代化新郊区的目标上来,加快建设创新浦东、和谐浦东、国际化浦东,为实现"十一五"发展的良好开局而努力奋斗。全会决定递补区委候补委员俞标为一届区委委员。

**31日** 浦东新区举行庆"八一"军政座谈会暨创建全国双拥模范城"两连冠"推进会。

## 8月

**15日** 作为浦东新区新郊区建设试点工作之一的村级集体资产股份制改革,合庆镇共一股份经济合作社成立,这是浦东新区首家股份经济合作社。

**17日** 二届区人大常委会第31次会议召开,决定自2006年10月1日至2007年3月31日,进行区、镇两级人民代表大会换届选举;设立浦东新区选举委员会,在区人大常委会领导下,主持区人民代表大会代表的选举;各镇也设立选举委员会,在区选举委员会的指导下,主持镇人民代表大会代表的选举。

**18日** 上海石油交易所在浦东新区正式营业,这是继证券交易所、期货交易所、钻石交易所等之后落户浦东新区的又一重要要素市场。

19日　2010年上海世博会工程建设率先在浦东区域启动,浦明路等11条道路开工建设。

24日　二届区人大常委会召开第33次会议,任命张俭为市公安局浦东分局局长。

同日　浦东新区第二届人民代表大会第六次会议召开。会议补选田卫华为浦东新区人大常委会副主任。

28日　国家质量监督检验检疫总局发布《国家质量监督检验检疫总局支持上海浦东新区综合配套改革试点的意见》,重点围绕自主创新和产业升级、深化大通关建设、诚信体系建设管理和建设公共安全平台等四方面进行支持。

同日　上海振华港口机械(集团)股份有限公司成为全国第一家抽查出口产品免验企业。

## 9月

1日　2006上海浦东陆家嘴金融文化周开幕式暨论坛举行。

6日　国务院侨办确定张江高科技园区为"引智引资重点联系单位",揭牌仪式在张江园区举行。

8日　中国金融期货交易所在上海期货大厦挂牌。这是国内首家金融衍生品交易所、首家采用公司制的交易所。

12日　浦东新区召开"四五"普法总结表彰暨"五五"普法动员大会。

13日　中国保险集团旗下的专业资产管理机构——太平资产管理有限公司在陆家嘴金融贸易区挂牌。至此,全国9家保险资产管理公司在上海的5家中已有3家落户浦东新区。

19日　美国通用电气公司(GE)张江新园区奠基。该园区投资7 700万美元,办公区域总面积达64 465平方米。

20日　美国罗门哈斯中国总部在张江高科技园区开业。同时,罗门哈斯(中国)投资有限公司宣布成立。

21日　浦东新区社工委、社发局和各镇党委、镇政府就新区各镇卫生院管理体制调整进行移交签约,新区郊区13个镇的17个卫生院在全市率先实现直管。

28日　浦东机场南主进场路工程开工,于2008年奥运会前夕与机场整体扩建工程一并投入使用。

29日　浦东新区政府颁布《中小企业发展基金管理办法》。基金额度为1亿元,专门用以扶持发展新区的3.5万余家中小企业。浦东中小企业推进服务中心同时成立。

同日　浦东新区召开党政负责干部大会,传达上海市委召开的全市党政负责干部大会精神,部署第四季度新区经济社会发展的重点工作。

## 10月

13日　浦东新区召开党员负责干部会议,传达学习和贯彻落实党的十六届六中全会精神和市党员负责干部会议精神。

18日　一届区委九次全会召开,审议通过《中共上海市浦东新区第一届委员会第九次全体会议关于召开中共上海市浦东新区第二次代表大会的决议》;审议通过浦东新区街镇领导班子换届调整党政正职(包括街道办事处常务副主任)拟任人选和推荐人选。这是新区区委全会首次通过投票形式表决新区街镇领导班子换届调整党政正职(包括街道办事处常务副主任)的拟任人选和推荐人选。

同日　浦东市民中心启用。

同日　全国首批外商独资进出口商品检验鉴定机构中的两家——美国STR全资子公司上海胜邦质量检测有限公司和法国B.V.全资子公司上海毕法克检验有限公司落户浦东新区。

19日　首家国家级服务外包人才培训基地——上海张江创新学院揭牌。

20日　浦东新区区、镇两级人民代表大会换届选举工作正式启动。12月12日正式选举,新区133万登记选民在全区的221个选区、3 894个投票站、515个流动投票箱投票。这是宪法修正案将乡级人大任期由每届3年改为5年后区、镇两级人大第一次同步选举。

21日　全国首支由地方政府倡导设立的创业风险投资引导基金——浦东新区创业风险投资引导基金启动。

24日　滴水湖出海水闸工程获得中国水利工程最高荣誉"大禹奖"。

26日　松下、惠普等12家知名跨国公司获得外高桥保税区管委会颁发的首批营运中心认定证书。

同日 外高桥新市镇全面启动的第一个项目——新市镇配套商品房建设项目奠基，建筑规模60万平方米。

同日 国家无线射频产业化(上海)基地在张江高科技园区揭牌成立。

28日 世纪大道地铁枢纽站投入使用，地铁2号、4号、6号、9号四条地铁线在此交汇。

31日 浦东新区召开新郊区建设推进大会，总结张江功能区社会主义新郊区建设试点工作经验，深入学习贯彻十六届六中全会精神，研究部署全面推进新区新郊区建设的各项工作。

## 11月

6日 瑞士诺华公司宣布在张江高科技园区建设综合性生物医学研发中心——诺华(中国)生物医学研究有限公司。这是诺华在中国首个研发中心，也是诺华在欧洲以外最重要的研发中心。2008年4月2日奠基。

13日 在特殊材料领域领先的世界500强企业之一霍尼韦尔宣布投资1 350万美元扩建位于张江高科技园区的亚太研发中心。

16日 上海海关支持浦东综合配套改革试点9项措施发布会举行。

17日 美国玩具零售业巨头——玩具反斗城在正大广场试营业，成为它在中国大陆的首家旗舰店。

23日 国家民政部命名浦东新区为"全国民政工作先进区"。

30日 上海市张江高科技园区发展事务协商委员会正式成立。该组织是张江高科技园区51家具有行业代表性的企事业单位共同发起组建的区域性自治组织。

同日 2006上海国际钢琴论坛在东方艺术中心开幕，这是首次在浦东新区举行的高规格、国际化钢琴论坛。

## 12月

2日 上海市委举行常委会，听取并同意市政府党组关于完善市区两级管理体制赋予浦东新区更大发展自主权的汇报。会议指出，浦东综合配套改革，核心是转变政府职能；党中央、国务院要求浦东进行综合配套改革试点，是对浦东改革开放的再部署，是交给上海的重大任务；上海市要全力支持和推进浦东新区行政管理体制改革。

4日　二届区人大常委会第36次会议召开，任命过剑飞、刘正义任浦东新区人民政府副区长，陈高宏任区文化广播电视管理局局长，张静任区台湾事务办公室主任、侨务办公室主任、民族和宗教事务办公室主任。

6日　浦东新区医患纠纷人民调解委员会在浦东市民中心正式挂牌成立。在医患纠纷中引入人民调解机制，是新区综合配套改革的一项重要举措。

8日　陆家嘴功能区域党工委、管委会通过中国质量认证中心现场认证审核，成为全国首家通过ISO9001党务和行政管理认证的机构。

20日　三林世博家园全面建成，最后一批约700户世博动迁居民入住三林世博家园。

30日　一届区委十次全会举行。全会讨论并通过《中共上海市浦东新区第一届委员会向中共上海市浦东新区第二次代表大会的报告（讨论稿）》，讨论通过《中共上海市浦东新区纪律检查委员会向中共上海市浦东新区第二次代表大会的工作报告（送审稿）》，审议并通过《关于召开浦东新区第二次党代表大会的决议（草案）》及第二届区委和区纪委有关人事安排的事项。

同日　上海市东方惠金文化产业投资资金在张江文化科技创意产业基地设立，为全市文化科技创意类企业提供资金担保和风险投资的引导服务，满足处于创业起步阶段的中小型企业的资金需求。

# 2007 年

## 1月

**8日** 中国红十字总会授予浦东新区"全国社区红十字服务示范区"称号。

**9日~11日** 中国共产党上海市浦东新区第二次代表大会在浦东新区行政办公中心召开。大会应到代表390人,实到代表368人,列席人员28人,邀请来宾11人。上海市委代理书记、市长韩正出席大会并致辞。杜家毫代表中共浦东新区一届委员会向大会做题为《坚持科学发展,推进和谐建设,努力在更高起点上开创浦东开发开放新局面》的报告。大会选举出中共上海市浦东新区第二届委员会委员33名、候补委员6名,选举出中共上海市浦东新区纪律检查委员会委员29名。

**11日** 二届区委一次全会召开,32名区委委员和6名区委候补委员出席会议。会议选举出新一届区委常委会委员11名,分别是(按姓氏笔画为序)万大宁、田赛男(女)、杜家毫、张华(女)、张俭、张静(女)、张学兵、张国洪、陈高宏、顾健、徐文雄;书记为杜家毫,副书记为张学兵、张国洪。会议批准浦东新区纪律检查委员会第一次全体会议选举出的区纪委领导班子,徐文雄任区纪委书记,赵卫星、王永伟任区纪委副书记。

**同日** 阿尔卡特朗讯亚太总部在浦东新区成立。

**18日** 张江科技城(中区)建设启动,标志着张江高科技园区向高科技城区迈出关键一步。

**21日~25日** 中国人民政治协商会议上海市浦东新区第三届委员会第一次会议召开。区政协第三届委员会共有委员400名。委员听取和审议政协上海市浦东新区第二届委员会常务委员会工作报告和提案工作情况的报告,列席上海市浦东新区第三届人民代表大会第一次会议开幕式,选举产生政协上海市浦东新区第三届委员会主席、副主席、秘书长和常务委员会。林泉璋任新区三届政协主席。李忠涌、张静(女)、陈志龙、谢毓敏(女)任副主席。方柏华任秘书长。

22日～26日　上海市浦东新区第三届人民代表大会第一次会议召开。大会应到代表445名,实到代表434名。上海市人大常委会副主任胡炜出席开幕式。大会代表听取了张学兵所作的《政府工作报告》,听取了《浦东新区2006年国民经济和社会发展计划执行情况与2007年国民经济和社会发展计划草案的报告》《浦东新区2006年预算执行情况和2007年预算草案的报告》以及《浦东新区人民法院工作报告》《浦东新区人民检察院工作报告》,并以无记名投票方式选举产生26名代表为区三届人大常委会委员,选举李梅为浦东新区第三届人民代表大会常务委员会主任,田为华、吴大器、陈德昌、岳勇、彭戍兰(女)为副主任,选举张学兵为浦东新区区长,万大宁、田赛男(女)、过剑飞、刘正义(女)、张恩迪、赵福禧、康慧军为副区长,选举丁寿兴为浦东新区人民法院院长,选举陈乃保为浦东新区人民检察院检察长。

## 2月

8日　浦东新区政府和嘉兴市政府签署进一步深化友好合作协议书,继续在农业、经贸、科技、人才等领域开展广泛的交流合作。

9日　《浦东新区中医药产业"十一五"规划》发布。"十一五"期间,浦东新区将实现中医药三大产业战略目标:率先建成张江国际中医药产业基地、全国最大的中药饮片出口基地和全国最大的中医药研发基地。

12日　张江高科技园区100多家优秀高科技企业分别获得了2006年度创业之星、经济贡献奖、科技创新奖、知识产权示范奖、社会贡献奖、服务外包奖、成长潜力奖等7类160个奖项。

同日　浦东新区2007年文化科技卫生"三下乡"集中示范周活动暨"六进社区"启动。

27日　在国家科学技术奖励大会上,浦东新区6家单位5个项目获得国家科技进步奖。5个获奖项目的单位分别是展讯通信(上海)有限公司、微创医疗器械(上海)有限公司、上海磁浮交通发展有限公司、上海宝信软件股份有限公司、上海飞田通信技术有限公司(宝信和飞田为同一获奖项目的共同完成单位)和上海超级计算中心。

## 3月

5日　日本大创产业落户外高桥保税物流园区,这是跨国采购巨头在园区的首个物流项目。

7日　浦东新区迎博社区卫生服务中心启用接诊。这是当时上海市最大服务面积的一级医院,也是上海市首家实施二级医院委托管理一级医院的医院。

14日　浦东新区新市镇项目——浦东唐城奠基开工,项目规划总面积18.17平方千米。

同日　浦东新区政府与华东师范大学签订教育合作协议,实现区校全面合作。

20日　国家认证认可监督委员会向浦东新区首批共12家企业颁发免办CCC认证诚信企业证书。

21日　浦东新区知识产权公共服务平台启动。

28日　滨江森林公园(一期)建成开放。公园设计总面积300万平方米,一期工程占地120万平方米。

29日　全国首家国家高新技术产业标准化示范区——张江示范区(试点)揭牌。

30日　陈海新同志事迹报告会在浦东新区办公中心举行。

31日　中共中央政治局委员、中共上海市委书记习近平在浦东新区调研,先后到浦东新区展览馆、通用电气(中国)研发中心、展讯通信有限公司、中国银联上海信息中心、中国工商银行数据处理中心、外高桥港区和外高桥保税物流园区。习近平指出,上海正站在一个新的发展起点上,要按照中央确定的上海发展战略目标,抓住举办世博会和浦东综合配套改革试点的契机,齐心协力加快推进科学发展、和谐发展,努力实现"四个率先",加快推进"四个中心"建设,实现经济社会又好又快发展。

## 4月

1日　金桥出口加工区获商务部部分专项审批权限下放,成为上海市第一个获商务部部分专项审批权限下放的开发区。

9日　在23个街镇全面启动的"市民议政会"和浦东新区区长网上办公会议同时举行。"1+23"的模式(区长网上办公会+23个街镇例会)覆盖全区。

18日　中国贸易促进会与浦东新区政府签署《关于加强合作的备忘录》,并联合在外高桥保税区推出首个合作项目——中国国际商品中心。

同日　中国人民银行征信中心与上海市银行卡产业园(上海市金融信息服务产业基地)正式签约。2008年5月9日在浦东新区正式揭牌。

同日　浦东新区青少年活动中心揭牌。该中心由新区少年宫和新区中小学指导站整合而成。

同日　首条世博配套道路——高科西路(云莲路口东—杨高南路)开工。高科西路全长1 987米,路宽50～60米,设计为6车道。

同日　上海市首家劳动争议仲裁院——浦东新区劳动争议仲裁院成立。

同日　北京大学、中欧国际工商学院、第二军医大学以及军事医学科学院等4所知名院校相继与浦东新区签约合作,共助新区自主创新。

20日　第12届上海国际汽车工业展览会在上海新国际博览中心开幕。展出面积14万平方米,20个国家和地区的1 300多家汽车商参展、5辆车全球首发、100多辆车国内首发。

25日　国家发展改革委员会与上海市人民政府召开"推进浦东综合配套改革试点"第二次工作会议。国家发改委常务副主任陈德铭,上海市委常委、常务副市长冯国勤,上海市委常委、浦东新区区委书记杜家毫,浦东新区区长张学兵等出席会议。

同日　上海信托登记中心理事会成立,成为上海信托登记中心的业务指导机构。

26日　上海市十二届人大常委会第35次会议通过《关于促进和保障浦东新区综合配套改革试点工作的决定》。根据该决定,在遵循国家法制统一原则和本市地方性法规基本原则的前提下,市政府和新区政府可以就新区综合配套改革制定相关文件在新区先行先试,并报市人大常委会备案;新区人民代表大会及其常委会可以就推进新区综合配套改革试点工作作出相关决议、决定。

同日　中共上海市浦东新区代表会议召开,357名党代表出席会议。会议经差额选举,从27名候选人中选举产生21名中共上海市第九次代表大会代表。

28日　浦东国际商会正式成立,成为介于政府与企业之间的重要中介组织。浦东国际商会网站同时开通。

29日　上海市委宣传部与浦东新区人民政府签署《关于共同推进外高桥保税区文化服务贸易平台建设备忘录》。

## 5月

10日　以"携手建设创新型国家——科学发展,共建和谐"为主题的浦东新区第七届科技节举行。

同日　中国最大的污水处理项目——白龙港城市污水处理厂开始升级改造和扩建。工程总投资22.22亿元。2008年9月升级改造工程全部建成投产。

10日～11日　中共中央政治局常委、国家副主席曾庆红在上海考察,其间考察了中国浦东干部学院、东海大桥、洋山深水港区。

14日　中共中央政治局常委、国务院总理温家宝在上海考察,其间考察浦东新区市民中心,了解民生情况。

15日　浦东新区召开加强作风建设干部大会。会议指出,要充分认识加强领导干部作风建设的极端重要性和现实迫切性,进一步把思想统一到中央精神和市委要求上来,以振奋的精神和良好的作风推动浦东在更高起点上实现科学发展、和谐发展。

17日　韩正出席上海张江高新技术产业开发区领导小组全体会议,强调要按照加快推进"四个率先"的要求,立足实现"四位一体"的发展目标,充分发挥张江高新区在上海提高自主创新能力、产业结构优化升级和建设人才高地汇聚世界级人才中的重要作用。要抓住机遇,加快推进以自主创新为核心的"二次创业",围绕特色产业的发展和创新集群的培育,做到坚持以企业为园区技术创新的主体、坚持技术创新和体制创新并重、坚持在加快自身发展的同时增强对外辐射"三个坚持"。

**18日** 浦东新区召开2007年精神文明建设大会。会议强调,要进一步深化巩固全国文明城区创建成果,再上新台阶,以更高的标准、更加扎实的工作,争创全国文明城区"两连冠"。会上,一批市、区级文明行业、小区、村、单位及2006年度精神文明十佳好人好事受表彰,首届"感动浦东十大典型好人"评选结果同时揭晓。

**21日** 上海世博会园区样板组团项目正式开工建设,这是上海世博会园区首批正式启动建设的场馆,标志着世博园区场馆建设及配套设施进入实质性建设阶段。这次开工建设的世博园区样板组团项目位于A片区东部,规划为亚洲国家馆,规划用地面积为17.7万平方米,规划建筑面积约为4.6万平方米。

**22日** 浦东新区举行推进现代农业工作大会,全面落实中央、上海市委市政府关于"发展现代农业、加快推进社会主义新农村建设"有关工作部署。

**24日** 中国共产党上海市第九次代表大会在上海展览中心开幕,大会指出,上海要继续高举浦东开发开放的旗帜,继续当好改革开放的排头兵,更好地为全国改革开放服务。上海要全力推进浦东综合配套试点改革,坚持先行先试,着力转变政府职能,在政府管理创新、资源整合上取得突破性进展;着力转变经济运行方式,在与国际规范相衔接上迈出实质性步伐;着力改变城乡二元经济与社会结构,在社会事业、社会管理、就业和社会保障上基本实现城乡一体化,进一步聚焦陆家嘴金融贸易区和张江高科技园区,充分发挥浦东新区在加快推进"四个率先"中的示范带动作用、在加快建设"四个中心"中的核心功能作用。

**同月** 浦东新区发布《上海市浦东金融核心功能区发展"十一五"规划》和《浦东新区"十一五"农业发展规划》。

## 6月

**1日** 三届区人大常委会第3次会议任命赵卫星为浦东新区副区长。

**6日** 全国唯一系统设置海关类课程和专业的本科院校——上海海关学院在浦东新区揭牌。

**14日** 德国巴斯夫集团在浦东新区正式投产聚氨酯特种产品生产基地。这是亚太地区首家集组合料装置、热塑性聚氨酯装置以及亚洲技术研发中心于一体的聚氨酯特种产品中国运营总部。

**同月** 浦东新区城市固体废物资源化利用项目获得联合国改善人居环境最

佳范例(迪拜)奖。

## 7月

3日 习近平到张江高科技园区调研上海光源工程和中科院上海浦东科技园建设情况。

同日 金桥出口加工区荣膺"中国服务外包基地上海示范区"。

4日 二届区委二次全会在办公中心举行。全会听取张学兵作《关于浦东新区上半年经济工作情况和下半年经济工作安排》的报告。全会审议通过《关于学习贯彻市第九次党代会精神的决定》。

9日 浦东新区党政代表团先后到成都、重庆、武汉学习考察，为期4天。

13日 浦东新区区委、区政府公布《关于进一步服务长三角、服务长江流域、服务全国的若干意见》和《关于进一步服务世博、参与世博、依托世博的若干意见》。

24日 浦东新区召开建立企业社会责任体系推进大会，推出《浦东新区企业社会责任导则》和《浦东新区建立社会责任体系三年行动纲要》。浦东新区企业社会责任网同期开通。

26日 浦东新区"加强政府公共财政保障，强化公共服务"情况介绍会召开，浦东新区12个街道2007年起全面剥离经济管理职能。

28日 浦东新区庆祝中国人民解放军建军80周年文艺演出暨双拥模范(先进)命名表彰大会举行。

## 8月

1日 张学兵代表上海市政府率团赴港出席"落实CEPA补充协议(四)，推动沪港服务业交互合作"推介会。浦东新区将设国内首个"CEPA绿色通道"，在市民中心设置受理窗口，负责CEPA项目现场和电话咨询，引导投资者在市民中心各职能部门窗口(分窗口)办理相应审批事项，接受项目办理咨询等。

5日 2010年上海世博会迎来开幕倒计时1000天，"世博进社区"活动开进首站——周家渡社区。

9日 三届区人大常委会第5次会议召开扩大会议。张学兵代表区政府向区人大常委会和人大代表报告工作。

17日 新华社播发长篇通讯《浦东,再立中国改革开放潮头》。

同日 中共上海市委召开常委会,听取浦东新区区委、区政府关于浦东综合配套改革试点工作情况的汇报。习近平主持会议并讲话,强调推进浦东综合配套改革,一定要按照中央精神,以一往无前的勇气、攻坚克难的胆识和先行一步的锐气,努力取得突破性进展。会议指出,要从我国改革进入攻坚阶段的战略布局上把握浦东综合配套改革试点工作;要解放思想,敢于为天下之先,善于集天下之大成;要集聚资源,形成上下联动、左右协调的发展态势。

23日 浦东新区区委、区政府举行尹欣欣先进事迹报告会。区委、区政府向获得"中国武警十大忠诚卫士"称号的武警上海市总队第九支队特勤中队侦察班班长尹欣欣颁发浦东新区一等功臣奖。

31日 浦东新区质监局张江办事处暨标准化联席会议办公室正式挂牌成立并合署办公。

## 9月

1日 上海海关和上海出入境检验检疫局率先在浦东新区推出国际展品无纸通关模式试点。

2日 国内第一款基于AVS标准嵌入式网络摄像机——"龙眼 IPcamera"在浦东新区诞生。

4日 习近平在浦东新区调研上海证券交易所、上海期货交易所、中国金融期货交易所等金融要素市场。习近平指出,做大金融市场,做强金融机构,加强金融监管,推进金融创新,推动金融业持续健康快速发展,努力开创上海国际金融中心建设的新局面。

12日 外高桥保税区管委会、保税区海关等10家诚信企业签署三方合作备忘录,浦东新区率先启动海关诚信管理试点工作。

18日 和记黄埔医药(上海)有限公司和世界医药巨头美国礼来公司签订战略合作协议,共同研发抗癌及炎症性疾病新药。该合作项目是国外制药巨头第一次将其全新药物交由中国公司研发,同时在国内首试知识产权共享研发模式。

27日 上海市工商行政管理局和浦东新区政府联合宣布推出"工商八条政策",支持浦东综合配套改革试点:支持外商投资产业结构优化升级,促进金融辅助产业、金融衍生产业健康发展,鼓励以多种出资方式在浦东新区投资设立企业,放宽企业集团登记和大型企业名称登记条件,支持浦东新区实施商标发展战略和驰名商标培育发展工作,支持浦东新区工商行政管理部门扩大外商投资企业核准登记权和推进外商投资企业网上登记,支持浦东新区推进政府行政管理体制改革,鼓励浦东新区工商管理行政部门开展工商执法官制度试点等。

28日　上海国际文化贸易平台在外高桥保税区启动。

29日　浦东新区政府举办现代农业发展和投资(信息)推介会,12家单位在会上签订合作意向书,为新区现代农业发展再注活力。会议发布新区"十一五"农业发展规划,力争到2010年建设成为和城市现代化相匹配的都市型现代农业,在全国的农业现代化建设中起到引领和示范作用。

30日　浦东新区迎特奥圣火和执法人员火炬跑起跑仪式在大拇指广场举行。

## 10月

2日～6日　浦东新区接待来自美国、巴巴多斯、奥地利和巴哈马等4个特奥代表团。

11日　2007年世界特奥会闭幕。浦东队23名特奥运动员分别参加体操、舞龙狮、排球、柔道等4个项目比赛,荣获40枚金牌、14枚银牌和2枚铜牌。

14日　中国共产党第十七次全国代表大会开幕。中共中央总书记、国家主席胡锦涛在党的十七大报告中指出,更好发挥经济特区、上海浦东新区、天津滨海新区在改革开放和自主创新中的重要作用。这是党的全国代表大会连续第四次对浦东开发作出战略部署,提出明确要求。

18日　生物医药纯化技术公共服务平台在浦东创新港成立。该平台能够提供包括分离材料、技术服务、合作研究、职业培训等专业化技术外包服务。

26日　首届上海国际生态建设市长高峰论坛在上海国际会议中心举行。

同日　上海国际金融中心建设的高层研究机构——中欧陆家嘴国际金融研究院在陆家嘴金融贸易区成立。

28日　美国通用汽车公司与浦东新区政府签署协议,投资2.5亿美元在金桥出口加工区建造通用汽车中国园区,整合通用亚太区总部、中国总部以及其他本地运营机构办公地点。

## 11月

1日　中共中央政治局委员、上海市委书记俞正声到浦东新区调研。

2日　浦东新区首个"人民调解信访代理工作室"在东明路街道挂牌成立,同时,"东明社区信访代理志愿者"队伍正式启动。

3日　第六届全国城市运动会在武汉闭幕。浦东新区代表团以21枚金牌的成绩排名全国第四,并获得体育道德风尚奖。金牌、奖牌和总分均创上海参加历届城运会最佳成绩。

8日　上海市软件产业基地陆家嘴软件园成立。这是浦东软件分园中唯一的市级软件产业基地。

9日　上海浦东嘉里中心奠基。中心位于花木路芳甸路口,项目总投资5亿美元,总建筑面积23万平方米。

12日　《人民日报》、新华社、中央电视台、中央人民广播电台、《经济日报》《中国日报》等中央新闻媒体记者采访团来到浦东新区,深入采访浦东新区贯彻落实党的十七大精神、大力推进综合配套改革试点的情况。

13日　浦东新区举行党的十七大精神宣讲动员会,宣布成立浦东新区党的十七大精神宣讲团。即日起,宣讲团开始到新区各委办局、街镇以及驻区部队进行宣讲。

15日　"'2007'中国人才服务业博览会"在浦东展览馆举行。这是全国人才服务业首次举行的博览会。

20日　浦东新区政府与上海市电力公司签署《浦东新区"十一五"期间电力建设和发展协议书》,明确到2010年前电力部门投资100亿元开展浦东地区电网建设。

26日　快递及物流供应商敦豪(DHL)与上海机场集团签署建立DHL浦东国际机场北亚枢纽的正式协议。这是继UPS浦东机场国际航空转运中心后第二家落户浦东机场的转运中心,浦东国际机场成为全球第一家拥有两个国际快递转运中心的机场。

26日～27日　杜家毫受中央对外联络部委托,率中国共产党代表团访问也门。

28日　首届长三角中小企业建设论坛暨长三角中小企业品牌建设推进委员会成立大会在上海国际会议中心举行,会议发布《关于推进长三角中小企业品牌建设倡议书》。

同日　国家商务部与上海市人民政府签约共建首个国家服务外包研究中心。

30日　浦东新区环保局权力公开运行网开通,新区环保局43项行政许可实现网上审批。

## 12月

2日　国内最大第三方独立医学实验室——上海达安医学检测中心在张江生物医药基地开业。

同日　"2007中国金融人才战略高峰论坛暨第六届国际金融中心研讨会"在浦东新区金茂大厦召开。

6日　摩托罗拉上海创新中心在金桥开发区落成并投入使用。该中心建筑面积7 500平方米,集合了摩托罗拉的中国研究中心、网络系统部上海研发中心、能源设计中心和移动设备周边产品研发中心。

7日　韩正到浦东新区调研综合配套改革工作。

10日　上海第一条12英寸芯片生产线——中芯国际八厂成功投产,进入正式运营阶段。俞正声出席投产仪式并启动正式投产按钮。

12日~13日　上海市浦东新区第三届人民代表大会第二次会议召开,选举产生于勇等80名上海市第十三届人民代表大会代表。

18日　中国2010年上海世博会的核心建筑之一——中国馆正式开工,上海世博会园区建设的核心工程全面启动。中国馆位于世博园区浦东区域主入口,由建筑面积2万平方米的中国国家馆、3万平方米的中国地区馆以及3 000平方米的港澳台馆三部分组成。2010年2月8日上海世博会中国馆竣工。

同日　上海金融仲裁院揭牌仪式暨金融仲裁专题研讨会在上海国际会议中心举行。

23日　张江有轨电车(一期)工程在张江高科技开发园区张东路丹桂路现场铺下第一根钢轨。这是上海首条现代化有轨电车线路。2009年8月更名为上海张江有轨电车1路,并投入试运营。

26日　浦东新区自主品牌建设表彰大会在浦东展览馆举行,会议对2007年度新认定和确认的获得国家级、市级名牌产品和驰名、著名商标称号企业中符合奖励条件的39家企业进行了表彰。

27日　浦东新区权力公开透明运行电子系统正式启用。通过该系统可实现党务、政务、事务权力的网上公开、网上办公、网上服务和网上监督。

29日　轨道交通6号线开通。6号线是本市建成的第二条轻轨线,全部位于浦东新区境内,全长33.52千米。

同日　三届区人大常委会第9次会议召开。会议补选屠光绍为上海市第十三届人民代表大会代表;听取和审议区人民政府《关于重大工程和实施项目实施情况的报告》《关于审计整改情况的报告》《关于浦东新区2007年国民经济和社会发展计划执行情况与2008年国民经济和社会发展计划草案编制情况的说明》和《关于浦东新区2007年预算执行情况和2008年预算草案编制情况的说明》。

# 2008 年

## 1 月

8 日　中共中央政治局委员张德江视察张江高科技园区。

同日　在国家科技奖颁奖大会上,浦东新区获 13 个奖项,包括自然科学奖 4 项、技术发明奖 1 项、科技进步奖 8 项。

9 日　三届区人大常委会第 10 次会议召开,经过审议表决,通过区人大常委会关于变更区三届人大三次会议召开时间的决定。

同日　黄金期货交易在上海期货交易所挂牌上市。

16 日　罗克韦尔自动化控制系统(上海)有限公司等 10 家跨国公司地区总部获颁证书。至此,上海的跨国公司地区总部已达 184 家,其中超过半数落户浦东。

同日　浦东新区蝉联"全国双拥模范城"称号庆祝活动在东方艺术中心举行。

17 日　俞正声到潍坊新村街道了解社区帮困送温暖工作的组织落实情况。

23 日　国家发展和改革委员会印发《关于上海建设大型主题公园项目有关问题的通知》。通知指出,经国务院第 204 次常务会议讨论,同意上海市与美国迪士尼公司共同建设主题公园项目的合作意向。2008 年 10 月 17 日,上海市人民政府印发《关于原则同意〈布宜诺〉(暂名)项目及周边地区规划》的批复。项目规划范围北至 A1 公路,东至浦东运河,南至 A15 公路,西至 A3 公路,包括布宜诺园区在内,用地面积约 107 平方千米。2008 年 11 月 17 日,国土资源部印发

《关于上海市布宜诺主题公园建设项目用地预审意见的复函》，同意通过上海市布宜诺主题公园建设项目用地预审。

## 2月

2日　浦东新区举行党政干部大会，传达学习上海"两会"精神。

17日　广东省党政代表团访问浦东新区，听取张江高科技园区及浦东综合配套改革试点情况介绍。

28日　浦东新区召开党政负责干部大会，韩正出席会议并作重要讲话。市委常委、组织部部长沈红光宣布市委任职决定，市委常委徐麟任中共浦东新区区委书记，市政府副秘书长李逸平任区委副书记。

## 3月

1日　上海市土地交易市场在陆家嘴金融贸易区上海房地大厦正式开张。

2日　三届区人大常委会第11次会议召开，会议决定：接受张学兵辞去浦东新区区长职务的请求，任命李逸平为浦东新区副区长、代理区长。

3日　浦东新区人民法院荣获"全国模范法院"称号。

4日～5日　共青团上海市浦东新区第三次代表大会在浦东新区办公中心召开。373名正式代表、7名列席代表参加大会。大会选举产生由39名委员、21名候补委员组成的共青团浦东新区第三届委员会。

5日　中共中央政治局常委、国务院总理温家宝在十一届全国人大一次会议上所作的《政府工作报告》中要求"经济特区、上海浦东新区、天津滨海新区开发开放加快推进"。当天下午，中共中央政治局常委习近平在上海代表团审议政府工作报告时强调，要把浦东开发开放的旗帜举得更高，把浦东综合配套改革试点搞得更好。

7日　二届区纪委四次全会召开。徐麟出席会议并代表区委常委会作出10项承诺。

19日　三届区人大常委会第12次会议召开，会议确认花木街道98选区和川沙新镇128选区3月18日投票选举结果有效，徐麟、李逸平当选区三届人大代表。通过接受田赛男辞去副区长职务请求的决定。

20日 二届区委三次全会举行,会议审议《区委常委会2007年工作报告》,审议并通过《二届区委三次全会关于深入学习贯彻党的十七大精神 切实做好2008年工作的决议》。全会由区委常委会主持,徐麟讲话。李逸平作关于2008年新区经济和社会发展安排的讲话。张国洪代表区委常委会作2007年工作报告。

24日～27日 中国人民政治协商会议上海市浦东新区第三届委员会第二次会议召开,351名委员出席。会议审议通过林泉璋所作的《常委会工作报告》和张静所作的《提案工作情况的报告》。与会人员列席了区第三届人民代表大会第三次会议开幕式,听取了《浦东新区人民政府工作报告》,讨论了《浦东新区人民政府工作报告》《浦东新区2007年国民经济和社会发展计划执行情况与2008年国民经济和社会发展计划草案的报告》《浦东新区2007年预算执行情况和2008年预算草案的报告》,以及浦东新区人民法院工作报告、浦东新区人民检察院工作报告。会议审议通过《政协浦东新区第三届委员会第二次会议决议》。会议审议通过《政协上海市浦东新区第三届委员会第十二次会议决议》。会议共收到提案216件、大会发言62篇。

25日～28日 上海市浦东新区第三届人民代表大会第三次会议召开。李逸平向大会作政府工作报告。大会审议通过《关于政府工作报告的决议》《关于浦东新区2007年国民经济和社会发展计划执行情况与2008年国民经济和社会发展计划的决议》《关于浦东新区2007年预算执行情况和2008年预算的决议》、《关于浦东新区人民代表大会常务委员会工作报告的决议》、《关于浦东新区人民法院工作报告的决议》《关于浦东新区人民检察院工作报告的决议》。大会补选李逸平为浦东新区区长,补选张杰为区三届人大常委会委员。大会收到代表提交的议案14份、书面意见162份。

## 4月

9日 在第五届上海市发明创造专利奖颁奖大会上,由上海银晨智能识别科技有限公司申报的"基于DSP的嵌入式人脸自动检测方法",中国石油化工股份有限公司上海石油化工研究院申报的"苯乙烯分离方法""用于裂解汽油一段选择性加氢的催化剂"分获发明专利一、二、三等奖;上海日立电器有限公司申报的"旋转式压缩机分排式上消音器"获实用新型专利奖;盛趣信息技术(上海)有限公司申报的"组合式多功能遥控器"、上海良信电器有限公司申报的"断路器（NDB2-63）"分获外观设计奖。

10日　市领导俞正声、韩正、丁薛祥到浦东新区调研。俞正声指出，浦东开发开放不仅仅是浦东的事，而是全市人民的事情，浦东开发开放需要全市支持，需要市委、市政府相关职能部门和各区县的大力支持。浦东发展是上海发展的突破口和推动力，大家要想浦东所想，急浦东所急，帮助浦东克服改革发展中遇到的困难，鼓励支持浦东先行先试；对浦东要特事特办，能够下放到浦东的权利要尽量下放，尽可能减少办事层次，提高办事效率。

16日　浦东新区石油制品行业协会成立。该协会是全国首个石油制品行业协会。

23日　中芯国际集成电路制造有限公司和香港应用科技研究院（应科院）联合宣布合作推出全球首款双模UWB MAC的专用芯片。芯片采用中芯国际的0.13微米混合型CMOS技术。

同日　由商务部设立的国家级服务外包研究中心落户浦东新区。与之合署办公的上朋服务外包研究中心同日揭牌。

## 5月

6日　"国家知识产权局专利局上海张江专利审查员实践基地"在浦东创新港揭牌。这是国家知识产权局授权在地方建立的首个实践基地。

9日～10日　由中国人民银行、中国银监会、中国证监会、中国保监会、上海市人民政府共同主办的首届"2008陆家嘴论坛"召开。

12日　中欧张江创新创业研究中心成立。该中心系中欧国际工商学院与上海张江（集团）有限公司合作组建的高端创新创业研究机构。

同日　14时28分，四川省汶川县发生里氏8.0级地震。当日，浦东新区区委、区政府召开工作会议，研究部署四川抗震救灾工作。随后召开抗震救灾会议，成立"5·12汶川地震救灾捐赠"领导小组办公室，并开通24小时捐赠热线。

15日　浦东科技周和2008上海国际科学与艺术展在浦东展览馆开幕。科技周期间举办12项区级主题活动、25项重点活动，由学校、企业等社会各界举办的普及活动超过100项。

18日　由东方医院、公利医院、浦东新区人民医院、上海市第七人民医院和浦东新区疾控中心8名专家组成的浦东新区医疗救援队到达汶川县地震灾区开展救援工作。

18日～19日　首届"浦江创新论坛"在浦东东郊宾馆举行。国家科学技术部部长万钢、上海市市长韩正、全国政协外事委员会主任赵启正等出席开幕式。

22日　上海市人大常委会主任刘云耕一行到浦东调研，贯彻落实市人大常委会《关于促进浦东新区综合配套改革试点工作的决定》情况。徐麟出席座谈会，并强调要积极落实市人大决定，推进改革试点取得新突破、新成效。李逸平作情况汇报。

23日　北京奥运火炬在浦东新区传递。

28日　"森兰·外高桥"项目实质性启动。"森兰·外高桥"东至杨高北路，西至张杨北路，南到赵家沟，北至航津路，占地面积约5.74平方千米，是上海市规划的城市绿肺之一。

29日　由东方医院和浦南医院5名医生组成的浦东新区第二批医疗救援队到汶川地震灾区开展救援工作。

30日　浦东新区召开精神文明建设工作会议，表彰文明社区（镇）及浦东新区十佳好人好事。

## 6月

5日　三届区人大常委会第14次会议召开。会议经过审议表决，任命严旭、陆月星为浦东新区副区长。

6日　上海市推进浦东综合配套改革试点工作领导小组第一次会议召开。韩正强调，要紧紧围绕中央要求的"三个着力"，解放思想、简政放权、形成合力、细化落实，把浦东综合配套改革试点工作推向深入。

14日　上海市市级非物质文化遗产钱万隆酱油酿造工艺被列为国家级非物质文化遗产。这是继浦东说书、上海港码头号子之后的浦东新区第三项国家级非物质文化遗产。

18日　浦东新区推进综合配套改革试点工作干部大会召开，发布《2008年—2010年浦东综合配套改革三年行动计划框架》。

20日　上海市浙江商会总部迁入陆家嘴金融贸易区。

21日　新国际博览中心首个功能配套项目——永达国际大厦正式落成。

25日　"张江高科技园区企业易贷通"合作平台开通。该平台采取"园区推荐、银行融资、第三方担保"的小企业融资担保模式,帮助园区内科技型小企业解决融资难题。

## 7月

1日　浦东新区纪念建党87周年庆祝大会召开,表彰近五年来浦东新区涌现的改革进取先进集体和个人。

3日　《浦东新区支持鼓励人才若干意见》正式对外发布,包括集聚金融人才、扶持创新人才、支持博士后工作、实施"安居工程"、建立"绿色通道"等。

5日　"2008建设和谐社会与企业社会责任(上海浦东)论坛"开幕。

8日　中国科学院上海浦东科技园首个项目——上海药物所"新药创制技术保障条件建设项目"奠基。

16日　全国第一家国家数字出版基地在张江高科技园区挂牌成立。

17日　张江生物医药外包专业园区揭牌。

27日　浦东12355青少年公共服务平台正式开通。该服务平台是团中央确定的全国性试点项目,也是2008年浦东新区重大实事工程之一。

29日～30日　二届区委四次全会举行。会议回顾上半年经济运行情况并安排下半年经济工作,通过《区委常委会议事决策规则》《区委常委会关于进一步加强自身建设的若干意见》。

31日　振华港机、宝信软件、宝钢集团入选国家科技部、国资委、全国总工会联合评选的全国首批"创新型企业"。

## 8月

11日～12日　三届区人大常委会第15次扩大会议召开。会议听取和审议区政府关于浦东新区2007年决算草案的报告、关于浦东新区2007年度本级预算执行和其他财政收支情况的审计工作报告、区人大常委会财经工委关于浦东新区2007年区本级决算草案的审查报告,审议通过区人大常委会关于浦东新区

2007年区本级决算的决议。会议听取和审议区政府关于2008年上半年国民经济和社会发展计划执行情况的报告、关于2008年上半年预算执行情况的报告,表决通过区人大常委会增设华侨民族宗教事务工作委员会的决定和区人大常委会、区人民法院的有关人事任免事项。

11日~12日 中国人民政治协商会议上海市浦东新区第三届委员会全体委员会议召开,323名委员出席。会议选举增补方柏华为新区三届政协副主席。会议听取林泉璋所作的《2008年上半年常委会工作报告》。与会委员列席了三届区人大15次常委会(扩大)会议。

17日 李逸平应邀在北京国家新闻中心亚洲厅接受中外媒体关于"改革开放30周年·浦东新区的创新与发展"主题集体采访。

20日 浦东新区正式启动个人本外币兑换业务,成为国内首批个人本外币兑换特许业务的试点地区。

24日 俞正声考察张江高科技园区,调研盛大集团、第九城市、锐迪科微电子和博通集成电路等企业。

28日 安徽省党政代表团访问浦东新区。

## 9月

1日 浦东新区党政代表团在深圳市进行为期两天的学习考察活动。

3日 浦东新区党政代表团在天津市滨海新区进行为期两天的学习考察活动。

9日 浦东新区举行迎世博600天行动动员大会,推出"八大行动计划":市容市貌改观行动、市民生活改善行动、城市管理行动、文明培育行动、世博宣传行动、窗口服务行动、功能对接行动、安全保障行动。

10日 国家开发银行、建设银行上海分行等10家银行为中环线浦东段和浦东国际机场北通道项目提供贷款共计130.79亿元。

12日 浦东新区政府与南荷兰省政府签署协同创新计划备忘录,建立双边政府间科技交流与合作框架。双方将进一步合作重点放在现代农业、生命科学、电子信息产业及新材料等领域。

16日 投资总额为2.5亿美元的通用汽车中国园区暨前瞻技术科研中心破

土动工。该园区位于金桥出口加工区内,占地12万平方米,是集运营办公、业务整合、前瞻技术研发等多功能于一体的通用汽车在华发展新基地。

19日 2008上海陆家嘴金融博览会在浦东展览馆召开,银行、证券、基金、期货、艺术投资等50多家机构参展。

25日 浦东新区出台《浦东新区促进自主创新的若干意见》,助推科技企业发展。同时,浦东新区科技企业信用互助计划启动。

26日 二届区委五次全会召开会议。会议采取无记名投票方式对8名街镇行政正职人选进行差额表决,产生5名任职或推荐的正处级干部。

同日 中国科学院、上海市人民政府进一步深化合作签字仪式举行,中共中央政治局委员、上海市委书记俞正声,全国人大常委会副委员长、中科院院长路甬祥出席仪式并为中国科学院上海浦东科技园揭牌。

28日 上海国际文化服务贸易平台在外高桥保税区投入运营,东方国际文化贸易中心同时落成。

## 10月

7日 新华社播发长篇通讯《浦东的历史新方位》。通讯分"承载着国家战略,浦东勇当改革开放排头兵""在挑战中实现突破,浦东是改革开放的常青树""二向精兵简政要生产力,浦东续写辉煌"等三个部分。

9日 金伯利钻石产业园在川沙经济园区北区建成,该产业园于2007年3月9日由上海金伯利钻石有限公司投资建设,项目总投资1 100万元,占地2万平方米。

10日 上海保障性住房建设在浦东新区三林基地正式启动。

14日 浦东新区青年联合会第五届委员会第一次全体会议召开。会议启动浦东青年"迎世博"主题行动计划。

15日 浦东新区举行深入学习实践科学发展观活动动员大会暨党员领导干部研讨班开学仪式,对全区学习实践科学发展观活动进行部署。

20日 新华社金融信息平台上海总部在陆家嘴金融贸易区挂牌。

21日 上海市科委与浦东新区政府签署《共同深入学习实践科学发展观,推进浦东综合配套改革试点协议书》,联手推进一系列旨在优化浦东创新环境、激励创新企业发展的项目及计划。同时,国内首家专为科技型中小企业服务的上海浦东科技金融服务公司在新区挂牌。

28日　上海外高桥造船公司为新加坡海洋油船有限公司建造的31.8万吨"华山号"油轮命名交船。这是目前世界上第一艘全面满足国际船级社协会(IACS)最新《共同结构规范》的载重吨最大、款式最新的绿色环保型超级油轮。

## 11月

5日　上海市政协主席冯国勤率调研组到浦东调研浦东综合配套改革试点情况,对浦东进一步推进综合配套改革试点工作提出要求。

11日　《浦东时报》创刊。该报经国家新闻出版总署批准,面向全国公开发行,每周二、五出版,4开16版。

13日　国内首家金融法庭在浦东新区人民法院设立。

17日　陆家嘴塘东总部基地开工。基地建设由上海陆家嘴(集团)有限公司总体负责。基地总投资近60亿元,占地面积约5.34万平方米,总建筑规模约45.8万平方米。2014年建成,后更名为陆家嘴世纪金融广场。

20日　国际酒类展示交易中心在外高桥保税区正式成立。该中心由中国贸促会和浦东新区政府合作建立,集国际酒类展示、交易和贸易服务等为一体,是上海唯一的国际酒类产品保税展示中心。

22日~23日　中共中央政治局常委、国务院总理温家宝考察上海,其间视察了上海外高桥造船有限公司。

27日　国务院新闻办公室在浦东新区举行"纪念改革开放30周年主题采访活动"新闻发布会。徐麟接受60多家中外媒体记者采访。

29日　上海中心大厦在陆家嘴金融贸易区开工。大厦121层,主体建筑结构高度580米,总高度632米,总投资148亿元。2014年土建工程竣工,2017年1月投入试运营。建成时为中国第一、世界第二高楼。

## 12月

5日　浦东新区第四次归侨侨眷代表大会举行。会议选举产生浦东新区归国华侨联合会第四届委员会。

8日　浦东新区举行统一战线各界人士纪念改革开放30周年座谈会。上海市统战理论研究会浦东新区分会同时成立。

9日　中国人寿上海数据中心在张江银行卡产业园开工奠基。至此，张江银行卡产业园已开发的3.6平方千米面积内有16家金融机构入驻，其中4家单位正式运营。

12日　中共中央政治局常委、国务院副总理李克强视察浦东新区。李克强指出，浦东要坚持用改革的办法解决前进中的困难和问题，更好地发挥市场在资源配置中的基础性作用，充分调动和激发各方面的创造潜能，增强经济发展的动力与活力；要深化重点领域和关键环节改革，进一步完善市场体系，加快建立能够充分反映市场供求关系和稀缺程度的资源要素价格形成机制。

16日　陆家嘴世纪大都会项目开工。项目位于世纪大道、张杨路及福山路三角形地带，总投资60亿元，占地面积约3.8万平方米，总建筑面积约27.7万平方米。

20日　徐麟在北京举行的纪念党的十一届三中全会召开30周年理论研讨会上作"浦东开发开放是中国特色社会主义的生动实践"发言。

24日　中国有色矿业集团有限公司在外高桥保税区的投资项目——上海中色工贸项目在新发展园区开工建设。

28日　浦东新区公共交通有限公司成立，实现国有资产对主要公交公司控股。

30日　中国科学院上海浦东科技园开工暨新技术基地建设奠基。

# 2009 年

## 1 月

5 日　我国首个集成电路专题性科普教育基地——上海集成电路科技馆在张江高科技园区建成开放。

6 日～8 日　中国人民政治协商会议上海市浦东新区第三届委员会第三次会议召开。会议审议通过张静所作的《常委会工作报告》和李忠涌所作的《提案工作情况的报告》。与会人员列席了区第三届人民代表大会第四次会议开幕式，听取了《浦东新区人民政府工作报告》，讨论了《浦东新区人民政府工作报告》《浦东新区 2007 年国民经济和社会发展计划执行情况与 2008 年国民经济和社会发展计划草案的报告》《浦东新区 2007 年预算执行情况和 2008 年预算草案的报告》《浦东新区人民法院工作报告》《浦东新区人民检察院工作报告》。会议审议通过《政协浦东新区第三届委员会第三次会议决议》。会议收到提案 189 件。

6 日～9 日　上海市浦东新区第三届人民代表大会第四次会议召开。会议听取和审议了区人大常委会和区政府、人民法院、人民检察院工作报告。审查和批准《浦东新区 2008 年国民经济和社会发展计划执行情况与 2009 年国民经济和社会发展计划的报告》，批准《2009 年国民经济和社会发展计划》，审查和批准《浦东新区 2008 年预算执行情况和 2009 年预算草案的报告》，批准《2009 年区级预算》，补选花以友为区三届人大常务委员会副主任。会议收到代表书面意见 173 件。

9 日　荷兰皇家帝斯曼集团投资的帝斯曼中国园区在张江高科技园区落成。

10日　中燃LPG亚洲区总部在金桥出口加工区开业。

同日　中国海警第一舰——1001舰正式命名"浦东舰",命名仪式在海警凌桥码头举行。

13日　在上海市第十三届人民代表大会第二次会议上,韩正在《政府工作报告》中对浦东新区的改革创新提出明确要求。

15日　重庆市学习考察团访问浦东新区。

18日　中国证券监督管理委员会上海监督管理局迁入浦东新区办公。

19日　浦东新区委、区政府召开党政负责干部会议,传达学习市"两会"精神及市委、市政府主要领导的重要讲话精神,部署学习实践科学发展观活动第三阶段任务。

## 2月

5日　张江高科技园区新药孵化平台建立。

6日　二届区纪委五次全会召开,传达十七届中央纪委三次全会精神、上海市纪委九届三次全会精神。

11日　浦东新区人民检察院获"全国十佳基层检察院"称号。

19日　2009年第二届上海金融论坛在上海国际会议中心举行。

21日　2009浦东科技创新与发展论坛在浦东新区举行。

26日　国务委员、公安部部长孟建柱视察浦东新区。

同日　浦东新区人民政府和中国商用飞机有限责任公司合作框架协议签约仪式在张江高科技园区举行。

27日　二届七次全会召开。传达学习贯彻党的十七届三中全会、中央农村工作会议和市委九届七次全会精神,全会审议通过《浦东新区农村改革发展三年(2009—2011年)行动纲要》。

## 3月

10日　上海国际服装纺织品贸易博览会在上海新国际博览中心举行。

11日　"行政效能建设实践基地"在浦东市民中心挂牌。

同日　浦东新区区委召开第一批深入学习实践科学发展观活动总结暨第二

批动员大会。

13日　上海浦东高新技术应用研究院成立。

17日　注册资本10亿元的大新华物流集团在浦东新区开业。

同日　2009上海国际信息化博览会在上海新国际博览中心举行。

19日　全国首个专业办理金融、知识产权刑事案件的公诉处——浦东新区人民检察院金融、知识产权犯罪公诉处成立。

25日　国务院常务会议通过《关于推进上海加快发展现代服务业和先进制造业、建设国际金融中心和国际航运中心的意见》。4月29日，国务院新闻办公室在上海国际会议中心召开新闻发布会，正式发布该意见。

同日　浦东新区四套班子领导和机关干部、市民300多人在三林西中汾泾城市绿地开展植树活动。

31日　全球500强之一的雅培公司中国首个研发中心开业仪式在张江高科技园区东区举行。

## 4月

2日　象征浦东新区和西宁市友谊的"浦宁之珠"多功能观光塔项目移交仪式在浦东新区举行。

4日　中国浦东干部学院与浦东新区签署进一步加强战略合作协议。

12日　浦东新区党政代表团赴嘉兴市学习考察。

14日　浦东新区政府召开第四轮环保三年行动计划暨生态区、节能减排、节水型社会工作推进大会。

17日　浦东新区区委、区政府召开纪念浦东开发开放19周年暨综合配套改革推进大会。

23日　安佰深私募股权投资集团大中华区在陆家嘴金融贸易区开业。

同日　浦东新区党政代表团赴成都市学习考察。

24日　国务院作出《关于同意上海市调整部分行政区划的批复》，同意撤销上海市南汇区，将其行政区域划入上海市浦东新区。

25日　张江药谷公共服务平台二期项目落成启用。

30日　2009年上海市村庄改造现场会在浦东新区曹路镇召开。

## 5月

2日　徐麟主持召开区党政领导班子会议,传达贯彻市政府紧急会议精神,部署"甲型H1N1流感"防控工作。

4日　杜邦(中国)光伏科技研发中心在张江高科技园区正式启用。

8日　全国人大常委会副委员长、全国妇联主席陈至立视察浦东新区。

10日　2009中国上海国际大众体育节暨第四届"浦东·三林"杯世界龙狮锦标赛在浦东举行,19个国家和地方的306支龙狮队伍参赛。

13日　中共上海市委、上海市人民政府在上海展览中心召开浦东新区、南汇区党政负责干部大会。正式启动"南汇区行政区域划入浦东新区"的工作。市委决定成立"南汇区行政区域划入浦东新区"联合工作党委。14日,"南汇区行政区域划入浦东新区"联合工作党委召开第一次会议,审议通过联合工作党委工作职责和会议制度、联合工作党委工作机构设置方案和主要工作安排。

14日　浦东出入境检验检疫局发布10条稳定新区外贸发展的措施。

15日～16日　"2009陆家嘴论坛"举行,主题为"全球化时代的金融发展与经济增长"。徐麟出席论坛并指出:浦东要在上海建设国际金融中心过程中发挥核心功能的作用,要拓展好金融发展的空间,营造好金融发展的环境,搭建好金融创新的平台。

16日　浦东新区与中国银行上海市分行签署推进消费金融战略合作协议。

17日　2009"相约张江——第五届张江科技文化节"开幕。

18日　三届区人大常委会第22次会议召开,任命姜樑为浦东新区副区长、代理区长;通过接受李逸平辞去区长职务请求的决定。

同日　布隆迪保卫民主力量党主席热雷米·恩让达库马纳访问浦东新区。

19日　浦东新区人民法院、上海金融仲裁院和上海金融学院签署三方合作协议,设立国内首个金融法律本科专业。

同日　刘云耕率部分市人大代表到浦东沪东街道"人大代表之家"视察。

23日　浦东新区第四届运动会在源深体育馆开幕。

24日　首届长三角城市龙舟邀请赛在临港新城滴水湖举行,来自上海、江苏、浙江的14支龙舟队参赛。

25日　浦东新区第二批共44万册旅游优惠册发放,其7.1万册发向境外。

26日　"陆家嘴人才金港"启动开港,已引入高校22家、各类金融机构112家、国际机构7家,100位金融人才入住金港人才公寓。"陆家嘴金融城HR俱乐部"同时揭牌成立。

27日　上海市十三届人大常委会举行第11次会议,审议并表决通过市人大常委会关于撤销南汇区,将其行政区域划入浦东新区若干问题的决定。同时,浦东新区第四届人民代表大会筹备组成立,负责区人大代表的选举以及选举产生新区国家机构工作人员。浦东新区第四届人民代表大会代表名额为450名,人大常委组成人员名额为35名。

28日　以"养老产业·现代服务"为主题的2009中国养老产业高峰论坛在浦东新区亲和源老年公寓举行。

## 6月

2日　上海陶氏创新中心在张江高科技园区正式投入运营。

5日　浦东新区第四届人民代表大会代表选举工作动员大会召开,确定2009年7月10日为全区选举日,2009年6月11日～18日为选民登记时间。

6日　中国商用飞机有限责任公司下属大飞机项目总装制造中心在浦东揭牌成立。

11日　"久斯杯"首届世界九球中国浦东唐城公开赛在源深体育馆举行,27个国家和地区的96名运动员参加为期4天的比赛。

15日　运算速度世界第十、亚洲第一的超级计算机"魔方"在张江高科技园区正式投入使用。中国成为全球第二个能够研发百万亿次超级计算机的国家。韩正出席启动仪式并致辞。

同日　上海文化产权交易所在外高桥上海国际文化贸易中心揭牌成立,这是国内首家文化产权交易所。

18日　浦东新区召开党政负责干部会议,市委组织部宣布市委决定:新的浦东新区区委常委会由徐麟任区委书记,姜樑、吴信宝、张才莲任区委副书记,徐文雄、张俭、张华、张静、陈高宏、顾健、彭崧任区委常委,徐文雄任区纪委书记。新的浦东新区区委常会建立后,中共"南汇区行政区域划入浦东新区"联合工作委员会和原中共浦东新区、南汇区委常委会即停止行使职能。

同日 世界500强企业——沙特基础工业公司(SABIC)中国研发中心落户康桥工业区,该项目总投资5 500万美元,占地约4.2万平方米。

25日 上海服务外包人才培训中心落户浦东软件园。

26日 三届区人大常委会第23次会议举行,任命彭崧为浦东新区副区长,通过接受过剑飞辞去副区长职务请求的决定。

同日 总投资1.8亿元、占地约4万平方米的浦东固废处置项目在金桥开发区南区正式竣工投产。

同日 浦东海关和浦东国际商会签署"建立新型合作伙伴关系合作意向书"。

## 7月

1日 江苏省党政代表团访问浦东新区。

同日 浦东新区纪念中国共产党成立88周年大会召开,徐麟作党课报告,动员新浦东21万共产党员,团结带领全区412万人民群众,充分发扬只争朝夕、勇立潮头、崇尚科学、开放包容的精神,在新起点上推进二次创业、实现浦东开发开放第二次历史性跨越。

3日 国务院批准设立上海浦东机场综合保税区,区域面积为3.59平方千米。这是国务院批准的第五家综合保税区。

5日 由中共上海市委宣传部、上海世博会事务协调局、上海市人民政府发展研究中心和上海市浦东新区人民政府主办的"世博论坛——世博与浦东发展高层研讨会"在浦东新区东郊宾馆举行。

6日 中国商用飞机有限责任公司设计研发中心在张江高科技园区奠基,规划用地约80万平方米,总体规划建筑面积约60万平方米。徐麟、姜樑出席奠基仪式。11月30日,上海飞机设计研究院暨中国商用飞机设计研发中心揭牌。

8日 2009张江文化创意产业论坛在张江高科技园区举行。全国政协副主席厉无畏出席开幕式。

9日 上海新国际博览中心(SNIEC)全面扩建项目正式启动,总投资为3.2亿美元。

10日 浦东新区第四届人民代表大会代表选举法定选举日,220万余名选民参加投票选举,选举产生445名区人大代表。

11日 浦东新区召开世博会安全保卫群防群治工作及迎世博再动员大会。徐麟出席并代表区委、区政府与街道主要负责人签订《中国2010年上海世博会浦东新区安全保卫和群防群治工作责任书》。

15日 二届区委八次全会举行。会议审议通过《浦东新区党代表会议方案、代表产生办法以及区委委员、候补委员、纪委委员的确认方式》《中共上海市浦东新区第二届委员会第八次全体会议决议》。

同日 中共中央政治局常委、国家副主席、中央书记处书记习近平在中央学习实践活动领导小组办公室简报第168期《上海市张江高科技园区综合党委着力增强"两新"组织党建工作活动》上作重要批示。

18日 上海电气临港核电制造基地二期工程开工建设,项目总投资10亿元。

22日 中国共产党上海市浦东新区代表会议召开。俞正声出席并讲话,指出要按照中央要求,坚定不移地高举浦东开发开放旗帜,举全市之力推进浦东综合配套改革试点,更好地发挥浦东的示范带动作用、核心功能作用。徐麟主持会议并代表区委作题为《坚持科学发展,推进二次创业,为实现浦东开发开放第二次历史性跨越而奋斗》的报告。原浦东、南汇两区区委委员、候补委员、纪委委员、党代会代表725人参加会议,区人大常委会、区政府、区政协和有关方面负责人107人列席会议。

24日 2009年上海市盛夏农副产品大联展暨浦东新区第一届农产品博览会在上海市农业展览馆举行。

31日 中共中央组织部到浦东新区调研"两新"组织党建工作。

## 8月

5日 中国人民政治协商会议上海市浦东新区第四届委员会第一次会议在浦东展览馆召开。冯国勤出席开幕式并讲话。大会应到委员666人,实到委员568人。林泉璋当选为浦东新区第四届政协主席,戴群华、张静、张兆田、方柏华、谢毓敏、李忠湧、邵自红、杨德妹、陈志龙、胡松春当选为副主席,刘英当选为秘书长,丁中华、于小央、马骏等81人当选为浦东新区四届政协常务委员。徐麟在闭幕式上代表区委讲话。

6日~7日　上海市浦东新区第四届人民代表大会第一次会议在浦东展览馆召开。刘云耕出席开幕式并讲话。大会应到代表445人,实到435人。大会选举产生浦东新区新一届国家机构领导人,李梅为区四届人大常委会主任,姜樑为区长,丁寿兴为区人民法院院长,陈宝富为区人民检察院检察长;董仁义、花以友、彭戍兰、赵永清、谈林福、储勤民、吴大器、邵永飞为区四届人大常委会副主任;彭崧、严旭、陆月星、朱嘉骏、陆鸣、张恩迪、刘正义、赵卫星为副区长。马恒儒、王家桢、朱慧玲等26人当选为区四届人大常委会委员。徐麟在闭幕式上代表区委讲话。

12日　上海外高桥国际贸易示范区揭牌仪式在外高桥保税区举行,姜樑与商务部负责人共同揭牌。

13日　二届区委九次全会召开,全会通报《浦东新区机构改革方案》。全会强调,要以机构改革为契机,进一步加快政府职能转变,努力建设公共服务型政府,不断提高管理服务的效能。

14日　浦东新区人民政府与世界知名投资基金公司百仕通集团签署合作备忘录,百仕通将在浦东设立其首只地区性的人民币私募基金——百仕通中华发展投资基金。徐麟出席签字仪式并讲话。

同日　中共上海市委常委会听取浦东新区工作情况的汇报。俞正声主持会议并讲话。会议要求浦东新区今后一个时期要重点做好六个方面工作,为推进浦东二次创业奠定坚实基础:(一)要促进浦东经济结构转型升级;(二)要以推进高新技术产业化为重点,提升先进制造业能级;(三)要坚持规划引领,着力提升城市功能;(四)要深化综合配套改革,为发展转型提供有力支撑;(五)要进一步加强民生工作,共建共享和谐社会;(六)要进一步加强和改进党的建设。

20日　韩正在洋山港保税区、浦东国际机场综合保税区和外高桥保税区调研,实地推进"三港三区"联动发展。

25日　中国科学院上海高等研究院在张江高科技园区揭牌成立。

27日　上海六大保障性住房基地之一的浦东周康航大型居住社区开工建设,规划用地总面积约2.36平方千米,建筑面积约150万平方米。

同日　上海市再担保有限公司在浦东新区揭牌成立,其注册资本为6.5亿元。

**28日** 浦东新区曹路镇大型配套商品房基地开工建设,规划用地5.14平方千米,首期开工建筑40万平方米住房。

## 9月

**1日** 浦东新区人民政府公布《浦东新区关于加快推进上海国际金融中心核心功能区建设的实施意见》。

**2日** 浦东新区区委召开部委办局主要负责人会议,宣布对新区19个委办局党组(党委)书记的任命决定。

**同日** 国家质量监督检验检疫总局与上海市人民政府共同签署合作备忘录,致力于浦东创建"全国质量监督检验检疫改革创新区",并为上海世博会提供全方位质检服务。

**3日~6日** 黑龙江省政府代表团到浦东新区考察。

**4日** 四届区人大常委会第1次会议召开,任命22名浦东新区政府组成人员。

**5日** 第三届中国银行家高峰论坛在浦东新区举行。

**8日** 浦东新区区委召开深入学习实践科学发展观活动第二批总结暨第三批动员大会。徐麟出席并讲话。

**11日** 浦东新区人民政府和上海银监局签署《关于在张江高科技园区开展科技金融合作模式创新试点的备忘录》。

**12日** 第三届上海购物节在第一八佰伴广场举行。

**13日** 2010年上海世博会永久性标志建筑之一——世博轴主体结构竣工。

**14日** 新华社浦东采访中心成立。

**15日** 上海海关正式启动进口货物分类通关改革试点,浦东海关首家试点,23家企业成为首批试点单位。

**同日** 浦东新区"数字化城市管理试点城区"创建工作正式通过国家住房和城乡建设部专家组验收。

**16日** 第十一届全国运动会火炬传递活动上海市火炬传递起跑仪式在东方明珠广播电视塔广场举行。

**同日** 浦东经济研究中心在浦东新区区委党校成立。

22日　浦东新区召开党政负责干部会议,传达、学习和贯彻中共十七届四中全会精神。

26日　上海市第六人民医院东院开工建设,该院规划占地约10万平方米,总建筑面积7.2万平方米,总投资4.2亿元。

28日　上海贝尔全球信息技术服务中心在金桥出口加工区启用。

## 10月

9日　浦东新区人民政府成山路办公楼在成山路820号正式启用,浦东新区审计局、环保局、卫生局、司法局、民政局、科委等政府部门入驻办公。

13日　浦东新区举行迎世博倒计时200天"世博社区"建设启动仪式,浦东新区四套班子领导出席。

18日　天津市滨海新区考察团访问浦东新区。

同日　中国上海国际艺术节在上海东方艺术中心开幕。

27日　浦东新区人民政府与苏黎世金融服务集团就有关航运保险、保险人才培养、航运与金融研发等领域的合作签订备忘录。

28日　北京市党政代表团访问浦东新区。

31日　浦东新区区委中心组学习扩大会召开,中共中央政策研究室副主任施芝鸿就党的十七届四中全会通过的《中共中央关于加强和改进新形势下党的建设若干重大问题的决定》作专题辅导报告。

## 11月

2日　二届区纪委六次全会召开。会议传达学习领会党的十七届四中全会、十七届纪委四次全会、九届市纪委四次全会精神,进一步推进党风廉政建设和反腐败工作各项措施。

3日　浦东新区召开加强社区基层基础建设推进会暨居(村)委会成员培训动员会,徐麟出席并讲话。

7日　第二军医大学附属长征医院浦东新院在曹路镇奠基,总建筑面积约36.1万平方米,总投资约29亿元。

9日　全国人大常委会副委员长、民建中央主席陈昌智到浦东新区考察。

上旬　总投资达23.5亿元的12个有关生物医药、医疗器械研发生产的项目落户上海国际医学园区。

12日　中国电信全国视讯运营中心在金桥出口加工区挂牌成立。

13日　二届区委十次全会召开,全会通过《中共上海市浦东新区委员会关于贯彻〈中共中央关于加强和改进新形势下党的建设若干重大问题的决定〉的实施意见》和全会决议。全会对当前和今后一个时期浦东加强和改进党的建设作了全面部署,讨论研究六方面重点探索和突破的具体措施。

18日　上海综合保税区管理委员会挂牌成立。韩正为上海综合保税区管委会揭牌。杨雄出席并讲话,徐麟出席。上海综合保税区管理委员会作为上海市人民政府的派出机构,统一管理洋山保税港区、外高桥保税区(含外高桥保税物流园区)及浦东机场综合保税区的行政事务。

同日　中国商飞公司总装制造中心项目落户浦东新区,规划用地265公顷。上海市委副书记、市长韩正,中国商飞公司董事长张庆伟,上海市委常委、浦东新区区委书记徐麟等出席项目签约仪式。

同日　"2009上海海洋论坛"在浦东新区举行,姜樑在论坛上作"浦东国际航运中心核心功能区建设"的主题演讲。

26日　中国科学院上海浦东科技园区项目——国家蛋白质科学研究上海设施和交叉前沿科学中心奠基,项目总投资18亿元。

27日　浦东新区区委召开政协工作会议,出台《进一步加强人民政协工作的实施意见》。徐麟出席会议并讲话。

28日　中共中央政治局常委、国务院总理温家宝到浦东新区张江高科技园区上海盛大网络有限公司和世博园区浦东主会场工地视察。

## 12月

2日　浦东新区召开首届民营经济发展峰会,近100家民营企业的负责人出席。截至2008年10月,浦东民营企业累计71 832户,注册资本累计2 113.8亿元。注册资本1亿元以上的民营企业有305家。

8日　浦东新区人民政府与大唐电信科技产业集团签订合作框架协议,金桥股份公司与大唐电信科技产业控股有限公司签署产业园项目合作意向书,大唐上海产业园落户金桥出口加工区。韩正出席签约仪式。

**9日** 中国数字出版技术有限公司在张江国家数字出版基地成立,该公司由方正集团和张江集团共同投资2.85亿元。

**10日～30日** 浦东新区举办以"参与·共建·分享"为主题的第三届陆家嘴金融文化节。

**15日** 全国第一个聚集公益组织并提供多种共享服务的园区——浦东公益服务园区正式开园。

**18日** 国务院国有资产管理委员会主任李荣融到陆家嘴集团调研。

**19日** 通用汽车国际运营总部及通用汽车中国总部在金桥出口加工区建立的通用园区正式运营。

**22日** 国际医疗器械展示交易中心和工程机械进出口交易中心在外高桥保税区成立。

**25日** 上海世博会永久性建筑场馆——世博中心正式竣工。该中心建筑面积14.2万平方米。韩正、杨雄出席竣工仪式。同日,浦东世博配套工程:中环线、内环线、机场北通道竣工通车。

**28日** 中国商用飞机有限责任公司总装制造中心浦东基地在浦东祝桥镇开工奠基。基地占地约267万平方米,总建设面积约115万平方米。韩正出席奠基仪式。

**29日** 二届区委十一次全会在浦东新区办公中心召开。会议审议并通过区委常委会2009年工作报告和2010年工作要点。全会听取区委常委会2009年干部选拔任用情况报告,对2009年干部选拔任用工作进行民主评议,对2009年新提拔的党政主要领导干部进行民主测评;对部分镇人大主席岗位人选进行差额票决。徐麟在会上讲话。姜樑代表区委常委会作《关于新区2009年经济社会发展情况及2010年工作任务的报告》。

# 2010 年

## 1月

**1日** 浦东国际机场启用10条自助通关通道,通道均采用全自动与半自动相结合的模式。

**5日** 由上海市人民政府发展研究中心、浦东改革与发展研究院主办,上海综合保税区管委会承办的以"上海四个中心建设与区域经济一体化"为主题的第二届长江三角洲城市发展论坛在浦东举行。全国政协副主席厉无畏作主题演讲,上海市委常委、浦东新区区委书记徐麟和市政协副主席高小玫出席论坛并致辞。江、浙、沪、鲁、鄂等地的120余位学者和政府官员出席论坛。

**6日** 中国银行业监督管理委员会批复浦东新区、中国银行和百联集团,同意筹建中银消费金融有限公司。这是国内首批获准筹建的三家消费金融公司之一。

**11日** 东亚中国数据中心落户张江银行卡产业园。这是国内首家外资银行大型数据中心。

**13日** 上海第一个社区慈善基金机构——浦东新区塘桥街道民生基金启动。该基金由市民综合帮扶基金、慈善公益联合捐款和公益项目基金等三部分组成。

**同日** 罗氏制药亚太运营中心在张江高科技园区启动。罗氏制药由此成为唯一一家将全功能区域总部落户中国的跨国制药企业。

**14日~17日** 中共中央总书记、国家主席、中央军委主席胡锦涛在上海考察工作,期间到浦东,考察上海飞机制造有限公司综合试验室和ARJ21-700新支线飞机总装车间、展讯通信(上海)有限公司、上海电气临港重装备制造基地、上海外高桥保税物流园区、上海世博园浦东展区等单位。

19日 国家重大科学工程——上海光源(SSRF)通过由国家发展改革委员会、国家科技部、国家档案局、国家自然科学基金会、上海市人民政府、中国科学院等部门和相关领域专家39人组成的国家验收委员会的验收。

同日 中国人民政治协商会议上海市浦东新区第四届委员会第二次会议在中国浦东干部学院召开。林泉璋主持开幕式。大会审议并通过戴群华代表区政协常委会所作的工作报告和谢毓敏代表区政协常委会所作的提案工作情况的报告,通过《政协浦东新区第四届委员会第二次会议决议》,会期列席听取并讨论区政府工作报告和其他重要报告。

同日 上海市浦东新区第四届人民代表大会第二次会议在浦东展览馆召开。李梅主持开幕式。会议听取和审议姜樑所作的《政府工作报告》,审查和批准浦东新区2009年国民经济和社会发展计划执行情况与2010年国民经济和社会发展计划草案的报告,批准浦东新区2010年国民经济和社会发展计划及浦东新区2010年区级预算;审查和批准浦东新区2009年预算执行情况与2010年预算草案的报告;听取和审议李梅所作的区人大常委会工作报告和区人民法院、区人民检察院所作的报告。徐麟主持大会闭幕式并讲话。

22日 洋山港通过世界卫生组织验收考核,达到《国际卫生条例(2005)》的要求,成为国际卫生港口。

28日 上海浦东海关与浦东新区经济信息委员会签署有关联动推进先进制造业、现代物流业、产业基地建设、企业诚信体系建设、综合配套改革试点、电子通关信息化建设和廉政共建等内容的合作备忘录。

## 2月

1日 二届区纪委七次全会召开。徐麟讲话,姜樑传达十七届中央纪委五次全会和九届市纪委五次全会精神。全会审议并通过区纪委常委会所作的工作报告。

2日 国际性金融服务公司摩根士丹利中国总部落户浦东。至此,浦东跨国公司地区总部逾130家,占全市50%以上。

**4日** 浦东新区迎世博誓师动员大会召开。徐麟作动员。姜樑部署85天的迎博和184天的办博工作。

**同日** 浦东新区人民政府和日本川崎市政府签署《浦东新区和川崎市面向循环经济发展方向相互合作备忘录》。

**8日** 上海世博会标志性建设之一中国馆竣工。该馆总建筑面积16.01万平方米,主体建筑高69米,呈拱斗形。

**同日** 东方航空公司和上海航空公司宣告完成联合重组。这是中国民航历史上最大的并购。新的东方航空公司成立后,拥有大中型飞机331架,通航点达到151个,步入世界大型航空公司之列。

**9日** 浦东新区人民政府和上海市体育局签订《浦东新区人民政府承办上海市网球队协议书》。上海市网球队正式落户浦东。

**20日** 全区启动"走千个居村,听万户心声"主题活动。区四套班子领导率各部、委、办、局近千名处级以上干部,深入全区1145个居(村)委。通过走访一个居(村)委,召开一次座谈会,认真广泛倾听群众诉求,搜集社情民意,帮助解决实际问题。

**22日** 全区义务教育阶段农民工同住子女100%纳入浦东新区教育局规范管理范畴,全部进入公办学校或41所符合办学条件并获批准的民办学校就读。

**24日** 凯雷投资集团与中国民营企业复星集团在浦东宣布联合组建人民币基金。首期资金规模1亿美元,用于投资高成长型企业。这是继2009年《外国企业或者个人在中国境内设立合伙企业管理办法》公布以来,国内首只外商投资的合伙制基金。

**25日** 上海市委宣传部和中国联合网络通信集团有限公司在浦东签署战略合作框架协议。中国联通呼叫中心等项目落户外高桥上海国际文化服务贸易平台。

**27日** 中国首座大型海上风电场——东海大桥海上风电场34台风机全部完成安装。总机容量10.2万千瓦,可提供年上网电量2.67亿千瓦。该项目总投资23.65亿元。

# 3月

**1日** 第20届中国华东进出口商品交易会在上海新国际博览中心开幕,参展企业3 376家,展位5 310个。

**2日** 第14批上海市著名商标认定结果公布,浦东新区有43件获认定。至此,全区已有128件上海市著名商标、18件中国驰名商标。

**9日** 浦东新区召开深入学习实践科学发展观活动总结大会。全区共分3批开展此项活动,群众总体满意率达到99%以上。

**10日** 美国美信汇国际集团亚太金融研究中心、耐斯公司中国总部和中国台湾地区昌硕科技研发运筹基地等20个研发项目签约落户康桥工业区,20个项目总投资4亿美元和40亿元人民币。徐麟、姜樑出席项目落户签字仪式。

**11日** 浦东新区四套班子领导率浦东新区党政代表团赴天津市滨海新区进行为期两天的考察。

**16日** 浦东新区政府召开工作会议,确定2010年16项重点工作任务,主要围绕金融中心、航运中心、贸易中心建设和先进制造业发展,积极推进重大项目建设和招商引资工作,同时,全力配合做好世博会筹办工作。

**18日** 浦东软件园举行开园十周年庆典活动。2009年12月底,园区共有注册及入驻企业1 140家,从业人员2.1万人。2009年实现经营总收入198亿元,软件出口3.8亿美元,上缴税金14亿元。

**同日** 美国哈佛大学在海外最大的研究中心——哈佛上海中心在浦东陆家嘴投入运营。

**同日** 上海科技馆被国家旅游局正式授予国家5A级旅游景区称号,这是中国首家5A级景区的科普场馆。

**22日** 轨道交通16号线南段工程开工建设。16号线南段起点为龙阳路站,终点为临港新城滴水湖畔,线路全长58.9千米,途经花木、北蔡、康桥、周浦、航头、新场、宣桥、惠南、大团、万祥、书院等地,共设11座车站。2014年12月29日全线开通运营。

**24日** 全区46个项目(个人)获2009年上海市科学技术奖,上海振华重工(集团)股份有限公司前总裁管彤贤获科技功臣奖。

**25日** 浦东新区人民法院世博法庭挂牌,该庭将统一负责受理、审理、执行世博会举办和撤展期间发生在世博园区内的一般民商事案件。

**26日** 第20届上海桃花节开幕式在大团桃园举行。4月13日,在新场镇举行上海桃花节闭幕式。

27日　浦东新区召开发展战略研讨会,聘请26位国内外专家组成"浦东新区战略顾问委员会"。顾问委员会委员项怀诚、马云、汪玉凯、牛文元等在研讨会上发言。徐麟、姜樑、李梅等出席研讨会。

30日　金桥出口加工区举行"新金桥、新联动、新里程"经济发展情况说明会,欧姆龙、日月光、美特斯邦威等企业的29个项目在会上签订投资落户协议。

## 4月

1日　《中国2010年上海世博会官方导览手册》首发。

2日　浦东机场综合保税区通过国家10部委联合验收进入封关试运行,上海浦东机场综合保税区同时揭牌,一期封关区域1.6平方千米。

8日　中国金融期货交易所股指期货启动仪式在浦东东郊宾馆举行,对上海建设国际金融中心具有里程碑意义。中共中央政治局委员、上海市委书记俞正声和中国证监会主席尚福林共同为股指期货开板。

同日　上海综合保税区2010年企业大会召开,大会宣布10项先行先试突破项目,海关、检验检疫、外汇等部门联手推出27条支持政策。

14日　上海市人民政府举行专场新闻发布会,公布浦东开发开放新一轮发展布局和思路。姜樑介绍"7＋1"浦东发展战略蓝图。"7＋1"是指上海综合保税区、上海临港产业区、陆家嘴金融贸易区、张江高科技园区、金桥出口加工区、临港主城区、国际旅游度假区7个板块加上海世博园区浦东部分板块。

同日　新华社刊发长篇通讯《在改革开放的伟大旗帜下前进——党中央关怀浦东开发开放纪实》,纪念浦东开发开放20周年。

15日　上海市纪念浦东开发开放20周年大会在上海展览中心友谊会堂举行,俞正声作重要讲话,韩正主持大会。会议强调,浦东新区必须坚持不懈地推进经济发展方式转变,坚持不懈地推动城市综合服务功能提升,坚持不懈地深化改革开放,坚持不懈地促进民生改善、社会和谐,坚持不懈地凝聚力量、集聚人才;深入推进浦东开发开放二次创业,推动上海在新起点上实现新突破。

同日　最后一个世博配套工程项目——龙耀路隧道建成通车。

18日　浦东新区召开党政负责干部会议,传达贯彻落实上海市纪念浦东开发开放20周年大会精神,讨论浦东未来发展规划。徐麟讲话,姜樑主持会议。

同日 "浦东开发开放20周年成果展"在浦东展览馆展出,"浦东开发陈列馆"在原上海市浦东开发办公室2号楼开馆。

同日 上海世博会园区进入试运行。浦东17万世博志愿者开始上岗。

22日 上海动画、漫画博物馆在张江路69号落成并试运营。7月1日正式开馆,馆舍面积7 000平方米,这是国内第一家专业动漫博物馆。

27日 浦东新区召开迎世博600天行动总结大会。徐麟讲话,姜樑主持大会。

30日晚 国家主席胡锦涛在上海国际会议中心华夏厅举行欢迎宴会。代表中国政府和人民,欢迎前来出席中国2010年上海世博会开幕式的贵宾并致题为《欢聚世博盛会·共创美好未来》的祝酒词。同晚,中国2010年上海世界博览会开幕式在世博园区上海世博文化中心举行。国家主席胡锦涛宣布中国2010年上海世界博览会开幕,中共上海市委书记、上海世博会组委会第一副主任委员俞正声主持开幕式。国务院副总理、上海世博会组委会主任委员王岐山在开幕式上致辞。国际展览局主席蓝峰用中、英、法3种语言致辞。党和国家领导人李长春、习近平、李克强等出席开幕式。

## 5月

1日 中国2010年上海世界博览会开园仪式在上海世博中心举行。国际展览局秘书长洛塞泰斯首先致辞。中共中央政治局常委、全国政协主席贾庆林代表主办方致辞。贾庆林同国际展览局主席蓝峰共同按下开园启动按钮。上海市市长、上海世博会组委会副主任委员韩正主持开园仪式。上海世博园面积5.28平方千米,以黄浦江为界分为浦东、浦西两大块,其中浦东区域面积3.93平方千米,占总面积74.4%。246个国家和国际组织参加中国2010年上海世界博览会。开园当天,接待游客20多万人。

8日 上海红星美凯龙浦东商场开业,总建筑规模26万平方米,是红星美凯龙最大的单体店。

11日 上海市新闻出版局主管的上海版权服务中心、上海版权纠纷调解中心揭牌,并宣布入驻张江国家数字出版基地。

20日　俞正声、韩正到浦东专题调研。听取浦东新区区委工作汇报,考察中国移动视频产业基地,参观浦东开发开放20周年成果展。

同日　中国葛洲坝集团上海总部和上海分公司落户浦东。

21日　俄罗斯联邦共产党中央委员会主席久加诺夫访问浦东新区。

25日　上海交通大学与上海国际医学园区签约,"上海国际医学中心"落户康桥地区。上海国际医学中心投资管理有限公司同时挂牌成立。中心占地25万平方米,项目一期投资6亿元。

29日　迪士尼项目动迁安置房基地在川沙新镇城南社区开工建设,总用地面积32.4万平方米,总建筑面积66万平方米,住宅总套数6 500多套。

同日　国务院常务会议审议并原则通过《关于2010年深化经济体制改革重点工作的意见》。该意见指出,上海浦东新区、天津滨海新区等国家综合配套改革试验区,要围绕转变经济发展方式、提升开放水平、统筹城乡发展、建设资源节约型和环境友好型社会等战略任务深化改革,率先突破,形成有推广价值的改革经验。

## 6月

1日　浦东新区出台企业设立联动登记改革方案。区内新设企业的工商、质监、税务三证(照)从过去分别向三部门报批变为报批程序"一口受理"的"联动登记",申请人只需填写1张表格。

6日　第六届上海国际蔬菜新优品种博览会在浦东曹路镇举行。美、法、日、韩等16个国家的33家蔬菜种子公司和国内108家育种单位的1 482个新优品种展出。

9日　俞正声到张江高科技园区调研,实地了解海外高层次人才在上海创业发展情况。

11日　浦东新区召开确保实现"十一五"节能减排目标推进大会。

18日　浦东新区召开新农村建设现场推进会,推进以村庄改造为核心的新区农村建设工作,全面部署浦东新区村庄改造5年(2010—2014年)行动方案的实施。

21日　张江高科技园区物联网产业联盟在"2010相约张江——第六届张江

科技文化节"开幕式上揭牌,规划建设 1 平方千米的"张江物联网产业核心基地"同时启动。

25 日　由上海市人民政府、中国人民银行、中国银监会、中国证监会和中国保监会共同主办的 2010 陆家嘴论坛在浦东举行。论坛主题为"危机之后的经济结构调整与金融变革"。俞正声出席论坛并致辞。尚福林和韩正担任轮值主席。

同日　上海期货交易所张江中心在张江银行卡产业园启用,标志着上海期货交易所全面实现同城数据备份。

27 日　国际通行的单机单船融资租赁项目在浦东机场综合保税区和洋山保税港区启动,5 家单机项目公司和 1 家单船项目公司获颁营业执照。上海综合保税区成为全国第一个开展此项业务的保税区。29 日,上海综合保税区首笔单机融资租赁业务启动。春秋航空公司以融资租赁方式租赁的 A-320 民航客机飞抵浦东国际机场,这是中国第一架以租赁方式报关进口的民航客机。

30 日　浦东新区人民法院惠南人民法庭和浦东新区人民法院临港新城人民法庭揭牌成立。至此,浦东新区人民法院有派出法庭 8 个。

## 7 月

1 日　浦东新区纪念中国共产党建党 89 周年座谈表彰会在浦东新区行政办公中心举行。50 个世博先锋基层党组织、100 名世博先锋共产党员和 100 名世博先锋党务工作者受到表彰。曹建志等 5 位基层党务工作者交流发言。

同日　上海市人民政府第 46 号令《上海市临港产业区管理办法》开始施行。

同日　中国自主研发的国内单机容量最大的海上风机在上海电气临港重装备基地诞生。该机单叶片长 56.4 米,风轮直径 116 米,总机重量 240 吨,发电能量 3.6 兆瓦。

5 日　中国航海博物馆在临港新城开馆。该馆由交通运输部和上海市人民政府共同筹建,是我国首个经国务院批准设立的国家级航海博物馆。

10 日　苹果公司上海首家旗舰店在陆家嘴金融贸易区开张迎客,是苹果公司在华东地区最大的零售店。

12 日　二届区委十二次全会召开。全会的主要任务是:学习贯彻九届市委十二次全会精神和市委市政府主要领导的重要讲话,总结上半年工作,分析当前形势,研究部署下半年任务。全会审议并通过《中国共产党上海市浦东新区第二届委员会第十二次全体会议决议》。

19日　通用汽车中国前瞻技术科研中心在浦东金桥通用汽车中国园区开工建设。该中心占地6.5万平方米,建筑面积约3.2万平方米,由通用汽车中国科学研究院、车辆工程实验室、先进动力总成工程实验室以及前瞻设计中心等4个研究机构共同组成。

20日　爱立信亚太分拨中心、克莱斯勒汽车零部件分拨中心等24家企业及项目集体签约落户洋山保税港区。

23日　浦东新区第二届农产品博览会在浦东源深体育发展中心举行。

28日　浦东机场综合保税区启动试运行。

## 8月

5日~6日　上海市浦东新区第四届人民代表大会第三次会议在浦东展览馆召开,大会代表444人,实到398人,区政协委员列席开幕式。大会听取姜樑作的政府工作报告,补选陈建为区人大常委会副主任。

8日　数字电视国家工程研究中心及其法人实体上海数字电视国家工程研究中心有限公司在浦东揭牌成立,标志着中国国家级的数字电视产业支撑平台投入运作。

12日　150多位世博会参展方代表和场馆馆长等参加浦东新区举办的"世博参展方代表浦东行"活动。上海世博会开幕以来,浦东新区累计接待世博相关外事代表团110多批次。

同日　国家外汇管理局印发《关于上海综合保税区企业开展国际贸易结算中心外汇管理试点的批复》,同意在外高桥保税区开展国际贸易结算中心业务试点。9月30日,外高桥保税区内的索尼物流贸易(中国)有限公司等首批8家企业获国家外汇管理局批复同意参加试点。

19日　浦东新区召开加强金融服务促进经济转型和结构调整工作会议,推出系列金融服务经济新政策、新项目。会上,浦东新区与上海银行签署银政合作协议,与上交所、深交所签署推进企业上市协议。

23日　全球十大风险投资企业之一的美国德太集团(TPG)在浦东宣布成立

其首只人民币股权投资基金。

24日　浦东新区召开人才工作会议,提出打造"国际人才创新试验区"的设想,重点在改善国际人才创业环境、服务国际人才科技创新、建设国际人才公共服务体系,以及赋予国际人才、国际机构更多国民待遇等四方面实现突破。

## 9月

6日　丹麦博肯赛特亚洲分拨中心在洋山保税港区同盛物流园区开业运营。

8日　在厦门召开的第十四届中国国际投资贸易洽谈会上,浦东新区举行"新浦东,新机遇,新跨越——浦东新区战略发展推介会",震宇股权投资、华人基金、人民视讯、香港彤程、永荣控股、欧普照明等16个内外资项目当场签约,项目资金逾100亿元,其中外资项目合同近3亿美元、内资注册资本82亿元。

13日　"浦东科投、张江科投支持高端人才创业"签约仪式在浦东新区行政办公中心举行。浦东科技投资有限公司、张江科技投资有限公司与6家科技企业签署投资协议,协议总金额约3.4亿元。

25日　浦东举行"国家电子商务综合创新实践区"授牌仪式,标志着浦东成为首个"国家电子商务综合创新实践区"。

25日~28日　中共中央政治局常委、中央书记处书记、国家副主席习近平在上海考察调研,其间到浦东新区考察,参观浦东开发开放成就展览,出席中国浦东干部学院干部教育培训工作座谈会。他强调,改革开放是加快转变经济发展方式的必由之路。浦东已进入开发开放二次创业的更高发展阶段,要进一步解放思想、开拓创新、大胆探索,坚持用全球视野、战略思维谋划发展,继续深入推进综合配套改革试点,率先建立充满活力、富有效率、更加有利于科学发展的体制机制。

## 10月

9日　"唐镇电子商务创新港"开港,规划用地20公顷,一期3万多平方米商务楼建成,50多家从事网络信息和电子商务的企业入驻。

18日　新建成的浦东图书馆开馆。该馆位于前程路88号,占地3万平方米,可藏书200万册,阅览座位约3 000个。

20日　中国航空工业集团公司上海投资经营管理有限公司成立揭牌仪式在浦东东郊宾馆举行。

21日　国家统计局浦东调查队挂牌成立。国家统计局党组书记、局长马建堂和上海市委常委、浦东新区区委书记徐麟揭牌。

31日　历时184天的中国2010年上海世界博览会闭幕式在上海世博文化中心举行。国务院副总理、上海世博会组委会主任委员王岐山和国际展览局主席蓝峰分别致辞。中共中央政治局常委、国务院总理温家宝宣布：2010年上海世界博览会闭幕。中共上海市委书记、上海世博会组委会第一副主任委员俞正声主持闭幕式。上海世博会举办期间共接待参观者7 308万人，创造了世博会历史上的新纪录。

同日　由上海世博会组委会、联合国和国际展览局共同主办的2010年上海世博会高峰论坛在浦东上海世博中心举行。国务院总理温家宝在开幕式上发表题为《让世博精神发扬光大》的主旨演讲。联合国秘书长潘基文和国际展览局秘书长洛塞泰斯在开幕式上致辞。国际展览局主席蓝峰，联合国副秘书长沙祖康，上海市委书记、上海世博会组委会第一副主任委员俞正声作闭幕式演讲。论坛发布《上海宣言》和《中国2010年上海世博会青年倡议》。

## 11月

1日　零时是第六次全国人口普查标准时点。浦东新区全区2万名普查员和6 000名普查指导员对全区200多万户家庭实施上门登记人口。

4日　上海市民政局与浦东新区人民政府签署《率先推进现代民政示范区建设合作协议》。其中，探索建立本地老年福祉科技研发推广中心、探索创建与浦东产业发展相配套的长三角行业协会、推进行政区划管理体制改革创新3项，是协议中希望浦东先行先试的项目。

5日　上海申迪（集团）有限公司与华特·迪士尼公司签署有关上海迪士尼乐园项目合作协议。

同日　上海国际旅游度假区管理委员会、上海申迪（集团）有限公司举行揭牌仪式。

8日　首届全球物联网产业发展（上海）论坛举行，位于张江高科技产业区的上海物联网产业化核心示范基地同时揭牌。

10日 二届区委十三次全会召开。全会由区委常委会主持。全会传达学习九届市委十三次全会精神,审议并通过《中共上海市浦东新区委员会关于制订浦东新区国民经济和社会发展第十二个五年规划的建议》。

13日 金桥出口加工区通过国家环保部、商务部、科技部联合组织的技术考核和现场验收,成为上海国家级开发区中首家国家生态工业示范园区。

25日 浦东新区人民政府与中国工商银行上海市分行签署全面战略合作协议,工行上海分行将全力支持浦东的经济社会发展以及重大项目建设,并提供总额100亿元的资金支持。

26日 证大喜马拉雅中心落成,"证大喜马拉雅-上海文广艺术创新基金"设立。

## 12月

1日 浦东新区召开党政负责干部大会,学习贯彻市委、市政府主要领导来浦东调研时的讲话精神,并就做好消防、坚决遏制特大火灾事故作出部署。

同日 浦东新区政府发布《上海市浦东新区区域责任竞争力报告2007—2010》。该报告是中国第一份以地方政府名义发布的社会责任报告,系统地总结了浦东新区政策环境、企业社会责任和社会组织等3个方面协调发展对提升区域责任竞争力的作用,以及浦东推进企业社会责任建设的成效。

同日 浦东金海水厂建成并网向用户供水,这是上海第一家使用青草沙水库原水的水厂。供水后,曹路、金桥、张江和浦东机场等约225平方千米、约75万市民成为首批受益者。

6日 浦东新区举行世博志愿服务总结表彰会暨深化城市志愿服务建设研讨会。会议表彰50名世博杰出志愿者、101个优秀组织者和45个世博服务优秀集体。

7日 上海港首个具备汽车滚装和集装箱运输两大主题功能的综合性港区——外高桥六期码头建成开港。六期码头位于长江口南岸的浦东新区五号沟地区,设计年通过能力210万标准箱和73万辆汽车,总投资47.91亿元。

11日 浦东新区党政代表团赴香港考察,其间浦东新区政府与香港贸易发展局在香港会议展览中心举办"合作·共赢"上海浦东发展情况说明会暨项目签约仪式。此次签约的两地合作投资项目18个,投资总额超过250亿元港币,覆盖金融服务、总部经济、航运物流、文化创意、生物医药、商贸等领域。

13日　国家住房和城乡建设部与国家文物局联合公布第五批99个中国历史文化名镇(村)并举行授牌仪式。浦东新区高桥镇入选。至此浦东新区有新场、高桥2个国家级历史文化名镇。

15日　全国人大常委会副委员长、中国红十字会会长华建敏到浦东新区红十字会考察工作。

23日　全球最大零售商沃尔玛旗下的山姆北蔡会员店开业。它是沃尔玛在上海首家会员店,也是全国第6家山姆会员商场。

24日　洋山保税港区进口保税储存的铜、铝2个品种通过上海期货交易所开展期货保税交割业务试点正式启动,洋山保税港区由此成为全国首个开展期货保税交割业务的试点区域。

26日　中国科学院上海高等研究院入驻中国科学院上海浦东科技园,标志着中国科学院、上海市人民政府共同推进的浦东科技园建设取得重大进展。

27日　二届区委十四次全会召开。全会传达学习九届市委十四次全会精神,审议区委常委会2010年工作报告,审议并通过区委常委会2011年工作要点和二届区委十四次全会决议。

同日　四届区人大常委会第11次会议通过《浦东新区人大常委会关于推进浦东新区高新技术产业化的决定》,该决定自2011年1月1日起施行。

28日　总建筑面积16.38万平方米的上海东方体育中心落成,东方体育中心是2011年第14届国际泳联世界锦标赛的主赛场,是进入21世纪后上海市建成的第一个功能性、综合性重大体育设施。

# 2011 年

## 1月

8日 首台代表国际尖端技术水平的薄膜太阳能电池关键生产设备——等离子体增强型化学气相沉积设备(PECVD)在上海张江理想能源设备公司正式下线。

10日~13日 中国人民政治协商会议上海市浦东新区第四届委员会第三次会议在浦东干部学院召开。林泉璋主持开幕大会,张兆田受政协浦东新区第四届委员会常务委员会委托作《工作报告》。李忠涌代表政协浦东新区第四届委员会常务委员会作《关于政协浦东新区第四届委员会第二次会议以来提案工作情况的报告》。会议审议通过政协浦东新区第四届委员会第三次会议决议。

11日~14日 浦东新区第四届人民代表大会第四次会议在浦东展览馆召开。李梅主持开幕大会。姜樑作《政府工作报告》。李梅作《人大常委会工作报告》。会议审议通过《关于政府工作报告的决议》《关于浦东新区国民经济和社会发展第十二个五年规划纲要的决议》《关于浦东新区2010年国民经济和社会发展计划执行情况与2011年国民经济和社会发展计划的决议》《关于浦东新区2010年预算执行情况与2011年预算的决议》《关于浦东新区人民代表大会常务委员会工作报告的决议》《关于浦东新区人民法院工作报告的决议》《关于浦东新区人民检察院工作报告的决议》。

11日 浦东新区召开首批经济适用房供应管理工作动员大会。3月10日~16日,浦东新区根据市政府统一部署,在全区范围内开展经济适用房"政策咨询周"活动。21日,全区首批经适房申请受理正式启动,通过"政策咨询周"的筛选,基本符合条件的申请家庭有6 400多户。4月20日,浦东首批经适房申请受理工作结束。38个街镇窗口共受理提交申请家庭3 600余户,最终成功申请家庭约为3 100户。

**14日** 在国家科学技术奖励大会上,浦东新区6个项目获国家科学技术进步二等奖。

**19日** 国务院批复同意上海张江高新技术产业开发区建设国家自主创新示范区。3月28日,上海市人民政府印发《关于推进张江国家自主创新示范区建设的若干意见》,提出在张江高新技术产业开发区开展自主创新股权和分红激励试点等先行先试工作。

**同日** 俞正声参加市两会浦东新区代表团审议会议时指出,浦东的发展对上海的未来发展关系十分重大。20世纪90年代,浦东的开发开放带动了上海的发展。今天,浦东已经成为上海未来发展的重要增长极,浦东的同志们责任重大。我们要紧紧抓住发展这个第一要务,千方百计吸引现代服务业和先进制造业企业来沪发展。

**27日** 中国金融信息大厦在陆家嘴金融核心区开工建设。

**28日** 军工路越江隧道(东线)通车,全长3 050米,设双向8车道。

**30日** 东方医院通过上海市医院等级评审中心考核,晋升三级甲等综合性医院。

## 2月

**9日** 浦东新区举行创评全国文明城区动员电视电话会议。徐麟与全区创评全国文明城区责任单位代表签订目标责任书。12月20日,全国精神文明建设工作表彰大会召开,浦东新区再获"全国文明城区"称号。

**18日** 外高桥进口药品柔性入境管理合作备忘录正式签署并启动试点。试点选择上药、国药、永裕等3家企业率先试行一次进境、分批清关的柔性入境管理模式。

**19日** 首届京沪"国家中医药发展综合改革试验区"合作论坛在北京举行。京沪双方成立北京市东城区与上海市浦东新区"国家中医药发展综合改革试验区"合作工作委员会、京沪"试验区"建设专家指导委员会,双方签署《京沪"试验区"战略合作协议书》。

**22日** 上海浦东新区国家新能源产业化基地经科技部专家评审,正式被认定为国家高新技术产业化基地。

**同日** 二届区纪委八次全会召开。会议要求,全区各级党组织要高度重视并切实加强党风廉政建设工作。各级纪检监察组织要紧紧围绕浦东二次创业的目标任务,坚持以人为本、执政为民的理念。

**24日~4月29日** 上海市委第一巡视组在浦东新区开展巡视工作。5月11日,巡视组向新区领导班子反馈巡视工作情况。

**28日** 张江文化产业园区被文化部命名为第三批国家级文化产业示范园区,授牌仪式在北京举行。

## 3月

**3日** 上海市开发区工作会议召开。会议公布《2010年上海市开发区综合评价报告》。报告显示,漕河泾新兴技术开发区、张江高科技园区、金桥出口加工区位列开发区综合发展指数得分前三名。康桥工业区、临港产业区、外高桥保税区分列第四、第六、第十名。

**5日** 浦东新区第三次妇女代表大会召开。徐麟出席大会并讲话,区委领导为世博全国"三八红旗手"王菊英等先进个人颁奖。

**10日** 上海国际旅游度假区核心区控制性详细规划(草案)公布。其中,上海迪士尼乐园项目一期规划3.9平方千米范围内建设主题乐园、中心湖、旅馆等设施。

**同日** 浦东新区经信委与浦东电信局就共同推进"智慧浦东"建设签署《战略合作协议》《2011年实施计划书及城市光网专项实施计划书》。

**15日~17日** 由上海市经济和信息化委员会、上海市浦东新区人民政府主办的2011上海国际信息化博览会在上海新国际博览中心举行。

**23日** 浦东新区综合配套改革试点工作推进会召开。会议提出35项具体改革事项的综改任务。会议印发《关于2011年浦东综合配套改革试点重点任务分解》《关于推进2011年浦东综合配套改革试点工作的意见》。

**同日** 浦东新区红十字会第三次代表大会召开。会议审议并通过《浦东新区红十字事业发展规划纲要(2011—2015)》。大会选举产生区红十字会第三届理事会理事83人,选举张恩迪为会长,丁超英为常务副会长。聘请姜樑为名誉会长。

25日～4月20日　2011年上海桃花节在浦东新区南汇桃花村举行,主题为"缤纷桃花秀,多彩浦东游"。

28日　上海纽约大学在陆家嘴竹园商贸区奠基,该校由华东师范大学与美国纽约大学合作设立。建成后的上海纽约大学面向全球招生并于2013年招收第一批本科生。

29日　张江国家自主创新示范区部际协调小组第一次会议举行。全国政协副主席、科技部部长、部际协调小组组长万钢出席并讲话。

## 4月

2日　"创新驱动活力临港——2011上海临港产业区发展战略性新兴产业发布会"举行。会上,中航商用飞机发动机、徐工工程机械、中船柴油机配套园、三一能源重工、映瑞光电二期等24个高端装备制造业和战略性新型产业项目签约落户临港产业区。

7日　上海综合保税区2011年企业大会召开。上海市委常委、常务副市长、上海综合保税区管委会主任杨雄在会上讲话。浦东新区区长、上海综合保税区管委会副主任姜樑出席大会。会上宣布,外高桥保税区空运货物服务中心正式启动。

8日　上海迪士尼度假区正式开工建设。项目包括通往园区的轨交、11号线配套工程,地面配套道路以及中心湖与围场河的建设。

14日　浦东新区召开"十二五"商业规划及商业项目推介会。会上,浦东重点推进50个商业项目建设,规划新增商业面积360万平方米,打造"一城两沿"的市级商业中心布局。

17日　浦东新区举行开发开放21周年中外媒体座谈会。凤凰卫视、香港《文汇报》《21世纪经济报道》同时成立浦东采访中心。

18日　浦东国际航运服务中心试运行。浦东航运发展促进中心、航运行业协会、上海海事局、上海国际航运仲裁院入驻该服务中心。

同日　上海港外高桥集装箱码头深水航道开通仪式举行,长江口深水航道直通外高桥码头,集装箱船舶吃水增加2米。

同日　浦东新区首次对外发布《外商投资环境白皮书》,内容主要包括浦东新区外商投资综合报告和外商投资环境评价及案例。

21日　"2011浦东知识产权行政和司法保护论坛"在张江举行。论坛提出,浦东新区将进一步完善知识产权行政和司法"两条途径,并行运作"的保护模式,为浦东新区"二次创业"提供良好的知识产权保护环境。论坛由上海市科技协会、浦东新区知识产权局等联合举办。

同日　韩正到浦东三林地区深入社区居委,实地调研郊区大型居住社区推进城市化管理的进展情况。

21日～28日　第14届上海国际汽车工业展览会在上海新国际博览中心举行。来自全球20个国家和地区2 000家中外汽车厂商参加,展车1 100辆,包括全球首发车75辆,其中国际汽车公司全球首发19辆,国内车企全球首发56辆。观众达70万人次。车展由中国汽车工业协会、中国国际贸易促进委员会上海市分会等主办。

22日　上海市浦东新区现代服务业促进会成立。

23日　中共浦东新区社会工作委员会、区司法局举行"党旗在律师所飘扬——上海浦东律师行业党建论坛"。至2010年底,浦东新区有律师事务所215家、律师3 200人,其中党员1 140人;已建立党组织108个,其中党总支5个、联合党总支2个、独立党支部87个、联合支部14个。

同日　浦东新区人民法院被最高人民法院授予"知识产权基层示范法院"称号。

26日　中国共产主义青年团浦东新区第四次代表大会召开。200多名团员代表参加大会,大会选举文选才为共青团浦东新区第四届委员会书记。

27日　浦东国际机场迎来首个A380定期航班。至此,浦东机场成为中国大陆继首都机场之后第二家运营世界超大型飞机A380执飞航班的机场。

28日　浦东新区工会第三次代表大会召开。500多名工会代表参加大会,大会选举姜鸣为浦东新区总工会第三届委员会主席。

同日　浦东国际机场综合保税区首家分拨中心——美国财富500强、全球领先的半导体厂商德州仪器(TI)产品分拨中心正式开业。

## 5月

4日　浦东新区统计局发布《浦东新区2010年第六次全国人口普查主要数据公报》,全区常住人口为504.44万人,10年间增长58.26%;平均每年增加18万余人,是上海市人口最多的一个区。

6日　投资总额超过200亿元的55个产业项目在浦东举行集中开工仪式。项目包括电子信息制造、新能源、先进重大装备等战略性新兴产业33个,投资额占项目总量的2/3。

9日　吉林省党政代表团到浦东新区考察。

10日　浦东新区区委、区政府召开2010年度重点工程实事立功竞赛表彰大会暨2011年度动员大会。2011年重大工程和实事项目共91项,其中正式项目73项、预备项目18项,年度计划投资约130.5亿元。

12日　浦东新区召开争创全国双拥模范城"三连冠"动员大会。全区39家区级机关、38个街镇、49个双拥示范小区、1 132个村居委成立双拥组织。

13日　2011浦东科技节在浦东展览馆举行。围绕"科技引领、低碳生活"的主题,科技节开展12项区级主题活动、17项重点活动。

13日~15日　浦东新区纪念建党90周年大型红歌会汇演在惠南中心剧场、三林世博影剧院和浦东新舞台演出。活动吸引新区近15万名干部群众参与。

17日　浦东新区人民政府召开国家生态区创建暨垃圾分类减量工作动员会。会议明确浦东环境工作总目标的时间表,于2012年力争创成国家生态区。

18日　浦东新区召开2011年度实事项目签约仪式暨建设动员大会。区领导代表新区政府与22家实事项目的责任委、办、局和管委会签订《2011年度浦东新区实事项目建设责任书》。

19日~21日　2011年陆家嘴论坛在金茂君悦大酒店举行。论坛主题为"新时期的金融体系及其宏观管理"。中国保监会主席吴定富和上海市市长韩正担任共同轮值主席。

**21日** 2011陆家嘴金融城环境优化推进大会暨项目签约仪式举行。陆家嘴金融城集中推出商业配套、区内交通、无线网络、信息、文化等五大类28个环境配套优化项目。

**26日** 中国人民银行正式宣布27家支付机构获得首批第三方支付业务许可证,浦东4家企业榜上有名,其中快线支付清算信息有限公司、通联支付网络服务股份有限公司、上海盛付通电子商务有限公司等3家注册浦东,上海银联电子支付服务有限公司入驻浦东。

**同日** 上海市人民政府发布第65号令,公布《上海国际旅游度假区管理办法》。

## 6月

**1日** 上海张江海关事务服务中心在张江高科技园区揭牌成立。正式启用后的张江海关事务服务中心将开通视频系统、启动查验功能,为张江企业提供海关事务在线咨询、视频辅助审单以及海关查验等便捷举措。

**2日** 最高人民法院院长、首席大法官王胜俊率全国大法官研讨班成员到浦东新区人民法院视察信息化建设情况。

**3日** 江苏省党政代表团访问浦东新区。

**同日** "创建国家生态区,共筑浦东美好家"纪念"6·5"世界环境日暨首届金桥生态文化节举行。金桥"国家生态工业示范园区"同时揭牌。

**9日** 上海纪念建党90周年·改革开放与党的建设研讨会在浦东举行。姜樑作主旨发言。他指出,浦东要坚持"开发建设到哪里、党的组织就建到哪里";坚持用火热的事业聚人、开发的实践育人、科学的机制选人。

**9日~15日** 浦东新区代表团赴青海省考察。

**10日~11日** 2011年全国综合配套改革试点工作会议在浦东举行。国家发改委副主任彭森出席并讲话,杨雄致辞,徐麟在会上介绍浦东新区综合配套改革6年来的情况。

**10日** 美国大型投资银行摩根士丹利与华鑫证券共同宣布,双方合资成立的证券公司摩根士丹利华鑫证券有限责任公司落户浦东并正式开业运营。

**12日** 山西省党政代表团访问浦东新区。

同日　台湾民主自治同盟浦东新区第四次盟员大会召开。会议选举李伟文为台盟浦东新区第四届委员会主任委员。

同日　浦东新区区委、区政府召开党政负责干部会议,传达贯彻市党政负责干部会议精神。

14日　俞正声到临港新城调研并实地查看滴水湖1号码头。

17日　首届上海现代医疗服务产业发展论坛在浦东举行。

18日　俞正声到三林镇调研镇管社区工作。

20日　"中英生物医药产业合作中心""中法生物医药产业合作中心""中智生物医药产业国际化发展中心""国际临床医药基地"和"国家新药审评张江视频交流中心"等高端项目和研发机构揭牌落户张江。至此,张江药谷跨入新的发展阶段,成为国家培育生物医药创新成果的核心载体。

同日　浦东新区13个社区(街道)"人大代表联络室"成立。

21日　浦东新区出台《"十二五"期间促进社会组织发展的财政扶持意见》。该意见明确,对服务民生的公益性、枢纽型、支持性三类社会组织的初创期给予扶持。

23日　全球最大的家居用品零售商IKEA宜家家居在上海的第二家商场——宜家北蔡商场正式开业。

24日　浦东新区人民政府印发《上海综合保税区"十二五"发展规划》。

同日　全国首家"建、管、用"分离模式的医院——上海国际医学中心在上海国际医学园区内奠基,占地面积25公顷,一期工程总投资8亿元,建筑面积约为7万平方米。

同日　"2011中国国际航运文化节"在浦东洋泾举行。姜樑向中国国际航运文化节组委会赠送渡江战役第一船"京电号"船模。

26日　上海市商务委员会、浦东新区人民政府联合在上海国际会议中心召开上海市浦东新区跨国公司地区总部推进大会。会上,13个总部设立和总部增资项目签约,总投资达到8亿美元。同时浦东新区人民政府联合海关、检验检疫等部门推出《关于推动浦东新区跨国公司地区总部加快发展的若干意见的通知》。

同日　中国人民大学高层次创新创业人才金融EMBA项目启动仪式在浦东

干部学院举行。

27日  浦东新区举行中国共产党成立90周年纪念大会。大会表彰先进基层党组织标兵10人、优秀共产党员标兵10人、优秀党务工作者标兵10人、先进基层党组织100个、优秀共产党员152人、优秀党务工作者100人。

同日  上海张江(集团)有限公司与浦东出入境检验检疫局签署战略合作备忘录,浦东出入境检验检疫局整体入驻张江。

28日  九三学社浦东新区第三次社员代表大会召开。会议选举徐大雄为九三学社浦东新区第四届委员会主任委员。

29日  中国农工民主党浦东新区第四次代表大会召开。会议选举顾建钧为农工党浦东新区第四届委员会主任委员。

30日  俞正声到浦东调研轨道交通建设和运营引发的信访矛盾化解工作。

## 7月

2日  浦东新区换届工作会议召开。徐麟出席会议并讲话。

6日  民主促进会浦东新区第三次代表大会召开。会议选举张少波为民进浦东新区第三届委员会主任委员。

9日  民主建国会浦东新区第四次代表大会召开。会议选举谢毓敏为民建浦东新区第四届委员会主任委员。

11日  上海市首家区级法学会——浦东新区法学会成立。陈乃保当选为会长,吴大器、刘龙宝、孙童、陶武学当选为副会长。

14日  国务院第三督查组根据《国务院办公厅关于对上海市打击侵犯知识产权和制售假冒伪劣商品专项行动进行督促检查的通知》,到浦东亚太盛汇旅游购物广场进行实地督查。

15日  浦东新区纪委、区监察局获"全国纪检监察系统先进集体"称号。

同日  中国国民党革命委员会浦东新区第三次代表大会召开。会议选举蒋健为民革浦东新区第三届委员会主任委员。

16日  中央精神文明建设委员会办公室专职副主任王世明视察浦东新区文明城区创建工作。

18日  中国民主同盟浦东新区第四次代表大会召开。会议选举吴大器为民盟浦东新区第四届委员会主任委员。

同日　上海张江(集团)有限公司新一轮开发启动签约仪式举行。当天签约的土地开发项目遍及张江高科技园区北区、中区和南区。

19日　上海综合保税区管理委员会2011年第三次全体会议召开。杨雄主持会议,姜樑等出席。

20日　二届区委十六次全会召开。全会审议通过《中共上海市浦东新区第二届委员会第十六次全体会议关于召开中共上海市浦东新区第三次代表大会的决议》,审议通过《中共上海市浦东新区第二届委员会第十六次全体会议决议》。

同日　首届"沪上金融家"颁奖仪式在浦东香格里拉酒店举行,30名为上海国际金融中心建设做出突出贡献的杰出人才受到表彰。

同日　中国商飞、宝钢集团、国家电网公司等3家中央企业首批入驻世博园区B片区。8月8日,包括中国华能集团、中国华电集团、中国铝业公司、中国中华集团等在内的第二批10家中央企业入驻世博园区B片区,标志着世博园区B片区央企总部集聚区规划项目全部落实到位。

21日　"沪上金融家对话未来国际商业精英"论坛在上海期货交易所举行。17个国家和地区的100名代表出席论坛,就"上海与世界""现在与未来"等国际金融中心建设主题进行交流。

25日　亚洲首条柔性直流输电示范工程——上海南汇风电场柔性直流输电工程正式投入运行。

25日~8月14日　中共上海市委第一考察组对浦东新区领导班子进行换届考察。

26日　浦东新区区委、区政府召开街镇领导班子和领导干部任职宣布大会。徐麟讲话,姜樑主持会议。区委组织部负责人宣布任职决定。新区38个街镇领导班子配备到位。

27日　俞正声到浦东调研信访工作并慰问信访干部。徐麟汇报新区上半年信访工作情况。

28日　2011第七届"相约张江"科技文化节暨国家高新区创新发展论坛举行。科技节为期两周,设17场专业论坛和12项文体活动。

同日　第九届中国国际数码互动娱乐展览会在新国际博览中心举行。本届展会参展企业300个。

29日　浦东新区第三届农博会在源深体育场举行。19个涉农镇以及孙桥农业园区和南汇现代农业园区组团参展,涉及农业企业和农民专业合作社107家,展品有浦东产时令蔬果、畜禽产品、水产品等500多个品种。

30日　贵州省党政代表团访问浦东新区。

## 8月

1日　上海国际旅游度假区管理委员会在花木路409号设立办事大厅,即日起依据《上海国际旅游度假区管理办法》对外办理行政审批事项。

4日　四届区人大常委会第17次会议举行扩大会议。徐麟出席会议,李梅主持会议,姜樑作区政府上半年工作情况的报告。区第四届人大代表、区第四届政协委员以及区委、区人大常委会、区政府有关部门负责人等出席会议。5日,四届区人大常委会第17次会议表决通过《关于批准浦东新区2010年区本级决算草案的决议》,决定郭俭为区人民法院代理院长。

同日　浦东新区人民政府印发《浦东新区现代农业发展"十二五"规划》。《规划》提出浦东新区是中国改革开放排头兵,是中国综合配套改革的试点区,在"十二五"期间浦东要充分利用自身的科技实力、经济基础、人才优势和先行先试的政策优势,努力体现现代农业实力水平,使浦东现代农业发展经验在全市可推广、全国可借鉴。

10日　浦东新区人民政府召开金融支持"三农"发展工作会议,区政府部门、金融机构、涉农企业等分别签署合作协议,新区农业获得180亿元的"三农"授信额度。

同日　浦东新区加强和改进工商联工作会议召开。会议印发《浦东新区区委区政府关于加强和改进新形势下工商联工作的实施意见》。

11日　浦东新区区委召开浦东新区党务公开试点经验交流暨工作推进大会,15人受聘为首批党务公开监督员。

18日　上海国际旅游度假区管理委员会召开专题会议研究规划编制等事项,杨雄主持会议,姜樑等出席。

23日　中国软件业务收入前百家企业名单公布,浦东6家企业榜上有名,分别是中国银联、宝信软件、贝尔软件、上海华讯网络、华虹集成电路、大智慧股份。这6家公司2011年软件业务收入合计达105.88亿元,占新区软件企业软件业务总收入的37.7%。

24日 中航工业集团、中国铅业公司和中国商飞公司在北京与浦东新区举行航空产业发展座谈会。徐麟等出席座谈会。

26日～28日 第十届中药全球化联盟会议在上海中医药大学召开,13个国家和地区的500多位知名中药专家和学者出席会议。

30日 张江科技金融服务产品发布会在东郊宾馆举行。张江集团与工行上海市分行、交行上海市分行联合开发设计惠及科技型中小企业的"未来星""启明星""科技支行""科灵通""投贷宝"等五大科技金融服务新产品在会上发布。

31日 姜樑一行赴新疆慰问浦东援疆干部。截至2011年9月3日,浦东2011年计划援建的29个项目,有25个已经开工,累计完成总投资3.8亿余元。

## 9月

1日 畅联全球空运配送中心暨上海盟天国际物流有限公司在浦东机场综合保税区开业。

2日 上海综合保税区管理委员会举行"洋山首批大宗商品企业入驻颁证仪式暨期货保税交割试点情况发布会"。首批10家国内外大宗商品运营企业取得营业执照并正式落户洋山保税港区,注册资本4.6亿元。

3日 "上海浦东新区全国劳动竞赛示范区"揭牌,以"创新驱动建功十二五,转型发展建设新浦东"为主题的浦东新区劳动竞赛同时启动。

6日 复星医药宣布与瑞士龙沙集团在浦东张江成立合资公司,共同开发中国市场急需的高技术壁垒的药物。双方首期投资额达1亿元,初期研发的药物主要瞄准抗肿瘤、抗感染以及心血管等治疗领域。

7日 浦东新区代表团在第15届中国(厦门)国际投资贸易洽谈会上举行浦东新区发展最新情况说明会。会上签约14个项目,总投资(增资)额约为140亿元。此次签约的项目包括8个总部项目、2个金融类项目、2个先进制造业项目和2个创意园区项目。

15日 浦东新区法院举行"创新驱动,规范发展——非金融机构融资法律问题研讨会"。以浦东综合配套改革为契机,保障和推动非金融机构融资业务规范发展为重要议题。

16日　浦东新区科委为新认定的区级研发机构颁发证书,有45家企业获颁证书。其中,高新技术企业占总数的67%,涉及电子与信息、生物医药、新材料等新区战略性产业领域。至此,浦东有认定的各级企业研发机构393家,累计投入政府资金3.14亿元,"撬动"企业自主研发投入达314亿元。

21日　全球最大的半导体封装测试企业——台湾日月光集团上海总部和生产基地同时落户浦东,2个项目同时在张江宣布启动。

23日　中国新闻社国际传播基地项目在浦东签约,该基地将成为"世界华文媒体合作联盟"上海总部以及海外数百家主要华文媒体的交流平台。

24日　浦东新区区、镇两级人大换届选举选民登记工作启动,整个登记阶段持续到10月26日。

同日　由国家科技部、上海市人民政府共同主办的"2011年浦东创新论坛"在张江高科技园区举行。全国政协副主席、国家科学技术部部长万钢,全国人大常委会原副委员长、国际欧亚科学院中国科学中心主席蒋正华出席论坛开幕式并作主题报告和演讲。

25日~26日　中国银行业协会、中国保险学会、上海市金融服务办公室在浦东联合举办第八届中国国际金融论坛,主题为"绿色经济时代的绿色金融发展"。

28日~10月31日　"脉动江东"2011浦东文化艺术节举行。

29日　外高桥保税区荣获"国家进口贸易促进创新示范区"称号。

## 10月

9日　中国社会科学院和上海市人民政府合作成立的中国社会科学院陆家嘴研究基地举行挂牌仪式,基地下设金融产品中心等12个研究中心。

同日　第四届长三角现代服务业合作与发展论坛在上海国际会议中心举行,主题为"建设世界级城市群与发展现代服务业"。论坛由沪苏浙两省一市现代服务业联合会和浦东新区政府联合主办。

同日　占地1.5平方千米的上药生物医药产业园项目在新区办公中心正式

签约。

10日 "海关网上申报系统"在浦东正式开通。系统由浦东海关与浦东新区商务委合作共建、浦东国际商会具体承办开发的网上申报平台。

11日 临港新城限价商品房开工建设。项目选址临港新城主城区一期开发区域,项目建成后定向配售给临港产业区等5个区域的引进人才、技术骨干及专业管理人员。

12日 生物产业国际会议BioChina在浦东召开。BIO和张江集团携手搭建生物医药业界交流的中国平台,与来自北美、欧亚等地区的众多生物技术及医药企业,对医药和药事法规、知识产权、业务发展、疫苗及全球健康等议题进行探讨。

同日 陆家嘴金融贸易区管委会与中国电信上海分公司签订《打造"智慧陆家嘴"共创金融城一流商务环境战略合作协议》。"智慧陆家嘴"三年行动计划包括12项大工程、4个核心项目、4个重点拓展项目和4个协同创新项目。

13日 浦东新区召开首届科学技术奖励大会,授予2010年度浦东新区科学技术奖81项。其中,创新成就奖授奖项目21项,科技进步奖授奖项目60项。

同日 "全国知识产权质押融资试点"工作签约仪式举行。浦东新区科委与浦发银行上海分行、上海银行签署战略合作协议。

17日 浦东新区"见义勇为先进分子"表彰大会召开。刘海龙等23人获"浦东新区见义勇为先进分子"称号。

同日 浦东新区工商业联合会(商会)第五次会员代表大会在浦东干部学院举行,450名代表出席大会。会议选举常兆华为浦东新区工商业联合会(商会)第五届执行委员会主席(会长)。

18日 2011国际航运发展恳谈会召开,会议指出,浦东新区已全面启动航运"百人计划",利用落户浦东的知名国际金融机构来吸引更多的金融高端人才。

同日 2011年浦东新区全民终身学习活动周开幕式在新场镇文化艺术活动中心举行。至25日,学习周共开展各项活动1 200多场次。

19日 中国工商银行工银金融租赁有限公司与中国商用飞机有限责任公司签署45架C919大型客机订单协议。

20日 浦东新区区委、区政府召开党政负责干部会议,传达学习和贯彻落实党的十七届六中全会及市委常委会、全市党员负责干部大会精神。

21日  国家财政部、商务部与上海市人民政府签署上海现代服务业综合试点合作协议,决定在浦东新区、虹桥商务区及浦江沿岸进行国家现代服务业综合试点。

同日  2011年上海软件外包国际峰会浦东专场举行。会上,浦东新区商务委发布服务外包发展三年行动计划。

23日  上海市第七届农民运动会开幕式在浦东新区源深体育中心举行。俞正声、韩正发来贺信。吴志明宣布运动会开幕。运动会由浦东新区人民政府承办。

24日  浦东新区消防安全委员会成立。

26日~28日  "第九届中国国际半导体博览会暨高峰论坛"(IC China 2011)在上海世博展览1号馆举行。来自全国各地和海外的200余家企业参展。

27日  2011年浦东工程师论坛举行。出席论坛的"两院"院士和来自浦东的工程技术人员、科技工作者围绕低碳经济和新能源开发展开研讨。

同日  第三届"陆家嘴法治论坛"在上海国际会议中心举行。论坛以国际海事仲裁发展趋势以及法律界对建设国际航运中心的作用为主要议题,约150名律师、航运企业高管、政府代表等专业人员参加。

29日~12月21日  第五届陆家嘴金融文化节举行,主题为"走进陆家嘴,融入金融城"。活动由浦东新区政府发起,联合陆家嘴金融城各界共同举办。

## 11月

1日  上海市保障性住房惠南民乐基地开工建设。基地位于下盐公路南侧,规划建设用地566万平方米,总建筑面积596万平方米,其中保障性住宅建筑面积约259万平方米。

8日  2011国际航运战略发展研讨会召开,主题为"携手同心,共创未来"。来自达飞航运、中化国际等世界知名航运公司、苏黎世保险等200多名代表参加会议。研讨会由浦东新区人民政府、上海市交通运输和港口管理局、伦敦海事服务协会等主办。

9日  第四届"致公·张江"论坛举行。论坛以"科技金融助推企业发展——

复杂经济形式下的科技型中小企业融资"为主题,围绕"张江新十条"、张江科技金融平台动作实践、新形势下中小企业融资的体制机制突破等方面进行交流研讨。

10日　世界自由贸易园区大会在浦东召开。会议指出,上海综合保税区目前走在全国特殊监管区域与国际接轨发展的最前列,具备向自由贸易园区转型发展最扎实的基础和最充分的条件。

11日　集成电路产业链保税监管新模式在张江高科技园区启动。该创新模式采用信息化手段,将集成电路产业链的设计、芯片制造、封装测试等企业全部纳入加工贸易保税监管范围,进行"全程保税"。

14日　浦东新区人民政府与中国太平洋保险集团签署战略合作协议,加强在金融方面的合作。

16日　浦东新区区、镇两级人大代表换届选举举行。全区221.39万名选民在251个选区参加投票选举,参选率为96.8%。

18日　国家对外文化贸易基地揭牌仪式在外高桥保税区举行。该基地注册资本9亿元。其前身为成立于2007年的上海国际文化服务贸易平台。

22日　位于洋山保税港区的"上海云海数据中心"揭牌成立,该中心将重点集聚云计算基础设施和相关配套增值服务产业,计划在2020年建成面向亚太的国际数据产业枢纽港。

23日　浦东新区学习贯彻党的十七届六中全会精神宣讲活动启动。至年底,21名宣讲团成员到全区各部委办局、街镇开展52场宣讲。

24日　浦东新区第四届政协总结表彰会在区办公中心召开。四届一次会议以来提案的办结率达100%,解决率达67%。

29日　四届区人大常委会第20次会议召开。会议通过2012年1月4日召开浦东新区第五届人民代表大会第一次会议的决定,听取和审议区人大常委会代表资格审查委员会《关于浦东新区五届人大代表资格的审查报告》,审议通过浦东新区五届人大第一次会议市民旁听办法,表决通过有关人事任免事项。

同日　金融城人才公寓项目"锦绣前程"开工建设。项目占地面积13.68万平方米,以长期租赁的方式,满足中高层次多元化的居住需求。

30日　二届区委十七次全会召开。全会由区委常委会主持。徐麟就《中共上海市浦东新区第二届委员会向中共上海市浦东新区第三次代表大会的报告（讨论稿）》的起草情况作说明。会议审议通过《中共上海市浦东新区第二届委员会向中共上海市浦东新区第三次代表大会的报告（讨论稿）》；审议《中共上海市浦东新区第二届纪律检查委员会向中共上海市浦东新区第三次代表大会的工作报告（送审稿）》；听取《区委常委会关于2011年度干部选拔任用工作的报告》，对2011年度干部选拔任用工作和2011年度新提拔的领导干部进行民主评议；通过中共浦东新区第三届区委委员、候补委员和区纪委委员候选人预备人选建议名单；通过《关于召开中共上海市浦东新区第三次代表大会的决议》。

## 12月

**5日** 浦东新区召开2011年度志愿者表彰大会。"十佳志愿者""十佳志愿组织者""十佳志愿服务集体""十佳志愿服务项目"等一批先进个人和先进集体获表彰。

**7日** 中华医学会灾难医学分会在浦东成立。东方医院院长刘中民当选为第一届委员会主任委员。

**7日～9日** 中国共产党上海市浦东新区第三次代表大会在世博会议中心举行。俞正声出席会议并讲话。徐麟代表二届区委向大会作《努力当好科学发展排头兵，开创浦东开发开放新局面》的报告。大会选举中共浦东新区第三届委员会委员67人、候补委员13人，中共浦东新区第三届纪律检查委员会委员51人。大会审议通过《关于中共浦东新区第二届委员会报告的决议》《关于中共浦东新区第二届纪律检查委员会工作报告的决议》。

**8日** 中国飞机租赁有限公司与中国商用飞机有限责任公司在香港签署协议，订购20架C919大型客机。

**同日** 东亚银行（中国）有限公司在中国设立首家小微企业专营支行——上海张江支行，这是该行在内地设立的第100家网点。

**9日** 中共上海市浦东新区第三届委员会召开第一次全体会议，选举中共浦东新区第三届委员会常委、书记、副书记，徐麟、姜樑、吴信宝、杨培源、胡佩艳、彭崧、严旭、邓捷、吴福康、徐跃跃、陈庆善、韩志强为区委常委，徐麟为区委书记，姜樑、吴信宝为区委副书记；会议批准中共浦东新区第三届纪律检查委员会第一次全体会议选举产生的书记、副书记和常委。中共浦东新区第三届纪律检查委员会举行第一次全体会议，会议选举区纪委常委和书记、副书记，杨培源为区纪委书记，王正泉、严丁敏为区纪委副书记。

12日　上海陆家嘴金融贸易区管理委员会举行陆家嘴金融城环境优化配套项目集中开工仪式。

15日　浦东新区38个街镇民防办公室举行揭牌授牌仪式。

16日　浦东新区青年联合会第六届委员会第一次全体会议召开。9个界别的332名委员组成新一届区青联委员会。会议选举产生区青年联合会第六届委员会常务委员会委员31人，苏珏旻当选为主席，王坚等14人当选为副主席。

同日　上海市浦东新区与云南省西双版纳傣族自治州签署合作框架协议。西双版纳傣族自治州党政代表团在浦东参观考察，就合作框架协议的有关内容与相关单位和企业进行座谈。

17日　上海海洋论坛在浦东临港新城举行，"国家科技兴海产业示范基地"揭牌。国家科技兴海产业示范基地规划面积3.2平方千米。

22日　浦东新区举行两新组织（新经济组织、新社会组织）党建工作会议。截至2011年底，全区共有两新组织2.19万家，党员4.49万人。两新组织内的党组织共2 259个，覆盖两新组织5 164家。其中，实体型非公企业2万家，建立党组织2 009个，新社会组织1 852家，建立党组织250个。

23日　浦东新区政府和复旦大学举行合作共建南汇中心医院签约仪式。

同日　上海综合保税区联合发展有限公司揭牌仪式在浦东举行。

24日　"第七届综合配套改革沪津深三城论坛"在浦东举行。主题为"创新驱动与经济发展方式转型"，论坛由浦东新区人民政府、上海社会科学院等联合举办。

25日　经上海市人民政府批准，撤销川沙新镇、六灶镇和祝桥镇建制，组建新的川沙新镇和祝桥镇。当日，区委、区政府召开会议，宣布两镇的干部任命。

28日　"2011年海外华人精英浦东行"活动启动。主题为"相聚浦东，共创辉煌"，64名海外高层次人才齐聚浦东，与华虹NEC、联合汽车、罗氏医药等50余家重点对接机构展开交流，寻找归国发展良机。

同日　上海浦东机场综合保税区（二期）通过封关验收。二期封关面积1.99

平方千米。至此,该保税区3.59平方千米面积全部完成封关。

**29日** 浦东举行2011年度党务公开工作总结座谈会,会议要求,党务公开要从"局部公开"到"全程透明"。全区共有党务公开网站1378个、触摸屏394台以及公开栏3551块。

# 2012 年

## 1 月

**4 日~7 日** 中国人民政治协商会议上海市浦东新区第五届委员会第一次会议召开。冯国勤出席开幕式并讲话。林泉璋作《政协上海市浦东新区第四届委员会常务委员会工作报告》，邵自红作《政协上海市浦东新区第四届委员会常务委员会提案工作情况的报告》。会议审议并通过第四届常委会工作报告和提案工作报告，听取并讨论区《政府工作报告》和其他重要报告，通过《政协上海市浦东新区第五届委员会第一次会议决议》。会议选举张俭为政协浦东新区第五届委员会主席，选举吴泉国、方柏华、蒋健、常兆华、陈春兰为政协浦东新区第五届委员会副主席，选举方柏华为政协浦东新区第五届委员会秘书长（兼），选举于洋等78人为政协浦东新区第五届委员会常务委员。

**4 日~8 日** 上海市浦东新区第五届人民代表大会第一次会议召开。刘云耕出席开幕式并讲话。会议听取和审议姜樑作的区政府工作报告；审议批准区2011年预算执行情况和2012年预算草案的报告；听取和审议区2011年国民经济和社会发展计划执行情况与2012年国民经济和社会发展计划草案报告；听取和审议李梅所作的区人大常委会工作报告；听取和审议区人民法院、区人民检察院工作报告。会议审议通过上述报告的决议。会议选举唐周绍为浦东新区第五届人大常委会主任，姜樑为浦东新区人民政府区长，郭俭为浦东新区人民法院院长，陈宝富为浦东新区人民检察院检察长，选举花以友、吴大器、陈建、姜鸣、谈林福为浦东新区第五届人大常委会副主任，选举朱家骏、刘正义、严旭、陆民、陆鸣、彭崧、谢毓敏为浦东新区人民政府副区长，选举马恒儒等25人为浦东新区第五届人大常委会委员。

7日　上海国际旅游度假区管委会与上海海关、上海检验检疫局签署合作备忘录,三方开展战略合作,研究以迪士尼乐园为核心的度假区建设和运营实际需要,开展制度创新和功能创新,为度假区开发建设提供高效便捷的通关通检监管与服务。

8日　浦东新区创评全国文明城区总结表彰大会在东方艺术中心召开。徐麟为浦东"全国文明城区"揭牌。姜樑宣读表彰决定。21个单位被评为"创评全国文明城区优秀集体",32个单位被评为"创评全国文明城区先进集体",授予11个单位"创评全国文明城区优秀组织奖",授予11人"创评全国文明城区特殊贡献奖",260人被评为"创评全国文明城区先进个人"。

同日　第六届"中国地方政府创新奖"选拔和颁奖大会在北京举行。浦东新区申报的公益服务园获第六届"中国地方政府创新奖"。

10日　临港产业区公共租赁房基地在临港产业园开工建设。一期项目总投资12.9亿元,地上总建筑面积23.23万平方米,住宅建筑面积21.14万平方米。

18日　俞正声等市领导到浦东新区上钢新村看望慰问困难群众。当天,区委、区人大、区政府、区政协的主要领导分别走访慰问浦东的驻区三军和武警部队。

## 2月

1日　俞正声、韩正调研临港产业区、临港新城工作,视察临港产业区重装备区奉贤园区、重装备区、临港主产业区和临港综合区,并召开座谈会听取临港产业区开发建设工作情况介绍。

2日　上海市环保局公布第三批"上海市生态村",浦东新南村、纯新村、青四村、启明村、汤店村5个村上榜。至此,浦东有"上海市生态村"14个。

6日　上海金桥开发区信息通信(ICT)产业基地被国家工信部列为"国家新型工业化产业示范基地"。

7日　俞正声、韩正等市领导在浦东世博地区前滩开发建设指挥部观看前滩开发规划设计模型,听取浦东新区关于前滩规划及开发建设推进情况汇报。

8日　三届区纪委二次全会召开。徐麟对全区各级领导干部提出具体要求、对年内工作作具体部署,姜樑传达十七届中央纪委第七次全会精神和九届市纪委七次全会精神,区纪委领导代表区纪委常委会作《努力提高反腐倡廉建设科学化水平为浦东实现新的历史性跨越提供有力保证》的工作报告。

**同日** 国家工业和信息化部批复同意临港产业区建设国家机电产品再制造产业示范园。至此,临港产业区将吸引高端制造业企业集聚发展,打造国际领先、具有核心能力的产业集聚区。

**同日** 全国未成年人思想道德建设工作视讯会在北京主会场召开,浦东新区荣获2011年度"全国未成年人思想道德建设工作先进城区"称号。

**9日** 韩正调研张江高科技园区内的中兴通讯上海研发中心、天士力药业公司,详细了解企业未来发展、人才流动等方面的情况。他指出,对于能提高国际竞争力的高新技术企业,政府部门一定会全力支持其发展壮大,帮助企业解决用地以及人才的住房、生活配套等问题。

**14日** 中共中央、国务院召开2011年度国家科学技术奖励大会,浦东12项创新成果获国家科学技术奖,其中技术发明奖二等奖3项,科技进步奖二等奖9项。

**同日** 浦东新区检察院派驻三林检察室揭牌成立,这是浦东检察院继设立新农村检察室、知识产权检察室等专业检察室之后派驻的首个社区检察室。

**15日** 中央纪委党风廉政建设调研组到浦东新区就"全面推进新形势下党的建设"进行调研座谈,徐麟向调研组介绍新区经济社会发展情况及新形势下新区党建工作情况。

**同日** 上海新国际博览中心(SNIEC)全面建设完成,总面积25万平方米,室内面积10.35万平方米,室外面积10万平方米,会议室总面积7 800平方米。中心1999年11月4日开工建设,2001年11月2日启用。历经12期扩建,总投资44亿元。

**同日** 上海股权托管交易市场在张江大厦启动,首批19家企业在上海股权托管交易中心挂牌,其中浦东企业9家。

**16日** 国家工商行政管理总局、上海市人民政府印发《国家工商总局关于支持上海"十二五"时期创新驱动、转型发展的意见》,从加快构建现代市场体系、形成以服务经济为主的产业结构、深化浦东综合配套改革、完善市场监管体制机制等方面,系统提出支持上海经济社会发展的18条政策措施。

20日　浦东新区决策咨询委员会举行第一次会议,就强镇优街相关举措、破解动拆迁政策瓶颈、社会组织培育等3个领域的重点课题进行调查研究。

22日　浦东南北对接项目的申江南路正式竣工通车。申江南路是浦东南北对接工程中建设规模最大的项目。工程北起原浦东和南汇的区界,南至沪南公路,全长约14.8千米,设6快2辅道,有桥梁19座,项目总投资22.43亿元。

27日　全国双拥模范城(县)命名暨双拥模范单位和个人表彰大会在北京召开,浦东新区第三次获"全国双拥模范城(县)"荣誉称号。

28日　中国商用飞机总部基地在上海世博园区奠基。中国商用飞机公司在上海地区"一个总部、三大中心"的战略新布局基本形成。

29日～3月1日　姜樑率浦东新区党政代表团到嘉兴市进行考察交流。

## 3月

2日　上海市浦东土地发展(控股)公司重组改制后的上海浦东土地控股(集团)有限公司成立。公司主要负责储备土地的前期开发和统筹"7+1"开发区域以外的土地资源。

9日　黑龙江省委考察团到浦东新区考察。

20日　浦东新区服务中央企业战略发布会在东郊宾馆举行,主题为"聚焦国家战略、推动创新转型"。30家中央企业与浦东新区签订40个项目、总投资额约1 000亿元的合作协议,涉及领域主要是现代服务业和战略性新兴产业。

同日　中国银行上海人民币交易业务总部落户陆家嘴,成为中国四大国有商业银行中在沪设立"第二总部"的银行。

26日　浦东新区人民政府与沃尔沃集团签署战略合作协议,沃尔沃集团旗下的沃尔沃建筑设备计划在浦东投资3 500万美元,设立集销售、物流、研发、采购及金融服务等功能于一体的投资性跨国公司地区总部。

同日　法国海外医疗保险公司(CFE)与上海市东方医院签约,将东方医院纳入法国社保体系,并现场开通网上认证及授权直付,这也是法国在中国设立的第一个医保点。

28日　浦东新区召开大型居住社区推进情况新闻通气会。会议通报曹路基地、周康航基地、三林基地、航头拓展基地、惠南民乐基地等5个大型居住社区建设进展情况。

## 4月

6日～25日　2012上海桃花节开幕暨赏花仪式在浦东新区大团镇桃园举行。新场古镇桃苑、滨海世外桃源、南汇桃花村和合庆有机桃园等主要赏花景点当天开幕。

8日　2012年上海民俗文化节"三月半"圣堂庙会在三林老街举行，主题为"走进三林古镇，体验民俗风情"。

9日　浦东新区举行"百人计划"表彰大会，"百人计划"工程于2011年正式启动，目标是用5～10年时间，面向全球引进100名以上具有海外丰富从业经历、通晓国际规则和惯例、掌握核心技术、带动产业发展的海外人才。

同日　2011年度浦东新区重点工程实事立功竞赛表彰暨2012年度动员大会召开。2012年浦东新区重大工程涉及73个项目，总投资1 380.5亿元，年度计划投资达128.8亿元。

10日　中国共产党浦东新区代表会议召开。会议作关于浦东新区出席中共上海市第十次代表大会候选人产生经过的说明。到会的440名区党代表投票选出30名参加市第十次党代会的代表。

同日　上海新检测实验室大楼落成启用典礼在外高桥保税区举行，面积逾4 000平方米，按照ISO/IEC 17025标准建立，通过中国合格评定国家认可委员会（CNAS）认可并取得上海市质量技术监督局颁发的资质认定（计量认证）合格证书（CMA）。

13日　浦东新区举行"提高为民服务能力，推进基层民主建设"村党组织书记培训会。徐麟出席会议并作专题报告。

18日　浦东市民中心"政务服务公共资源信息共享平台"进入试运行，通过平台可查询130项行政审批事项、165项公共服务事项的办事程序、时限、状态及办事结果。

25日　上海综合保税区管委会召开情况说明会议，宣布期货保税仓单质押业务已在洋山保税港区正式启动运作。

26日　国家农业部部长韩长赋率考察团，参观浦东曹路种都种业科技有限公司、孙桥现代农业园区、多利农庄、上海鲜花港等现代农业示范点。

27日　上海市浦东新区"智慧城市"建设专家委员会授证暨上海浦东"智慧城市"发展研究院揭牌仪式在新区办公中心举行。

## 5月

4日　浦东新区召开2012年精神文明建设大会,会议表彰张江镇等4个"全国文明村镇",陆家嘴街道办事处等6个"全国文明单位",潍坊新村街道等8个"2010—2011年度上海市文明社区",北蔡镇等13个"2010—2011年度上海市文明镇",申港街道等3个"2010—2011年度浦东新区文明社区",芦潮港镇等7个"2010—2011年度浦东新区文明镇"。

8日　浦东新区召开2012年度实事项目签约仪式暨建设动员大会,区政府与18家责任部门签订《2012年度浦东新区实事项目建设责任书》,新区全年实事项目共47项,其中市下达13项,新区自定34项,惠及面覆盖全区37个街镇。

同日　上海综合保税区举行"高端消费品进口展销服务平台"项目启动仪式。外高桥保税区与中国工艺(集团)公司共同搭建国内高端消费品进口展销服务平台,并通过功能创新的模式,全面提升国内高端消费品进口贸易的便利化程度。

9日　浦东新区与河南省新乡市签署合作框架协议,两地将建立合作机制,鼓励企业合作,开展灵活有效的人才交流机制等,互惠互利,共同发展。

10日　上海富士康大厦在浦东陆家嘴金融贸易区开工建设。大厦总建筑面积8.1万平方米。上海富士康大厦是鸿海富士康的中国地区总部和长三角地区研发中心。

13日　浦东新区创建"全国农村社区建设实验全覆盖示范区"通过国家民政部基政司专家组验收。

14日　浦东新区人民政府与上海国盛集团签订《战略合作备忘录》,共同组建浦东新区融资担保有限公司。首期注册资本8亿元,由浦东新区政府出资6亿元,市政府委托国盛集团出资2亿元,双方各占注册资本的75%和25%。

18日　上海张江高科技园区国家级文化和科技示范基地被认定为国家级文化和科技融合示范基地。

23日 浦东新区举行党政负责干部会议,传达上海市第十次党代表大会会议精神,并就学习贯彻工作进行部署。徐麟主持会议并讲话,姜樑传达会议精神。

30日 浦东新区举行加强和创新社会管理暨加强基层组织建设工作会议。浦东新区四套班子领导出席会议。

## 6月

7日 上海市工商行政管理局和浦东新区人民政府联合召开新闻通气会,宣布出台进一步推进浦东创新驱动、转型发展的16条政策措施。

8日 浦东新区召开依法治区工作会议。会议决定,年内浦东新区将探索专项司法保障模式,深化金融专业审判和精品审判机制,加强贸易、物流、知识产权等纠纷审理工作,积极服务金融、贸易、航运核心功能区以及迪士尼、商飞等重大项目建设。

9日 2012年浦东新区"文化遗产日"纪念活动举行,向获"第三批国家级非遗名录""第三批上海市级非遗名录"和"第三批浦东新区非遗传承人"的项目单位和个人颁发铭牌和证书。至此,浦东新区有37项非物质文化遗产名录项目,代表性传承人55位,建成并使用的非遗专题展示陈列馆15个,较完善的培训基地16处。

12日 上海通用第600万辆整车正式下线,距2011年第500万辆整车下线相隔不到9个月,创下业内最短用时纪录。

14日 张江高科技园区召开"国际生态工业示范园区"创建工作推进大会,再次确立发展绿色循环经济的总方针。

15日 总部经济共享服务中心(平台)在浦东新区启动,上海海关、上海检验检疫局、浦东工商分局、浦东公安分局出入境办公室四部门携手推出14项服务总部企业的改革试点措施。

23日~25日 第三届中国国际航运文化节暨第二届"世界海员日"嘉年华在滴水湖畔举行。文化节活动包括国际航运高峰论坛、港航运融资论坛、第九届中国货运业大奖(金轮奖)颁奖典礼等。

26日 浦东新区举行庆祝中国共产党成立91周年暨创先争优活动表彰大

会。对19个"浦东新区基层党建工作品牌"、塘桥社区(街道)贵龙居民区党总支等12个"浦东新区'五好'基层党组织"，万燕杰等28名"浦东新区'五带头'共产党员标兵"进行表彰。浦东新区创先争优活动从2010年4月启动，全区9353个基层党组织、23.5万名党员参与。

同日　促进区域发展全国示范性劳动竞赛上海交流会在浦东新区举行。

28日　主题为"金融治理改革与实体经济发展"的第五届陆家嘴论坛举行。论坛设4场全体大会、10场专题论坛、8个浦江夜话专题。

## 7月

3日　2012中国蔬菜新优品种博览会在浦东新区曹路镇举行。国内345家科研院所、生产企业携数千种蔬菜科技成果参展。

12日~16日　第八届中国国际动漫游戏博览会(CCGEXPO)在上海世博展览馆举行。中国、日本、韩国、美国、法国等12个国家的近100家企业参加博览会，展会面积2万平方米，参会人数20万人次，门票收入600万元。博览会由国家文化部和上海市人民政府等共同主办。

16日和18日　韩正到上汽集团通用汽车金桥基地和中国商飞公司总装制造中心浦东基地调研重大项目推进情况，他指出，上海在加快产业结构调整的过程中，要坚持用低耗能、高附加值、具有国际竞争力的项目取代高耗能、低附加值的项目；要全力以赴，主动服务国家重大项目，为国家竞争力提升作出更大贡献。

17日　三届区委二次全会召开。全会由区委常委会主持，姜樑就新区上半年经济社会发展情况和下半年工作安排作报告。全会审议并通过《区委全委会工作规则》和《中国共产党上海市浦东新区第三届委员会第二次全体会议决议》。全会通报浦东新区2011年度干部选拔任用工作"一报告两评议"情况。

23日　中国商用飞机有限责任公司"院士专家工作站"在张江中国商飞研发中心揭牌成立。17位中国科学院、中国工程院院士出席揭牌仪式。

26日　浦东新区双拥模范(先进)命名表彰大会暨庆祝建军85周年文艺演出在东方艺术中心举行。区委书记徐麟、上海警备区政委朱争平少将出席表彰大会，共同为"浦东新区双拥模范城'三连冠'"奖牌揭牌。

28日～30日　2012浦东新区第四届农产品博览会在源深体育中心体育馆举行。100多家企业500多个品种集中展示销售。农产品销售总额2530万元，比2011年增加6.3%。

28日　浦东启动"工业反哺农业，金融服务三农"专题活动。10家金融机构分别与10家涉农企业签订银企合作协议，10个国有企业与100个经济薄弱村、1000户农村贫困家庭建立结对帮扶关系。

## 8月

2日　俞正声等领导到高东镇徐路村现场查看村委会换届选举工作。

15日　浦发硅谷银行在上海成立，俞正声出席开业仪式并为其揭牌。浦发硅谷银行由上海浦东发展银行股份有限公司与美国硅谷银行有限公司合资建立，总部设在上海，双方各持有50%的股权。2011年10月，浦发硅谷银行获得中国银监会批准筹建，并于2012年6月通过验收。该行是中国拥有独立法人地位、致力于服务科技创新型企业的银行。

17日　浦东新区启动创建"创业型城区"三年行动计划，对创业者出台一系列扶持政策，包括教育培训、贷款担保、房租补贴等，力争扶持5400人成功创业，直接带动3.6万人就业。

24日　浦东新区召开党群工作会议，就加强和改进工会、共青团、妇联等人民团体工作，做好新形势下党的群众工作作出部署。

## 9月

5日　中共浦东新区南汇新城镇第一次代表大会召开，选举产生中共浦东新区南汇新城镇第一届委员会和纪律检查委员会，朱嘉骏为书记，袁胜明、顾晓鸣为副书记；顾晓鸣为纪委书记。同月12日，市委、市政府印发通知，同意在临港地区建立特别机制和实行特殊政策。同月15日，南汇新城镇第一届人民代表大会召开，会议选举产生南汇新城镇第一届人大和政府领导成员。同月19日，上海临港地区开发建设管理委员会，南汇新城镇党委、镇人大、镇政府揭牌仪式在临港行政中心举行。

6日　上海综合保税区融资租赁产业发展推进会在浦东机场综合保税区举

行。7家境内外融资租赁母公司和50家SPV项目公司获得营业执照。

**10日~13日** 浦东新区党政代表团一行赴新疆喀什地区莎车县学习考察，为莎车县市民中心公共服务设施设备项目捐赠资金300万元。

**18日** 浦东新区与延安市举行缔结友好城区签约仪式。双方在工业、农业、旅游业、教育、文化以及人才合作交流等方面建立长期的友好合作，促进双方经济社会的发展。

**21日** 2012浦东文化艺术节在东方艺术中心拉开帷幕。艺术节于10月31日闭幕，举办150多场文化活动。

**24日** 浦东新区2012年居（村）委换届选举工作总结会召开。浦东新区登记选民231.1万人，其中219.9万人参加投票选举，参选率达95.2%。全区1102个居（村）进行换届选举。

**27日** 浦东新区科技创新大会暨第二届科技奖励大会召开。徐麟出席并讲话，姜樑主持会议。

**28日** 浦东新区自来水公司川沙城镇水厂完成通水切换。10月18日，青草沙原水注入航头水厂和惠南水厂，青草沙水源地原水工程的规划项目全面完成，实现规划供水范围的全覆盖。

# 10月

**1日** 由上海世博会中国馆改建而成的中华艺术宫正式对外开放。

**12日** 第六届中国国际物流与供应链合作发展高峰论坛暨第五届上海浦东现代物流高峰论坛在浦东新区举行。

**17日** 浦东新区"战略性新兴产业和先进制造业投资推进大会"在上海国际会议中心召开。会上发布《浦东新区加快培育和发展战略性新兴产业指导意见》。会议明确，至2016年，浦东战略性新兴产业发展的目标是"两个50%"，即战略性新兴产业增加值占全市的比重达到50%左右，战略性新兴产业中制造业规模占全区工业的比重达到50%。会上签约总投资307亿元、以战略性新兴产业为主的45个项目。

**26日** 浦东人才名人堂启用暨第七批中央"千人计划"人才落地浦东仪式在浦东国际人才城举行。

## 11月

5日　经中央军委批准,武警上海市总队第十支队改称为武警上海市总队浦东新区支队,由正团级升格为旅级。揭牌仪式在浦东新区办公中心举行。

7日　浦东新区人民政府与法国瓦兹河谷省签署《友好合作备忘录》,重点加强在空港物流、高端装备制造、新能源与环保节能领域的交流。

18日　浦东新区区委召开全体党员负责干部工作会议。徐麟传达贯彻党的十八大精神和全市党员负责干部会议精神。会议强调,当前和今后一个时期的首要政治任务是认真学习宣传和全面贯彻落实党的十八大精神;会议还对抓好今年工作的收官和明年工作的谋划提出要求,要求全力以赴确保完成年度目标,对明年工作早研究、早部署、早推进,锁定目标,全力以赴确保完成。

22日　浦东新区成功入选由国家农业部认定的全国农村集体"三资"(资金、资产、资源)管理示范区(市、县)。截至2011年底,浦东农村集体三级净资产达到140.4亿元,村级集体年度可支配收入12.17亿元,村均325万元。

27日　中国科学院上海高等研究院在中科院上海浦东科技园揭牌。研究院定位于原始创新研究,为战略性新兴产业提供集成技术解决方案,成为具有国际竞争力的集研、产、学、用为一体的多学科交叉综合性科教机构。

## 12月

7日　浦东新区举行党的十八大精神报告会。同月18日,浦东新区"学习宣传贯彻党的十八大精神"集中宣讲启动仪式暨首场报告会在沪东街道举行。活动从即日起至2013年1月11日,宣讲团分赴各机关、街镇、企业,集中开展44场党的十八大精神宣讲。

10日~12日　浦东新区第五届人大第二次会议在浦东展览馆召开,会议听取关于选举市第十四届人民代表大会代表办法(草案)的说明,表决通过大会选举办法(草案),以无记名投票和差额选举的方式,选举产生121名上海市十四届人大代表。

12日　秉承"法治·文化·亲民·和谐"设计理念的浦东新区法治主题园建成开园。园区位于航头镇,占地10.6万平方米。

22日 第二届上海国际金融中心核心功能建设高层论坛在上海东郊宾馆举行。主题为"聚焦金融创新探究和金融人才培养"。

24日 三届区委三次全会召开。全会深入贯彻落实党的十八大、中央经济工作会议和十届市委三次全会精神,审议《区委常委会2012年工作报告》,审议通过《区委常委会2013年工作要点》,听取《区委常委会2012年度干部选拔任用工作的报告》,对2012年度干部选拔任用工作和新提拔任用的领导干部进行民主评议。全会要求全区各级党组织和广大党员干部群众真抓实干、开拓创新,努力开创浦东开发开放二次创业的新局面。全会由区委常委会主持,徐麟、姜樑分别讲话。

28日 上海科技大学(筹)在中国科学院上海浦东科技园启动建设。

30日 经中央文明办委托,国家统计局对全国127个城市(区)文明程度指数和未成年人思想道德建设工作进行测评,浦东新区在城市文明程度指数测评中得分86.37,居全国第四。

# 2013 年

## 1 月

**4 日** 国家工商总局新认定 699 件驰名商标,上海 12 件,其中浦东新区 6 件,占全市的 50％。至此,浦东共有 31 件驰名商标。

**8 日~10 日** 中国人民政治协商会议浦东新区第五届委员会第二次会议在浦东干部学院举行。张俭主持会议。吴泉国作《政协上海市浦东新区第五届委员会常务委员会工作报告》,蒋健作《政协上海市浦东新区第五届委员会常务委员会关于五届一次会议以来提案工作情况的报告》。会议审议通过《政协上海市浦东新区第五届委员会第二次会议决议》。吴信宝在闭幕式上讲话。

**8 日~11 日** 浦东新区第五届人民代表大会第三次会议在浦东展览馆举行。唐周绍主持会议,姜樑作《政府工作报告》。唐周绍作《浦东新区第五届人大常委会工作报告》,郭俭作《浦东新区人民法院工作报告》,陈宝富作《浦东新区人民检察院工作报告》。会议补选 4 名区人大常委会委员,表决通过《关于浦东新区人民政府工作报告的决议》《关于浦东新区 2012 年国民经济和社会发展计划执行情况与 2013 年国民经济和社会发展计划的决议》《关于浦东新区 2012 年预算执行情况和 2013 年预算的决议》《关于浦东新区人大常委会工作报告的决议》《关于浦东新区人民法院工作报告的决议》《关于区人民检察院工作报告的决议》。

**12 日** 上海市人民政府第 158 次常务会议审议通过《上海市临港地区管理办法》,确定临港地区功能定位为:"突出高端制造、研发创新、综合服务、生活宜居等功能,将临港地区建设成战略性新兴产业创新引领区、创新创业人才集聚区、现代产城融合发展示范区"。

20日～21日　徐麟率有关浦东新区委办局负责人到深圳市学习考察。双方就土地使用、城市规划、政府购买服务、商事登记制度改革、电子商务可信交易建设等进行交流,就两地深化改革创新、完善市场体制、转变政府职能等进行探讨。深圳市委书记王荣参加座谈。

22日　浦东新区出台《区委常委会改进工作作风的若干规定》。该规定从加强理论学习、精简会议活动、改进调研活动安排、规范公文管理、规范公务接待活动、严格事务性活动审批、规范因公出访安排、改进新闻报道方式、严格遵守廉洁从政有关规定、加强督促检查等方面制定了33条实施细则。

27日　中共中央政治局委员、上海市委书记韩正参加上海市第十四届人大一次会议浦东代表团分组审议时指出,浦东是全国改革开放的一面旗帜,是上海自20世纪90年代以来实现跨越式发展的一面旗帜。我们要继续高举浦东开发开放的旗帜,未来5年上海要按照党的十八大精神继续谋求跨越式发展,浦东开发开放这面旗帜已经蕴含了新的内容。

29日　上海市公安局出入境管理局、浦东新区商务委举行浦东新区口岸签证便利化签约仪式。

## 2月

4日　浦东新区举行党政负责干部会议。徐麟主持会议并传达市领导在市人代会浦东代表团联组审议时的讲话精神,姜樑传达市领导在市政协专题会议上的讲话精神。会议要求,要把市"两会"精神作为浦东改革发展的重要指导,进一步激励广大党员干部敢于想大事、善于做大事,特别要做好那些对全局有积极意义的重大事情,勇往直前不松劲,敢闯敢试不畏难,求真务实不浮躁,在浦东科学发展、和谐发展、率先发展的新征程上做出新的贡献。

6日　浦东新区区委举行中心组学习扩大会。邀请中央农村工作领导小组副组长、中央财经领导小组办公室副主任陈锡文做学习贯彻党的十八大精神宣讲报告。

8日　国家工业和信息化部批复同意临港产业区建设国家机电产品再制造产业示范园。

18日　浦东新区科委发布《浦东新区高技术服务业资助资金操作细则》,旨在支持高技术服务业发展的专项政策,预计扶持资金为1 000万元,使具有较强技术创新水平的高技术服务中心企业受益。

21日　三届区纪委三次全会举行。徐麟出席会议并讲话,姜樑传达中央和市有关会议精神,杨培源主持会议并代表区纪委常委会作工作报告。

22日　浦东新区处级干部学习贯彻党的十八大精神报告会在浦东干部学院召开。徐麟从结合自身学习感受对浦东未来发展的思考做专题辅导报告。

28日　浦东新区人民政府、奉贤区人民政府、上海市临港地区开发建设管委会在浦东展览馆举行浦东临港"双特"(建立特别机制和实行特殊政策)推介会暨战略合作投资项目签约仪式。当天,市政府召开新闻发布会,正式对外公布临港"双特"30条配套政策。推介会当天签约47个项目,总投资逾210亿元。

## 3月

12日　浦东新区召开2012年度重大工程实事立功竞赛总结暨2013年度动员大会,确定2013年度重大工程建设项目中道路建设项目为60余个,总投资达500多亿元。

19日~20日　浦东新区召开党政负责干部和区人大代表会议,传达十二届全国人大第一次会议和全国政协十二届第一次会议精神。徐麟指出,要把习近平总书记的讲话精神贯穿到全年改革发展工作的各个环节和各个方面,深刻理解中央要求和市委、市政府部署,牢牢把握浦东发展的战略定位,崇尚实干、狠抓落实。姜樑指出,深入贯彻落实党的十八大和"两会"精神,重在学习、重在狠抓落实、重在抓好当前。

21日　工商浦东新区分局举行新闻发布会,宣布推出10条新政,鼓励创业创新,支持产业集聚、产城融合。新政涉及的登记制度、登记方式、登记服务、监管方式等四方面的多项革新与突破,在全市率先实行。

28日　中共中央政治局常委、国务院总理李克强到浦东考察。在外高桥港区调研时指出,上海地处长江口,要把管理经验和投资推出去,在长江这条黄金水道顺流而上直抵西部,带动中西部发展,企业要在保证质量和效益的前提下高歌猛进。在药明康德新药开发有限公司时,他详细了解新药研发情况,并与企业家进行了座谈。

同日　浦东新区2013年贸易便利化推进大会召开。会议明确,今年海关、检验检疫、外管局等多个部门将在浦东推动贸易便利化发展方面进行多项探索,包括研究开展第三方支付机构跨境电子外汇支付业务试点,打造上海首个兼具免税、保税、完税功能特色的展示交易综合试验店等。

## 4月

8日　浦东新区召开公共卫生联席会议暨2013年公共卫生工作会议,明确2013年公共卫生任务并确定抗击H7N9禽流感的8项措施。

9日　贵州省党政代表团访问浦东新区,参观浦东国际人才城和张江数字出版基地。

11日　上海市浦东新区金融服务局和武汉市政府金融工作办公室联合主办的"上海浦东·武汉金融合作推介交流会"在武汉举行。会上,两地签署《上海浦东·武汉关于推动两地金融业联动发展合作备忘录》。

15日　第三届"浦东好人"——感动浦东十大典型人物颁奖典礼在浦东图书馆举行,现场为10位有着不平凡故事的中外"浦东好人"颁奖。

18日　浦东新区召开综合配套改革试点工作推进大会。徐麟主持会议并强调,2013年浦东的综改工作要抓好"一件大事、三个重点、一项专题调研"。"一件大事",就是围绕试点建立自由贸易试验区,配合好国家和市有关部门,全力以赴做好探索研究和准备工作。"三个重点",就是经济体制改革、转变政府职能、改变城乡二元结构。"一项重大专题调研",即加强软实力、竞争力和下一步发展空间方面的战略研究。姜樑提出2013年综改工作具体要求。

同日　浦东新区年度经济人物颁奖典礼在浦东干部学院举行。1号店董事长于刚、欧普照明股份有限公司总裁马秀慧等10人荣获首届浦东新区年度经济人物。

19日　上海市科技奖励大会召开,张江上海光源获评上海市科技进步奖特等奖。上海光源工程是由国家发改委、上海市政府、中国科学院共同投资建设的国家重大科学工程,上海市"科教兴市"重大产业科技攻关项目。

24日　浦东新区改革创新总部经济运营环境暨海关服务总部企业大会在浦东新区办公中心召开。上海浦东海关联合新区商务委推出10条新举措,主要集中在便利总部企业、快速通关、降低总部企业通关成本等三方面。

**同日** 2012年度浦东新区"百人计划"为12名海外高层次人才颁发证书。至此,浦东新区"百人计划"已引进海外高层次人才23人,主要集中在服务上海国际金融中心和航运中心建设的海外高层次金融人才和航运人才;服务浦东生物医药、电子信息制造、新能源、民用航空制造、先进重大装备等重点产业和战略性新兴产业发展的创新人才和创业人才。

**27日** 2013年浦东新区职工庆"五一"暨全国示范性劳动竞赛表彰大会在新区青少年活动中心举行,大会表彰"全国五一劳动奖状"获得者3人,"全国五一劳动奖章"获得者6人,"全国工人先锋号"获得者12家,"上海市五一劳动奖状"获得者9人,"上海市五一劳动奖章"获得者18人,"上海市工人先锋号"获得者36家,以及浦东新区劳动竞赛先进集体、先进个人、"工人先锋号"、优秀组织奖共500个。

## 5月

**3日** 浦东新区举行纪念"五四"运动94周年暨第十五届十大杰出青年颁奖大会。杨光华等10名有突出业绩和重大贡献的青年获"十大杰出青年"称号。

**6日** 浦东新区召开党风廉政建设责任制领导小组暨区委巡察工作领导小组会议。徐麟主持会议并强调,新区各级领导和领导班子要切实担负起从严治党的责任,提升认识、聚焦重点、落实责任,维护好风清气正的良好发展环境,努力实现事业发展和队伍建设双丰收。会议通报2012年巡察工作,部署2013年巡察工作。

**8日** 浦东新区召开2013年国资国企工作会议。姜樑在会上对国资国企在浦东二次创业中的作用和成就充分肯定,并从聚焦重点、找准定位、强身瘦体、加强监管、强化内部管理等五方面对深化国资国企改革发展提出了要求。

**13日** 中共上海市委决定,沈晓明任中共浦东新区区委委员、常委、书记。

**14日** 上海市副市长、浦东新区区委书记沈晓明参观浦东开发开放展览时指出,浦东开发开放是中国改革开放的重要标志,是重大的国家战略。当前,浦东正处于二次创业的攻坚阶段,要坚持创新驱动、转型发展,继续依靠改革开放和创新突破,始终保持浦东开发开放初期那样的一股子劲,不断先行先试、领先一步,在服从、服务国家和上海经济社会发展的大局中,努力当好全国改革开放排头兵和科学发展的先行者。

23日 浦东新区召开2013年精神文明建设工作会议。会议为2012年度全国优秀志愿者、2012年度精神文明十佳好人好事,以及2011—2012年度新区762个文明单位、4个文明行业、438个文明小区、131个文明村、10个文明开发园区、47个文明大厦、103对军民共建先进单位代表颁奖。

27日 上海市人民政府常务会议审议通过《关于开展向上海张江高新技术产业开发区各分园下放行政审批权限试点的实施意见》,试点下放的市级行政审批权限包括土地出让、规划参数调整、外商投资企业设立审批、环境影响评价、上海市高新技术成果转化项目认定、企业登记等13项。

29日 沈晓明会见新疆莎车县党政代表团一行。浦东对口支援莎车3年来,计划内的125个援莎项目2013年全部竣工,计划外实施27个援助和捐资项目。

30日 上海服务外包交易促进中心在中国(北京)国际服务贸易交易会上揭牌。该中心位于上海浦东国家软件产业基地,是中国整合政府、企业和第三方专业机构的服务力量,集线上交易与线下服务于一体的综合性服务外包产业交易促进平台。

同日 上海国际旅游度假区分布式能源中心项目开工建设。该中心建成后将为上海迪士尼项目以及周边区域提供低碳、环保的优质清洁能源,项目总投资5.2亿元。

## 6月

6日 浦东新区商务委发布《2011—2012上海市浦东新区外商投资环境白皮书》。白皮书显示,《财富》500强公司中已有308家落户浦东,投资项目达1 023个。

同日 浦东新区山歌等11个申报项目获批区级"非物质文化遗产"。至此,浦东新区非物质文化遗产项目总数达48个,其中国家级7项、市级17项、区级24项。

同日 德国勃林格殷格翰与上海张江生物医药基地开发有限公司签订战略合作协议,双方合作建立一个符合国际药品生产质量管理规范的生物制药基地,为国内和跨国医药客户提供从研发到临床试验的全方位服务。

**10日** 浦东新区召开2010—2012年浦东新区青少年保护工作先进集体、先进个人事迹表彰大会,163家未成年人保护工作先进集体和个人受到表彰。其中,市级先进集体8家,市级先进个人8人。

**同日** 浦东新区第五届运动会在三林体育中心开幕。运动会以"和谐、参与、健康、快乐"为主题,共设田径、足球、篮球、羽毛球等20个竞赛项目,健身秧歌、木兰拳等5个展示项目及自选项目。10月26日,运动会闭幕。历时5个月,本届区运动会共有93个代表团、1 264个参赛队、14 126名运动员参加。

**14日** 浦东新区召开"平安浦东"建设推进大会。会议总结2012年平安建设情况并部署2013年相关工作,通报《关于命名2012年度新创建浦东新区"平安示范小区""平安示范单位""平安小区""平安单位"的决定》。

**15日** 海南省党政代表团访问浦东新区。

**19日** 上海通用汽车设计与工程技术中心金桥基地暨金桥扩能项目开工建设,该项目规划总面积75万平方米,总投资80亿元,主要引进凯迪拉克高端车和新能源车,规划年产能16万辆。

**25日** 上海市委副书记、市长杨雄到浦东新区调研综合配套改革和区域功能创新工作,实地察看重大项目建设和企业发展情况并进行座谈。

**26日** 浦东新区召开庆祝中国共产党成立92周年暨区域化党建工作会议。大会以视频会议、主会场+分会场的形式召开,塘桥社区(街道)党工委、张江镇党委、惠南惠民医盟等3家单位先后就区域化党建工作作现场交流发言。

**27日~29日** "2013陆家嘴论坛"举行,论坛主题为"金融改革开放新布局",由上海市人民政府和中国人民银行、中国银监会等共同主办。

## 7月

**2日** 国家科技部印发《上海张江国家自主创新示范区发展规划纲要(2013—2020年)》,提出张江示范区的战略定位为开放创新先导区、战略性新兴产业集聚区、创新创业活跃区、科技金融结合区、文化和科技融合示范基地,并努力建设成为带动上海、长三角区域乃至整个东部地区创新发展的重要引擎,成为代表中国参与国际高新技术产业竞争的特色品牌。

3日　国务院总理李克强主持召开国务院常务会议,原则通过《中国(上海)自由贸易试验区总体方案》。会议强调,在上海外高桥保税区等4个海关特殊监管区域内,建设中国(上海)自由贸易试验区,是顺应全球经贸发展新趋势、更加积极主动对外开放的重大举措。

8日～9日　云南省党政代表团访问上海市,其间到浦东新区考察。

10日　韩正到浦东新区高东镇社区老年人日间服务中心、高东新村综治工作站以及欧姆龙(上海)有限公司、上海惠普有限公司、上海春宇供应链管理有限公司调研,沈晓明、姜樑参加调研。

17日　上海金桥出口加工区正式更名为"上海金桥经济技术开发区"。上海金桥经济技术开发区管委会同时揭牌成立,上海金桥行政服务中心及上海金桥展示中心同时启用。

23日　三届区委四次全会召开。会议传达学习十届市委四次全会精神,总结浦东新区2013年上半年工作,部署下半年主要任务,通报浦东新区2012年度干部选拔任用工作"一报告两评议"情况。会议要求,全区各级党组织和广大党员干部要认真学习贯彻党的十八大以来习近平总书记一系列重要讲话精神和市委十届四次全会精神,进一步凝聚二次创业的共识、弘扬二次创业的精神、坚定二次创业的信念,同心同德、开拓进取,在新起点上奋力开创浦东开发开放的新局面。全会由区委常委会主持。

25日　浦东新区图书馆"道德讲堂"(总堂)正式揭牌成立。至此,全区已建成道德讲堂347家,其中街镇109家、委办局238家。

26日～28日　浦东新区第五届农产品博览会在源深体育中心举行,共设展位108个,全区100多家农业企业设专柜展示农产品及加工产品,近500个品种。

29日　2013年浦东新区双拥工作领导小组全体(扩大)会议暨纪念建军86周年、延安双拥运动70周年座谈会召开。沈晓明讲话并指出,浦东的双拥工作有成效、有特点、有品牌,军地双方要更紧密地携手共进,为浦东的二次创业、为部队的全面建设注入新活力,再创新业绩。姜樑出席会议并讲话。

## 8月

7日　上海港口岸临港产业作业区通过国家联合验收组验收,正式对外开放。

同日 天津市滨海新区代表团访问浦东新区。

16日 浦东新区召开深化基层党建典型引路专题会议,75家单位获评2013—2014年度浦东新区基层党建示范点创建单位、20个项目获评2013—2015年度浦东新区基层党建品牌化培育重点项目。

22日 国务院正式批准设立中国(上海)自由贸易试验区。试验区范围涵盖上海市外高桥保税区、外高桥保税物流园区、洋山保税港区和上海浦东机场综合保税区4个海关特殊监管区域,总面积28.78平方千米。

23日 中共上海市委第五巡视组巡视浦东新区工作动员会在浦东新区办公中心举行。沈晓明主持会议并指出,要把接受市委巡视作为推进浦东二次创业的重要契机,进一步加强领导班子建设,不断提高领导发展能力,带领全区干部群众把浦东改革发展稳定各项工作推向前进;要自觉接受监督、积极抓好整改,对巡视中发现和查找出来的问题认真研究、制定措施、明确责任,狠抓整改落实,完善各项制度;要全力做好服务,为巡视组工作创造良好环境。市委第五巡视组组长严胜雄对来浦东开展巡视工作的重大意义、主要任务、方式方法作了介绍。

29日 浦东新区村庄改造长效管理工作会议召开。全区村庄改造五年行动计划,3年内已完成70%的村庄改造任务,惠及162个村、12万农户。2014年,计划再投入10.7亿元完成剩余68个村的村庄改造。

30日 第十二届全国人大常委会第四次会议决定,授权国务院在中国(上海)自由贸易试验区暂时调整有关法律规定的行政审批。根据决定,全国人大常委会授权国务院在上海外高桥保税区、上海外高桥保税物流园区、洋山保税港区和上海浦东机场综合保税区基础上设立的中国(上海)自由贸易试验区内,对国家规定实施准入特别管理措施之外的外商投资,暂时调整《外资企业法》《中外合资经营企业法》和《中外合作经营企业法》规定的有关行政审批。决定自2013年10月1日起施行。

同日 浦东新区举行区委中心组学习扩大会,邀请《求是》杂志研究员、著名经济学家、反腐理论研究专家黄苇町做"关于作风建设的几个问题"的专题报告。

31日 轨道交通11号线,江苏路站—罗山路站正式投入载客试运营。至此,上海地铁运营线路总长462千米,共计300座车站。

## 9 月

**4 日** 前滩国际商务区道路与配套管线一期工程全面贯通,涉及18条道路和3座桥梁,全长12.4千米,占前滩道路总长75%;涉及各类配套管线近114千米。至此,前滩国际商务区主要路网格局构建完成。

**5 日** 浦东新区商务委向全国发布《浦东新区跨国公司地区总部发展蓝皮书》。报告显示,截至2013年上半年,浦东新区已有地区总部202家,占全市的48%,其中60家总部已具有亚太区管理功能,185家研发中心,浦东已成为跨国公司地区总部在中国最集聚的地区。

**同日** 2013第三届浦东文化艺术节在东方艺术中心举行,艺术节以"大众的节日、艺术的盛典"为主题,共组织651项主题文化活动,54个机构和团体、2 000多个群众文化团队、300万人次参与了活动。

**16 日～17 日** 第四届国际航运战略发展研讨会暨2013陆家嘴航运论坛在上海卓美亚喜玛拉雅大酒店举行。

**23 日** 浦东新区召开党外代表人士队伍建设工作会议,会议就《中共浦东新区委员会关于加强新形势下党外代表人士队伍建设的实施意见》作有关说明。

**同日** 浦东新区与西双版纳傣族自治州友好城区签约仪式在浦东新区办公中心举行。

**25 日** 浦东新区党政代表团赴湖南省学习考察。考察期间,召开湖南·上海浦东新区两省区经济社会发展情况交流会,双方签署《浦东新区人民政府与长沙市人民政府合作框架协议》。

**同日** 2013年智慧城市建设国际合作促进会在浦东举行。浦东成为上海市被纳入中国智慧城市试点范围的区。

**29 日** 中国(上海)自由贸易试验区正式成立并在外高桥保税区举行挂牌仪式。中共中央政治局委员、上海市委书记韩正为中国(上海)自由贸易试验区揭牌,商务部部长高虎城、上海市市长杨雄共同为中国(上海)自由贸易试验区管理委员会揭牌。同时,第一批入驻的25家企业和11家金融机构在现场领到证照。

**31 日** 《中国(上海)自由贸易试验区外商投资准入特别管理措施(负面清单)》公布,涉及18个门类,共计190条。

## 10月

1日　上海市人民政府印发第7号令,公布《中国(上海)自由贸易试验区管理办法》。

9日　浦东新区召开推进自贸试验区建设动员大会。会议指出,自贸试验区的成立,是我国新时期深化改革开放的重大举措,是上海推进转型发展的重大机遇,也标志着浦东开发开放从此进入了新的历史阶段。浦东承载着许多国家战略,在全市改革发展的攻坚阶段,浦东更要往前冲,勇立改革开放潮头,形成举全区之力推进自贸试验区建设的工作局面。沈晓明出席会议并讲话,姜樑主持会议。

同日　上海海关在自贸试验区试点"先入区后报关"新型海关监管模式,企业货物入区通关时间缩短2~3天,物流成本平均减少10%。

22日　中国(上海)自由贸易试验区仲裁院正式揭牌成立,该院将为自贸试验区内当事人提供零距离仲裁咨询、立案、开庭审理等法律服务。

24日　国家财政部、海关总署、税务总局三部委联合发布《关于中国(上海)自由贸易试验区有关进口税收政策的通知》,明确上海自贸试验区的进口税收政策。

29日　中国(上海)自由贸易试验区正式挂牌1个月。据统计:2013年10月1日~27日,自贸试验区共设立208户企业。其中,内资188户、外资20户,注册总资金为35亿元。

31日　上海浦东融资担保有限公司正式启动,注册资本为8亿元,由浦东国资委、上海国盛集团投资有限公司和上海张江火炬创业园开发有限公司共同出资组建。

同日　浦东新区召开党政负责干部会议,上海市委组织部领导受市委委托宣布市委决定:孙继伟任上海市政府副秘书长,任中共浦东新区区委委员、常委、副书记,提名为浦东新区区长候选人。

## 11月

3日~4日　中共中央政治局常委、国务院副总理张高丽在上海调研,其间考察浦东新区三林保障性住房大型居住区、中国(上海)自由贸易试验区、上港集团上海浦东国际集装箱码头有限公司。

5日　上海市浦东新区人民法院自由贸易区法庭挂牌成立;上海市人民检察院派驻中国(上海)自由贸易试验区检察室成立。

5日~9日　2013年第十五届中国国际工业博览会在上海新国际博览中心举行。本届工博会以"制造:数字与绿色"为主题,展览面积16万平方米,展位7678个。参展企业1979家,包括中国在内的25个国家和地区参展。

6日　国家公共文化服务体系示范区(项目)创建工作会议在浦东召开。"上海市浦东新区高雅艺术走进百姓的运作模式"等45个项目成为首批国家公共文化服务体系示范项目。

同日　上海国际能源交易中心股份有限公司在自贸试验区注册成立,资本金为50亿元。

7日~9日　以"书香中国——阅读引领未来"为主题的2013年中国图书馆年会在浦东世博展览馆举行。

15日　浦东新区党员负责干部会议在浦东行政办公中心召开。会议传达党的十八届三中全会精神。会议强调,党的十八届三中全会吹响了全面深化改革的号角,要在思想上、理论上充分领会全会精神,把改革创新的精神贯穿到二次创业的各个环节、各个领域,牢记责任和使命,以更大的勇气和智慧推进浦东的改革发展。

20日　中国(上海)自由贸易试验区国际商事联合调解庭暨上海文化创意产业法律服务平台知识产权调解中心揭牌成立。

28日　浦东新区五届人大常委会召开第十五次会议,决定任命孙继伟为浦东新区人民政府副区长,接受姜樑辞去浦东新区人民政府区长职务的请求,决定孙继伟为浦东新区人民政府代理区长。

30日　中国(上海)城镇化高层论坛在浦东新区举行。第十届全国政协副主席、中国工程院名誉院长徐匡迪出席并作演讲。

## 12月

2日　中国人民银行印发《关于金融支持中国(上海)自由贸易试验区建设的

意见》。同月5日,召开金融支持自贸试验区实体经济推进会。会上,上海地区的7家商业银行和注册在自贸试验区的7家企业签署"扩大人民币跨境使用"合作协议,4家银行向4家企业提供跨境人民币双向资金池服务,3家银行向3家公司提供跨境人民币借款服务。

11日　16位中央千人计划人才"落地"浦东。至此,浦东新区共有"千人计划"专家126人。

12日　由上海市城乡建设和交通委员会、中国(上海)自由贸易试验区管理委员会、上海市教育委员会、上海海事大学等30多家国内外机构签署战略合作协议,共建中国(上海)自贸区供应链研究院,推进政府关切的自贸区重大问题的深入研究。

17日　浦东新区人民政府与复旦大学签署全面合作协议,双方表示今后将做好产学研对接、合作办学对接、人才对接,并支持复旦和浦东企业对接。

24日　三届区委五次全会召开。全会总结2013年工作,部署2014年目标任务。沈晓明强调,浦东明年必须把改革作为全部工作的重中之重,按照"浦东能突破、上海能推广、全国能借鉴"的要求,全力争取重点领域和关键环节的改革突破。全会审议通过《中国共产党上海市浦东新区第三届委员会第五次全体会议决议》。

28日　全国跨境贸易电子商务试点平台在中国(上海)自由贸易试验区启动。

29日　地铁12号线、16号线正式开通运营。12号线(一期)东起金海路,西至天潼路,共设车站15座,全长19千米。16号线北起罗山路,南至滴水湖站,共设车站13座,全长58.96千米。

30日　首批交付的2架ARJ21-700新支线飞机在中国商飞上海飞机制造有限公司飞机总装车间下线。同日,"铁鸟"试验台在中国商飞上海飞机设计研究院正式投入使用。

31日　浦东新区市场监督管理局揭牌成立。浦东新区原工商、质监、食药监3个部门完成"三合一"整合,构建覆盖生产、流通、消费全过程的监管体系。2014年1月1日,市场监督管理局及其直属单位和派出机构正式对外办公。

# 2014 年

## 1月

**1日** 中国金融信息中心在陆家嘴金融贸易区正式启用。中国金融信息中心作为新华社与上海市人民政府全面战略合作的重要成果,集金融信息采集、发布、数据挖掘、指数研发、价格研究等多重功能于一身,实时滚动向全球发布金融信息和数据。

**6日** 国家工业和信息化部与上海市人民政府联合发布《关于中国(上海)自由贸易试验区进一步对外开放增值电信业务的意见》,提出在试验区内进一步试点开放信息服务业务、存储转发类业务、在线数据处理与交易处理业务等7个增值电信业务领域。

**8日** "1号店"、龙华医院东院、城市综合体、亲和源养老社区4个项目签约仪式在航头镇举行,计划投资145亿元在航头镇建设1个新的高端服务业聚集地。

**13日~16日** 中国人民政治协商会议浦东新区第五届委员会第三次会议在中国浦东干部学院召开。张俭主持会议,方柏华作《政协上海市浦东新区第五届委员会常务委员会工作报告》,常兆华作《政协上海市浦东新区第五届委员会常务委员会关于五届二次会议以来提案工作情况的报告》。大会通过《政协浦东新区第五届第三次会议决议》。

**13日~16日** 浦东新区第五届人民代表大会第四次会议在浦东展览馆召开。孙继伟作《政府工作报告》。大会通过投票补选孙继伟为浦东新区人民政府区长,表决通过《关于浦东新区人民政府工作报告的决议》《关于区2013年国民经济和社会发展计划执行情况与2014年国民经济和社会发展计划的决议》《关于区2013年预算执行情况和2014年预算的决议》《关于区人大常委会工作报告的决议》《关于区人民法院工作报告的决议》《关于区人民检察院工作报告的决议》。

17日 亚太营运商计划推进会在中国(上海)自由贸易试验区召开,20家获得亚太营运总部授权的跨国企业与中国(上海)自由贸易试验区管委会签署政企合作计划书。

19日 韩正参加市十四届人大二次会议浦东代表团审议时指出,中央要求上海当好改革开放的排头兵和科学发展的先行者。经过24年开发开放,浦东站在了新的起点。面对新形势新要求,浦东必须有责任有担当,要敢于成为排头兵的排头兵、先行者的先行者。只有这样,我们才能更好完成中央交给上海的任务,才能更好发挥浦东先行先试的示范作用,这需要攻坚的勇气、创新的智慧。面对当前改革发展稳定中面临的一些瓶颈难题和矛盾,必须依靠改革创新去突破,通过改革创新推进发展。浦东要担当起重任,为全市带好头、起好引领作用。

24日 上海张江国家自主创新示范区领导小组全体会议举行。会议强调,张江要有不进则退的忧患意识,以更大的胆识与胸怀,深入贯彻三中全会和市两会精神,按照国务院批复要求,瞄准世界一流科技园区目标,全面落实张江示范区发展规划纲要,进一步增强发展活力,进一步提高服务效能,进一步加强资源整合,抓住关键环节,突破瓶颈制约,全力以赴把张江示范区建设成为自主创新的战略高地、培育战略性新兴产业的核心载体和实现创新驱动发展的上海示范区域,在全市创新驱动发展、经济转型升级中发挥更大作用。

同日 2013年度浦东新区"百人计划"表彰仪式暨新区"高端人才创业培训基地"挂牌仪式在浦东国际人才城举行,2013年度"百人计划"共评选产生9人(其中创业人才4人、创新人才5人)。

## 2月

12日 浦东新区召开党的群众路线教育实践活动动员大会。18日,区委党的群众路线教育实践活动领导小组印发《关于在党的群众路线教育实践活动中深入开展基层服务型党组织建设"五大行动"的通知》。6月17日,区委常委会召开党的群众路线教育实践活动专题民主生活会。10月17日,浦东新区党的群众路线教育实践活动总结大会在新区办公中心举行。

**13日** 三届区纪委四次全会召开。全会指出,2014年要深入落实第十八届中央纪委第三次全会、第十届市纪委第三次全会精神和区委要求,着重做好五个方面工作:一是积极构筑新一轮惩防体系,推进反腐倡廉制度机制创新;二是切实加强党的纪律建设,坚决贯彻落实中央八项规定;三是加大惩治腐败力度,坚决查处违纪违法案件;四是强化党纪政纪监督,严格规范权力运行;五是加强纪检监察组织自身建设,不断提高纪检监察干部履职能力。

**18日** 中国人民银行上海总部在上海自贸试验区启动支付机构跨境人民币支付业务试点工作。21日,中国人民银行上海总部印发《关于支持中国(上海)自贸试验区扩大人民币跨境使用的通知》。

**21日** 中国(上海)自由贸易试验区国际贸易"单一窗口"试点工作正式启动,试点工作依托上海电子口岸建设"单一窗口",实现贸易和运输企业通过单一平台一点接入、一次性递交满足监管部门要求的标准化单证和电子信息(数据元),监管部门处理状态(结果)通过单一平台反馈给申报人。该项目于2014年6月18日正式上线。

**24日** 上海市人民政府常务会议审议通过《2014年上海浦东综合配套改革试点工作安排》,明确2014年浦东综改4个重点领域、19项改革任务。4个重点领域为:全力推进自贸试验区制度创新,进一步发挥突破带动作用;优化政府管理体制,进一步转变职能和提高效能;构建区域创新体系,进一步推进产业转型升级;健全城乡一体化发展体制机制,进一步增强社会发展活力。

**同日** 上海市人民政府批复同意《上海市浦东新区土地利用总体规划(2010—2020年)修改》,该规划提出,要严格控制建设用地规模,到2020年建设用地总规模控制在831平方千米以内。

**同日** 《中国(上海)自由贸易试验区商业保理业务管理暂行办法》发布。

**26日** 中国人民银行上海总部召开政策发布会,宣布从2014年3月1日起放开上海自贸试验区小额外币存款利率上限。

**27日** 浦东新区区委巡察工作领导小组召开2014年巡察工作推进会,部署2014年巡察工作具体任务和要求。

## 3月

3日　上海出入境检验检疫局发布自贸区进出口工业品检验监管10项新政,从自贸区内率先试行进出口工业品第三方检验、逐步推行进口工业产品分类监管、建立质量安全风险预警、制定危险化学品管理新模式四个方面推进自贸区贸易便利化。

5日　浦东新区召开2014"三农"工作会议,部署2014年浦东"三农"各项工作,沈晓明出席会议。

7日　浦东新区召开综合配套改革试点工作推进会议。会议指出,2014年浦东综改工作重点是:自贸试验区制度创新、政府职能转变和效能提高、产业转型升级、城乡一体化发展等领域。

13日　花旗银行自贸区支行、渣打银行自贸区支行正式对外营业。至此,上海自贸试验区内共进驻9家外资银行支行。

18日　亚洲最大电子信息化博览会——上海国际信息化博览会在上海新国际博览中心和世博展览馆同时拉开帷幕。

19日　韩正到浦东调研工商、质监、食药监"三合一"综合执法试点推进情况并指出,改革已经进入深水区,到了啃硬骨头的时候,上海的各项改革要按照中央要求,结合自身实际,超前研究、大胆探索,始终立足于可复制、可推广,始终把握好公开透明、群众得益、公平正义、权力制约的方向,继续当好全国改革开放的排头兵、科学发展的先行者,为全国深化改革做出更大贡献。

同日　浦东新区召开党政负责干部会议。传达学习全国"两会"精神和习近平总书记重要讲话精神。沈晓明强调,要深刻认识和领会全国"两会"精神和习近平总书记一系列重要讲话精神,牢牢把握国家发展大势大局,牢牢把握中央对上海工作的要求,牢牢把握浦东在全国、在上海的重要地位和作用,按照市委提出的"坚持以改革为动力,突破瓶颈,推动发展";"先行先试",谋划推动好浦东的各项工作。

同日　浦东新区召开党建工作会议。会议强调,要聚焦能力建设,围绕浦东推进改革创新、二次创业的战略任务,提升服务大局的能力,努力适应新形势的要求、努力倾听干部群众的心声、努力把握工作的规律,不断提高工作的能力和水平,为浦东二次创业作出更大的贡献。

26日 浦东新区市场监管局、商务委、税务局联合推出外商投资企业设立和变更"一口受理"试点政策,在全国率先将外资"一口受理"覆盖范围从原来的设立延伸到企业变更,并实现外资准入"五证联办"(外资批准文件、营业执照、组织机构代码证、税务登记证、食品前置许可证),缩短流程,为企业节约时间成本。

27日 浦东新区召开2013年度上海市著名商标、上海名牌授牌大会。新区有69件商标获第十八批"上海市著名商标"称号,其中30件为新培育认定的著名商标。至此,全区拥有上海市著名商标184件,上海名牌188项。

## 4月

1日 2013年度上海市科技奖励大会在上海展览中心召开。浦东新区有58项科技成果获奖,占全市奖励总数的1/5,其中9个项目获得科技进步一等奖。

3日 浦东新区召开"三违"整治工作动员会。会议明确,2014年"三违"整治任务将做到"四个确保",即坚决遏制新增"三违",确保实现零增长;积极、有效、稳妥地开展存量"三违"整治工作,确保拆除"三违"存量300万平方米;确保卫片执法检查履职到位率100%,违法用地计划整治拆除率100%;确保涉及影响重大工程建设的绿化、鱼塘、假山、堆场等违规种养全部清除。

8日 2013年度浦东新区重点工程实事立功竞赛、征收(拆迁)清盘工作暨2014年度工作动员大会召开。会议指出,2013年由新区负责推进的重大工程总计68项、总投资1090亿元,年度计划投资139.2亿元,当年完成投资约142亿元,占年度投资计划数的102%,超额完成年度建设任务。2014年,新区计划建成或基本建成项目达到22个。

同日 《中国(上海)自由贸易试验区仲裁规则》发布,共10章85条,吸纳和完善诸多国际商事仲裁的先进制度。该规则于2014年5月1日起正式施行。

9日 中国人民银行行长周小川到上海自贸试验区调研,并召开金融支持自贸试验区建设工作座谈会。

12日 2014三林塘·第三届上海民俗文化节在浦东三林老街举行。

16日 第二届浦东年度经济人物颁奖典礼在浦东干部学院报告厅举行。快钱支付清算信息有限公司董事长关国光、春宇集团有限公司董事长兼首席执行官薛光春等10位企业家入选年度经济人物。

19日　国家发展改革委主任徐绍史一行到浦东调研后指出,希望浦东新区发改委能够将经济平稳运行、全面深化改革、加快职能转变、群众路线教育实践活动以及党风廉政建设等"五件事情"抓好抓实。

21日　上海市人民政府办公厅印发《中国(上海)自由贸易试验区文化市场开放项目实施细则》,将允许外资企业从事游戏游艺设备的生产和销售,通过文化主管部门内容审查的游戏游艺设备可面向国内市场销售。至此,在中国执行10余年的游戏机销售禁令在中国(上海)自由贸易试验区正式解封。

23日　世博园区最大单体项目——世博源正式运营开业。

24日　第二届中国(上海)国际技术进出口交易会在上海世博展览馆开幕,全届交易会以"创新驱动发展,保护知识产权,促进技术贸易"为主题,共有900多家企业、123位个人及9家单位参展,其中世界500强企业10家。

28日　浦东新区总工会举行2014年浦东职工庆五一暨全国示范性劳动竞赛表彰大会。会议表彰21个全国"五一劳动奖章""五一劳动奖状""工人先锋号"获得者,12个上海市"五一劳动奖章""五一劳动奖状""工人先锋号"获得者代表。

## 5月

8日　杨雄到浦东新区调研"推进本市城乡发展一体化"重点课题。

同日　上海市人民政府公布新增85处市级文物保护单位,其中在浦东区域有6处,分别是:翊园、陈桂春住宅、高桥仰贤堂、民生码头、新场第一楼书场、新场信隆典当。至此,浦东新区共拥有132处国家级、市、区级挂牌文物保护单位,分别为国家级1处,市级9处,区级文物保护单位53处,登记不可移动文物69处。

12日　《中国(上海)自由贸易试验区法律法规政策汇编(中英文)》在浦东新区印发。全书共136万余字,收录中国(上海)自由贸易试验区相关的法律法规政策223件,由复旦大学出版社出版。

14日　上海出入境检验检疫局宣布,经国家质检总局批准,国家级"进出口工业产品风险信息监测分中心"落户上海自贸试验区。

15日　浦东新区召开迎接全国文明城区复评暨创建国家公共文化服务体系

示范区工作动员大会。

**同日** 2014年浦东新区贸易便利化推进会召开。海关、检验检疫、国家外汇管理、市商务委等部门发布29项支持浦东贸易便利化的新举措。

**19日** 中国保监会印发《中国保监会办公厅关于进一步简化行政审批支持中国（上海）自由贸易试验区发展的通知》。

**22日** 中国人民银行上海总部发布《自贸试验区分账核算业务实施细则》和《自贸试验区分账核算业务风险审慎管理细则》。

**23日~24日** 中共中央总书记、国家主席、中央军委主席习近平在上海考察工作期间到中国（上海）自由贸易试验区外高桥综合服务大厅、国家对外文化贸易基地、中国商用飞机有限责任公司设计研发中心等处考察。习近平指出，上海要着力推进自由贸易试验区建设、着力实施创新驱动发展战略、着力培育和践行社会主义核心价值观、着力提高干部队伍素质，继续当好全国改革开放排头兵、科学发展先行者，不断提高城市核心竞争力，加快向具有全球影响力的科技创新中心进军。

**27日** 浦东新区发布《浦东新区生物医药产业发展行动计划（2014—2017）》，提出至2017年底，实现产业经济总量1 800亿元。

**28日** 上海市人大常委会举行贯彻实施《关于促进和保障浦东新区综合配套改革试点工作的决定》和推动浦东综合配套改革试点工作汇报会。

**同日** 上海市经信委与浦东新区政府签署合作框架协议，计划共同推进浦东新一代信息基础设施建设。2014—2017年，双方在浦东建成"宽带、泛在、融合、安全"的新一代信息基础设施体系，全面提升浦东新区信息化综合服务能级。

**同日** 中国（上海）自由贸易试验区融资租赁产权交易平台正式启动，交银租赁、招银租赁、海航资本、远东租赁、国金租赁等10家大型融资租赁公司分别与平台签署合作意向协议。

**同日** 上海国际医学中心正式开业，为国内首家由社会资本投资的国际化综合性医院。

**29日** 浦东新区召开区委工作情况通报会。沈晓明主持会议并指出，当前要把学习贯彻总书记重要讲话精神作为首要的政治任务，并以讲话精神为指导把浦东各项工作提高到一个新水平。

30日　上海自贸试验区澳大利亚国家馆在外高桥保税区开馆。

## 6月

3日　"国家使命——中国(上海)自由贸易试验区与金融创新论坛"在中国金融信息中心举行,中国(上海)自由贸易试验区管委会和上海市金融办共同制定金融功能发展规划的指导意见,论坛由中国(上海)自由贸易试验区管委会、新华社上海分社等共同主办。

4日　《中国(上海)自由贸易试验区研究蓝皮书》在上海对外经济贸易大学正式发布。

5日　国家工信部网站对首批通过国家低碳工业园区试点评审的55家申报园区进行了公示,上海金桥经济技术开发区和上海化学工业区入围。

11日　亚洲移动通信博览会和GTI峰会在上海新国际博览中心开幕,245个参展商参与,参观人数达2.4万人。

14日　上海市质子重离子医院(复旦大学附属肿瘤医院质子重离子中心)正式进入临床试验阶段。该项目占地10万平方米,核定床位220张,一期工程总建筑面积为5.25万平方米。

16日　湖南省党政代表团访问浦东新区。

18日　中国(上海)自由贸易试验区自由贸易账户业务启动仪式在中国人民银行上海总部举行。中国银行、建设银行、浦发银行、交通银行和招商银行等6家银行的上海分行以及上海银行与相关企业签订自贸账户开立协议。同日,上海国际贸易"单一窗口"平台正式上线。

19日　浦东新区召开"十三五"规划编制启动会议,对编制新的浦东新区五年发展规划进行全面部署,明确编制工作的指导思想、总体要求、工作任务、进度安排及组织分工。

23日　韩正到建设中的上海国际旅游度假区实地调研各项目推进情况并指出,要按照都市旅游的定位,扎实发展好上海的旅游产业,无论是保护自然生态风光还是以创意和品牌打造园区,都要坚持高标准、严要求,把着眼点放在品质、质量和安全上;要未雨绸缪,尽早规划建设好交通和公共服务配套等硬软件设施,更细致和人性化地服务各方游客,切实确保运行安全有序。

同日　上海国际黄金交易中心有限公司经市工商局批准登记,正式落户中国(上海)自由贸易试验区。

30日　由安翰光电技术有限公司研发生产的胶囊内镜机器人项目,大规模生产线及销售展示中心落户金桥开发区。同时举行项目签约仪式,该项目计划年产100万粒的生产线。

## 7月

1日　中国(上海)自由贸易试验区2014年(修订版)负面清单公布。新版负面清单中特别管理措施由原来的190条调整为139条,删除51条,调整率达26.8%。同时,中国(上海)自由贸易试验区进一步扩大开放的31条措施通过国务院批准。

2日　江苏省党政代表团访问上海,其间考察中国(上海)自由贸易试验区外高桥综合服务大厅、外高桥国际机床中心、中国商用飞机设计研究中心。

9日　共青团浦东新区第五次代表大会召开,会议选举陈希为共青团浦东新区第五届委员会书记,选举王韫、苏国林、沈聪、姚欣、彭添智为共青团浦东新区第五届委员会副书记。

9日～11日　2014年中国国际机器人展览会在新国际博览中心举行,同期举办中国国际机器人产业发展高峰论坛。

10日　2014中国国际动漫博览会在世博展览馆举行。同日,百视通等12家国内游戏企业发起成立"家庭游戏产业联盟"。

11日　浦东新区召开依法治区、依法行政暨法制宣传教育工作会议。会议公布《建设法治浦东三年行动计划(2014—2016)》。

15日～20日　第19届国际泳联跳水世界杯赛首次在东方体育中心开赛,共有34个国家和地区400余名运动员参加9个项目比赛。

16日～20日　浦东新区党政代表团到新疆莎车县考察部分援建项目的建设情况,安排计划外资金500万元用于莎车民生工程建设,并看望慰问浦东新区援疆干部。

24日　杰尼亚(中国)企业管理有限公司、卡尔蔡司(上海)管理有限公司等21家跨国公司获得上海市跨国公司地区总部证书。至此,浦东累计获得认定的跨国公司地区总部达到220家。

同日　浦东新区首届区长质量奖授牌仪式在浦东行政办公中心举行。扬子江药业集团上海海尼药业有限公司、上海浦东路桥建设股份有限公司、上海华虹NEC电子有限公司获得区长质量奖。中达电通股份有限公司、上海浦东新区塘桥社会组织服务中心、上海陆家嘴金融贸易区开发股份有限公司、联想（上海）电子科技有限公司、上海东昌汽车服务有限公司、上海中信国健药业股份有限公司获得提名奖。

25日　上海市第十四届人大常委会第十四次会议表决通过《中国（上海）自由贸易试验区条例》。该条例于8月1日正式实施，这是全国首部关于自由贸易试验区的地方性法规。

同日　首家进入上海自贸试验区的合资银行——国泰世华银行上海自贸试验区支行正式开业。

25日～27日　2014浦东新区第六届农产品博览会在源深体育中心举行，3天实现农产品销售总额3 100万元。

28日　第十二届全国学生运动会在浦东新区举行，来自全国各省市的教练员和中学生运动员共3 699人参加田径、游泳、篮球、排球、足球、武术、健美操、乒乓球8个项目的比赛。

29日～30日　三届区委六次全会在浦东办公中心举行。会议传达学习十届市委六次全会精神，总结2014年上半年工作，部署下半年任务。通报2013年度干部选拔任用工作"一报告两评议"情况；审议通过三届区委六次全会决议。沈晓明就贯彻落实十届市委六次全会和三届区委六次全会精神、抓好当前工作作重要讲话。

31日　浦东新区人民政府和中国人民解放军第二军医大学合作共建祝桥区域医疗中心签约仪式在新区办公中心举行。祝桥区域医疗中心选址位于祝桥镇核心区，占地13.33万平方米，设置床位1 000张。

## 8月

1日　上海出入境检验检疫局的"即查即放"现场查验放行模式在中国（上海）自由贸易试验区内全面推广。

2日　南京市人民政府分别与北京市中关村科技园区管委会、上海市浦东新区人民政府签署人才战略合作协议。开展人才自主创新激励制度、人才认定评价制度、重大政策决策与战略规划制定等合作机制。

3日　上海中心大厦全面完成结构封顶。该建筑设计方案由美国Gensler建筑设计事务所完成，项目面积为43.4万平方米，建筑主体为118层，总高为632米，结构高度为580米。2015年6月正式投入使用。

4日　浦东新区区委印发《浦东新区区委常委会党的群众路线教育实践活动整改方案》，方案涉及五大方面共49条具体整改事项，内容包括"全面深化改革"（14项）、"增强群众观念"（14项）、"落实中央八项规定"（9项）、"加强队伍建设"（8项）和"加强班子自身建设"（4项）。

5日　《人民日报》头版刊发文章《制度创新释放活力　复制推广全国示范》，介绍中国（上海）自由贸易试验区取得的成果。

7日　浦东新区区委、区政府印发《关于加强执行力建设的若干意见》以及《干部执行力守则（试行）》，要求全区党员干部进一步提高执行意识和执行能力，尤其是要增强在浦东改革发展中敢试敢闯敢担当的勇气和担当，这是浦东落实党的群众路线教育实践活动整改要求的一大具体体现。浦东将以强有力的执行力，围绕改革促整改，服务民生解难题，切实把"谋事实、创业实、做人实"的要求落实在行动之中。

12日～13日　浦东新区第五届人民代表大会第五次会议在世博中心召开。唐周绍主持会议，孙继伟作《浦东新区2014年上半年政府工作情况的报告》。会议补选顾晓鸣为浦东新区人大常委会副主任，张斌为浦东新区人民法院院长。

14日　2014浦东国际汽车展览会在上海新国际博览中心举办，展会以"创新、科技、融合"为主题，共展出80个顶级、自主汽车品牌，参观人数达30万人次。

15日　中信银行上海分行、农业银行上海分行、民生银行上海自贸试验区分行获批开立自由贸易账户。

同日　浦东新区区委、区政府召开"推广'1+1+X'（第一个'1'，即党组织的领导；第二个'1'，即一本《村民自治章程》；'X'，即具体的'实施细则'）工作法、深化村民自治工作"动员大会。会议要求，到2015年6月完成扩大试点工作；2016年7月，完成全面推广工作，健全村民自治工作体系，提升新区农村社会治理科学化水平。

同日　浦东新区召开新闻发布会,2013年8月启动的浦东新区机关瘦身计划完成。至2014年5月,浦东各级机关已累计核减行政编制299人,精简率15%;核减内设机构39个,核减率16%,全部达标。

20日　中国(上海)自由贸易试验区管委会和上海市信息投资股份有限公司分别与美国亚马逊公司签署《关于开展跨境电子商务的合作备忘录》。美国亚马逊公司计划在中国(上海)自由贸易试验区设立国际贸易总部,建立跨境电子商务平台,物流仓储平台及以合作形式开展跨境电子支付服务。

25日　特斯拉服务中心在金桥开发区正式启用。

同日　上海惠灵顿国际学校开学,首批招收300学生来自在上海居住和工作的外籍或港澳台人士子女。

26日　浦东海关与出入境检验检疫局签署《全面推进"三个一"合作,促进贸易便利化合作备忘录》。双方计划提高通关效能,降低企业成本,服务浦东贸易便利化。

28日　国内首份区域性平台经济发展白皮书《浦东平台经济发展白皮书》发布。

## 9月

1日　上海海关在上海自贸试验区管委会开展"自动审放、重点复核"审单作业模式。

2日　上海自贸试验区境外投资服务平台开通,涵盖综合咨询、境外投资备案、投资项目推荐、投资地介绍、行业分析、境外投资专业服务等功能。

同日　中国(上海)自由贸易试验区管委会与新华社上海分社共同开发的"自贸试验区"客户端正式开通。同时,自贸区英文网站也正式开通。

6日~8日　2014中国城市俱乐部帆船赛——上海临港站在滴水湖举行,参赛选手来自北京、上海、香港、云南等地区的14支队伍。

11日　浦东新区人民政府与中国科技大学签署战略合作协议及合作备忘录。中国科技大学量子通信工作卓越中心落户浦东。

12日　浦东新区召开深化农村综合改革工作推进会议。会议指出,2014

年,浦东力争完成近 200 个村的集体经济组织产权制度改革,建立社区经济合作社或社区股份合作社,2015 年基本完成全区村级集体经济组织产权制度改革工作。

**同日** 2014 年第八届上海购物节在世博源购物中心启动。

**12 日～13 日** 培育和践行社会主义核心价值观工作经验交流会在北京召开,《浦东以典型宣传来推动社会主义核心价值观培育和践行》调查报告得到中央领导肯定,沈晓明在会上作经验交流发言。

**13 日** 中国银行家(陆家嘴)高峰论坛在上海举行。

**16 日** 浦东国际机场迎来通航 15 周年纪念日。经过 15 年发展,机场拥有 2 座航站楼、4 条跑道,旅客年吞吐量超过 5 000 万人次、飞机起降超 37 万架次、货邮吞吐量超过 2 900 万吨。

**同日** "梦想中国·华彩浦东"2014 浦东文化艺术节在东方艺术中心举行,历时 3 个月时间共举办文化活动 560 场,其中包括 87 项重点活动、56 项基层群众活动。举行 88 场高雅艺术演出,33 场艺术展览,200 场群众才艺展演展示。

**18 日** 中共中央政治局常委、国务院总理李克强在中国(上海)自由贸易试验区考察调研,详细了解上海自贸试验区运行一年来可复制、可推广的制度创新进展,听取中外企业的建议,并与正在自贸区办事大厅的群众亲切交谈。

**同日** 上海黄金交易所国际板正式上线交易,这是自贸区推出的首个面向国际的金融资产交易平台。

**22 日** 浦东新区出入境检验检疫局与巴斯夫、诺华、阿斯利康等 11 家跨国公司地区总部签署协作备忘录,列出 20 条菜单式通检便利措施,总部企业根据需求选择所需个性化服务。

**23 日** 杨雄到张江国家自主创新示范区调研。

**25 日** 浙江省政府代表团访问上海,其间代表团考察浦东新区外高桥物流中心、上海国际艺术品交易中心、中国(上海)自由贸易试验区外高桥区域综合服务大厅。

**26 日** 中国(上海)自由贸易试验区管委会知识产权局在外高桥保税区挂牌成立。新成立的知识产权局将原分属于不同部门的知识产权专利、商标和版权"三合一",统一行使专利商标版权行政管理和执法权。

同日　上海市公安局自贸试验区分局正式揭牌成立。

28日　浦东新区人民法院出台《进一步推进司法服务保障中国(上海)自由贸易试验区建设的意见》。

## 10月

10日　中国(上海)自贸试验区管委会首次举行"中国(上海)自由贸易试验区企业创新案例发布会",发布了包括德尔福汽车系统(中国)控股有限公司、中国银行、弘毅创领、美药典、外高桥国际机床展示贸易中心等20家中外企业创新案例。

14日　"第五届国际航运战略发展研讨会暨2014陆家嘴航运论坛"在金茂大厦召开。会上,上海航运和金融产业基地同时宣布启动。

15日　首届"创新融合,跨界联盟"国际高科技文化装备产业发展论坛暨高科技文化装备产业联盟启动仪式在中国金融信息中心举行。

同日　浦东新区政府工作会议召开,明确重点做好七个方面工作:一是着力推动自贸试验区建设与"四个中心"核心功能区协同联动;二是以创新的思维推动科技创新中心建设,加快实施创新驱动发展战略;三是着力深化综合配套改革;四是着力提升重点区域开发建设品质;五是着力推进产业转型升级;六是持续推进"三违"整治和人口调控工作;七是着力保障和改善民生等。

16日　浦东新区发布《区域责任竞争力的领跑者——浦东新区企业社会责任建设白皮书(2007—2013)》。

18日　第八届陆家嘴金融文化节在陆家嘴中心绿地举行。

21日　2014陆家嘴金融城"名校直通车"在上海财经大学正式启动。名校直通车开进国内7个城市、12所重点院校广纳贤才。

24日　浦东新区第七届学术年会召开,主题为"聚焦'四新'逐梦科技",由主会场、分会场组成,其间举办40多场不同主题的报告和论坛。

25日~26日　主题为"协同创新共享机遇"的2014浦江创新论坛在浦东新区东郊宾馆举行,活动由1个全体大会、1个主宾国论坛、8个专题论坛组成,论坛由中华人民共和国科学技术部和上海市人民政府共同举办。

27日　中央全面深化改革领导小组第六次会议审议《关于中国(上海)自由

贸易试验区工作进展和可复制改革试点经验的推广意见》,习近平总书记要求对试验取得的可复制可推广的经验,能在其他地区推广的要尽快推广,能在全国推广的要推广到全国。

**28日** 2013年度浦东新区科技奖励大会在新区办公中心召开。90项成果中,创新成就奖授奖项目34项,科技进步奖授奖项目56项。

**28日~30日** 第十二届中国国际半导体博览会暨高峰论坛在上海新国际博览中心举行,展出面积1.25万平方米,展位500个,参展商200余家。

**29日** 浦东新区召开区委常委扩大会议,传达贯彻党的十八届四中全会精神。会议指出,这是中国共产党第一次在中央全会上专题研究全面推进依法治国重大问题,对全面推进依法治国作出全面部署。会议要求,要学习好、领会好、宣传好全会精神,要以法治思维和法治方式推进浦东改革发展稳定,要以更强的执行力全面推进当前各项工作。

**31日** 陆家嘴金融贸易区管委会正式发布《陆家嘴互联网新兴金融产业园暨创新孵化基地配套措施》,即"陆九条"。

## 11月

**4日** 以"高端、智能、绿色"为主题的第16届中国国际工业博览会在上海新国际博览中心举行,设8个专业展,展览面积18万平方米,27个国家和地区的2 101家中外参展商参加。工博会由国家发展改革委、工信部、商务部、上海市人民政府共同举办。

**4日~5日** 全球CEO发展大会在浦东嘉里大酒店举行,浦东两企业沪江网和聚力传媒获"2014中国互联网生活与金融创新奖"。大会由联合国工业发展组织主办。

**6日** "2014新华·道琼斯国际金融中心发展指数"在浦东发布,上海首次跻身全球金融中心前五位。

**6日~7日** 以"智汇浦江,共策上海全球科技创新中心建设"为主题的2014上海院士专家峰会在上海科技馆举行。

**10日** 西藏自治区日喀则地区江孜县党政代表团访问浦东新区。沈晓明会见代表团时表示,浦东援藏同志和当地同志共同创新工作方法、工作机制,重视社会建设、城市管理、人才培养等项目,这种既重视硬件,也重视软件的援藏理念值得肯定。浦东将按照中央和市委援藏工作的有关要求,不折不扣地完成各项援藏任务。

12日 金桥经济技术开发区创建的全国首个国家级"金桥先进制造业出口工业产品质量安全示范区"通过国家质检总局专家考核组的综合考评验收。

13日 国家版权贸易基地(上海)揭牌仪式暨2014中国(上海)自由贸易试验区文化授权交易会开幕式在上海富豪公寓会展酒店举行。

13日~14日 辽宁省党政代表团访问上海,其间考察浦东新区。

16日 浦东新区知识产权局正式成立,该局集专利、商标、版权行政管理和综合执法职能于一体,2015年1月1日正式挂牌并对外办公。

17日 《中国(上海)自由贸易试验区大宗商品现货市场交易管理规则(试行)》正式公布,共分11章50条。

18日 首家落户上海自贸试验区的中外合资船舶管理企业——南盛堡船舶管理有限公司正式开业。

25日 浦东新区关于"加强执行力建设"第一期专题培训班在区委党校开课,沈晓明在授课时提出,要建立决策高效、职责清晰、协作紧密、督查有效、考核科学、导向鲜明的执行体系。

26日 浦东新区区委举行"学习宣传贯彻党的十八届四中全会精神报告会",沈晓明主持会议并指出,浦东要继续深入学习宣传贯彻党的十八届四中全会精神,为浦东改革发展创造安全稳定的社会环境、公平公正的法治环境、优质高效的服务环境。

27日 中国(上海)自由贸易试验区出入境办证中心暨上海市公安局自贸区分局出入境接待大厅正式启用。

29日 东西通道和轨交14号线合建工程开工建设,东西通道是全市井字形通道的一部分,共有3层,第一层为地面道路,第二层为地下道路,第三层为轨交14号线。轨交14号线全长约39.1千米,贯穿上海东西,由嘉定封浜至浦东金桥,设31站,途经嘉定、普陀、静安、黄浦、浦东5区,2021年12月30日开通试运营。

## 12月

1日 上海海关在自贸试验区内试点启动两项新规,分别为"银行担保账户"

作业模式和新的海关企业信用管理暂行办法。

**3日** 浦东新区举行新一轮"走千听万"(走千个居村,听万户心声)工作启动会。会议要求,"走千听万"是浦东很好的一项创造发明,作为党建工作的重要载体,必须放在更重要的位置来抓,并以强有力的执行力把"走千听万"工作落到实处。10日,浦东新区2015年"走千听万"集中走访活动正式启动。新区四套班子领导、全区1 200多名处级及以上机关干部参加走访活动,共走访36个街镇及1 160个居村、3 480余户家庭。

**10日** 上海市金融办等部门正式发布自贸区第三批9个金融创新案例。

**11日** 浦东新区召开党风廉政建设责任制、基层党建责任制专项检查情况反馈会。殷一璀率市纪委、市委组织部相关领导出席会议,沈晓明汇报浦东新区今年以来落实党风廉政建设责任制和基层党建责任制的相关工作。

**12日** 国务院常务会议部署推广上海自贸试验区试点经验。21日,《国务院关于推广中国(上海)自由贸易试验区可复制改革试点经验的通知》印发。

**同日** 《浦东新区创业投资行业2013年发展报告》正式发布,该报告指出,上海自贸试验区成立对以资本运作为特征的创业投资机构是难得的契机,有利于破除跨境资本流通的制度障碍,推动"外资机构走进来,内资机构走出去",提升浦东新区创业投资行业资本运作的空间和层次。

**13日** 上海国际服务贸易总部示范基地在临港揭牌成立。

**18日** 上海海关与浦东新区人民政府举行合作备忘录签约仪式,并联合推出《上海海关支持促进浦东对接自贸试验区、进一步扩大开放的改革措施建议》。

**22日** 国内首个全自动化集装箱码头——上海国际航运中心洋山深水港区第四期工程正式开工建设,2017年12月10日建成开港试生产。

**25日~26日** 三届区委七次全会召开。全会深入学习贯彻十届市委七次全会精神,审议区委常委会2014年工作报告和2015年工作要点。全会审议通过《中国共产党上海市浦东新区第三届委员会第七次全体会议决议》。沈晓明指出,浦东"二次创业",关键在党,关键在人,关键在干部。"一流党建促一流开发",是浦东开发历史上的宝贵经验。抓好党建是一切工作的前提,是浦东的生命线。浦东不仅要在经济建设上出经验、出成果,也要在党的建设上出经验、出成果。

28日  十二全国人大常委会第十二次会议通过决定,广东、天津、福建自由贸易试验区范围正式确定,上海自由贸易试验区范围扩至陆家嘴金融片区共34.26平方千米、金桥开发片区共20.48平方千米和张江高科技片区共37.2平方千米,即扩大91.94平方千米,扩区后中国(上海)自由贸易试验区面积由原来的28.78平方千米扩至120.72平方千米。

30日  "临港重点项目集中启动活动"在滴水湖畔举行。上海临港国际会议中心项目一期、上飞装备飞机专用工艺设备及零部件研制项目等18个重大功能性项目集中开工启动,总投资金额达265亿元,同时15家单位集中签约注册入驻。

同日  陆家嘴集团"上海临港·亚太营运中心"举行奠基仪式,总投资100亿元。金桥集团启动中移动IDC大数据基地、新松机器人、裕同科技等三大重点项目,项目总投资额达到118亿元。同时,金桥集团"上海临港IC与智能装备产业示范园区"举行揭牌仪式。

# 2015 年

## 1月

**8日** 2014年度国家科学技术奖在北京人民大会堂揭晓,浦东新区有9项成果获奖。其中,获自然科学奖1项,技术发明奖2项,科学技术奖6项。

**同日** 浦东新区政府印发《关于开展2015年1‰人口抽样调查的通知》,着手准备涉及10万人口的抽样工作,计划在全区36个街镇抽取一定数量的居民小区,调查对象为居民小区的全部人口(不包括港澳台居民和外国人)。

**9日** 浦东新区经信委与上海股权托管交易中心签署战略合作协议,双方计划围绕"四新"(新技术、新模式、新业态、新产业)经济、产业转型升级、区域经济合作等,探索在上海股交中心设立新的板块。

**12日** 上海张江国家自主创新示范区举行首批试点单位授牌暨人才网开通仪式,从8个试点项目确定55个试点单位,分别从科技金融服务、科技中介服务、创新人才服务、知识产权服务、企业信用服务等着手,构建一批"政府引导＋市场化运作"的公共服务平台模式。

**13日～15日** 中国人民政治协商会议上海市浦东新区第五届委员会第四次会议在浦东干部学院召开。张俭主持会议,吴泉国作《政协浦东新区第五届委员会常务委员会工作报告》,顾建钧作《政协浦东新区第五届委员会常务委员会关于五届三次会议以来提案工作情况的报告》。大会通过《政协浦东新区五届四次会议决议》。

**13日～16日** 上海市浦东新区第五届人民代表大会第六次会议在世博中心召开。唐周绍主持开幕大会,孙继伟作《政府工作报告》。大会通过投票补选庄品华为浦东新区人大常委会副主任,陈思群为浦东新区人民检察院检察长。审议通过《关于浦东新区人民政府工作报告的决议》《关于浦东新区2014年国民经济和社会发展计划执行情况与2015年国民经济和社会发展计划的决议》《关于浦东新区2014年预算执行情况和2015年预算的决议》《关于浦东新区人大常委会工作报告的决议》《关于浦东新区人民法院工作报告的决议》《关于浦东新区人民检察院工作报告的决议》。沈晓明主持闭幕大会并讲话。

15日　上海出入境检验检疫局、上海市质量技术监督局与浦东新区政府、上海国际度假旅游区管委会签署合作备忘录,在优化贸易环境、促进产业结构转型等方面推出31条措施。

22日　"浦东总部经济十大经典样本"评选结果揭晓,17家总部企业分别入选"浦东总部经济十大经典样本"以及"最佳社会贡献""最佳融合创新"和"最佳全球视野"3个单项样本。

26日　《中国(上海)自由贸易试验区公共信用信息管理使用办法》印发,旨在规范上海自贸试验区公共信用信息的记录、使用、归集和共享,提高上海自贸试验区信用服务水平和信用信息资源利用效率。

28日~29日　上海与伦敦携手举办的2015低碳国际论坛在滴水湖畔举行,主题为"未来低碳城市——城市发展的最佳实践"。来自政府机构、跨国集团等近300名中外嘉宾出席。

29日　欧特克(中国)软件研发有限公司成立典礼在陆家嘴软件园举行。欧特克研发上海分公司2007年入驻软件园,2015年升级为中国总部。

## 2月

3日　浦东新区党政代表团赴天津滨海新区学习考察,先后参观考察滨海新区规划展示馆、中心商务区以及行政审批服务中心,了解滨海新区的发展规划、金融创新改革以及政府职能转变等情况。

5日　浦东新区党政代表团赴深圳学习考察,在深圳市高新技术产业园区听取园区及科技金融服务中心方面的情况介绍,参观考察国民技术股份有限公司、腾讯计算机系统有限公司、大族激光科技股份有限公司、柔宇科技有限公司。代表团与深圳市党政领导座谈交流经验。

9日　国内资本市场股票期权产品,上证50ETF期权(又称交易所交易基金)在上海证券交易所上市,填补了国内证券交易所期权产品空白。

同日　浦东新区召开党委(党组)书记抓基层党建工作和履行党风廉政建设第一责任人责任述职评议会。此次述职评议会从述职、点评、测评3个环节对47家单位的书记开展述职评议。新区国有资产管理委员会、陆家嘴街道、曹路镇等7家单位的书记在会上作述职报告。沈晓明主持会议。

10日　中国(上海)自由贸易试验区信用综合查询服务开通并首次纳入央行征信平台。

同日　"浦东航运发展情况新闻通气会"召开。会议公布包括上海国际航空仲裁院、国内航运创新试验区、国内航运金融产业基地等浦东十大航运项目。至此,航运产业链关键环节的多家国际功能性机构已落户浦东。

同日　三届区纪委五次全会召开。全会审议并通过区委常委、区纪委书记左燕代表区纪委常委会做的《维护党的纪律,从严监督执纪,坚定不移推进党风廉政建设和反腐败斗争》工作报告。会议强调,纪律监察机关在党风廉政建设和反腐败斗争中发挥着不可替代的作用,各级党委要旗帜鲜明、毫不动摇地支持纪律监察机关监督执纪问责;纪律监察部门要严格自律、敢于担当。

11日　中国银行上海市分行与上海市张江高科技园区管理委员会签署自贸试验区业务战略合作协议,携手共建自贸试验区金融创新服务对接平台。

12日　中国人民银行上海总部发布《中国(上海)自由贸易试验区分账核算业务境外融资与跨境资金流动宏观审慎管理实施细则》。

同日　浦东新区文化创意办公室召开"上海市文化创意产业园区"授牌会议,国家对外文化贸易基地(上海)、中国移动互联网视听产业基地、上海证大喜马拉雅艺术中心、张江创星园和上海双创产业园获第二批"上海市文化创意产业园区"称号。

15日　中国(上海)自由贸易试验区平行进口汽车展示交易中心正式开业。

16日　浦东新区区委、区政府在区委党校举办自贸试验区专题培训班,沈晓明作开班动员。新区四套班子领导和各部委办局、各开发区管委会、各街镇、有关开发公司和企业的相关负责人400多人参加培训。

25日　浦东新区召开推动人才工作创新专题会。会议指出,要充分把握好自贸区和科创中心建设的机遇,从人才管理体制机制、政策法规、服务体系和综合环境等方面先行先试、创新突破。

28日　全国精神文明建设工作表彰暨学雷锋志愿服务大会在北京举行,浦东新区再获"全国文明城区"称号,浦东新区高行镇、书院镇塘北村、周浦镇旗杆村被授予第四届"全国文明村镇"称号。

## 3月

4日　上海石油天然气交易中心有限公司正式落户陆家嘴金融贸易区,注册资本10亿元。

5日　浦东新区召开2015年巡察工作动员部署会议,沈晓明出席会议并强调:巡察组要当好区委、区纪委的"眼睛和耳朵",要始终专注发现和反映问题;要加大问题整改的力度;要加强巡察结果的运用,提高巡察工作的权威。

同日　中共中央总书记习近平在参加十二届全国人大三次会议上海代表团审议时指出,加快实施自由贸易区战略,是我国新一轮对外开放的重要内容。要进一步解放思想、大胆实践,重大改革要坚持摸着石头过河,披坚执锐、攻坚克难,加强整体谋划、系统创新。要加快转变政府职能,发挥好试验区辐射带动作用,着眼国际高标准贸易和投资规则,使制度创新成为推动发展的强大动力。要加大金融改革创新力度,增强服务我国经济发展、配置全球金融资源能力。必须破除机制障碍,面向经济社会发展主战场,围绕产业链部署创新链,消除科技创新中的"孤岛现象",使创新成果更快转化为现实生产力。深入拓展区域化党建,建立一支素质优良的专业化社区工作者队伍,推动管理重心下移,推动服务和管理力量向基层倾斜。要抓住领导干部这个"关键少数",坚持思想建党和制度治党紧密结合,全方位扎紧制度笼子,更多用制度治党、管权、治吏。

6日　浦东新区召开创新社会治理加强基层建设动员部署大会,印发《关于中共上海市浦东新区陆家嘴社区(街道)工作委员会等单位更名的通知》。

11日　浦东新区人民政府公布《浦东新区基本公共服务体系中长期规划(2014—2020)》,规划包含基本公共教育、就业服务和社会保障、基本社会服务、基本医疗卫生等九方面。

15日　上海国际金融中心、陆家嘴滨江金融城、世纪大都会、浦东金融广场

(SN1地块)、路发广场、陆家嘴证券广场、wind资讯大厦、富士康大厦、银月金融中心和源深金融大厦列为2015年陆家嘴金融贸易区十大重点工程,总投资约461亿元,项目占地约44万平方米,地上建筑面积约182万平方米,地下建筑面积约114万平方米。

17日 国家食品药品监督管理总局首次批准德国西门子(Siemens AG)粒子治疗设备医疗器械注册。该设备安装在上海质子重离子医院(复旦大学附属肿瘤医院质子重离子中心),提供质子束或碳离子束进行放射治疗,适用于治疗全身实体恶性肿瘤及某些良性疾病。该院位于上海市浦东新区国际医学园区内,占地10万平方米,床位220张。5月8日,上海质子重离子医院正式开业。

19日 韩正到浦东新区调研,与区委、区政府负责人座谈时强调,浦东新区要勇于担当,当好排头兵中的排头兵,先行者中的先行者,聚焦目标,抓住关键,突破瓶颈,在新的起点上有新的探索、实现新的飞跃。在谈到临港地区发展时,他强调要有十年磨一剑、功成不必在我的毅力,坚持理念为先、科学规划,一张蓝图干到底,一届接着一届干,一以贯之。要及时分析研究发展中遇到的新问题和新情况,使制定的政策更精确发力,确保临港地区持续健康发展。要坚持品质第一,速度并不是主要的,每走一步都要经得起历史检验。

21日 第三届"创业浦东"全球青年科技创新大赛在浦东国际人才城落幕,大赛历时129天,吸引来自英国、美国、法国,以及中国大陆和中国台湾、香港地区的615支创业团队、2500多名创业青年参与,参赛项目涵盖互联网、IT技术、新能源等多个领域。

30日 上海海昌极地海洋公园在临港奠基。项目总占地面积约29.7万平方米,规划建筑面积19万平方米,设计12个展示场馆,总投资30亿元。11月17日,上海海昌极地海洋公园与上海港城开发(集团)有限公司签署合作协议,宣告其中国区总部落户临港主城区。2018年10月1日试运营,11月16日开园。

同日 张江高新技术园区管理委员会管委会出台《关于开展张江国家自主创新示范区创业示范工程建设的实施意见(试行)》。

同月 中国(上海)自由贸易试验区管理委员会设立综合协调局、政策研究局、对外联络局,后又相继设立中国(上海)自由贸易试验区保税区管理局、陆家嘴管理局、金桥管理局、张江管理局、世博管理局,这些局与浦东新区相关机构合署办公。

## 4月

**2日** 浦东新区区委召开基层党建典型引路专题会议,会议为70个新区基层党建示范点颁发纪念铭牌。

**3日** 上海检验检疫局制定8项自贸试验区检验检疫行业标准通过审定,其中,前5项在全国范围复制、推广,后3项计划在海关特殊监管区复制、推广。

**8日** 浦东新区新一轮基层体制改革全面启动,张江"管镇联动"、后备书记培养、村民自治、社区社会组织、社工督导人才等11项已经启动。

**同日** 上海海事法院发布《关于强化海事司法职能服务保障国家战略的工作意见》,该意见分10个部分内容,包括加快推进中国(上海)自由贸易试验区和国际航运中心建设,促进航运服务能级提升,服务航运金融产业发展,保障枢纽型、功能型航运中心建设等。

**同日** 浦东新区人民法院成立自贸区知识产权法庭,集约审理涉及自贸区的知识产权案件,形成"可复制可推广"的司法经验。最高人民法院知识产权审判庭自贸区知识产权司法保护调研联系点同日揭牌成立。

**9日~12日** 2015第20届中国(上海)国际游艇展在上海世博展览馆举行。

**13日** 第三届浦东新区年度经济人物揭晓。阿斯利康中国内地和香港地区总裁王磊等10位企业家入选年度经济人物。

**18日** "在国家战略的伟大旗帜下"浦东开发开放25年大型主题展开幕式在浦东展览馆举行。

**同日** 主题为"创新与实践"的2015中国城镇化高层国际论坛召开,论坛由中国城市和小城镇改革发展中心、世界经济论坛、世界银行等主办。

**20日** 国务院印发《进一步深化中国(上海)自由贸易试验区改革开放方案》,该方案指出,自贸试验区的实施范围120.72平方千米,涵盖上海外高桥保税区、上海外高桥保税物流园区、洋山保税港区、上海浦东机场综合保税区4个海关特殊监管区域(28.78平方千米)以及陆家嘴金融片区(34.26平方千米)、金桥开发片区(20.48平方千米)、张江高科技片区(37.2平方千米)。

22日　中国人民银行上海总部发布《关于启动自由贸易账户外币服务功能的通知》,正式宣布上海市开展自由贸易试验区分账核算业务的金融机构可按相关要求向区内及境外主体提供本外币一体化的自由贸易账户金融服务。

23日～25日　主题为"创新驱动发展,保护知识产权,促进技术贸易"的第三届中国(上海)国际技术进出口交易会在上海世博展览馆举行,展出面积3.5万平方米,观众3万多人次。展会由商务部、科技部、国家知识产权局和上海市人民政府共同主办。

27日　中共上海市委、上海市人民政府在上海世博会议中心举行中国(上海)自由贸易试验区扩区动员大会。韩正强调要牢牢把握"三个坚持",一是坚持把制度创新作为核心任务,重在形成可复制可推广的制度成果;二是坚持发挥市场在资源配置中的决定性作用,以转变政府职能为关键,更好处理政府与市场的关系;三是坚持以开放促改革、促发展,用好用足扩大开放的优势和潜能。杨雄围绕进一步推进上海自由贸易区建设作工作作部署。沈晓明代表自贸区管委会和浦东新区发言。同日,上海市人民政府新闻办公室举行中国(上海)自由贸易试验区扩区工作情况说明会,孙继伟介绍中国(上海)自由贸易试验区扩区后的管理体制框架和下一步的工作安排。

29日　陆家嘴金融贸易区管理委员会与上海中心签署战略合作协议,双方计划将上海中心打造成陆家嘴金融城高端财富管理基地。

## 5月

6日　宁夏回族自治区考察团到浦东新区考察,参观张江高科技园区展示厅、沪江网、浦东展览馆、自贸试验区行政服务中心。

8日～10日　国际最高级别的五星级环球马术冠军赛在世博园区举行。

13日　浦东新区考察团赴中国(福建)自由贸易试验区进行考察,考察中国(福建)自由贸易试验区福州片区、平潭片区和厦门片区。

15日　浦东新区启动"三严三实"专题教育活动。沈晓明强调,开展"三严三实"(严以修身、严以用权、严以律己,谋事要实、创业要实、做人要实)专题教育,要从四个方面入手,一是要在深化学习上从严从实,把握学习重点、突出专题学习特点、融入经常性教育;二是要在示范带头上从严从实,区委常委会,各地区、各部门、各单位，全区处级以上领导干部要作出表率；三是要在立规执矩上从严从实，针对"不严不实"问题，建制度、立规矩、强化刚性执行；四是要在整改落实上从严从实，注意把解决问题贯穿始终，在实效实绩上下功夫。12月11日，浦东新区召开"三严三实"专题教育学习交流会。沈晓明主持会议并强调，今年自贸试验区改革的一项重头戏，与"三严三实"专题教育相结合，既让大家受到教育，又有力推动工作。要善始善终、再接再厉，确保"三严三实"专题教育取得实效。浦东新区审批事项改革办公室、组织部、经信委等6家单位的负责人在会上作交流发言。12月29日，浦东新区区委常委会召开"三严三实"专题教育民主生活会。沈晓明代表常委会班子进行对照检查，区委常委会成员逐一作对照检查，班子成员对每一位常委提出批评意见。上海市纪委、市委办公厅、市委组织部有关负责人到会指导。

**同日** 中国银行业监督管理委员会主席尚福林到浦东新区考察，听取上海自由贸易试验区建设进展情况和上海自由贸易试验区业务开展情况。

**18日** 2014年度上海市科学技术奖励大会召开。全市共287项（人）荣获市科学技术奖，其中，浦东有61项（人）榜上有名。

**20日** 迪士尼中国旗舰店正式开业。该店位于陆家嘴金融贸易区，与东方明珠、正大广场相邻。占地面积5 000平方米。

**21日** 杨雄到浦东新区考察调研，在参观临港、张江等地区科技创新企业时指出，浦东新区集自贸区、自主创新示范区等优势于一身，既要通过体制机制调整、创新创业环境营造，鼓励大众创业、万众创新，更要站高看远、比肩一流，围绕关于上海长远发展的重点产业，加快集聚具有世界影响力的创新主体，在科创中心建设中发挥主力军作用。

**22日** 浦东新区召开综合配套改革试点工作会议，沈晓明强调《2015年上海浦东综合配套改革试点工作安排》已经审议通过，落实好2015年浦东综合配套改革试点工作，要加强组织领导，切实提高谋划、推动和落实改革的能力。要进一步强化市区合力，进一步强化调查研究，进一步强化统筹协调，进一步强化进度管理，大胆闯，大胆试，以改革创新的更大突破，为浦东二次创业和上海转型发展作出新的贡献。

**同日** 浦东新区人民政府与上海市金融服务办公室举行战略合作签约仪

式。双方计划在金融对外开放和资本项目可兑换等关键改革领域，推动上海自贸试验区金融制度创新取得新突破。

26日　浦东新区人民政府与上海市外事办公室共同举办"新起点、新高度、新浦东"驻沪领事交流活动，旨在宣传浦东开发开放25周年成果，推介扩区后的上海自贸试验区。

## 6月

4日　浦东新区召开"双自联动"专题会，研究加快推进中国（上海）自由贸易试验区和上海张江国家自主创新示范区联动发展。

8日　上海市纪念世界海洋日暨全国海洋宣传日活动·上海临港海洋节开幕式、2015上海海洋论坛在临港举行，活动由上海市海洋局、浦东新区人民政府、临港地区建设管委会主办。

11日　浦东新区召开深化国资改革促进企业发展工作会议，发布"浦东国资国企改革18条"并启动首批国企改革重组试点，设立上海浦东投资控股（集团）有限公司。出台《浦东新区直属企业领导人员管理办法》《浦东新区直属企业领导班子和领导人员任期制管理办法》。

12日　浦东新区印发《关于加快产业结构调整的实施意见》，确定浦东计划建立产业结构调整名单，原则上每年发布一次，实施动态管理。

17日　中国（上海）自由贸易试验区进境水果指定口岸在洋山保税港区启动运营。

18日　上海出入境检验检疫局、上海自由贸易试验区管委会联合召开新闻发布会，发布《上海国检局关于深化检验检疫监管模式改革支持上海自贸试验区发展的意见》，推出"国检24条"支持上海自贸试验区新一轮发展。

同日　浦东新区政府代表团在英国伦敦金融城访问，向英国金融界人士及投资者介绍上海浦东和自贸区的开放创新举措及发展前景。

25日　河南省人民政府代表团访问浦东新区，参观中国商飞设计研究中心、上海自贸试验区综合服务大厅、上海畅联国际物流股份有限公司、外高桥国际机床展示贸易中心等。

26日～27日　主题为"新常态下的金融改革与扩大开放"的2015陆家嘴论

坛在浦东香格里拉大酒店举行,论坛由上海市人民政府和中国人民银行、中国银监会等共同主办。

**27日** 中国首条国产心脏起搏系统生产线在张江高科技园区落成。

**29日** 国家文化部部长雒树刚一行到浦东新区调研,在外高桥保税区国家对外文化贸易基地参观文化产权交易所和国际艺术品交易中心保税仓库。

**30日** 上海国际贸易"单一窗口"1.0版全面上线运行,该系统覆盖6个模块,参与的口岸和贸易监管部门达17个。

## 7月

**1日** "张江国家自主创新示范区核心园出入境办证服务点"在浦东公安分局出入境(张江)接待大厅揭牌成立。浦东公安分局张江、惠南、临港出入境受理窗口正式开展公安部为支持上海建设具有全球影响力的科创中心推出的12项出入境政策措施的咨询、受理工作。

**2日** 浦东新区召开创新社会治理加强基层建设工作交流会。会议要求,一要加强党建引领,进一步指导基层自治和社区共治;二要理顺条块职责关系,进一步创新街道运作机制;三要做实基本管理单元,进一步完善"镇管社区"模式;四要聚焦联勤联动,进一步提升网格化管理效能;五要立足专业化发展,进一步加强基层治理队伍建设;六要发挥典型引领作用,进一步总结推广社会治理创新做法。

**同日** 中国(上海)自由贸易试验区管理委员会对外联络局举行海外办事处揭牌仪式,依托上海市外资投资促进中心设在洛杉矶、伦敦、法兰克福、哥德堡、大阪的5个办事处和浦东新区商务委设在东京的办事处,采用增挂牌子的方式以上在6个城市设立中国(上海)自由贸易试验区海外办事处。

**6日** 中国(上海)自由贸易试验区咖啡交易中心正式揭牌成立。

**11日** 上海港城开发(集团)有限公司、上海浦东科技投资有限公司与美国爱康飞机制造公司签署《投资合作协议》和《合作备忘录》,宣告美国爱康中国总部正式落户临港。

**14日** 上海市浦东新区城市管理行政执法局举行挂牌成立仪式。

**15日～17日** "上海国际信息消费博览会"和"2015世界移动大会·上海"在新国际博览中心举行。

**16日** 浦东新区首次评选"十大改革创新项目"颁奖仪式在浦东图书馆举行,分别为中国(上海)自由贸易试验区建设、金融中心建设改革创新项目、航运中心建设改革创新项目、贸易中心建设改革创新项目、科技创新中心建设改革创新项目、行政审批改革创新项目、政府管理改革创新项目、社会治理改革创新项目、公共服务改革创新项目、党建改革创新项目。

**21日** 金砖国家新开发银行举行开业仪式。该行总部选址浦东世博地区,是首个总部设于上海的国际金融组织。

**22日** 国产C919大型客机发动机在中国商飞公司浦东总装制造中心正式交付。

**22日~23日** 三届区委八次全会召开。会议总结2015年上半年工作,部署下半年工作。会议强调,全区上下要将思想解放转化为具体的改革成果,进一步推进自贸试验区建设、科创中心建设和党的建设。会议通过《中共上海市浦东新区第三届委员会第八次全体会议决议》。

**24日** 中国(上海)自由贸易试验区科创1号项目启动仪式在洋山国贸中心举行,项目是中国对接国际资源的离岸科创孵化平台。

**24日~26日** 浦东新区第七届农产品博览会在源深体育中心举行,100多家农业企业、农民合作社、家庭农场参加,参展品种达600余个,销售总额达到3 265万元。

**28日** 上海银监局代表监管部门向上海外高桥集团财务有限公司颁发金融许可证。至此,首家注册并经营在中国(上海)自由贸易试验区的财务公司成立。

**30日** 中科院量子信息与量子科技前沿卓越创新中心(上海)在浦东挂牌成立。同时中科大与张江高新技术产业开发区签署战略合作框架协议,共同推动量子信息技术从实验室向大规模产业化发展。

**31日** 中国(上海)自由贸易试验区大宗商品现货市场在洋山保税港区启动。上海清算所、自贸大宗(上海)信息服务有限公司为自贸区大宗商品现货市场度身定制的第三方清算和第三方仓单公示系统同步上线运作。

## 8月

**1日** 全球最大的国际船舶管理公司威仕(V-SHIP)正式落户中国(上海)

自由贸易试验区,并成立全资子公司——上海卫狮船舶管理有限公司。

5日　上海市人民政府举行新闻发布会,孙继伟介绍浦东新区推进科技创新中心核心功能区建设的相关情况,强调在全市科创中心建设"22条"意见出台后,新区抓紧制定"行动方案",提出"努力成为上海建设具有全球影响力的科技创新中心的核心功能区"的总体定位。

7日　浦东新区党政代表团赴西藏自治区江孜县学习考察。在座谈会上,沈晓明指出,第七批浦东援藏干部的援藏工作进程过半,必须做到有始有终,继续稳步推进项目建设,继续关注民生,做好教育卫生的援藏工作。

10日　浦东新区区委出台《深化人才工作体制机制改革促进人才创新创业的总体方案》,明确浦东新区创建国家人才改革试验区的总体目标,即从2015年起浦东将以上海自贸试验区、张江国家自主创新示范区为改革平台,启动国家人才改革试验区创建工作,到2020年形成具有全球影响力的"国际人才自由港"和"大众创业策源地",成为拥有全球资源配置能力的国际化人才高地。

12日　五届区人大常委会第28次(扩大)会议在浦东干部学院召开。孙继伟作《浦东新区政府上半年工作情况的报告》,指出下半年重点做好6个方面工作:全力建设开放度最高的自由贸易园区,加强与"四个中心"建设联动;聚焦国际影响力,全面推进科技创新中心核心功能区建设;以自贸试验区建设为契机,努力建设最透明、最高效的政府;加快重点区域开发、重大项目建设,完善城市功能、提升城市品质;切实保障和改善民生;着力提升城市管理和社会治理水平,保障城市安全有序运行。

同日　中国(上海)自由贸易试验区海外人才离岸创新创业基地揭牌成立。

同日　浦东新区人民政府与中国东方航空集团公司在浦东新区办公中心签署战略合作协议,双方计划加快推进浦东新区"国际航运中心"核心功能区建设,加快祝桥地区规划建设,打造都市型航空城。

同日　上海港城开发(集团)有限公司与上海陆家嘴集团、新加坡高鸿集团签署合作框架协议,三方计划在临港主城区打造世界最大的综合性室内冰雪旅游度假项目——"冰雪世界"。项目位于临港主城区,占地面积10.7万平方米,建筑面积21.3万平方米,总投资25亿元。11月19日,正式签订项目投资合作协议。2018年8月正式开工,2023年竣工。

**16日** 国家对外文化贸易基地(上海)自贸试验区文化装备应用示范中心在临港举行揭牌仪式。

**17日** 2014年度上海市市长质量奖颁奖仪式举行,在浦东的中国建筑第八工程局有限公司董事长、党委书记黄克斯荣获2014年度唯一的上海市市长质量奖个人奖。

**18日~24日** "2015(第五届)上海国际文学周"主论坛在上海国际会议中心举行。

**28日** 韩正、杨雄到浦东新区调研上海自由贸易试验区扩区以来运行情况。韩正强调,上海自贸试验区深化改革意义重大,我们要按照党中央、国务院的决策部署,深入贯彻落实习近平总书记、李克强总理关于推进上海自贸试验区建设的一系列重要指示精神,坚定改革、形成合力、攻坚克难,全力以赴把上海自贸试验区建设成为开放度最高的自贸试验区。

**29日** 国家商务部发布《关于支持自由贸易试验区创新发展的最新意见》,涵盖统筹协调方案实施、促进外贸转型升级、降低投资准入门槛、完善市场竞争环境和试点总结评估五方面。

## 9月

**2日** 浦东新区推广"1+1+X"(第一个"1",指党组织的领导;第二个"1",指《村民自治章程》;"X"即根据自治章程制定的实施细则)工作法、深化基层自治工作中期推进会在新区办公中心举行。会议提出,推广工作不但要在全区365个村全面推开,还要在860个居民区全面覆盖。

**7日** 上海市人大常委会主任殷一璀率市人大常委会执法检查组到浦东新区专题调研出入境管理法执法情况。

**8日** 2015年度上海市"白玉兰纪念奖"颁奖仪式举行,50位外籍人士获此殊荣,来自浦东的上海市民办中芯学校执行校董、美籍人士胡淑光和美满电子科技(上海)有限公司执行董事、总经理、美籍人士李春潮位列其中。

**9日** 中美首家合资银行——浦发硅谷银行宣布正式启动人民币业务。

**14日** 云南省政府代表团一行到浦东新区考察,实地参观上海安翰医疗技术有限公司、上海迪赛诺药业有限公司等企业。

15日　蔡司中国总部大楼正式启用,该总部大楼是上海自贸试验区挂牌后首个开工建设的跨国企业中国地区总部项目。

同日　中共上海市委、上海市人民政府在浦东新区合庆镇勤奋村召开现场会。对全市加强违法建筑拆除和环境综合整治工作进行全面动员,明确9个区县的11个重点整治地块,合庆镇郊环外地区是整治的重中之重。会后,浦东新区区委、区政府成立由区委副书记、政法委书记和副区长负责的整治工作领导小组,成立现场办公指挥部。10月1日,合庆镇最大违法用地项目海升地块拆除工作启动,两个多月时间,完成近30万平方米的集中拆除。截至12月15日,合庆镇违建拆除工作全部完成,累计拆除违建面积66.67万平方米。

17日　浦东新区召开新起航·新发展——自贸试验区服务业开放措施推进大会。截至8月底,中国(上海)自由贸易试验区服务业扩大开放项目落户达1037个,试点案例23个。

20日　国内首家集成电路产业融资租赁公司——芯鑫融资租赁有限责任公司在上海自贸试验区揭牌成立。

22日　浦东新区制定《上海建设具有全球影响力的科技创新中心浦东新区行动方案(2015—2020年)》,方案从建设张江科技城,优化功能联动互补的创新空间布局,完善政府引导、市场主导的创新投入体系,以及构建功能完备的科技综合服务体系等多角度,共同推进打造具有全球影响力的科技创新中心核心功能区。

同日　中国(上海)自由贸易试验区"三合一"专业领域知识产权运营平台正式启动,该平台集专利、商标、版权于一体,开展跨境知识产权交易服务。

24日　2015(第六届)国际航运战略发展峰会·上海站在浦东举行,500名中外航运业界代表出席峰会,峰会由浦东新区政府、英国伦敦金融城等联合主办。

28日　中国(上海)自由贸易试验区境外投资推进暨服务联盟成立大会在浦东举行,计划启动境外投资3.0版,推动自贸区境外投资逐步与国际接轨。

29日　中国(上海)自由贸易试验区党建工作研讨会在浦东新区办公中心召开。会议研讨总结自贸区党建工作的有效做法和经验。中国(上海)自由贸易试验区保税区管理局党组、上海海关党组、浦东新区区委等单位代表在会作交流发言。

同日 浦东新区政府与交通银行总行在浦东新区办公中心举行全面战略合作协议签约活动。双方计划在自贸区金融创新服务、总部经济和平台经济、浦东国资国企改革、重大项目建设等四个方面开展合作。

## 10月

8日 中国商用飞机有限责任公司总装制造中心浦东基地举行搬迁入驻升旗仪式,正式启动工作运行。该基地位于浦东新区祝桥镇,在占地近270万平方米的滩涂上建筑成12座现代化厂房、5条生产线。

同日 移动出行平台Uber(优步)宣布正式入驻中国(上海)自由贸易试验区,这是Uber首次在美国以外成立的独立公司。

12日 浦东新区召开融资租赁行业发展大会,发布《关于促进浦东新区融资租赁行业健康发展的若干意见》。

14日 上海市人民政府举行新闻发布会,公布《上海建设具有全球影响力科技创新中心临港行动方案》和《关于建设国际智能制造中心的若干配套政策》。

19日 上海出入境检验检疫局和上海市商务委联合发布上海地区进口CCC产品贸易便利化举措,并向首批34家企业颁发"进口CCC产品诚信示范企业"证书。

21日 中共中央政治局常委、国务院总理李克强主持召开国务院常务会议。会议确定,将在上海自贸试验区范围内和已有经验基础上,逐步提高人民币资本项下可兑换程度,对已经实施的自由贸易账户拓展功能。

22日~23日 中美数字电视标准创新及产业对接峰会暨ATSC3.0全球互通性测试大会在浦东召开。会议全面解析美国最前沿的广播电视新技术体系ATSC3.0。会上,上海数字电视团队设计的5个技术模块被采用到ATSC3.0标准的物理层方案中。

23日 浦东新区经信委联合发改委、财政局发布《浦东新区促进新能源汽车推广应用暂行办法》,继续支持新能源汽车在浦东的发展。

24日 全国生物样本标准化技术委员会成立大会在浦东举行,为中国参与国际生物技术和转化医学标准化活动奠定了基础。

26日　世博央企总部大厦主体结构实现封顶。工程建筑总面积超100万平方米,整个B片区共有28栋建筑,包括中国商飞、宝钢、国家电网、华电等15家总部大楼。

28日　浦东新区人民法院举行2015年《浦东法院涉自贸试验区审判工作白皮书》新闻发布会,2014年11月—2015年10月,浦东法院共受理各类涉自贸试验区案件6 423件,包括民商事案件4 947件、刑事案件308件、行政案件1件、执行案件1 167件;共审结(执结)各类涉自贸试验区案件5 264件。在审结的案件中,判决2 189件,调解795件,撤诉1 057件,调解撤诉率为45.1%。

同日　惠灵顿公学与上海陆家嘴集团旗下前滩国际商务区投资(集团)有限公司签署合作协议,共同打造前滩惠灵顿双语教育项目。

29日　中国(上海)自由贸易试验区陆家嘴管理局在北京举行自贸区政策推介会。会上,中国(上海)自由贸易试验区陆家嘴管理局与光大证券签署战略合作协议,与冰鉴信息、鹏扬基金、光大控股等拟入驻陆家嘴新金融产业园的企业签约。

30日　中国人民银行、商务部、中国银监会、中国证监会、中国保监会、国家外汇管理局和上海市人民政府联合发布《进一步推进中国(上海)自由贸易试验区金融开放创新试点加快上海国际金融中心建设方案的通知》,涉及率先实现人民币资本项目可兑换、进一步扩大人民币跨境使用等五方面任务共40条。

## 11月

1日　台湾商品中心在中国(上海)自由贸易试验区保税区域揭牌营运。

2日　中国自主研制的C919大型客机在中国商飞公司总装制造中心浦东基地总装下线。C919大型客机是中国首款按照最新国际适航标准研制的干线民用飞机,具有完全自主知识产权。

同日　浦东新区第二批国资国企改革启动。一是聚焦三大主体,着力打造"张江科技城"建设;二是将原东岸公司与滨江公司等浦东国资委体系内的相关企业整合,组建为注册资本20亿元的浦东国有独资东岸集团;三是加快浦东投资控股集团建设。新一轮改革将凸显科创中心建设这一战略性目标。

6日　浦东新区在区委党校举办"新形势下加快推进自贸试验区建设"专题

培训班,韩正出席开班仪式并讲话指出,浦东要在新起点上实现新突破、新跨越,必须进一步解放思想,始终把浦东发展放在全市、全国、全球的大背景下思考与谋划,紧紧围绕国家战略、服务国家战略推进各项工作。7日,杨雄为培训班作题为"自贸试验区建设与政府职能转变"的讲话。

**12日** 上海市政府决定下放浦东新区47项行政审批事项,下放权力部门涉及市发展改革委、市商务委、市教委、市人力资源社会保障局、市文广影视局(市文物局)、市卫生计生委等16个委办局。

**16日** 2015"创业浦东"论坛暨第四届全球青年科技创新大赛决赛在浦东国际人才城举行。此次入围的40个项目主要涉及互联网和移动互联网、生物医药与大健康、电子信息等领域。

**18日** 民营金融投资集团——东和昌集团正式落户陆家嘴。东和昌集团由3家总资产近1000亿元的民企东沃集团、新光集团、睿银集团等共同倡导成立的控股公司,注册资本达66亿元。

**19日** 首场上海"浦东企业发布"在金桥经济技术开发区举办,旨在以浦东创新性企业为核心,牵手企业向社会展示浦东企业创业创新能力。

**21日** 浦东新区召开区域化党建促进会成立大会暨第一次全体会议。会上,发布"浦东党建"微信公众号。"浦东党建"微信正式上线后,将运用"互联网+"思维,深化推进区域化党建工作。

**同日** 世界著名医学专家组成的"世界顶级医生集团"中国上海临床基地揭牌仪式在浦东新区浦南医院举行。20位医学专家来自美国、法国、德国、瑞典、挪威、日本、中国等8个国家,涉及脑神经外科、乳腺外科等领域。

**23日** 上海市委宣传部、浦东新区人民政府、上海轻音乐团三方签署上海轻音乐团落户浦东陆家嘴金融贸易区协议。同日,上海文广演艺集团与浦东区委宣传部(文广局)签署战略合作协议,集团旗下9个国有市级文艺院团与浦东9个基层单位开展结对共建。

**24日** 上海市"美丽乡村"建设综合标准化试点项目在书院镇塘北村正式启动。

**25日** 中共中央政治局常委、国务院总理李克强到上海自贸试验区考察时指出,要深化"先照后证"改革,可以选择一些领域开展证照分离试点,进一步方便群众办事创业。"先照后证"的深化改革要抓紧做,给国务院报方案。就按照"证照分离"这个思路,选择一些比较适用的、容易操作的领域把证照分开,然后逐步扩大。中国(上海)自由贸易试验区实际上就是放开手脚,让人们的创造力发挥出来。现在前面还有一些障碍、一些不必要的荆棘,把它砍除掉。让人们走上更加通畅的创业大道。

**同日** 上海市人民政府印发《关于加快推进中国(上海)自由贸易试验区和上海张江国家自主创新示范区联动发展的实施方案》,包括总体要求、主要任务和组织实施三方面内容。

**26日** 中国(上海)自由贸易试验区国际艺术品交易中心在浦东外高桥保税区正式开业。该中心为全球艺术品提供仓储物流、展览展示、交易洽购等全流程服务。

## 12月

**1日** 浦东新区召开人大工作会议,印发《中共上海市浦东新区委员会关于进一步加强人大工作和建设充分发挥人大作用的若干意见》文件。

**2日** 2014年度浦东新区科学技术奖励大会在新区办公中心举行。颁发76项科学技术奖,其中创新成就奖30项,一等奖8项、二等奖22项;科技进步奖46项,一等奖12项、二等奖34项。获得创新成就奖的最高可奖励50万元。

**3日~4日** 以"驱动全球跨媒体产业的创新与融合"为主题的全球跨媒体创新峰会暨小型技术装备展(NABShow-GIX)在上海国际会议中心举行,活动吸引了来自全球包括广电领域、内容制作以及渠道分发环节的业内人士。

**7日** 中国(上海)自由贸易试验区媒体联盟成立大会在浦东新区举行。来自中国上海、广东、天津、福建、港澳台地区,以及新加坡、韩国等16家媒体机构结成联盟,通过联盟之间的政府资源和第三方智库资源共享,降低运营成本。

**同日** "浦东新区公共信用信息服务平台"全面上线运行,该平台是浦东新区综合性公共信用信息服务平台,已归集近500万条信息,可查询全市138万法人及2480万自然人的信用记录。

**8日** 临港地区开发建设管理委员会网上政务大厅开通。至此,需要审批的项目凭"临港编码"实现"一件不两送"。

9日　国内规模最大、技术最先进的集成电路代工企业——中芯国际集成电路制造有限公司宣布,成立中芯国际控股有限公司,承担中芯国际大陆地区总部管理职能。

16日　中共中央政治局常委、国务院总理李克强主持召开国务院常务会议,决定选取一批与企业经营活动密切相关、审批频次较高的许可事项在上海浦东新区开展"证照分离"改革试点。

17日　国家外汇管理局上海市分局正式发布《进一步推进中国(上海)自由贸易试验区外汇管理改革试点实施细则》。该细则坚持以服务实体经济、促进贸易投资便利化为出发点重点实施四项外汇管理政策的创新举措。

18日　第三届浦东社会建设十大创新项目评选暨表彰大会在浦东新区办公中心举行。塘桥街道的"'互联网+'时代的社区大管家"、北蔡镇的"'北蔡易生活'便民服务平台"等10个项目获"第三届浦东社会建设十大创新项目"称号。

25日　延安东路隧道大修工程全面竣工,工程从2015年3月14日进入施工,12月25日全面竣工。

27日　中环线浦东段东段(军工路越江隧道—高科中路)全线开通。中环线全长约70千米,浦东东段(军工路越江隧道—高科中路)全长约9.44千米。工程于2015年5月11日开建。

27日～28日　三届区委九次全会召开。全会深入学习贯彻党的十八届五中全会、中央经济工作会议和十届市委十次全会、市委常委扩大会精神,审议并通过《中共上海市浦东新区委员会关于制定国民经济和社会发展第十三个五年规划的建议》《中共上海市浦东新区区委常委会2016年工作要点》《中共上海市浦东新区第三届委员会第九次全体会议决议》。沈晓明就《"十三五"规划建议(讨论稿)》作说明并讲话,孙继伟做《关于浦东新区2015年经济社会发展情况和2016年工作安排的报告》。

28日　上海股权托管交易中心"科技创新板"开盘。首批挂牌27家企业位于张江核心园区。

29日　国务院印发《关于上海市开展"证照分离"改革试点总体方案的批复》,同意在上海市浦东新区开展"证照分离"改革试点,试点期为自批复之日起三年。

同日　浦东国际机场三期扩建工程开工建设。工程包括航站楼综合体、2条下穿通道、旅客捷运系统、停车库等近20个项目。工程总投资约206亿元,由上海机场(集团)有限公司承建。

30日　临港大道全线通车,西起G1501,东至两港大道,全长9.7千米,为双向8车道设置,设计标准为城市主干路,设计时速为每小时80千米。工程从2009年9月29日开工建设,在临港区域内与轨道交通16号线共线,上层为轨道交通线路,地面为临港大道。

# 2016 年

## 1月

4日　中保投资有限责任公司正式落户中国(上海)自由贸易试验区,总规模达3 000亿元。

5日　上海市浦东新区总商会挂牌成立。

8日　2016年第六届中国智慧城市大会在北京召开。会上,浦东新区获"十二五中国智慧城市领军新区"称号。

10日~13日　上海市浦东新区第五届人民代表大会第七次会议在世博中心召开。会议由新区人大常委会主任唐周绍主持,区长孙继伟代表浦东新区人民政府向大会作《政府工作报告》。大会经过投票补选袁胜明为浦东新区人大常委会副主任。表决通过《关于浦东新区人民政府工作报告的决议》《关于浦东新区国民经济和社会发展第十三个五年规划纲要的决议》《关于浦东新区2015年国民经济和社会发展计划执行情况与2016年国民经济和社会发展计划的决议》《关于浦东新区2015年预算执行情况和2016年预算的决议》《关于浦东新区人大常委会工作报告的决议》《关于浦东新区人民法院工作报告的决议》《关于浦东新区人民检察院工作报告的决议》。

10日~13日　中国人民政治协商会议上海市浦东新区第五届委员会第五次会议在中国浦东干部学院召开。会议由吴泉国主持,张俭作《政协工作报告》,蒋健作《政协上海市浦东新区第五届委员会常务委员会关于五届四次会议以来提案工作情况的报告》。大会经过投票增选曹亚中为新区政协副主席。表决通过《政协上海市浦东新区第五届委员会第五次会议决议》。

**11日** 药明康德宣布在上海总部园区建设世界领先的生物药一体化研发服务中心。项目位于外高桥保税区,计划总投资1.2亿美元,占地2.32万平方米,建成后可容纳800位科学家工作。

**12日** 中国商飞正式启用位于世博园区央企总部基地的总部新大楼。

**13日** 浦东新区人民政府和上海中医药大学签订战略合作协议,双方约定建设浦东新区"国家中医药管理局科技成果转化基地"。

**21日** 位于上海金桥经济技术开发区的凯迪拉克工厂正式竣工投产。当天下线的新美式旗舰轿车——凯迪拉克CT6成为工厂批量生产的首款车型。

**同日** 上海市政府新闻办举行新闻发布会,介绍《国家税务总局关于支持上海科技创新中心建设的若干举措》通知,出台10项支持上海科技创新中心建设,推进张江国家自主创新示范区和中国(上海)自由贸易试验区联动发展的创新举措。

**22日** 上海跨境电子商务公共服务有限公司在陆家嘴成立,实现"单一窗口"(一次申报,一次查验,一次放行)建设运行任务。

**26日** 复旦大学附属浦东医院揭牌仪式暨医教研协同发展创新论坛在浦东医院举行。论坛宣布,浦东医院成为复旦大学的第11家附属医院。

**27日** 第二届浦东总部经济十大经典样本评选颁奖会在上海中心举行。科德宝企业管理(上海)有限公司、阿斯利康投资(中国)有限公司、欧普照明股份有限公司、东方希望集团有限公司、博彦科技(上海)有限公司、勃林格殷格翰(中国)投资有限公司、富士胶片(中国)投资有限公司、分众(中国)信息技术有限公司、上海海尼药业有限公司、上海大智慧股份有限公司等10家总部企业获得十大经典样本奖。立邦投资有限公司(转型创新奖)、丰田纺织(中国)有限公司(科技创新奖)、上海生水国际贸易有限公司(金融创新奖)、国药控股分销中心有限公司(商业模式创新奖)等4家总部企业获得单项奖。

## 2月

**1日** 中国商飞集团与上海浦东发展银行股份有限公司签署战略合作协议。双方计划通过加深金融服务等领域的合作,为C919大型科技和ARJ21新支线飞机研制成功和投入商业运营提供金融支持和服务。

2日　浦东新区人民政府发布《浦东新区国民经济和社会发展第十三个五年规划纲要》。

同日　浦东新区召开2015年度基层党建工作责任制述职评议会。

3日　浦东新区政府与上海交通大学医学院举行签约仪式,宣布"上海儿童医学中心儿科医疗联合体(浦东)"成立。

14日　浦东新区召开合庆地区环境综合治理工作专题会议,推进合庆延伸地块及曹路相关区域的环境综合治理工作。17日,位于合庆镇向阳北路167弄的浦东合庆向阳塑料五金厂无证建筑开始拆除,其无证建筑占地面积约1.47万平方米。

16日　国家发改委、科技部批复同意上海以张江地区为核心承载区建设综合性国家科学中心。

17日　三届区纪委六次全会召开。全会决定,继续深入推进党风廉政建设和反腐败工作,着重做好六方面工作。

18日　中国远洋海运集团有限公司在上海挂牌成立。由中国远洋运输(集团)总公司与中国海运(集团)总公司重组而成,注册地为陆家嘴金融贸易区,注册资本110亿元,总资产6 100亿元,员工11.8万人。

25日　浦东新区召开2016年巡察工作推进会,部署动员推进2016年区委对28家单位的巡察工作。

26日　上海张江波士顿企业园在美国马萨诸塞州波士顿地区举行开园仪式,占地733万平方米,拥有1.2万平方米办公大楼。

26日~27日　20国集团(G20)财长和央行行长会议在陆家嘴召开。国务院总理李克强向会议发表视频讲话,人民银行行长周小川和财政部部长楼继伟共同主持会议。来自成员国、受邀嘉宾国的财长和央行行长、国际组织负责人等700人出席会议。

27日　中国(上海)自由贸易试验区推进工作领导小组召开工作会议。

## 3月

1日　浦东新区区委召开党的群团工作会议,贯彻中央、市委党的群团工作会议精神,部署新区群团改革试点工作。8月30日,浦东新区区委召开党的群团改革推进会议,贯彻落实市委精神,启动第二批群团改革,进一步深化浦东党的群团改革工作。第一批改革单位区总工会、共青团区委、区妇女联合会的代表在会上交流发言。第二批改革单位有区科技协会、区工商联、区青年联合会、区华侨联合会、区残疾人联合会、区红十字会等6家。

4日 2015年度浦东新区重点工程实事立功竞赛和征收动迁工作暨2016年度动员大会召开。会议指出,2016年浦东新区重大工程项目计划安排106项,在71个重大交通基础设施工程项目中,六奉公路等9条迪士尼配套市政工程年内开工。

10日 美安康质量认证研发中心正式开业运行。中心有743.2平方米的实验室,涵盖食品研发、微生物等方面,配置专业的认证和研发检测团队。

11日 浦东新区2016年度人口调控、"三违"(违法建筑、违法用地、违规种养)整治工作推进大会召开。沈晓明对人口调控、"三违"整治工作作具体部署。截至8月20日,全区整治"三违"总量为937.7万平方米。9月2日,浦东新区"三违"整治办召开2016年度环境整治任务推进部署会。截至9月9日,新区整治"三违"总量1 038.76万平方米,超过年初制定的800万平方米拆除总量。9月13日,浦东新区环境综合整治和土地例行督察工作现场会在老港工业园区召开,截至10月28日,新区整治"三违"总量1 428.08万平方米,其中拆除违法建筑1 048.15万平方米,整治违法用地344.93万平方米,整治违规种养35万平方米。

12日 上海中心大厦建筑总体完工。大厦面积433 954平方米,建筑主体为118层,总高为632米。

15日 上海市跨境电子商务示范园区在外高桥保税区宣告启动,范围包括外高桥保税区、外高桥保税物流园区、洋山保税港区和浦东机场综合保税区4个海关特殊兼管区域。

16日 陆家嘴金融贸易区管理委员会与上海交通大学签订战略合作协议,启动建设上海交通大学高级金融学院浦东校区。

17日 韩正到浦东新区调研分类综合执法改革试点情况,强调推进分类综合执法改革试点,是加快政府职能转变、加强事中事后监管的重要举措,要始终立足于制度创新、立足于可复制可推广,及时总结浦东先行先试的经验,在全市范围进行深化、规范、巩固和完善,形成完整的制度框架体系,为全国深化综合行政执法体制改革作出贡献。

同日 《2015年张江高科技园区建设全球科技创新中心行动方案》出台并开始实施,共有56项措施,其中19项涉及"双自联动"。

同日 全国知识产权投贷联动基金在浦东启动,基金规模1.315亿元。同步启动浦东新区知识产权增信增贷计划。

## 4月

1日 浦东新区试点实行"证照分离"改革,116个审批事项按照取消、改备案、告知承诺、提高透明度和可预期性、强化准入监管等5种方式进行改革。

7日~10日 2016中国(上海)国际游艇展在上海世博展馆举行。

8日 全国海关跨境电子商务进口统一版信息化系统正式上线。中国银联和支付宝均宣布,首批上线的主要支付服务提供商成功对接海关统一信息系统。

11日~14日 韩正先后在市发展和改革委员会、浦东新区张江高科技园区调研科创中心建设的推进落实情况并指出,要立足全局、站高一步,深刻认识上海建设具有全球影响力的科技创新中心这一国家战略的重大意义,始终按照党中央、国务院的要求部署,按照国家"十三五"规划纲要确定的目标任务,举全市之力加快推进。

17日 由中国田径协会、上海体育总会主办的2016上海国际半程马拉松赛在陆家嘴地区举行,约12万名参赛者参赛。

18日 浦东新区人民政府与上海市浙江商会在新区办公中心签署战略合作协议。双方就10个具体落户浦东的项目进行合作协议签署,总投资约205亿元。

同日 浦东软件园三林园项目正式开工建设。园区规划占地面积18万平方米,地上建筑面积37万平方米,投资总额50亿元,预计2017年10月竣工。

20日 第五届上海民俗文化节在三林镇举行。

21日 浦东新区人民法院召开新闻通气会,发布浦东法院知识产权司法保护(2015年)白皮书,同时发布2015年度知识产权司法保护十佳案例。

## 5月

1日 上海秀仕酒店经营有限公司(柏悦酒店)为客户开出浦东新区生活服

务业类首张增值税发票。同日,浦东7个办税服务厅、9个街镇协税办和37个双委托代征点开出营改增发票。至此,浦东营业税改征增值税试点全面实施。

3日 新一轮《浦东新区总体规划暨土地利用总体规划》编制工作正式启动。此次规划年限至2040年。

10日 上海银行业纠纷调解中心在浦东正式揭牌成立。

11日 浦东新区区委中心组召开"两学一做(学党章党规、学系列讲话,做合格党员)"学习(扩大)会议。孙继伟主持会议并讲话,国防大学马克思主义教研部教授颜晓峰就2016年版《习近平总书记系列重要讲话读本》的重要意义、特点、结构内容作专题辅导报告。11月3日,浦东新区召开"两学一做"学习教育座谈交流会。浦东公安分局党委、周浦镇党委、中国(上海)自由贸易试验区保税区综合党委作交流发言,会议对下一步的"两学一做"学习教育活动提出要求。

11日～13日 2016年亚洲消费电子展览会(CES Asia)在新国际展览中心举行。

16日 浦东新区启动CIO(首席信息官)试点工作。试点首先在新区区府办、经信委、环保局等9家单位设立部门CIO。

同日 《人民日报》头版刊发报道《全面深化改革是党中央治国理政重大战略抉择——中国(上海)自由贸易试验区建设的启示》。

17日 浦东新区第八届社会组织公益活动月在塘桥社区文化活动中心举行,290余家公益组织在全区开展超过490场公益活动。

17日～19日 广西壮族自治区党政代表团访问上海市,其间考察浦东新区。

18日 陆家嘴股份公司发布资产重组预案,计划百亿元现金收购上海陆家嘴金融发展公司100%股权,浦东四大开发公司之一的陆家嘴集团正式启动国资国企改革。

同日 上海国际旅游度假区速调对接分中心揭牌成立,浦东人民法院发布《上海市浦东新区人民法院服务保障上海国际旅游度假区建设的意见》。

19日 上海市人民政府举行新闻发布会,市政府副秘书长、上海国际旅游度假区管委会副主任、浦东新区区委副书记、区长孙继伟通报上海国际旅游度假区暨上海迪士尼项目运营准备工作等相关情况。6月1日,上海国际旅游度假区快线1号线、5号线、6号线正式开通。

## 6月

**2日** 浦东新区人民法院发布《2015年行政审判》白皮书,通报从2015年5月1日起,全年受理以区政府职能部门为被告的行政案件519件,较2014年的420件上升23.6%。

**8日** 浦东新区举行2016年重大项目战略合作和落户签约仪式。此次集中签约的20个重大项目全部落户在上海自贸试验区扩区范围,总投资额约1700亿元。

**同日** 第二届"临港海洋节"开幕,2016年上海市纪念世界海洋日暨全国海洋宣传日活动、上海海洋论坛在临港地区同时举办。

**12日** 上海保险交易所股份有限公司在陆家嘴揭牌成立并运营。至此,上海已集齐股票、债券、黄金、外汇、期货和保险等各类金融要素市场。

**12日～13日** 2016陆家嘴论坛在浦东香格里拉大酒店举行。主题为"全球经济增长的挑战与金融变革"。论坛就供给侧结构性改革、中国保险业改革新起点等多个话题进行深入探讨。

**14日** 国家博物馆与中国(上海)自由贸易试验区管委会在北京签署战略合作协议,启动"文创中国"中国大区运营中心项目。

**15日** 韩正到浦东调研,与市、区相关部门负责人座谈时强调,"十三五"时期,临港地区建设已经到了关键阶段。南汇新城是"十三五"全市新城建设的重中之重,要始终坚持一张蓝图干到底,以十年磨一剑的毅力推进开发建设,真正体现未来城市的发展理念。

**16日** 上海迪士尼乐园举行开园仪式,中共中央总书记、国家主席习近平发来贺信。中共中央政治局委员、国务院副总理汪洋宣读习近平的贺信并致辞,中共中央政治局委员、上海市委书记韩正出席开园仪式。

**同日** 汪洋到中国(上海)自由贸易试验区行政服务中心,视察自贸区建设工作。

**20日** 世博B片区央企总部能源中心建成投运,并与中信等7家入驻企业签订集中供能合同。

21日 沈晓明主持召开中国（上海）自由贸易试验区建设专场座谈会，听取部分外国在华商会及外资企业高层对中国（上海）自由贸易试验区近3年来工作及今后发展的意见与建议。

22日 中国质量认证中心向中国（上海）自由贸易试验区内试点企业颁发国家首张平行进口汽车CCC认证证书。

27日 浦东新区事中事后综合监管平台在全市率先上线运行。

28日 成都航空公司航班号EU6679的ARJ21-700飞机搭载70名乘客从成都飞往上海。至此，中国自主研制的首架喷气式支线客机ARJ21正式以成都为基地进入航线运营。

同日 第十一、十二批中央"千人计划"，第五批浦东"百人计划"人才落地仪式在国际人才城举行。此次落地浦东的包括48位中央"千人计划"和12位浦东"百人计划"人才。

同日 临港海洋科技创业园企业集中入驻仪式举行。首批40家海洋科技相关企业入驻，注册资本2.8亿元。

29日 浦东新区纪念中国共产党成立95周年暨先进表彰大会在新区办公中心召开。会议表彰浦东二次创业中涌现出来的一批优秀共产党员标兵、优秀党务工作者、先进基层党组织。

## 7月

1日 浦东新区四套班子领导成员和新区机关干部集体收看学习习近平总书记在庆祝中国共产党成立95周年大会上的讲话。

6日 浦东新区召开党政负责干部会议，上海市委组织部副部长郑健麟受市委委托宣布市委决定：翁祖亮任上海市人民政府副秘书长、中共浦东新区区委委员、常委、副书记，提名为浦东新区区长人选，并任中国（上海）自由贸易试验区管理委员会常务副主任、上海国际旅游度假区管理委员会副主任、上海临港地区开发建设管理委员会副主任。免去孙继伟相关职务。19日，浦东新区五届人大常委会召开第35次会议，决定任命翁祖亮为浦东新区人民政府副区长，接受孙继伟辞去浦东新区人民政府区长职务的请求，决定翁祖亮为浦东新区人民政府代理区长。

同日 "园心出发点亮城市"浦东新区文化创意产业园区授牌仪式举行。28家区级文创产业园区获授牌。

8日 上海华瑞银行和神州数码融信软件有限公司联合组建的"陆家嘴金融创新中心"挂牌成立。

9日 浦东新区第四次妇女代表大会在中国浦东干部学院举行。全区606名浦东妇女代表和200多名特邀代表、100多名列席代表参加会议。大会选举产生浦东新区妇女联合会第四届执行委员会,王小君当选为浦东新区四届妇联主席。

11日 "海上丝绸之路"建设高峰论坛在陆家嘴举行,近400位嘉宾出席论坛。

12日 浦东新区举行"上海市浦东新区人大常委会街道工作委员会"挂牌仪式,12个街道人大工委揭牌。

同日 科考母船"张骞"号从临港出发首航。此次航行计划历时60多天,航行8 600海里,并在8 000多米深的新不列颠海沟附近海域开展深渊科学联合考察。

12日~13日 北京市党政代表团到上海访问,期间考察浦东新区。

14日 应勇到中国(上海)自由贸易试验区保税区片区调研,先后察看国际艺术品交易中心、卡尔蔡司中国总部,听取中国(上海)自由贸易试验区保税区管理局及上海外高桥(集团)股份有限公司相关情况汇报。

18日 上海市政府公布《关于深化完善"双特"政策支持临港地区新一轮发展的若干意见》。该意见明确进一步向临港地区简政放权。

同日 浦东新区召开行业协会商会与行政机关脱钩工作动员会,上海浦东外商投资企业协会、上海市浦东新区养老服务行业协会等20家行业协会商会于9月底前,实施完成第一批脱钩试点工作。

19日~20日 广东省党政代表团访问上海,其间到浦东新区考察。

20日~21日 三届区委十次全会召开。会议强调,广大党员干部要对补短板有更加全面正确的认识,并以更加坚定的决心、更加顽强的意志,聚精会神补短板,全力以赴抓落实,努力推动浦东二次创业各项工作迈上新台阶。全会审议通过《中国共产党上海市浦东新区第三届委员会第十次全体会议决议》。

26日　浦东新区召开创新社会治理加强基层工作推进会,同时启动浦东社会治理综合信息服务平台上线试运行。

27日　第14届中国国际数码互动娱乐展览会(ChinaJoy)在上海国际博览中心举行。

28日　上海市委宣传部与浦东新区区委联合召开专题会议,研究落实市委、市政府文化"东进"战略,支持推进浦东新区"十三五"时期文化事业发展相关事宜。

29日　全国双拥模范城(县)命名暨双拥模范单位和个人表彰大会在北京召开。会上,浦东新区被命名为"全国双拥模范城(县)"。浦东由此获"全国双拥模范城"四连冠。当天下午,上海市的表彰活动中,浦东新区被上海市委、市政府、上海警备区授予"上海市双拥模范区(县)"荣誉称号。

同日　浦东新区政府工作会议在新区办公中心召开,会议强调浦东新区获批为全国开放型经济新体制综合试点单位,一定要加强试点和试验之间的联动,更好地实现上海自贸试验区从"120平方千米"向"1200平方千米"的辐射,加强对浦东整体开放发展的推动作用。

同日　浦东第八届农产品博览会在源深体育中心举行。

30日　生物芯片上海国家工程研究中心和全国50多家著名三甲医院共同发起组建的"中国生物样本库联盟"在张江揭牌。同时,由生物芯片上海国家工程研究中心牵头承担的"上海张江生物银行"和"国家科技重大专项成果转化应用示范工程项目——肝癌早筛早诊应用基地"宣告成立。

## 8月

3日　2016中国电子信息百强企业榜单发布,上海6家企业入围,其中4家为浦东企业。

4日　2016年浦东新区征兵工作会议召开。浦东新区和区内8所高校、8个街镇、27名个人被上海市政府、上海警备区评为2015年度征兵工作先进集体和个人。

同日　浦东新区召开互联网金融风险专项整治工作推进会。

5日　上海市人民政府办公厅印发《进一步深化中国(上海)自由贸易试验区和浦东新区事中事后监管体系建设总体方案》。

13日　2016年中国第44届世界技能大赛全国选拔赛在上海世博展览馆举行。

15日　韩正到浦东新区张江高科技园区调研科创中心建设进展，在听取互联网信息安全产业发展介绍后指出，没有网络安全就没有国家安全，上海建设具有全球影响力的科技创新中心，必须始终围绕和服务国家战略，要全力以赴支持互联网信息安全行业发展，更好地为互联网经济发展保驾护航。

17日　上海市虹口区党政代表团访问浦东新区。

18日～19日　上海市浦东新区第五届人民代表大会第八次会议在世博中心举行。翁祖亮代表浦东新区人民政府做工作报告。大会补选翁祖亮为浦东新区人民政府区长。

24日　上海市浦东新区科技和经济委员会揭牌成立，该委员会由上海市浦东新区经济和信息化委员会与上海市浦东新区科学技术委员会整合组建。

同日　浦东新区2011—2014年双拥模范（先进）命名表彰大会在新区办公中心召开。316个区级双拥模范（先进）集体、326个双拥模范（先进）个人和24条双拥街（商城）受到命名表彰。

同日　浦东新区人民政府举行陆家嘴金融城理事会成立大会暨陆家嘴金融城（理事会发展局）揭牌仪式。

28日　浦东新区纪念红军长征胜利80周年情景歌会在东方艺术中心歌剧厅上演，2016浦东文化艺术节拉开帷幕。艺术节期间，举行57项512场文化活动。

30日　"创青春"上海青年创新创业大赛暨第五届"创业浦东"全球青少年科技创新大赛颁奖典礼在中国金融信息中心举行。蚂蚁创客空间、太库孵化器、浦东软件园等50家众创空间被授牌为"梦创工坊"青年中心。

31日　浦东新区2016年精神文明建设工作会议在新区办公中心召开。会议对获得2014—2015年度文明社区、文明镇，以及2015年度新区"十佳好人好事"获得者进行表彰。

# 9月

1日　浦东新区"网上督查室"在浦东市民中心揭牌投入运行。

同日　中国中铁股份有限公司独资设立的中铁（上海）投资有限公司在世博园区揭牌成立。

7日　韩正到浦东新区调研黄浦江两岸公共空间贯通工作，先后察看民生码头、丰和路滨江大道段、前滩滨江绿地。在座谈会上，韩正指出，到2017年底，基本实现从杨浦大桥到徐浦大桥45千米滨江岸线贯通开放，全市各方面要全力以赴抓落实抓推进，贯通一段开放一段，直至全部贯通开放，让广大市民群众共享黄浦江两岸建设成果。

同日　上海市政府颁发2015年度上海市质量金奖。其中，浦东新区的上海对外服务有限公司获组织奖、上海微创医疗器械（集团）有限公司品质资深总监兼管理者李勇获个人奖。

同日　2016年度上海市"白玉兰纪念奖"颁授仪式举行。来自19个国家的50位外籍人士获此殊荣，其中浦东获奖的外籍人士分别是晋思建筑咨询（上海）有限公司全球首席运营官万年达，丸红株式会社中国副总代表、丸红（上海）有限公司董事长、总经理平泽顺，科德宝企业管理（上海）有限公司总经理许倍帝，上汽通用汽车金融有限责任公司首席运营官李文国。

10日　贝宁共和国总统塔隆一行访问浦东新区。

12日　由浦东新区人民政府、伦敦金融城主办的"第七届国际航运战略发展研讨会"在陆家嘴中国金融信息中心举办。

13日～14日　贵州省党政代表团访问上海，其间考察浦东新区。

16日　浦东新区人大常委会、区人民政府联合开展区域环境综合治理监督检查，分别察看三林镇天花庵村和永泰六居委拆违现场。

21日～25日　世界水上摩托锦标赛上海大奖赛暨国家杯世界摩托艇大赛临港站在南汇新城滴水湖举行。来自澳大利亚、德国、俄罗斯等20多个国家和地区的200余名选手参赛。

27日　2016年上海院士专家峰会在浦东新区举行。

28日　临港科技城"创新晶体"项目开工建设。项目占地面积4万平方米。

29日～10月30日　以"智驾未来"为主题的上海浦东国际汽车展览会在新国际博览中心举行。

30日　全国第三个烈士公祭日，浦东新区领导和各委办局、各街镇、少先队员、驻区部队官兵、各界群众代表1000多人在高桥烈士陵园参加公祭活动。

## 10月

7日~8日　安徽省党政代表团访问上海,其间考察浦东新区。

8日　位于世博区域的"月亮船"正式闭幕。世博会后,沙特阿拉伯王国政府将其赠予上海。

9日　"陆家嘴区块链金融发展联盟"成立。该联盟将聚焦区块链技术在银行、证券、保险、互联网金融等金融服务领域的应用延伸。

同日　阿里巴巴创新中心张江基地揭幕并正式投入运行。

13日　2016年浦东新区"孝老爱亲"表彰大会暨第五届"孝动浦东"颁奖典礼在浦东图书馆举行。

同日　《国家外国专家局、上海市人民政府共同推进张江国家自主创新示范区建设国际人才试验区合作备忘录》在上海市人民政府签署。

同日　浦东新区院士专家工作站发展论坛在张江信息园举办。

20日　张江高新区管委会与国家开发银行上海市分行、上海银行等8家试点银行签署战略合作协议,为张江示范区的科技型、创新型企业提供投贷联动服务,解决这类企业融资难、融资贵问题。

26日　中国(上海)自贸试验区世博管理局与安彼迎网络(北京)有限公司(Airbnb)建立战略合作关系签约仪式在新区办公中心举行。

26日~28日　第三届中国(上海)自由贸易试验区文化授权交易会举行。

27日　"2016年浦东院士科普讲坛"在浦东区委党校开讲,中科院院士、上海市科协主席陈凯先作题为"关注生命科学聚焦人口健康——生命科学和健康领域科技发展态势"的报告。

31日　第18届中国国际工业博览会开幕式暨颁奖仪式在上海国际会议中心举行。中国工程院主席团名誉主席徐匡迪、工业和信息化部部长苗圩出席。

## 11月

2日　韩正到浦东新区办公中心调研,听取网上督查室、新区事中事后综合监管平台建设情况的汇报。

**3日** 2016年上海艺博会在位于浦东的上海世博展览馆举行。来自美国、德国、意大利等17个国家约150家画廊参展。

**同日** 中国(上海)自由贸易试验区金融政策与实务解读推介会在北京举行,推介会由中国(上海)自由贸易试验区驻北京联络处和浦东新区金融服务局联合主办。

**4日** 罗氏制药创新中心项目在上海张江高科技园区奠基动工,项目于2015年正式启动,投资额达8.63亿元,2019年10月21日落成。

**9日** 波罗的海国际航运公会(BIMCO)全球大会在浦东召开。

**同日** 按照全市统一部署,11月9日～15日是上海市区县、乡镇两级人大换届选举集中宣传周。11月16日,全区设立639个选举大会会场和9 130个投票站,2 298 466名选民进行登记,实际有2 209 932名选民参加投票,参选率达96.11%。浦东新区第六届人民代表大会应有代表名额450人,应选440人(保留10人)。全区24个镇共有镇人大代表名额2 126人,应选2 070人(保留56人)。

**同日** 华虹集团"创芯"20周年技术研讨会暨华力二期12英寸生产线启动仪式在张江高科技园区举行。该项目为2016年上海市重大工程。

**13日** 浦东新区工商业联合会(总商会)第六次会员代表大会在浦东干部学院召开。选举产生浦东新区工商业联合会(总商会)第六届执委会,常兆华当选为浦东新区工商联(总商会)第六届工商联主席、总商会会长。

**同日** 2017年浦东新区环境综合整治目标任务分解和全面排摸工作部署会在新区办公中心召开。

**15日** 中国(上海)自贸区司法服务保障论坛暨浦东法院自贸区法庭成立三周年大会召开。最高人民法院副院长贺荣、上海市高级人民法院院长崔亚东等出席并讲话。

**17日** 中国(上海)自由贸易试验区陆家嘴管理局与戴德梁行在新区办公中心签署战略合作协议。

**19日** 2016世界浙商上海论坛暨上海市浙江商会成立30周年大会在浦东世博中心召开。

**21日** 第九届全球健康促进大会在上海国际会议中心召开,李克强出席开幕式并致辞。

21日～22日，李克强在中国（上海）自由贸易试验区实地考察自贸试验区建设取得的新进展，先后考察浦东新区市场监管局、通用电气中国科技园、上海电子口岸建设运营等情况。全面听取上海自贸试验区改革、开放、创新情况汇报，对3年来上海自贸试验区取得的经验和上海经济社会发展取得的成就予以充分肯定。希望上海认真学习贯彻习近平总书记系列重要讲话精神，勇啃改革硬骨头，挺立创新最前沿，深耕国际大市场，在国家发展大局中更好发挥引领示范作用。

23日　中国人民银行上海总部召开政策发布会，发布《关于进一步拓展自贸区跨境金融服务功能支持科技创新和实体经济的通知》，推出将开立自由贸易账户的主体资格拓展到全市科技创新企业，为科创企业引进海外人才提供自由贸易账户服务等10项措施。

24日　浦东新区人民法院发布《浦东法院加强知识产权司法保护服务保障中国（上海）自由贸易试验区建设三年情况》白皮书。

30日　浦东新区环境综合整治现场会暨2017年启动大会在合庆镇召开。截至11月28日，新区整治违法建筑、违法用地总量1 696.54万平方米。

## 12月

8日　上海市财政局通过财政部政府债券发行系统在上海自贸试验区发行30亿元3年期地方债。

9日　滴水湖国际会议中心雅辰酒店开工建设。项目位于浦东新区临港主城区，总建筑面积21万平方米，总投资22亿元。

12日　临港2016智能制造科技产业论坛暨闵联开发大厦入驻签约仪式举行。

13日　美籍华人、中央"千人计划"专家毛晨博士在张江行政服务中心五证联办窗口领取申办的外国人工作许可证，这是浦东新区颁出的首张外国人工作许可证。

15日～16日　由中国银行业协会、中国信托业协会等联合主办的第13届中国国际金融论坛在浦东新区喜来登酒店举行。

21日　江浦路越江隧道新建工程开工建设，线路全长2.28千米，主体部分自浦西江浦路、龙江路交叉口始,于民生路商城路交叉口止。工程由上海城投(集团)有限公司投资建设。2021年9月30日晚22时,江浦路隧道完成试通车。

**22日** 第二届中国(上海)上市公司企业社会责任峰会暨《上海上市公司企业社会责任蓝皮书(2016)》发布会在陆家嘴举行。

**25日~27日** 中国共产党上海市浦东新区第四次代表大会在世博会议中心举行。韩正出席大会开幕式并讲话。翁祖亮代表第三届区委向大会作《改革为先,创新为要,实干为基,为夺取浦东开发开放二次创业更大胜利而奋斗》的报告。大会选举中共浦东新区第四届委员会委员66人、候补委员13人,中共浦东新区第四届纪律检查委员会委员51人。大会审议并通过《关于中共浦东新区第三届委员会报告的决议》《关于中共浦东新区第三届纪律检查委员会工作报告的决议》。27日,中共浦东新区第四届委员会召开第一次全体会议,选举中共浦东新区第四届委员会常务委员会委员、书记、副书记;翁祖亮、杭迎伟、冯伟、陈杰、李贵荣、金梅(女)、单少军、姬兆亮、谈上伟、陆方舟、李泽龙、王宏舟为区委常务委员会委员,翁祖亮为区委书记,杭迎伟、冯伟为区委副书记;会议批准中共浦东新区第四届纪律检查委员会第一次全体会议选举产生的书记、副书记和常务委员。27日,中共浦东新区第四届纪律检查委员会第一次全体会议举行,会议选举区纪委常务委员会委员和书记、副书记,单少军为区纪委书记,柳亚华、徐可畏为副书记。

**25日** 浦东第一八佰伴经过全面改造正式开业。

**28日** 张江跨境科创监管服务中心正式启动。

**30日** 华力12英寸先进工艺集成电路生产线建设项目在康桥工业区正式开工建设,总投资387亿元。2017年11月2日,项目宣告生产厂房主体结构工程完成,并启动动力机电安装。2018年10月18日,项目正式建成投片。

**同月** 习近平对上海自贸试验区建设作出重要指示强调,建设上海自贸试验区是党中央、国务院在新形势下全面深化改革和扩大开放的一项战略举措。3年来,上海市、商务部等不负重托和厚望,密切配合、攻坚克难,紧抓制度创新这个核心,主动服务国家战略,工作取得多方面重大进展,一批重要成果复制推广到全国,总体上实现了初衷。望在深入总结评估的基础上,坚持五大发展理念引领,把握基本定位,强化使命担当,继续解放思想、勇于突破、当好标杆,对照最高标准、查找短板弱项,研究明确下一阶段的重点目标任务,大胆试、大胆闯、自主改,力争取得更多可复制推广的制度创新成果,进一步彰显全面深化改革和扩大开放的试验田作用。

# 2017 年

## 1 月

**4 日** 中国证券投资基金业协会发布公告,富达利泰投资管理(上海)有限公司完成登记注册,成为在中国境内募资、投资 A 股市场的外商独资私募基金管理人。

**8 日~11 日** 中国人民政治协商会议上海市浦东新区第六届委员会第一次会议在世博中心召开。上海市政协主席吴志明出席大会并作重要讲话。会议由区政协党组书记严旭主持,区政协副主席吴泉国受政协浦东新区第五届委员会常务委员会委托作《政协工作报告》。会议表决通过《政协浦东新区政协六届一次会议决议》。大会经过投票选举,严旭当选为政协浦东新区第六届委员会主席,王正泉、唐石青、顾建钧、徐红 4 人当选为政协浦东新区第六届委员会副主席,奚德强当选为政协浦东新区第六届委员会秘书长。

**9 日~12 日** 浦东新区第六届人民代表大会第一次会议在世博中心召开。会议由新区人大常委会主任唐周绍主持,副区长杭迎伟代表浦东新区政府向大会作《政府工作报告》。会议表决通过《关于新区人民政府工作报告的决议》《关于新区 2016 年国民经济和社会发展计划执行情况与 2017 年国民经济和社会发展计划的决议》《关于新区 2016 年预算执行情况和 2017 年预算的决议》《关于新区人大常委会工作报告的决议》《关于区人民法院工作报告的决议》《关于区人民检察院工作报告的决议》。会议选举田春华为浦东新区第六届人大常委会主任,选举袁胜明、庄品华、谢毓敏、周奇、陈红专为浦东新区第六届人大常委会副主任。选举杭迎伟为浦东新区区长,选举姬兆亮、陆方舟、张玉鑫、李国华、王靖、徐长华、管小军、陈希为浦东新区副区长。

10日　中国(上海)自由贸易试验区金融工作协调推进小组、市金融办公室等相关部门发布中国(上海)自由贸易试验区第七批共15个金融创新案例。

11日　浦东新区第三届总部经济十大经典样本正式发布。中国远洋海运集团有限公司、上海华信国际集团有限公司、罗氏(中国)投资有限公司、英飞凌科技(中国)有限公司、沃尔沃建筑设备投资(中国)有限公司、赛默飞世尔科技(中国)有限公司、卫宁健康科技集团股份有限公司、长泰商业经营管理有限公司、联合包裹管理(上海)有限公司、万宝盛华人力资源(中国)有限公司荣获十大经典样本奖。百安居(中国)投资有限公司、上海阅文信息技术有限公司、上海博华国际展览有限公司荣获融合创新奖；贝亲管理(上海)有限公司、上海长顺电梯电缆有限公司、小松(中国)投资有限公司荣获科技创新奖。原龙投资、新致软件、启润实业、上海亿马等10家新认定的浦东总部企业被授予总部企业证书。

15日　韩正参加上海市第十四届人民代表大会第五次会议浦东新区代表团全团审议时指出，上海正处于全面深化改革、创新驱动发展攻坚期，浦东新区要当好改革开放排头兵中的排头兵、创新发展先行者中的先行者，大胆试、大胆闯、自主改，按照中央和市委要求，在探索地方一级政府管理体制和监管模式上闯出一条新路。

23日　《国家卫生计生委关于设置国家儿童医学中心的函》正式印发，明确将以首都医科大学附属北京儿童医院为主体设置国家儿童医学中心，以复旦大学附属儿科医院、上海交通大学医学院附属上海儿童医学中心为联合主体设置国家儿童医学中心，共同构成国家儿童医学中心。

## 2月

2日　2017年春节黄金周，浦东新区纳入统计的24家主要景点累计接待人数160万人次，比上年同期增加六成；门票总收入超过2亿元，是上年同期的3倍多。

3日　翁祖亮、杭迎伟一行到浦江东岸新华绿地、民生码头察看滨江大道在建工程进展情况，并召开黄浦江浦东沿岸贯通工程现场推进会。

6日　上海市第一批河长名单公布。其中，翁祖亮任浦东新区第一总河长，同时任浦东运河、大治河2条上海市市管河道的一级河长。杭迎伟任浦东新区总河长,同时任长江口、黄浦江干流在浦东新区区域段的二级河长以及赵家沟、川杨河2条上海市市管河道的一级河长。张玉鑫任浦东新区副总河长。此外,浦东共有70条被列入城乡中小河道综合整治任务的镇管、村管河道的河长名单也同步公布。

**7日** 浦东新区市场监管局实施药品零售许可证和GSP证(药品经营质量管理规范认证)"两证齐发"审批模式专项改革,将原"串联"的两项行政审批事项改为"并联"合并审批,实现"一次申请、两证齐发"。

**同日** 国家质量监督检验检疫总局批复上海市质监局在上海自贸试验区开展工业产品生产许可证改革试点,同意其在上海自贸试验区推行工业产品生产许可省级发证"一企一证"制度。3月14日,上海自贸试验区工业产品生产许可证审批制度改革工作会议暨首张"一企一证"颁发仪式在浦东新区举行,中国石化上海高桥石油化工有限公司获颁含多个类别产品的工业产品生产许可证。

**8日** 国家工业和信息部公布国家产融合作试点城市(区)公示名单,全国25个省市区的37个市(区)入选,浦东新区成为入选城市(区)之一。

**14日** 四届区纪委二次全会举行。单少军主持会议并作《敢于担当,不辱使命,推动全面从严治党向纵深发展》工作报告。全会对2017年党风廉政建设和反腐败工作做出部署,着重做好七方面工作。翁祖亮出席会议并讲话。

**22日** 中央农村工作领导小组副组长袁纯清一行在浦东调研农业保险工作。

**同日** 中国(上海)自由贸易试验区管委会张江管理局、张江高科技园区管委会确定"十三五"发展规划目标,到2020年,张江核心园将努力建设"一心、两区、一城"。

**23日** "2017陆家嘴资产证券化论坛"在陆家嘴金融城举办。论坛显示,从基础资产到机构资金、从发行认购到交易流转、从中介机构到人才配置,资产证券化业务的完整产业链在陆家嘴形成。

**24日** 陆家嘴金融城发展局与英国国际贸易部(DIT)签署合作备忘录。双方合作引入英国优质的金融人才教育培训资源,共同开发既契合陆家嘴区域发展特点,又对接企业对金融人才需求的培训课程,建立不定期交流互访机制。

27日　应勇在浦东调研部分外资企业并召开座谈会时指出,开放是上海最大的优势,上海以大开放实现了大发展,也必将继续以开放赢得未来。我们将坚定不移地扩大对外开放,加快发展更高水平的开放型经济,努力营造法治化、国际化、便利化的营商环境,为包括外资企业在内的各类市场主体创造更大的发展空间,为上海面向未来的发展增强城市核心竞争力。

## 3月

1日　国家食品药品监管总局"进口非特殊用途化妆品备案管理系统"正式上线运行。根据新的备案管理规定,自2017年3月1日起至2018年12月21日,凡从上海市浦东新区口岸进口,且境内责任人注册地在上海浦东新区的首次进口非特殊用途化妆品,由现行审批管理调整为备案管理。

1日~5日　第27届中国华东进出口商品交易会在新国际博览中心举行。华交会共设10.5个展馆,展览面积12.09万平方米,展位总数5 670个,14个交易团、3 900多家企业参展。

3日　浦东新区召开"平凡的力量"2016年度十佳志愿者、集体、项目表彰大会。塘桥街道荣获2016年度全国学雷锋志愿服务"最美志愿服务社区"称号。

6日　浦东新区区委党校2017年春季主体班暨街镇党(工)委书记、副书记专题培训班开班。翁祖亮出席会议并强调,习近平总书记参加十二届全国人大五次会议上海代表团审议时希望上海在四个方面有"新作为",浦东各级领导干部要认真学习领会、结合浦东实际加以贯彻落实。要以迎难而上、敢于担当、勇于创新、注重协同、追求卓越、争创一流的精神状态做出特殊的努力,全区上下咬定重点工作不放松,持续用力,久久为功,不断抓突破、出成果、见成效。

7日　《中国(上海)自由贸易试验区航运法治建设公约》签署仪式在浦东新区办公中心举行,航运法律和仲裁机构、行业协会、高校航运法律研究机构在内的22家单位集体签署。

9日　浦东新区第二次妇女儿童工作会议召开。会议指出,"十三五"期间,浦东新区确立了妇女发展的六大领域30项主要目标和儿童发展的五大领域20项主要目标。

13日　浦东新区人民法院发布的《金融消费者权益保护年度审判白皮书》显

示,2016年浦东法院共受理金融消费纠纷案件2.67万件,占同期全部金融商事案件的91.5%。

**17日** 第10届"东方名家名剧月"在上海东方艺术中心举行。46天时间,共演出17台23场戏曲节目,涵盖京剧、昆剧、越剧等。

**20日** 《浦东新区就业和社会保障发展"十三五"规划》发布。该《规划》指出,"十三五"期间新增就业岗位累计50万个,浦东计划打造"国际人才自由港"和"大众创业策源地"。

**同日** 中国(上海)自由贸易试验区陆家嘴管理局与全球最大商业地产服务和投资公司世邦魏理仕签署战略合作协议。双方计划在优化金融城投资环境、培育产业生态等方面展开深度合作。

**24日** 习近平总书记主持召开中央全面深化改革领导小组第33次会议,审议通过《全面深化中国(上海)自由贸易试验区改革开放方案》。30日,国务院印发《全面深化中国(上海)自由贸易试验区改革开放方案》。5月22日,浦东新区贯彻落实国务院印发《全面深化中国(上海)自由贸易试验区改革开放方案》的具体举措出台,重点推进5项工作:设立"一带一路"技术贸易措施企业服务中心、深化境外投资服务平台建设、加快建设"一带一路"国别进口商品中心、增强"一带一路"金融服务功能、加强"一带一路"人才交流合作。

**27日** 中共上海市委发文通知,中共中央批准,翁祖亮同志任中共上海市委常委。

**29日** 浦东新区召开2016年度经济突出贡献企业表彰大会。向140家企业颁出经济特别贡献20强、金融业突出贡献20强、现代服务业突出贡献20强、先进制造业突出贡献20强、科技创新突出贡献20强、高成长性企业突出贡献20强、"四新"企业创新20强七大奖项。

## 4月

**1日** 上海市政府召开新闻发布会,邀请有关部门介绍上海自贸试验区建设进展情况及下阶段工作举措。会议透露,中国(上海)自由贸易试验区建设总体上达到3年预期目标,实现了"四个确立,一个联动",下一阶段,将加快落实《全面深化中国(上海)自由贸易试验区改革开放方案》的各项试点任务,着力在"三区一堡"和"三个联动"上体现新作为。

5日 应勇在上海国际旅游度假区调研时指出,要按照中央要求和市委、市政府部署,积极践行新发展理念,坚持"高标准、有特色、聚功能",加快推动国际旅游度假区发展,努力建成具有示范意义的现代化旅游度假区、当代娱乐潮流体验中心、人人向往的世界级旅游目的地。

6日 2017"创业在上海"国际创新创业大赛暨第六届中国创新创业大赛(上海赛区)"智汇浦东创见世界"浦东创新创业大赛开赛仪式在上海科技馆举行。

9日~12日 2017第六届上海民俗文化节在三林举行。文化节共设圣堂庙会、非遗展会、行街表演、文艺演出等多个项目。

10日 2万标箱集装箱船舶"商船三井成就"轮停靠洋山深水港。同时,洋山港海事、边检、海关、检验检疫的执法人员对该船实施国际船舶联合登临检查。

11日 中共上海市委全面深化改革领导小组举行第16次会议。审议通过《全面深化中国(上海)自由贸易试验区改革开放方案2017年重点工作安排》。会议强调,根据该方案细化的98项改革任务、全年24项重点工作已明确牵头部门、责任部门和完成的时间节点,要坚持目标导向、问题导向,抓住关键环节重点突破,注重落地见效,核心制度和基础制度都要有新的突破,努力为国家改革开放多提供可复制可推广的制度创新成果。

17日 "国家战略与浦东发展"浦东经济2017展望主旨演讲暨中国电信第四届浦东年度经济人物颁奖典礼在上海科技馆举行。中国商飞公司制造总师姜丽萍等10人获"浦东年度经济人物"奖,经济学家吴敬琏获"浦东新区杰出贡献奖"特别奖。

18日 由中国工程院、中国科学院、国家民航局、中航工业、中国商飞等单位的25名专家组成的,评审委员会一致同意,C919大型客机首架机通过首飞放飞评审。5月5日,C919在上海浦东机场成功首飞。中共中央政治局委员、国务院副总理马凯出席首飞仪式并致辞,中共中央政治局委员、上海市委书记韩正出席首飞仪式。

19日 2016年度浦东新区重大工程立功竞赛总结暨2017年度重大工程建设动员大会召开。会议指出,2017年,浦东新区重大工程共安排正式项目143项,计划投资160.62亿元。

20日~22日 主题为"创新驱动发展、保护知识产权、促进技术贸易"的第五届中国(上海)国际技术进出口交易会在世博展览馆举行,展出面积3.5万平方米,参展企业和机构900余家,观众达5万余人次。

26日 浦东新区科学技术协会第四次代表大会召开,选举丁健为浦东新区科学技术协会第四届委员会主席。

27日 浦东新区庆"五一"暨先进表彰大会在周浦文化中心举行。会上,颁发全国、上海市、浦东新区"五一劳动奖状""五一劳动奖章"和"工人先锋号"等奖项。

28日 2017年浦东新区文化科技卫生"三下乡"暨"我们的家园"主题宣传活动在川沙新镇举行。

同日 浦东新区区委举行常委扩大会,专题研究党风廉政建设责任制工作。翁祖亮主持会议并强调,党风廉政建设责任制是反腐倡廉建设的根本性、基础性制度,是深入推进党风廉政建设和反腐败工作的有效保证,各级领导干部要做好带头表率、抓好日常纪实、抓好责任传导,把党风廉政建设和反腐倡廉工作不断推向深入。

## 5月

3日 全国人大常委会副委员长严隽琪带队全国人大常委会产品质量法执法检查组到浦东开展检查。

同日 "张江跨境科创中心建设情况"新闻发布会在浦东新区行政办公中心召开。会议显示,启动运行的张江跨境科创中心提供了多重功能,包括关检联合查验平台等,由海关、国检派员入驻,实现关检合作"三个一",即一次申报、一次查验、一次放行等。

5日 上海市质量技术监督局与浦东新区政府签署《共同推进建设"开放、创新、高品质"浦东的战略合作协议》,协议涵盖推动自贸区改革创新、完善机制建设等20项举措、48项任务。

10日 中国(上海)自由贸易试验区第二届上海高校外国留学生就业专场招聘会在浦东人才市场举行。

同日 中化国际科创中心在张江高科技园区揭牌成立。

同日　再鼎医药全球研发总部落户张江。

18日　临港地区开发建设管理委员会、英国爱丁堡大学签署合作协议,成立中英国际低碳学院和国内低碳专业学院在临港地区挂牌。

21日～24日　翁祖亮率浦东新区党政代表团到云南大理州弥渡县、洱源县、云龙县等深入贫困村、学校、医院和产业基地,了解当地扶贫需求。其间,浦东新区与大理州政府签署2017年度扶贫协作协议,向洱源县捐赠地震援助资金200万元。

22日　浦东新区政府印发《浦东新区国家知识产权示范城市(城区)培育工作方案(2017—2019)》。

同日　中国商飞(COMAC)与俄罗斯联合航空制造集团(UAC)的合资企业——中俄国际商用飞机有限责任公司(CRAIC)在上海成立。

24日　中国医学科学院上海生物样本资源合作研究中心在张江上海生物芯片有限公司正式签约并举行揭牌仪式。

28日　上海纽约大学首届本科生毕业典礼在东方艺术中心举行。中国、美国及其他31个国家的264名应届生获得纽约大学学位证书、上海纽约大学学位证书以及上海纽约大学毕业证书。

31日　浦东新区召开全区工作动员大会。要求在全市率先启动统筹核心发展权和下沉区域管理权改革工作,直面区、镇发展中的"痛点""难点""阻点",适应经济社会发展新阶段、新要求,加强顶层设计,推出改革方案,重点统筹5个方面的发展权,强化与下沉8个方面的管理权,建设高品质浦东。

## 6月

1日　浦东新区召开"家门口"服务体系动员部署会。"家门口"服务体系建设的推进分为3个阶段。2017年5月底之前,是集中试点阶段;2017年6月至2018年底,是街镇推进阶段;2019年是提升完善阶段,实现村居"家门口"服务站全覆盖。

4日　第一届陆家嘴金融城龙舟赛在张家浜河道上海科技馆河段举行。

5日　2017年浦东新区国家卫生区复评审动员会暨公共卫生工作联席(视频)会议召开。会议部署国家卫生区复评审工作及2017年公共卫生重点工作。

6日　张江高科技园区管委会在美国硅谷华虹国际(美国)公司挂牌设立"张江海外人才工作站"。

7日～9日　2017年亚洲消费电子展在上海新国际博览中心举行。22个国家和地区的450多家参展商展示19个大产品类别的技术创新。

8日　以"拥抱海洋,走向未来"为主题的2017年上海海洋论坛暨第三届上海临港海洋节在滴水湖畔举办。海洋节涵盖海洋产业、海洋科技、海洋科普等五大板块活动,累计吸引线上线下20多万人次、300余家涉海企业、近30家科研机构参与。

10日　浦东新区"文化和自然遗产日"主题活动在浦东新区文化艺术指导中心惠南分中心举行。川沙民间故事代表性传承人夏友梅、浦东山歌代表性传承人奚保国、宣卷代表性传承人周福妹等9人获颁第五批新区市级非遗项目代表性传承人证书。

16日　浦东新区工会第四次代表大会在浦东干部学院举行。会议选举产生新一届新区总工会主席、副主席、常委和经审委主任,周奇当选浦东新区总工会主席。

同日　浦东新区海外人才局举行揭牌暨人才颁证仪式,宣布成立全国首个海外人才局,颁发全国首张自贸试验区管委会推荐永久居留身份证和全国首张本科学历外国留学生工作许可证。

同日　国务院办公厅印发《自由贸易试验区外商投资准入特别管理措施(负面清单)(2017年版)》。

20日～21日　主题为"全球视野下的金融改革与稳健发展"的第九届陆家嘴论坛在上海国际会议中心举行。中共中央政治局委员、上海市委书记韩正参加论坛并发表主旨演讲。中国人民银行行长周小川和上海市长应勇担任轮值主席并发表主旨演讲。论坛包括6个议题,400余人参加,47位嘉宾发言。

21日　浦东新区发布《浦东新区市场主体发展状况白皮书(2016年)》。数据显示,至2016年底,浦东新区共有各类市场主体37.31万户,比上年末增长5.57万户,增长率17.55%。2016年新设各类市场主体5.65万户,其中公有制企业1504户、私营企业4.01万户、外资企业2686户。

27日　浦东新区召开环境综合整治中期推进会,截至6月26日,全区拆除存量违法建筑1 526万平方米,拆除新增违法建筑1.39万平方米;整治存量违法用地689宗,面积304.56万平方米,面积完成率为51%;关闭违法排污企业1 900家;整治违法群租27 872间;整治违法经营企业3 517家。两条国考河道的原批复工程量已完工,68条市考河道全面开工,6月底完成主体工程。

**28日** 浦东新区庆祝中国共产党成立96周年大会在浦东图书馆举行。全区1 365名预备党员在现场和各级党建服务中心举行庄严的宣誓仪式。

**同日** 中国(上海)自由贸易试验区管委会和上海市金融办发布《中国(上海)自贸试验区金融服务业对外开放负面清单指引(2017年版)》。

**29日** 浦东新区"缤纷社区"试点工作发布会召开。"缤纷社区"试点区域为新区内环以内区域,总面积33平方千米,涉及陆家嘴、洋泾、潍坊等5个街道。

**30日** 六届区人大常委会第3次会议召开。会议审议并表决通过有关人事任免,任命23位新一届区政府部门组成人员,并进行宪法宣誓仪式。

## 7月

**3日** 国家集成电路创新中心、国家智能传感器创新中心启动会举行。国家集成电路创新中心由复旦大学、中芯国际和华虹集团3家单位共同发起,构建开放平台,汇聚高端人才,开展源头创新。国家智能传感器创新中心由上海芯物科技有限公司作为运营实体,以关键共性技术的研发和中试为目标,专注传感器设计集成技术、先进制造及封测工艺,布局传感器新材料、新工艺、新器件和物联网应用方案等领域。

**5日** 韩正察看浦江两岸贯通开放工程。黄浦江两岸从杨浦大桥到徐浦大桥45千米岸线公共空间贯通开放工程至6月底已贯通25.29千米。浦东新区滨江段总长23千米,有10千米实现沿江贯通。

**同日** 上海浦东数据工程中心成立揭牌仪式在浦东世博B片区航运和金融产业基地举行,上海浦东BIM+3DGIS公共服务平台也同时成立。

**6日** 第13届中国国际动漫游戏博览会(CCGEXPO2017)在世博展览馆举行。展区面积5.3万平方米,包括迪士尼、万代、寿屋等以及阅文在内的350家展商参展。

**7日** 上海外高桥国际化妆品展示交易中心体验馆正式开馆。

9日 中国民用航空局在北京向中国商飞公司颁发 ARJ21-700 飞机生产许可证(PC)。

13日 杭迎伟做客上海人民广播电台 2017"夏令热线·区长访谈"特别节目。接听6个市民来电,分别反映河道污染、小区群租、商业开发项目侵占等问题。

15日～16日 2017年朗迪金融科技峰会在浦东举行。峰会议题包括区块链、人工智能、保险科技、网络安全、电子银行等。来自中国及全球各国的2 000多位行业决策者和200位来自全球金融科技企业、监管机构、学术机构的嘉宾参加。

17日 韩正在浦东新区调研自贸试验区建设并主持召开座谈会,在听取上海自贸试验区建设各项重点工作的进展情况汇报后强调,要坚决按照以习近平同志为核心的党中央的决策部署,按照习近平总书记重要指示精神和李克强总理重要批示精神,紧紧围绕服务国家战略,对照国际最高标准,以建设开放度最高的自由贸易区为目标,以制度创新为核心,打造上海自贸试验区建设的升级版。

20日 第三届上海(浦东)沪剧艺术节在梅赛德斯-奔驰文化中心开幕。

同日 四届区委二次全会召开。会议总结上半年新区经济社会发展情况,部署下半年工作,审议并通过《法治建设实施意见》和《区委工作规则》。

21日 上海集成电路装备材料基金签约仪式在临港举行。基金总规模不低于100亿元,首期50亿元,由临港管委会、国盛集团、南京银行、上海万业企业等单位共同出资。

21日～23日 浦东新区第九届农产品博览会在源深体育中心举办。设置展位108个、参展品种600余个,展示浦东农业采摘机器人、食品安全追溯系统等先进现代农业技术。

25日 中国(浦东)知识产权保护中心揭牌仪式在浦东新区办公中心举行。

同日 杭迎伟率领浦东新区党政代表团到西藏自治区日喀则市江孜县,慰问援藏干部,考察援建项目。全年,浦东对江孜援藏项目22个,资金7 858万元。其中,扶贫类项目7个,总投资3 350万元,惠及贫困人口5 390人次。

26日 2017年浦东新区双拥工作领导小组全体(扩大)会议暨纪念建军90

周年座谈会召开。翁祖亮出席会议并强调,要以争创"全国双拥模范城"五连冠为目标,提高制度化、科学化建设水平,推动双拥工作打开新局面、迈上新台阶。

27日~30日 第15届中国国际数码互动娱乐展览会(ChinaJoy)在上海新国际博览中心举行。展览面积17万平方米,参展游戏企业900余家,展出游戏产品4 000款,现场体验机5 000台。展会期间,达成交易额4.75亿美元。

30日 以"团结、拼搏、奋进、争先"为主题的浦东新区第六届运动会开幕式在源深体育馆举行,有106个代表团报名参赛。11月22日,浦东新区第六届运动会闭幕。历时5个月,举办赛事活动1 068项,参与近40万人次。

## 8月

1日 浦东新区召开安全生产工作会议。杭迎伟出席会议并强调,要深刻领会、坚决贯彻落实党中央、国务院关于加强安全生产工作的决策部署和市委、市政府要求,以对人民、对城市高度负责的态度,把安全工作落实到城市工作和城市发展的各个环节、各个领域,牢牢守住安全的红线和底线。

同日 第二届浦东新区区长质量奖揭晓。上海浦东软件园股份有限公司、上海嘉里食品工业有限公司、上海市浦东医院等3家单位荣获第二届浦东新区区长质量奖。博彦科技(上海)有限公司、上海微创医疗器械(集团)有限公司、上海烟草机械有限责任公司、上海金伯利钻石集团有限公司、上海临港科技创业中心有限公司、上海天马微电子有限公司等6家单位荣获第二届浦东新区区长质量奖提名奖。

3日 中国(上海)自由贸易试验区、浦东新区贸易便利化措施暨国际贸易中心建设示范企业发布会在浦东梅赛德斯-奔驰文化中心举行。会上,海关、检验检疫部门分别发布10项总计20条支持浦东贸易便利化的新举措。

3日~5日 2017全球新能源汽车大会未来汽车展在上海新国际博览中心举行,国内外新能源汽车生产、租赁以及配套电池等方面近40家企业参展。

4日 上海临港国际智能制造展示交易中心开幕式在临港办公中心举行,中心实施"互联网+实体"的服务模式,采取线上线下展厅同步建设、同步揭幕、同步运营的实施路径。

7日 上海市人民政府正式批复原则同意《张江科学城建设规划》,明确张江科学城规划范围北至龙东大道、东至外环—沪芦高速、南至下盐公路、西至罗山路—沪奉高速,兼顾重大科技基础设施要求,总面积约94平方千米。

8日　浦东新区人民政府印发《浦东新区综合交通体系建设"十三五"规划》。"十三五"期间,浦东新区将加快推进多层次的轨道交通网络规划建设,启动城际线、市区线、局域线3个层次的轨道交通规划研究和建设工作。

16日~18日　2017国际科创园区(上海)博览会暨万名新侨海归双创人才对接大会在上海世博展览馆举行,来自全国16个省市区的54个城市、135家园区、280家企业机构以及近20所高校组团参展参会。

22日　经国家住房和城乡建设部认定,新场镇为第二批全国特色小镇。

## 9月

2日　金砖国家新开发银行总部大楼动工。大楼位于世博园A片区,总建筑面积12.6万平方米,建筑高度150米,2021年9月交付使用。

6日　2017年上海市"白玉兰纪念奖"颁授仪式举行。18个国家的50位杰出外籍人士获此殊荣,其中4位由浦东报送。

9日　以"浦江生活、幸福家庭"为主题的浦东新区第16届家庭文化节暨第19届家庭教育宣传周活动举行。

13日　上海市食品药品监督管理局和浦东新区政府在浦东新区办公中心举行《食品药品安全战略合作协议》签署仪式。

14日　中国质量认证中心等4家中外企业、机构在浦东新区办公中心签署《服务中国(上海)自由贸易试验区建设"一带一路"桥头堡检测认证机构质量合作协议》。"一带一路"技术贸易措施企业服务中心同时揭牌成立。

15日~16日　第二届中国质量(上海)大会在浦东新区举行。

20日　上海市人民政府举行第27批跨国公司地区总部颁证仪式。应勇为新认定的40家跨国公司地区总部颁发证书,此次获颁证书的40家跨国公司地区总部中,亚太区总部13家,中国区总部27家。其中,1/3的跨国公司地区总部来自浦东。

26日　浦东美术馆开工建设。项目位于陆家嘴金融贸易区,东起富城路,南至明珠塔路,西至滨江大道,北邻上海国际会议中心。2021年7月开馆,正式向公众开放。

**27日** 上海博物馆东馆在浦东花木地区开工建设。该馆西临杨高南路、北临世纪大道、东临丁香路。占地面积4.6万平方米,总建筑面积10.5万平方米,建筑高度近45米,拥有地上建筑6层,地下2层。

**同日** 巩固"五违四必"综合整治成果暨创建"无违建"村居(街镇)现场会在浦东合庆镇召开。韩正在会上强调,要全面开展"无违建"居村(街镇)创建,加快建立"五违四必"综合整治常态长效机制。

**同日** 上海图书馆东馆在浦东新区开工建设。总建筑面积11万平方米,地上7层,地下2层,为读者提供阅览座席6 000个,全开架藏书约480万册。2021年底建成。

**28日** 中国(上海)自贸试验区管委会发布"中国(上海)自由贸易试验区制度创新十大经典样本企业",分别为:普华永道商务技能培训(上海)有限公司、上海阿特蒙医院有限公司、上海百家合信息技术发展有限公司、上海畅联国际物流股份有限公司、上海欧莱雅国际贸易有限公司、上海元初供应链管理有限公司、中国(上海)自由贸易试验区国际文化投资发展有限公司、索尼物流贸易(中国)有限公司、通用电气(中国)有限公司、中国银行股份有限公司上海自贸试验区分行。

## 10月

**1日~8日** 国庆长假期间,浦东新区24家景点接待游客164.6万人次,比上年增长12.34%;实现门票收入22 443.05万元,比上年增长15.56%。

**10日** 浦东新区区委召开政协工作会议,并印发《中共上海市浦东新区委员会关于进一步加强人民政协民主监督深入推进协商民主建设的实施意见》。

**11日** 浦东新区法院金融审判"三合一"机制实施后,首例金融刑事案件公开开庭审理。

**12日** 浦东新区检察院和浦东新区知识产权局联合举行推进中国(浦东)知识产权保护中心建设、加强知识产权行政与司法协同保护专题座谈会暨战略合作签约仪式。

**同日** 中国(上海)自由贸易试验区第八批金融创新案例发布会召开。会上,发布15个典型金融创新案例。

**13日** 上海张江生物银行正式启动。由张江高科技园区管委会政府立项,生物芯片上海国家工程研究中心牵头承担,总投资1亿元,有1 000万份生物样本的储存能力。

14日　德国弗劳恩霍夫应用研究促进协会下属弗劳恩霍夫制造工程与自动化研究所(IPA研究所)与上海交通大学和临港地区开发建设管理委员会正式签署合作备忘录,建设弗劳恩霍夫智能制造项目中心。

24日　中科院上海光机所和上海科技大学超强超短激光实验装置(SULF)实现10拍瓦激光放大输出,达到国际同类研究的领先水平。

25日　"2017年上海第十届百岁寿星排行榜"发布,截至2017年9月30日,上海百岁寿星共2 035人。浦东新区百岁老人人口数量位居全市各区第一。

25日～27日　主题为"智能科学的发展与应用"的第二届智能科学国际会议(ICIS2017)在上海临港召开,来自国内外智能科学领域的专家学者等200余人探讨了智能和相关科学技术等。

26日　据上海海关统计,2013年上海自贸试验区挂牌成立以来,新增海关注册企业1.8万家。上海自贸试验区内海关注册企业总数达2.7万家,历时4年新增海关注册企业数是之前总数的2倍。

29日　2017斯柯达环法上海巅峰赛在世博园中华艺术宫开赛,7支世界巡回赛车队车手参赛。

30日　浦东新区召开党员负责干部会议,传达贯彻党的十九大会议精神。翁祖亮强调,按照中央和市委要求,全区各级党组织要把学习好、宣传好、贯彻好党的十九大精神作为当前和今后一个时期的头等大事、首要任务。

31日　浦东新区政府与上海市文广局在新区办公中心签署战略合作协议,计划在推进现代公共文化服务体系建设、推进文化产业体系建设、推进重大文化作品和群文创作等七方面开展16项具体合作。

同日　上海迪士尼乐园及配套设施(一期)项目获2016—2017年度中国建设工程鲁班奖(国家优质工程)。

# 11月

1日　浦东新区出台《浦东新区"证照分离"改革试点深化实施方案》。

同日　2015—2016年度浦东新区科学技术奖励大会在浦东新区办公中心举

行,大会表彰2015年度浦东新区科学技术奖132项,2016年度浦东新区科学技术奖136项。

6日 东方广播中心和上海发布联合制作的《努力当好新时代的排头兵、先行者——对话区委书记》系列访谈节目在FM93.4、AM990《市民与社会》栏目播出。访谈嘉宾、区委书记翁祖亮接受访谈。

8日 中共中央政治局委员、上海市委书记李强在浦东新区调研时强调,浦东是全国改革开放的窗口和现代化建设的缩影,在上海经济社会发展中的地位举足轻重。要充分认识浦东在全局、大局中的特殊位置,按照中央的决策部署,找到实践党的十九大精神的着力点、发力点,在新的更高起点上再出发,以更大的责任担当、更好的精神状态当好排头兵中的排头兵、先行者中的先行者,为上海乃至全国作出更大的贡献。

12日 世界城市文化上海论坛(2017)在位于陆家嘴金融贸易区的中国金融信息中心举行。全球19个国家和地区城市的200多位专家学者、业界和政府、使领馆官员围绕"一带一路:城市发展新空间,文化发展新动力"的年度主题,探讨各自国家和地区的文化发展实践经验。

14日 中央文明办公布第五届全国文明城市名单,浦东新区成功通过复评。

21日 《浦东新区加快建设具有全球影响力的科技创新中心核心功能区2020行动方案》正式发布。

22日 中国国际贸易促进委员会(上海)自由贸易试验区服务中心在浦东新区揭牌成立。同日,中国国际贸易促进委员会与上海自贸试验区管委会签署《中国国际贸易促进委员会与中国(上海)自由贸易试验区管委会关于促进中国(上海)自由贸易试验区建设合作备忘录》。

同日 浦兴路街道、洋泾街道、张江镇等12个街镇被评为"浦东新区特色创业服务社区"。

28日 浦东新区处级领导干部学习贯彻党的十九大精神专题研讨班培训班浦东新区区委党校开班。

29日 由亿贝软件工程(上海)有限公司与上海张江火炬创业园投资开发有限公司携手打造的"eBay·张江火炬大数据创新中心"正式落成交付,宣告由eBay中国和张江火炬联合打造的大数据创新平台将正式启动和运营。

30日 第五届上海院士专家峰会在浦江东岸举行。20多位院士专家、知名企业家围绕"机遇与挑战,上海的产业变革与创新"主题,为科创推动产业发展贡献智慧。

## 12月

1日 国家工业和信息化部与上海市人民政府签署《关于共同推进工业互联网创新发展促进制造业转型升级的战略合作框架协议》,上海临港地区作为全市工业互联网创新示范地区参加签约。

同日 浦东新区社区事务受理服务事项实现"全区通办",浦东居民办理民政救助、社会保险、医疗保险等事项,可选择就近办理,一站办结。

4日 第八届国际航运战略峰会在中国金融信息中心召开,上海自贸试验区航运重点项目集中签约。

同日 中央国债登记结算公司上海总部、中债担保品业务中心揭牌成立,发布上海关键收益率(SKY)指标。

10日 上海洋山港四期开港投入运营。洋山港四期总用地面积223万平方米,码头建有7个集装箱泊位、集装箱码头岸线总长2350米,设计年通过能力初期为400万标准箱,远期为630万标准箱。

11日~13日 浦东新区第六届人民代表大会第二次会议举行。以无记名投票方式选举产生124位上海市第十五届人大代表。

14日 老港、合庆、大团、书院4个镇试点村的村委会、农业合作社与安信农业保险公司签署农村土地承包经营权流转履约保证保险合同。这是全市首单土地承包经营权流转履约保证保险试点。

19日 浦东新区人民政府印发《浦东新区生态环境保护"十三五"规划》(2016年—2020年)。该规划明确,浦东将严格执行"重规划、重项目、重管理"的要求,围绕绿化林业建设、水务管理、大气污染防治等10个领域的目标任务,全力推进生态环境建设。

20日 浦东新区召开2017年度"四个责任制"述职述责评议会。翁祖亮强调,"四个责任制"(基层党建、党风廉政、意识形态、法治建设)是坚持和加强党的全面领导的必然要求,是深化全面从严治党的重要抓手,是"党建是最大政绩"的集中体现,要以更强的责任意识、更大的工作力度把"四个责任制"落实得更好、更扎实。

22日　上海市临港地区开放建设管理委员会举行新闻发布会宣布,从2018年1月1日起,临港地区将实行最新版的人才政策,聚焦人才引进、人才奖励、工匠培育、培养培训和住房保障等多方面。今后临港地区重点机构引进的紧缺急需人才可直接落户,居住证专项加分政策同步跟进。

23日　陆家嘴滨江金融城商业项目GALAMALL尚悦湾广场正式开业,90余个品牌入驻,包括美食、时尚和生活三大业态。

25日　浦东新区召开优化营商环境、深化企业投资建设项目审批改革新闻通气会,通报《浦东新区进一步深化企业投资建设项目审批改革方案》。

26日～29日　"第十届海外精英人才浦东行"暨"春晖杯人才项目浦东行"举行。活动围绕"科技引航,人才掌舵"主题,整合全球人才资源,探索创新"以才引才"模式,涵盖生物医药、电子信息、新能源、新材料、先进制造等多个行业。

28日　2017年度浦东旅游十大新闻发布,包括全年直接营业收入超200亿元,累计接待游客超5 000万人次,比上年增长分别超过40%和20%;上海国际旅游度假区运营一周年,接待游客突破1 700万人次。

同日　浦东新区2015—2018年新一轮双拥模范城创建活动推进会在浦东新区办公中心召开。会上通报浦东新区新一轮双拥模范城创建工作进展情况,部署下一阶段双拥创建主要任务,宣布《区委、区政府关于命名"2015—2016年度浦东新区军民共建社会主义精神文明先进集体"的决定》。

同日　上海股权托管交易中心"科技创新板"开盘两周年庆典暨35家企业挂牌仪式举行。至此,"科技创新板"挂牌企业总数172家。

31日　四届区委三次全会召开。全会由区委常委会主持,翁祖亮作区委2018年工作总体要求的讲话,杭迎伟总结新区2017年经济社会发展情况并对2018年经济社会发展工作进行部署。会议审议《区委常委会2017年工作报告》;审议并通过《区委常委会2018年工作要点》;听取、审议《关于2017年区委推进落实基层党建、党风廉政、意识形态、法治建设"四个责任制"工作情况的报告》并进行民主评议;听取并审议《区委常委会2017年度干部选拔任用工作情况的报告》,对2017年度干部选拔任用工作和新提拔任用的领导干部进行民主评议;审议并通过《四届区委三次全会决议》。

# 2018 年

## 1 月

2 日　浦东新区召开"不忘初心、牢记使命,勇当新时代排头兵、先行者"大调研部署会,印发《关于在全区开展"不忘初心、牢记使命,勇当新时代排头兵、先行者"大调研的总体方案》,成立大调研领导小组,翁祖亮任组长,杭迎伟任第一副组长。

5 日　浦东新区"沪东微心愿"基层党建创新项目在第四届全国城市基层党建创新案例颁奖活动中获最佳案例奖。

8 日　浦东新区市场监管局会同区委组织部、区商务委推出服务自贸区建设、促进营商环境优化的"二十条"措施,涵盖"放管服"及流程再造等四方面。

9 日　国务院印发《关于在自由贸易试验区暂时调整有关行政法规、国务院文件和经国务院批准的部门规章规定的决定》,对 16 项内容进行了调整,包括中国(上海)自由贸易试验区在金融、文化娱乐等市场准入方面。

10 日　国务院安全生产委员会第四考核组对浦东新区安全生产工作进行延伸考核,听取浦东新区汇报,并随机抽选两家企业进行实地检查核查。

13 日～16 日　中国人民政治协商会议浦东新区第六届委员会第二次会议在浦东干部学院召开。会议审议并通过严旭作的《工作报告》,审议并通过唐石青作的《关于六届一次会议以来提案工作情况的报告》。会议审议通过《政协上海市浦东新区委员会委员履职工作规则》,表决通过《政协上海市浦东新区第六届委员会第二次会议决议》,选举高德彪为政协上海市浦东新区第六届委员会副主席。

14日~17日　浦东新区第六届人民代表大会第三次会议在世博中心召开。会议由唐周绍主持,杭迎伟向大会作《政府工作报告》。大会表决通过《关于浦东新区人民政府工作报告的决议》《关于浦东新区2017年国民经济和社会发展计划执行情况与2018年国民经济和社会发展计划的决议》《关于浦东新区2017年预算执行情况和2018年预算的决议》《关于浦东新区人大常委会工作报告的决议》《关于浦东新区人民法院工作报告的决议》《关于浦东新区人民检察院工作报告的决议》。大会选举单少军为浦东新区监察委员会主任,选举殷勇为浦东新区人民法院院长。

19日　上海市人力资源和社会保障局与浦东新区人民政府签署《关于支持张江和自贸区人才工作合作备忘录》,就加快浦东张江和自贸区高素质人才队伍培养引进、营造良好的创新生态等方面达成合作意向。

20日　浦东新区正式实施《浦东新区进一步深化企业投资建设项目审批改革方案》。根据方案,企业今后在浦东投资建设项目时,从取得土地到获批施工许可的全流程只需80个自然日。

22日　浦东新区监察委员会挂牌成立。

29日　"浦东2035"目标定位及发展战略研讨会在浦东新区规划设计研究院召开,来自市、区相关单位的专家针对浦东新区总体规划的核心问题进行深入交流。

31日　第四届浦东总部经济十大经典样本揭晓。高通企业管理(上海)有限公司、迪脉(上海)企业管理有限公司、德州仪器半导体技术(上海)有限公司、卡尔蔡司(上海)管理有限公司、上海宽创国际文化科技股份有限公司、欣凯医药化工中间体(上海)有限公司、上海中谷物流股份有限公司、上海二三四五金融科技有限公司、上海富欣智能交通控制有限公司、空气化工产品(中国)投资有限公司获十大经典样本奖。

同日　张江科技港·先进制造产业园开工暨项目签约仪式在临港综合区举行。该项目位于临港综合区先行示范区内,计划建成18万平方米高标准的中试厂房和研发混合空间产品。

## 2月

1日　浦东新区召开2017年建设市民满意的食品安全城区总结会,表彰食品安全工作中的先进集体和个人。

6日　浦东新区7所高校公布。上海海事大学、上海电机学院、上海第二工业大学、上海电力学院、上海杉达学院等高校的毕业生就业率均高于97%，部分高校的研究生就业率达到100%，升学深造率和初次就业薪酬双双走高。

11日　四届区纪委三次全会举行。单少军主持会议并代表区纪委常委会作工作报告，翁祖亮出席会议。

25日　中国共产主义青年团浦东新区第六次代表大会在浦东干部学院召开。区团委党组书记林廷钧代表共青团浦东新区第五届委员会作工作报告。林廷钧当选为共青团浦东新区第六届委员会书记。

26日　中国商用飞机有限责任公司与中国华融资产管理股份有限公司旗下控股子公司华融金融租赁股份有限公司在北京签署30架C919大型客机和20架ARJ21新支线飞机购机协议。

27日　浦东新区正式发布《浦东新区率先打响"上海服务"品牌专项行动方案》，到2020年，上海"四大品牌"的浦东特质将得到充分演绎。次日，翁祖亮在浦东新区办公中心主持召开2018年浦东打响文化品牌、打造文化高地文化界代表人士座谈会。

## 3月

1日~4日　第28届中国华东进出口商品交易会在上海新国际博览中心举办，展览面积12.36万平方米，展位6 000个，共成交23.2亿美元，比上届增加0.16%。

2日　沪深交易所发布《关于开展"一带一路"债券试点的通知》，引导交易所债市进一步服务"一带一路"建设，促进沿线国家（地区）资金融通。

7日　国家安监总局、国务院安委办第14督导组第二组一行到浦东督导新区安全生产工作，听取相关汇报，进行台账检查并赴相关企业开展检查。

同日　浦东新区"三八"国际妇女节108周年纪念大会在周浦文化活动中心举行，向获得全国、市"巾帼建功标兵""巾帼文明岗""最美家庭""上海市妇女之家示范点"等荣誉的先进集体和个人颁发荣誉证书。

8日　翁祖亮在临港地区、南汇新城镇调研时指出，临港地区作为上海具有全球影响力的科技创新中心主体承载区,发展高端、智能、低碳产业,建设宜居宜业节点城市的定位已经明确,要坚定不移抓落实,聚焦产业功能、营商环境,践行以人民为中心的发展理念,在新的发展阶段实现新突破,为浦东勇当新时代全国改革开放、创新发展的标杆作出新贡献。

13日　上海海关在浦东举行促进科创中心建设创新监管服务新闻发布会,面向科创企业推出设立专门机构、实行专人服务、创新个性化监管、提供全方位支持四大类12项举措。

14日　浦东新区召开2018缤纷社区推进会议,2018年在全区36个街镇全面铺开缤纷社区建设。

同日　浦东新区人民法院召开新闻发布会,通报2017年度金融消费者权益保护审判情况,发布《金融消费者权益保护审判白皮书》以及《金融消费者权益保护十大典型案例》。

15日　翁祖亮在浦东新区企业服务中心主持召开现场会,检查改革进展,部署推进任务,他强调"四个集中一次办成"是2018年区委部署开展的重大改革工作,要把这项改革做成全区改革的标杆和示范。

19日　浦东新区残疾人联合会第六次代表大会举行。会议选举产生区残联第六届主席团,聘请冯伟为名誉主席,管小军为主席,选举产生残联执行理事会领导班子。翁祖亮出席并讲话。

23日　2017年度上海市科学技术奖揭晓,272个项目(人)受到表彰。中国商飞有10个项目获得市科技进步奖。

同日　上海市文广影视局(市文物局)行政事务浦东新区受理点、国家文物进出境审核上海管理处中国(上海)自由贸易试验区受理站揭牌仪式在浦东新区市民中心举行。

26日　上海期货交易所原油期货正式上市交易。李强出席仪式并为原油期货交易鸣锣开市。

27日　国家统计局浦东调查队发布的《2017年浦东新区居民收入报告》显示,2017年浦东新区居民人均可支配收入为60 715元,增长8.9%,绝对值和增幅均高于全市平均水平。

28日　浦东文创企业哔哩哔哩(简称B站)在美国纳斯达克交易所挂牌上

市,当天,B 站股价报收 11.24 美元,市值约 31 亿美元。

30 日　浦东新区市场监督管理局与工商银行、建设银行、中国银行、农业银行上海市分行签署合作协议,在上述银行的浦东网点设立企业登记服务代理点,提供注册登记服务。

## 4 月

1 日　中国开征环境保护税首日,浦东新区税务局向巴斯夫新材料有限公司发出全国首张环境保护税税票。

2 日　浦东新区举行 2017 年度浦东新区经济突出贡献企业表彰活动,向 160 家企业颁发浦东新区经济特别贡献 20 强、浦东新区金融业突出贡献 20 强、现代服务业突出贡献 20 强、先进制造业突出贡献 20 强、科技创新突出贡献 20 强、高成长性企业突出贡献 20 强、创新创业 20 强、楼宇经济突出贡献 20 强共 8 大奖项。

同日　上海市公安局出入境管理局举行外籍人才永久居留身份证发证仪式,为包括诺贝尔奖得主维特里希·库尔特·赫尔曼在内的 6 名外籍人才颁发外国人永久居留身份证。

3 日　2017 年度浦东新区重大工程实事立功竞赛总结暨 2018 年度重大工程建设动员大会召开。2018 年重大工程投资总额和项目数量均超 2017 年,共安排重大工程项目 165 项。

同日　浦东新区召开人才工作大会,发布《浦东新区关于支持人才创新创业促进人才发展的若干意见》,浦东新区将在居留和出入境、就业创业、引进落户和分类评价等方面率先试点 8 项人才制度,通过优化准入标准、审批机制和服务体系,使人才更好地享受国民待遇、市民待遇。

7 日　著名翻译家、教育家傅雷诞辰 110 周年纪念日,《傅雷著译全书》在周浦镇文化服务中心首发。12 月 21 日,"傅雷故居"修缮工程启动仪式举行。

8 日　应勇到浦东调研并主持召开座谈会。在听取区委区政府关于落实市委市政府重大任务及自贸试验区、科创中心建设和证照分离改革等情况汇报后指出,当前浦东发展进入新时代、新的发展阶段,中央和市委市政府对浦东的要求很高,任务很重。今年是改革开放 40 周年,浦东开发开放 28 周年,自贸试验区建设5周年,浦东要以习近平新时代中国特色社会主义思想为指引,勇当改革开放和创新发展的标杆。

11日 "金桥企业服务中心·服务金港"在金桥开发区揭牌成立。

同日 中国(上海)自由贸易试验区保税区域人才基地签约仪式在外高桥举行。

12日 上海交通大学张江科学园开工建设,占地面积3.33万平方米、总建筑面积10万平方米,可容纳1200余名科研人员入驻。

17日 由国有大型商业银行设立的第一家金融科技公司——建信金融科技有限责任公司在浦东揭牌成立。

18日 李强到浦东新区调研,视察上海证券交易所、费斯托(中国)公司、区城运中心并召开座谈会。李强指出,浦东是我国改革开放和社会主义现代化建设的一个缩影,也是中国特色社会主义伟大实践的典型案例。要进一步深入学习、全面贯彻习近平总书记关于全面深化改革开放的重要讲话精神,高举浦东开发开放大旗,在更高起点谋划和推进浦东改革开放。要勇当新时代改革开放的新标杆,牢记习近平总书记嘱托指示,充分体现窗口作用、示范意义,发扬敢闯敢试、先行先试精神,发挥排头兵、试验田作用,把握发展大势、提高政治站位、认清历史使命,以更宽视野、更大力度、更实举措,坚定不移将改革开放向纵深推进,在新时代全面深化改革开放中勇立潮头,当好领跑者、树立新标杆。

19日 上海市浦东新区人民法院发布2017年度行政审判白皮书。2017年,浦东法院共受理行政案件1239件,较2016年上升29.2%。

20日 区委常委会举行扩大会议,学习贯彻中共中央总书记、国家主席习近平在博鳌亚洲论坛2018年年会开幕式上的演讲和在庆祝海南建省30周年大会上的讲话精神,传达学习中共中央政治局常委、国务院总理李克强、中共中央政治局常委、全国政协主席汪洋在上海考察调研时的讲话精神,传达学习上海市委书记李强在市委常委扩大会议和4月18日到浦东调研时的讲话精神。会议指出,浦东要争当改革开放的促进派、实干家、开拓者。

25日 浦东新区营商环境推介会在位于北京金融街的中国职工之家举行,来自60多家央企总部、央企控股金融平台和外资资管公司的代表听取浦东扩大金融业对外开放、推进上海自贸试验区建设的相关政策介绍。

25日～29日　浦东新区党政代表团赴云南省大理州开展扶贫协作考察调研,浦东新区党政代表团一行分两组先后前往全州11个县,实地考察易地扶贫搬迁、产业扶贫等情况。

26日　浦东新区区委宣传部(文广局)公布,2017年浦东文化创意产业实现增加值1 056.03亿元。

同日　上海迪士尼乐园第7个主题园区"迪士尼·皮克斯玩具总动员"开园。

27日　浦东新区总工会举行浦东职工庆祝"五一"国际劳动节暨劳模先进表彰大会,275个职工(单位、班组)荣获五一劳动系列奖。

同日　硬X射线自由电子激光装置在上海张江综合性国家科学中心开工建设。项目总投资近100亿元,计划2025年竣工并投入使用。

28日　2018第七届上海民俗文化节暨"三月半"圣堂庙会在三林举行。

## 5月

3日　应勇在浦东调研集成电路产发展情况,实地调研中微半导体设备公司、中芯国际集成电路制造公司等,指出集成电路是国之重器,是国家战略性、基础性和先导性产业,事关国家安全和国民经济命脉。

7日　上海市质量技术监督局和浦东新区人民政府共同宣布《社会治理指数评价体系》《"家门口"服务规范》两项标准发布实施。

8日　临港地区陆、海、空无人系统综合示范区启动暨集中签约仪式举行。根据临港管委会发布的《临港地区陆、海、空无人系统综合示范区规划》,示范区一期将建设总长4.7千米的智能网联汽车测试道路、封闭测试场和部分开放道路测试区,面积1平方千米的滴水湖无人船测试试验场区以及直径6千米、高200米的两块低空多旋翼无人机飞行空域。

9日　中国(上海)自由贸易试验区央地融合发展平台落地世博B片区央企总部基地。现场签约6个项目,涉及注册及募集资金达240亿元。

10日　陆家嘴金融城组织召开金融科技服务业发展大会,并推出2.0版金融科技"陆九条",打造全球最优金融科技生态圈。

同日　特斯拉(上海)有限公司获浦东新区市场监管局核发的营业执照,注册地为浦东新区南汇新城镇同汇路。

11日　集大数据、人工智能、物联网和云计算技术于一体的中国商飞公司总装制造中心智慧数控车间（一期）项目完工并投入使用。

14日　上海脑科学与类脑研究中心揭牌仪式在张江实验室举行。上海市委书记李强、中国科学院院长白春礼共同为中心揭牌。

15日　勃林格殷格翰全新亚洲动物保健研发中心启用。该中心位于张江高科技园区内。

16日　浦东新区商务委统计数据显示，2017年，浦东新区电子商务示范企业占全市比重达到23%，居全市首位；全区共实现电子商务交易额4 072.2亿元，比上年上升19.7%，占全市比重16.8%。

同日　浦东新区举行区委中心组学习（扩大）会，落实上海市网络安全和信息化工作会议精神。会议邀请腾讯公司游戏副总裁蔡欣、哔哩哔哩（B站）公司董事长陈睿做专题报告。

17日　澳大利亚ANCA集团亚太区总部新址开业仪式在上海自贸试验区外高桥国际智能制造服务产业园举行。

18日　世界主题娱乐协会发布《2017全球主题乐园和博物馆报告》，上海迪士尼乐园跻身全球主题乐园，位列第8位。

19日　主题为"创新驱动，智惠浦东"的2018浦东新区科技节开幕，60多家科技企业带着近100种人工智能领域前沿技术、先进理念的科技研发成果在现场向公众演示，与观众互动。

25日　浦东新区青少年活动中心及群众艺术馆项目开工建设。项目总建筑面积8万平方米。2021年9月26日，浦东新区青少年活动中心落成试运行。同年10月22日，浦东群众艺术馆试运行。

29日　外高桥造船有限公司为中远海运集装箱运输有限公司建造的超大型集装箱船"中远海运处女座号"命名交付。

30日　上海市第一中级人民法院与浦东新区人民法院联合召开新闻发布会，发布《自贸区司法保障白皮书》，截至2018年4月，浦东法院共受理各类涉自贸区案件97 487件，审（执）结92 457件。

31日　浦东新区举行2018年居（村）委员会换届选举工作动员大会暨领导

小组会议,对换届选举工作进行全面部署并开展培训。7月7日,换届选举工作启动。10月12日,召开2018年浦东新区居村委会换届选举工作总结大会。

## 6月

**5日** 浦东新区召开质量提升大会,发布《浦东新区开展质量提升行动实施方案》。

**6日** 浦东新区召开2018年创新社会治理加强基层建设推进会议,翁祖亮强调,要以更强烈的担当、更积极的作为,全面构建井然有序又充满活力的社会治理新格局。

**同日** 上海智能制造系统创新中心有限公司临港基地启用仪式暨"千寻云"上线仪式在上海临港软件园举行。

**7日** 上海品牌认证获证企业发布会暨2018年世界认可日宣传活动启动仪式举行。浦东有11家企业的12项产品、6项服务获认证。

**8日** 2018上海海洋论坛暨第四届临港海洋节开幕式在临港滴水湖畔举办。论坛结合"扬帆海洋,走向未来"主题,推出海洋产业、海洋科技、海洋文化、海洋美食及海洋保护等5个板块的系列活动。

**9日** 浦东新区"文化和自然遗产日"活动在张江举行,24人获得第六批浦东新区非物质文化遗产代表性项目代表性传承人证书。

**10日** 2018年浦东新区基层党组织书记专题培训班在浦东新区区委党校正式开班。培训对象包括社区党委书记、居(村)党组织书记等1000余人。

**13日** 浦东新区召开"美丽庭院"建设现场推进大会,决定2019年年底基本实现"美丽乡村"建设全覆盖。

**14日** 上海市人民政府与中国人寿保险(集团)公司签署战略合作协议。同时,中国人寿保险(集团)公司上海总部揭牌成立。

**14日~15日** 以"迈入新时代的上海国际金融中心建设"为主题的第十届陆家嘴论坛在上海举行。上海市委书记李强出席开幕式并作主旨演讲。博鳌亚洲论坛副理事长周小川,中国人民银行行长、论坛共同轮值主席易纲,中国银行保险监督管理委员会主席郭树清作主旨演讲,上海市长、论坛共同轮值主席应勇致欢迎词。论坛举办6次全体大会和两个论坛专场,400余人参加。

**15日** 外国人服务单一窗口线上平台在中国(上海)自由贸易试验区保税区片区启动。该窗口进入"3.0版时代"。

**同日** 2018年浦东新区老龄工作委员会全体(扩大)会议召开。会议指出,全年全区新增养老床位1 200张,在每个街镇设立综合为老服务中心,2019年底前完成全覆盖。

**19日** 东方广播中心和上海发布联合制作的"打响上海'四大品牌',改革开放再出发——2018区委书记访谈"系列节目播出,翁祖亮作为首期嘉宾。

**20日** 国家认证认可监督管理委员会与上海自贸试验区管委会签署共同推进自贸试验区认证认可检验检测工作合作备忘录。

**21日** 李强在临港地区调研时强调,临港地区是上海面向未来发展的重要战略空间,必须高起点规划、高品质建设,体现未来城市的发展理念。

**同日** 上海自贸试验区管委会召开扩大金融服务业对外开放工作推进会,推出《中国(上海)自由贸易试验区关于扩大金融服务业对外开放进一步形成开发开放新优势的意见》。

**22日** 浦东新区区委、区政府(自贸试验区管委会)举行法律咨询专家、法律顾问聘任仪式。

**26日** 浦东新区区委召开中心组学习扩大会,听取中国工程院院士、华东理工大学钱峰教授作的"人工智能:经济发展新引擎"专题辅导报告。

**28日** "关检合一"的洋山保税港区通关服务中心启用,进一步提升贸易便利水平,改善区域营商配套环境。

**29日** 浦东新区召开纪念中国共产党成立97周年暨城市基层党建推进大会。会上,宣布成立浦东新区区域化党建促进专门委员会4个,并面向社会发布认领4个区域化党建项目。

## 7月

**3日** 国家集成电路创新中心、国家智能传感器创新中心启动会举行。这是中国第六、第七个制造业创新中心,也是上海首次获批建设国家级制造业创新中心。其中,国家级集成电路创新中心落户浦东张江。

**5日** 四届区委四次全会举行。全会由区委常委会主持。全会贯彻落实十一届市委四次全会精神,总结上半年工作,部署下半年任务,审议通过《中共浦东新区委员会关于全面落实〈中共上海市委关于面向全球面向未来提升上海城市能级和核心竞争力的意见〉深入推进实施高水平改革开放、高质量发展、高品质生活、高素质队伍战略的意见》。

同日　国家税务总局上海市浦东新区税务局挂牌成立,原浦东新区国家税务局与原浦东新区地方税务局合并。

5日~9日　第14届中国国际动漫游戏博览会(CCG EXPO)在浦东举行。据统计,专业板块活动现场意向交易额达17.1亿元,公众板块活动现场交易额1.74亿元。

7日　浦东新区新的社会阶层人士联谊总会成立大会暨滨江活力定向赛在黄浦江东岸举行,600余名新社会阶层代表人士参加活动。

10日　上海市人民政府和美国特斯拉公司签署合作备忘录。规划年产50万辆纯电动整车的特斯拉超级工厂落户上海临港地区。这是上海有史以来最大的外资制造业项目。10月17日,特斯拉(上海)有限公司获得上海临港装备产业区Q01-05地块86万余平方米工业用地。至此,特斯拉上海工厂在临港地区实质性落地。

同日　浦东新区正式启动"张江-临港南北科创走廊"建设,宣布推进张江-临港"双区联动",并发布《深入推进张江-临港"双区联动",打造浦东"南北科技创新走廊"的行动方案》。

12日　六届区人大常委会第13次会议举行。会议听取和审议区政府《关于推进自贸试验区建设、优化营商环境情况的报告》,听取和审议区政府《关于区六届人大三次会议01号、02号代表议案审议结果报告办理情况的报告》等事项。

16日　浦东住宅小区建设"美丽家园"2018年工作推进会召开,新一轮的住宅小区建设"美丽家园"三年行动计划正式公布。

16日~19日　翁祖亮率浦东新区党政代表团赴湖北、四川、贵州三省学习考察。

19日　浦东新区"五违"整治和无违居村(街镇)创建工作中期推进会召开。全区累计完成违建拆除销项量1080万平方米。

23日　浦东人民法院发布《关于加强金融审判与金融监管有效衔接的意见》,将更好服务上海国际金融中心浦东金融核心功能区建设。

24日　李强在浦东国际机场调研上海国际航空枢纽建设时强调,航空枢纽是上海提升城市能级和核心竞争力、加快建设国际航运中心的重要载体,要坚持对标国际最高标准、最好水平,坚持规划引领、质量为先。

27日~29日　浦东新区第十届农产品博览会在源深体育中心举办,100多家农业企业、合作社、家庭农场等带来包括南汇水蜜桃、三林酱菜、芦潮港海鲜等优质农产品800余个品种参展。

30日　浦东新区人大工作研究会成立并举行第一次会员大会。研究会将围绕人民代表大会制度和人大工作,开展理论和实践研究、宣传和研究成果交流。

31日　浦东新区人民政府与国网上海市电力公司就"十三五"期间共同促进浦东经济社会发展签署战略合作协议。双方计划在服务自贸试验区围绕"四个中心"核心功能区建设等方面开展深入合作。

同日　浦东新区2018年双拥工作领导小组全体(扩大)会议暨纪念建军91周年军政座谈会在浦东新区办公中心举行。翁祖亮出席会议并作重要讲话,杭迎伟主持会议。

## 8月

1日　应勇到浦东新区调研黄浦江两岸公共空间贯通工程。

2日　浦东新区召开深化国家监察体制改革试点工作小组会议,翁祖亮强调,要按照中央和市委要求,一步一个脚印,扎扎实实推进好各项改革任务。

2日~6日　2018 ChinaJoy在上海新国际博览中心举行,ChinaJoy是全球最具影响力的数码互动娱乐展会之一。

4日　2018全球电竞大会在浦东举行。开幕式上,"上海电子竞技产业发展核心功能区"正式揭牌成立。

同日　2018中国电子信息百强企业名单发布,上海有9家企业入围。其中,中芯国际集成电路制造有限公司、上海诺基亚贝尔股份有限公司等5家企业来自浦东。

7日　浦东人才公寓推出精装、电梯的慧智公寓房,首批上市房源95套,主要服务张江科学城、金桥出口加工区各大科研院校、高新企业的人才。

**8日** 上海国际再保险中心建设推进会暨上海保交所国际再保险平台上线仪式在浦东举行。

**9日** 第四届"上海对话——艺术开启未来"高峰论坛在浦东举行。会上,《2018年中国(上海)自由贸易试验区文化艺术蓝皮书》显示,截至2017年末,国家对外文化贸易基地(上海)累计吸引注册资本达343亿元,当年新增注册资本超过24亿元;当年贸易规模突破350亿元;文化市场会员总数达311家。

**13日** 浦东新区总工会开展2018年"浦东工匠"网上评选活动。46名"浦东工匠"候选人通过线上大众评选和线下专家评审,选出2018年"浦东工匠"19名。

**同日** 全国人大常委会副委员长、全国妇联主席沈跃跃在浦东调研妇女儿童工作,围绕婚姻家庭纠纷调解、巾帼建功、幼儿托管点建设和"美丽庭院"创建等工作进行实地考察。

**16日** 浦东世博地区电竞产业发展服务平台宣告成立,同时网竞集团电竞产业孵化展示中心入驻梅赛德斯-奔驰文化中心。

**16日～17日** 2018上海人工智能大会暨第一届图像、视频处理与人工智能国际会议在张江高科技园区举行。

**16日～21日** 浦东新区党政代表团一行赴西藏自治区江孜县慰问援藏干部,考察援建项目。

**22日～23日** 上海市浦东新区第六届人民代表大会第四次会议在上海世博中心举行。杭迎伟代表浦东新区人民政府向大会作2018年上半年工作情况报告。大会表决通过《浦东新区第六届人民代表大会第四次会议补选区人大常委会副主任、委员办法》;听取《浦东新区人民代表大会关于代表议案的规定(草案)》《浦东新区人民代表大会关于代表建议、批评和意见的规定(草案)》的说明。大会补选王辛翎为区人大常委会副主任。

**24日～26日** 翁祖亮率领浦东新区党政代表团赴新疆莎车县慰问浦东援疆干部人才、考察援建项目开展情况,出席浦东——莎车对口支援工作联席会议暨结对帮扶签约仪式。

**28日～31日** 中央宣传部组织的"壮阔东方潮奋进新时代——庆祝改革开

放40年"大型主题采访活动在浦东展开。

29日  李强就"上海扩大开放100条"落实推进情况赴浦东中外企业、服务平台、制造工厂调研。

同日  2018年"创青春"上海青年创新创业大赛(综合赛)暨第七届"创业浦东"青年创新创业大赛决赛在中国金融信息中心举行。

同日  李政道研究所实验楼建设在张江科学城开工建设。项目规划用地面积2.73公顷,总建筑面积5.6万平方米,2021年12月3日正式启用。

30日  上海"冰雪之星"项目启动仪式在临港举行,计划2022年底建成。

31日  勃林格殷格翰合作伙伴百济神州公司宣布,中国国家药品监督管理局(NMPA)已接受其抗PD-1替雷利珠单抗的上市申请。

## 9月

2日  华二浦东教育集团宣告成立,华东师范大学第二附属中学前滩学校同步揭牌成立。

3日  李强在浦东调研生物医药产业,视察上海药明康德新药开发有限公司、诺华(中国)生物医学研究中心和中国科学院上海药物研究所。

4日  浦东公安分局出入境管理办公室为来自美国的张峥颁发上海自由贸易试验区首张外国人工作居留许可证。

5日  浦东新区"迎进博"推进大会召开。会议强调,举办"进博会"是我国推进新一轮高水平对外开放的重大举措,是上海提升城市能级和核心竞争力的重要抓手,服务保障"进博会"是浦东当前工作的重中之重,要以最高的标准、最快的速度、最实的作风,把各项工作做得更扎实、更细致、更周全。

12日  浦东外籍人士周虹、姜燠可、鲁墨睿、西松江英获2018年上海市白玉兰纪念奖,颁授仪式在静安香格里拉大酒店举行,来自19个国家的50位杰出外籍人士获此殊荣。

同日  阿里巴巴(中国)网络技术有限公司与上海群大市场合作签约仪式在浦东航头镇举行,今后将成立阿里巴巴上海群大市场本地化合作站点。

17日  中共中央政治局委员、中共财经工作领导小组办公室主任刘鹤到浦东新区调研。

**18日** 电动车辆国家工程实验室(上海中心)在金桥经济技术开发区揭牌成立,标志着浦东最大的新能源汽车及核心部件第三方实验室正式投入应用,完善了浦东新能源汽车产业链的重要一环。

**20日** 2018第四届中国浦东"互联网+"大会举行,主题为"区域发展新动能,全球互联新格局",知名互联网+企业创始人、风投机构、政府代表等1 000人共同对话"互联网+"发展新机遇。

**同日** 上海海洋工程装备制造业创新中心揭牌及合作协议签约仪式在临港举行。该中心采取"公司+联盟+基金"的运作模式,旨在突破海工行业关键技术难点。

**同日** 六届区人大常委会第15次会议举行,听取和审议区政府关于贯彻实施区人大常委会《关于推进浦东新区加快建设科技创新中心核心功能区的决定》情况的报告。

**21日** 以"知识产权:新趋势与新挑战"为主题的长三角企业知识产权论坛在浦东举行。

**23日~24日** 主题为"分享丰收喜悦,共创美好生活"的"中国农民丰收节——浦东美丽乡村嘉年华"节庆活动在浦东新区大团镇举行。

**26~27日** 浦东新区组织工作会议召开,会议强调,要深入贯彻落实全国组织工作会议,特别是习近平总书记重要讲话精神以及全市组织工作会议要求,进一步发挥组织优势,激发党员干部干事创业的精气神,以更好的状态、更实的作风,全面加强新时代浦东党的建设和组织工作。

**27日~10月3日** 以"智驾未来"为主题的2018第四届上海浦东国际汽车展览会在新国际博览中心举行,涵盖跨国车企和主流厂商的汽车品牌。

**29日** 李强调研自贸试验区建设,视察上海知识产权法院、国际智能制造服务产业园和自贸区国际艺术品交易中心,并召开座谈会。李强指出,上海自贸试验区成立以来,始终坚持先行先试,坚持制度创新,坚持开放引领,坚持发挥市场作用,探索形成了一大批可复制可推广的制度成果,成为全市经济发展的新引擎和动力源。

**30日** 2018"上海杯"诺卡拉帆船赛暨诺卡拉17级亚洲锦标赛在临港举行,来自12个国家及地区的12支队伍聚集滴水湖扬帆竞技,最终中国队获亚洲第一。

## 10月

1日～7日　国庆假日期间,浦东33家景点共接待游客186.35万人次,比上年上升21.06%;实现门票收入2.03亿元。

9日　上海市人民政府召开新闻发布会,介绍最新制定的《中国(上海)自由贸易试验区跨境服务贸易负面清单管理模式实施办法》和《中国(上海)自由贸易试验区跨境服务贸易特别管理措施(负面清单)》。

10日　青海省党政代表团考察中国(上海)自由贸易试验区企业服务中心,听取自贸区建设整体情况及"一网通办"情况介绍。

13日　中国(上海)自由贸易试验区与科创中心联动建设论坛在浦东外事服务学校举行。

16日～19日　主题为"创响自贸,链动全球"的第三届中国(上海)自由贸易试验区离岸创新创业基地创业汇活动在上海博雅酒店开幕,719个海外项目中,4个项目获得"最具投资潜力奖",4个项目获"最具投资人气奖"。

20日　"习近平新时代中国特色社会主义思想与浦东开发开放"浦东论坛举行。

22日　市领导李强、尹弘、于绍良调研浦东基层党建工作。

23日　上海市人民政府批复同意《浦东新区新场镇总体规划暨土地利用总体规划(2017—2035)》。规划历史文化风貌区保护范围面积为146.9万平方米,文化保护控制线范围面积为960.5万平方米。

24日　中共中央政治局常委、国务院副总理韩正调研上海自贸试验区,出席自由贸易试验区建设五周年座谈会并讲话。韩正指出,建设自贸试验区是以习近平同志为核心的党中央在新形势下全面深化改革、扩大对外开放的一项战略举措。5年来,在党中央、国务院坚强领导下,有关地区和部门共同努力,自贸试验区建设取得重大进展。要以习近平新时代中国特色社会主义思想为指导,认真贯彻党中央、国务院决策部署,继续解放思想、提高认识,牢牢把握制度创新这个核心,进一步推动自贸试验区改革开放和高质量发展。

同日　外高桥国际钟表珠宝展示交易中心启用。

24日～25日　第六届上海院士专家峰会在浦东举办。20余位院士、专家为长三角城市群协同创新开拓思路。

29日~31日 以"科技,为了人类共同命运"为主题的首届世界顶尖科学家论坛在临港举行,包括26位诺贝尔奖得主在内的37位世界顶尖科学家和17位中国两院院士、18位中外杰出青年科学家参加了论坛。

30日 2018浦江创新论坛开幕式暨全体大会举行。

同日 纪念改革开放40周年长三角美术作品展在中华艺术宫举行。展览呈现中国改革开放以后长三角艺术家创作的120件不同体裁作品。

31日 中国(上海)自由贸易试验区保税区域海外人才基地签约启动仪式暨2018年国际人才招聘会在外高桥森兰商都举行。

## 11月

1日 以"重塑老码头、活力新街区"为主题的2018"世界城市日-上海论坛"浦东分论坛在民生码头8万吨筒仓内举行。

同日 "开放浦东 梦想之城"2018浦东形象片全球首发上线仪式举行,并在伦敦、巴黎、东京、上海4个城市同步推出浦东形象片。

6日 习近平在出席首届中国国际进口博览会开幕式和相关活动后在上海考察,并到陆家嘴金融城党建服务中心、新区城运中心、张江科学城等地考察,听取楼宇党建、城市智能化管理和科学创新等情况汇报。

7日 中国合格评定国家认可委员会(CNAS)上海服务平台在浦东揭牌并落户张江科学城。

8日 浦东新区举行区委常委会扩大会议,全面传达学习贯彻习近平总书记在首届中国国际进口博览会开幕式上的主旨演讲和考察上海工作时的重要讲话精神,传达李强在上海市委常委会上的讲话精神。

8日~11日 第22届上海艺术博览会在上海世博展览馆举行,吸引来自国内外近120家画廊与艺术机构,展出艺术作品5 000余件。

9日 国家药品监督管理局发布公告,宣布自11月10日起,首次进口非特殊用途化妆品调整为全国统一备案管理。浦东的改革试点经验在全国范围内复制推广。

12日 浦东新区召开领导干部会议,对全区下一步学习宣传贯彻习近平总书记重要讲话精神和落实市委要求作全面动员部署。

同日 陆家嘴金融城全球资产管理机构联合会揭牌成立,全球第三大资产管理公司道富、全球知名对冲基金Tow Sigma等12家重量级国际知名资管机构签约入驻陆家嘴金融城。

13日 "中国历史文化名镇"全国戏曲艺术大会举行,"川沙戏曲艺术展示中心""茅善玉沪剧艺术传习所""赵氏工坊越剧艺术工作室"、长三角戏剧联盟项目基地同时揭牌。

14日 李强到中国(上海)自由贸易试验区重点调研"增设上海自贸试验区新片区"事宜。

同日 浦东新区人民政府与上海证券交易所举行长三角资本市场服务基地揭牌仪式,并签署战略合作备忘录和基地共建协议。

16日 上海海昌海洋公园正式运营。

19日 《上海市临港地区融入"长三角一体化"行动方案》正式发布,同期举行"产业赋能,互联互通"项目签约会。

21日 中国铝业集团、中国交通通信信息中心、中国科学院工程热物理研究所等11家大型央企、科研院所与行业领军企业在临港地区举行项目签约,落地浦东临港地区。

同日 浦东新区举行区委中心组(扩大)学习活动。与会人员重走习近平总书记在上海考察期间浦东之行的路线,并召开会议专题学习习近平总书记重要讲话精神,联系工作思想实际交流学习体会。

24日 浦东新区青年联合会第八届委员会第一次全体会议召开。大会听取林廷钧代表浦东七届青联常委会作的《不忘初心牢记使命,勇于改革奋勇前行,为浦东争当新时代全国改革开放和创新发展标杆贡献青春力量》的工作报告,选举产生区青联第八届委员会及常委会领导班子。林廷钧当选为浦东新区青年联合会第八届委员会主席。

25日 2018年度全球垂直马拉松赛事在上海中心开启,近千名参赛选手参与。

26日 浦东新区人民政府与上海广播电视台举行区台战略合作签约仪式,双方计划共同加强对浦东新区改革发展创新的宣传报道,提升东方财经·浦东频道的品牌影响力,推进浦东演艺事业发展。

**28日** 上海打造全球电竞之都·浦东电竞重点项目签约仪式在梅赛德斯-奔驰文化中心举行,标志着TI9赛事、STEAM CHINA项目落户浦东。

**同日** 浦东新区"科普进居村"行动计划正式启动,"科普中国e站"同时揭牌成立,居民可在大屏前在线阅读科普信息。

**29日** 中国(上海)自由贸易试验区举行重点融资租赁项目签约暨融资租赁业服务措施发布会,10家融资租赁公司签约落地。

## 12月

**5日** 应勇到浦东调研中芯国际、特斯拉超级工厂等重大投资项目建设情况时指出,要大力发展先进制造业和战略性新兴产业,加快建成一批引领性强、带动性大、成长性好的重大项目,着力提升实体经济发展质量和能级。

**6日** 上海市人民政府举行第29批跨国公司地区总部和研发中心颁证仪式,有30家跨国公司地区总部和15家研发中心获颁证书,其中50%来自浦东。

**10日** 市政府常务会议召开,决定在全市加快推开"证照分离"改革工作。会议指出,"证照分离"改革试点是国务院交给上海,在浦东率先实施的重大改革,198项改革事项年内要抓紧在全市面上推广。

**12日** 浦东新区公安分局试点推广"居民身份证自助领证机"。首批自助领证机在花木、梅园新村、洋泾等11个派出所安装完毕,并投入使用。

**15日** 云南省党政代表团到张江科学城、浦东新区城运中心考察。

**16日** 2018首届上海游戏交易会(GTF)在上海国际会议中心举行,腾讯、盛大、巨人网络、瀚叶互娱等100家游戏研发商出展,300家游戏运营商和周边服务商参观交流。

**19日** 2017年度浦东新区科学技术奖励大会举行,共授奖143项,其中创新成就奖51项,科技进步奖92项。

**25日** 上海国际航运中心洋山深水港四期工程通过上海市交通委组织的竣工验收。经核定,洋山深水港四期码头靠泊能力为15万吨级。

**29日** 四届区委五次全会举行。会议由区委常委会主持,全会审议通过《关于深入贯彻落实习近平总书记重要讲话精神推动改革开放向纵深发展加快建设现代化经济体系的意见》,听取和审议翁祖亮受区委常委会委托所作的2018年工作报告,审议通过区委常委会2019年工作要点。全会审议通过《上海市浦东新区机构改革方案》,同意上报市委审批;听取区委常委会2018年推进落实"四个责任制"工作情况、干部选拔任用工作情况的报告;审议通过《中国共产党上海市浦东新区第四届委员会第五次全体会议关于递补区委委员的决定》,决定递补朱洪明、刘宏、张龙、王志荣、董军、樊政红、沈应军、周秀华、沈建军、王新德为浦东新区第四届委员会委员。

# 2019 年

## 1 月

2 日　李强、应勇到浦东调研长江流域生态环境保护及沿江排放综合治理情况,在听取相关工作汇报后对进一步做好长江流域各项生态环境保护工作提出明确要求。

3 日　"2018 世界浙商上海论坛暨上海市浙江商会第十次会员代表大会"在陆家嘴金融贸易区上海国际会议中心召开。

7 日　特斯拉上海超级工厂在临港产业区开工建设,应勇出席开工仪式并和美国特斯拉公司首席执行官埃隆·马斯克等共同宣布项目开工。

同日　浦东新区文学艺术界联合会第一次代表大会暨成立大会在浦东新区办公中心召开。上海市作家协会副主席、作家孙甘露当选为浦东新区文联首任主席。

同日　以"变革创新、拥抱未来"为主题的"张江 2019 未来产业峰会暨新兴产业百人会年会"举行。

8 日～11 日　中国人民政治协商会议上海市浦东新区第六届委员会第三次会议在中国浦东干部学院召开。会议听取和审议严旭所作的《政协上海市浦东新区第六届委员会常务委员会工作报告》;听取和审议顾建钧所作《政协上海市浦东新区第六届委员会常务委员会关于六届二次会议以后提案工作情况的报告》;听取和审议徐红所作《政协上海市浦东新区委员会全体会议工作规则》《政协上海市浦东新区委员会委员出席重要会议的请假规定》。全体委员列席浦东新区第六届人民代表大会第五次会议,听取并讨论政府工作报告及其他报告。

9日~12日　上海市浦东新区第六届人民代表大会第五次会议在上海世博中心召开。会议听取和审议区人大常委会、区人民政府、区人民法院和区人民检察院的工作报告；表决并通过《关于政府工作报告的决议》《关于浦东新区2018年国民经济和社会发展计划执行情况与2019年国民经济和社会发展计划的决议》《关于浦东新区2018年预算执行情况和2019年预算的决议》《关于浦东新区人民代表大会常务委员会工作报告的决议》《关于浦东新区人民法院工作报告的决议》《关于浦东新区人民检察院工作报告的决议》。

16日　浦东新区人民政府与微软（中国）有限公司签约合作备忘录，张江集团与微软（中国）人工智能和物联网实验室签约合作伙伴协议。微软全球最大的人工智能和物联网实验室落户浦东张江科学城。

17日　上海天慈国际药业有限公司分别与复星凯特生物科技有限公司、上海绿谷制药有限公司签订合作协议，两项重大国产创新药的产业化落户张江科学城。

同日　IBM中国上海总部及研发大楼启用、IBM大中华区客户中心（上海）落成，IBM成为张江人工智能岛的首家进驻企业。

22日　浦东新区大调研总结推进会召开，公布2018年浦东大调研"十佳典型案例"，并部署2019年工作。

24日　浦东新区召开全区河长制暨农村生活污水治理大会。

27日　李强在参加市十五届人大二次会议浦东新区代表团全团审议时指出，处在新的历史方位，浦东要深入学习贯彻习近平总书记考察上海重要讲话，要高举浦东开发开放大旗，勇于挑最重的担子、啃最难啃的骨头。要勇当改革开放再出发闯将，努力发挥开路先锋、示范引领、突破攻坚作用。面对新形势新挑战，要进一步提振信心，勇担新使命，实现新作为。

28日　全球首个天然橡胶期权在浦东正式挂牌交易。

30日　中国证监会发布《关于在上海证券交易所设立科创板并试点注册制的实施意见》，标志着资本市场改革迈出关键一步。

## 2月

11日　农历新年后的第一个工作日，浦东新区区委、区人大、区人民政府、区政协的领导及新区各工作部门干部深入基层一线,集中开展大调研活动。

**14日** 上海市卫健委公布市民健康指标显示:2018年上海户籍人口期望寿命达83.63岁,2018年浦东新区户籍人口期望寿命84.28岁。

**18日** 浦东新区2019年财税审计工作会议在新区办公中心召开,杭迎伟出席会议并讲话,新区财政局局长、税务局局长、审计局局长分别在会上部署工作。

**20日** 第五届浦东总部经济十大经典样本颁奖典礼在上海国际会议中心举行。上海微创医疗器械(集团)有限公司、普洛斯投资(上海)有限公司等10家总部荣获十大经典样本奖。中远海运科技股份有限公司1家总部获得科技创新奖;沙伯基础(上海)商贸有限公司等4家总部获得融合创新奖。第五届浦东总部经济评选活动增设了十大样本的"卓越奖",通用电气(中国)有限公司、中国建筑第八工程局有限公司等6家总部获得表彰。2018年底,浦东新区已聚集各类总部企业超过600家,其中跨国公司地区总部304家。

**同日** 李强到浦东专题调研信息消费产业发展情况,走访考察阅文集团等企业。李强指出,要把信息消费作为重点领域,抓住发展机遇,持续推进创新,做大做强品牌,提高服务质量为全力打响上海"四大"品牌、促进经济持续健康发展作出更大贡献。

**22日** 浦东新区政法信访工作会议召开。

**23日～24日** 宁夏自治区党政代表团到浦东新区考察,实地走访张江科学城、自贸区企业服务中心、区城运中心等。

**25日** 浦东新区召开居民区"家门口"服务体系提质增能工作推进会。

**27日** 《浦东新区率先打响"上海服务"品牌专项行动方案》正式发布。

**28日** 浦东新区区委、区政府召开机构改革动员会。翁祖亮作动员讲话,杭迎伟主持会议。会议强调,市委、市政府已批准浦东新区机构改革方案,新区各相关部门要按照方案,在3月底前机构改革到位。

**同日** 浦东新区处级以上领导干部深入学习习近平总书记考察上海重要讲话精神专题示范班暨区委党校2019春季主题班在区委党校开班,翁祖亮作《用马克思主义哲学智慧指导浦东实践,勇当改革开放再出发的闯将》的主题报告。

**同日** 2019年浦东新区促进就业工作会议召开。全年促就业目标:新增就业岗位10万个,帮扶引领成功创业2 000人,城镇登记失业人数控制在3.23万人以内。

同日　BIMCO(波罗的海国际航运公会)2019年全球会员大会在浦东召开。

## 3月

1日～4日　第29届中国华东进出口商品交易会在上海新国际博览中心举行。

5日　国家重点研发计划重大科学仪器设备开发专项"非拼接式大面积低剂量闪烁体平板探测器"启动会在浦东举行。项目计划打造全球首款非拼接式大尺寸高性能氧化物平板探测器,填补国际空白。

8日　浦东新区召开党管武装工作会议。深入贯彻习近平强军思想,认真落实上海警备区党委全体(扩大)会议精神,总结新区过去一年党管武装工作,部署2019年工作任务。

12日　2019年"创业在上海"国际创新创业大赛浦东新区国际赛在张江国际创新港开赛。

同日　巴斯夫全新亚太汽车应用研发中心和工艺催化研发中心在浦东揭幕并投入使用,这是巴斯夫建成的第一个亚太汽车应用研发中心。

20日　第一期"陆家嘴定位论坛"在中国金融信息中心举行。

21日　应勇在浦东调研集成电路产业发展时强调,浦东新区是上海集成电路产业的集聚地、主战场,要发扬"敢为天下先"的开发研发精神,进一步解放思想、甩开膀子,一步一个脚印往前走。

25日　浦东新区应急管理局在迎春路520号挂牌成立。

26日　全国政协副主席、民革中央常务副主席郑建邦一行到上海自贸试验区企业服务中心调研。

27日　全国人大常委会副委员长、九三学社中央主席武维华率领调研组一行到新区考察,察看张江科学城展示厅、上海微创医疗器械公司、上海艾力斯医药科技公司。

28日　2018年度浦东新区重大实事工程立功竞赛总结暨2019年度重大工程建设动员大会召开,会议通报2018年浦东新区重大工程推进情况和部署2019年工作安排。2018年度浦东新区共有420家集体、个人受到市、区两级重大实事工程立功竞赛表彰。2018年浦东重大工程建设共完成投资162亿元,150项正式项目实现新开工42项,竣工34项。

同日 《2018年上海国际金融中心建设蓝皮书》在中国金融信息中心发布。

29日 中国移动上海国际海缆登陆局启用仪式暨中国移动上海国际数据中心二期启动仪式在浦东新区临港举行,工程总建筑面积约15万平方米。

31日 上海市贯彻《关于支持自由贸易试验区深化改革创新若干措施》实施方案,即日施行。实施方案中具体明确在浦东开展干细胞前沿研究等多项支持举措。

## 4月

1日 翁祖亮在浦东国际人才港和长三角资本市场服务基地调研时强调,人才是浦东的第一资源,未来长远发展也要靠人才。政府要当好"店小二",提供无障碍、更有温度和让人才更有感受度的服务,为各类人才和企业在浦东发展提供全方位的保障,营造更好的创新创业生态系统。

2日 2019年上海市对浦东新区生态环境保护督查工作全面启动。市第一生态环境保护督察组全部进驻浦东,上海市生态环境保护督察组督查浦东新区工作动员会及汇报会在浦东办公中心召开。8日~12日,上海市第一生态环境保护督察组在浦东新区督察调研。

同日 浦东新区举行促进生物医药产业高质量发展发布会,发布《浦东新区生物医药产业地图规划》。浦东在张江科学城内已有生物医药产业园区的基础上进一步提质扩容,集聚产业要素,最新规划4个产业基地,总面积近10平方千米。

同日 作为全球最重要的能源行业盛会之一——第19届国际液化天然气会议(LNG2019)在上海世博展览馆开幕。

10日 长三角资本市场服务基地在张江科学城启用,将为长三角广大科创企业提供更为精准的服务。

11日 以"最佳体验、最高效率、最优服务"为目标的浦东国际人才港正式开港,自贸区外国人来华工作"一网通办"服务平台同步开通。

15日 第20届中国环保博览会在上海新国际博览中心开幕,展览面积15

万平方米,汇集全球25个国家的2017家环保企业,成为亚洲第一、全球第二大的环保展览会。

18日~20日　第七届中国(上海)国际技术进出口交易会在上海世博展览馆举办。开幕论坛主题为"汇聚全球科创新智慧,共谱技术贸易新华章",应勇出席并致辞。

23日　浦东新区生态环境保护大会暨环保督察再动员大会召开。翁祖亮出席会议并强调,生态环境保护是功在当代、利在千秋的事业。

同日　2019上海5G创新发展峰会暨中国联通全球产业链合作伙伴大会在上海世博中心开幕。浦东将聚焦5G协同创新发展,在金桥和张江分别推进5G系统设备和5G芯片的发展。

同日　美国硅谷创业加速器Plug and Play宣布,其中国长三角区域总部落地张江科学城,总部建筑面积超过1.3万平方米。

27日　李强到上海国际旅游度假区调研旅游产业发展情况时指出,旅游是大产业、大民生、大展示,关系长远发展、民生福祉、城市形象,要深入贯彻落实习近平总书记考察上海重要讲话精神,加强规划引领,持续优化品质,提升服务能级,不断做大做强做优旅游产业,为城市高质量发展、高品质生活提供有力支撑。

28日　2019年浦东新区庆祝"五一"国际劳动节表彰大会在新区办公中心召开。

29日　"2019中国(上海)自由贸易试验区人力资源服务创新发展论坛"在上海国际会议中心举行。

同日　交通银行与浦东新区人民政府签署全面战略合作协议,自贸区金融创新联合试验室同时揭牌。

## 5月

3日~5日　2019上海浪琴环球马术冠军赛在浦东举行。上海马术场馆建设项目在此赛期中确定。上海久事国际马术中心将在世博文化公园区域建设,该项目占地面积3.32万平方米。

5日　中央广播电视总台5G+4K+AI媒体应用实验室揭牌暨纪录片《而立

浦东》开机活动在上海举行。中宣部副部长、中央广播电视总台台长慎海雄,上海市市长应勇致辞并共同揭牌。六集大型纪录片《而立浦东》于2020年4月播映献礼浦东开发开放30周年。

6日  2018上海市市长质量奖颁奖仪式举行,浦东5家单位获奖,上汽集团股份有限公司乘用车分公司获市长质量奖,上海华虹宏力半导体制造有限公司、上海微创医疗器械(集团)有限公司、国网上海市电力公司、上海股权托管交易中心获上海市质量金奖。

7日  陆家嘴金融城全球资产管理机构集中签约仪式暨债券市场扩大开放研讨会在中央国债登记结算公司举行。法巴资管、荷宝资产、未来资产等10家境外知名资管机构与陆家嘴金融城签署合作备忘录。

8日  应勇到浦东调研科创中心建设,视察复旦大学张江校区、上海交通大学张江科学园和建设中的李政道研究所、中国科技大学上海研究院。应勇指出,要深入贯彻落实习近平总书记考察上海重要讲话精神,按照总书记对上海科创中心建设的重要指示要求,咬定目标任务,狠抓推进落实,聚焦集成电路、人工智能、生物医药等重点领域,推动创新资源力量进一步向张江集中,不断增强创新策源能力,加快在关键核心技术攻坚、科技创新成果产业化等方面取得突破,着力提升科创中心的集中度和显示度,更好服务全国改革发展大局。

同日  上海自贸试验区保税区管理局与10家重点融资租赁企业签订了合作备忘录,并发布《进一步促进融资租赁业产融结合,强化"一网通办"、优化"一站式"服务的若干措施》,明确提出上海自贸区保税区域重点企业从项目申请设立到开展业务的全流程时间再压缩50%,做到一个月内办结。

同日  张江细胞产业园发布,张江将启动以"医谷"40万平方米空间为起点的张江细胞产业园建设,逐渐形成从存储、研发、生产、运输、治疗到装备成熟的细胞治疗全产业链。

15日  2018年度上海市科学技术奖励大会召开,"上海中心大厦工程关键技术项目"获评市科技进步奖特等奖。

20日  浦东新区召开区委常委会扩大会议,部署2019年度党风廉政建设责任制工作。会议要求,在防范和化解廉政风险上实现新突破,一是坚守初衷,把项目找得更准;二是完善方法,把措施拿得更实;三是强化担当,把责任压得更紧。

同日　全国人大常委会副委员长、民建中央主席郝明金到浦东新区调研。

同日　第12届中国艺术节全国优秀美术作品展览、全国优秀书法篆刻作品展览、全国优秀摄影作品展览在中华艺术宫开幕,文化和旅游部部长雒树刚宣布开幕。

23日　长三角地区"九市一区"(南京市、苏州市、扬州市、杭州市、宁波市、金华市、合肥市、芜湖市、黄山市、浦东新区)网络监管一体化签约仪式暨网络交易规范与发展论坛在浦东举行。

24日　位于前滩58—02地块的上海莱佛士医院主体建筑结构全面封顶。该工程2017年3月开工,占地面积1.25万平方米,建筑总面积7.28万平方米。该医院系一家高端综合性国际医院。

24~26日　以"科技创新　新愿景　新未来"为主题的2019浦江创新论坛举行,国家科技部和上海市人民政府共同启动上海国家新一代人工智能创新发展试验区建设。

27日　浦东新区宣传思想文化工作会议在浦东新区办公中心召开。会议强调,要深入贯彻习近平总书记新时代中国特色社会主义思想,全面落实全国和全市宣传思想工作会议精神,统一思想、凝聚力量,全面推动新区宣传思想文化工作"守正创新",努力做到坚如磐石、话语响亮、生机勃勃,奋力开创新时代浦东新场思想文化工作新局面,为改革开放再出发提供强大的思想保证和精神力量。

28日　浦东新区召开生活垃圾全程分类工作推进大会暨新区人大常委会专项监督启动会。6月3日,浦东新区人民代表大会常务委员会向区人大代表发出《关于全区各级人大代表积极参与垃圾分类的倡议书》,要求人大代表当好标杆,做出表率。《上海市生活垃圾管理条例》从2019年7月1日施行。

29日　由中共上海市委宣传部、浦东新区区委、上海市市场监管局党组共同主办的"我与共和国共奋进"徐敏同志先进事迹报告会在上海展览中心举行。徐敏是浦东新区市场监管局注册许可分局党总支副书记、十九大代表。

30日　中美第一所合作办学的国际化大学——上海纽约大学前滩校址项目在浦东新区前滩国际商务区开工建设,建筑面积11.4万平方米。2021年9月,新校区主体竣工,计划2023年投入使用。

31日　中共上海市委常委会议审议通过《关于支持浦东新区改革开放再出发实现新时代高质量发展的若干意见》。会议指出，进入新时代，要以习近平总书记考察上海重要讲话精神为引领，继续高举浦东开发开放旗帜，全力支持浦东大胆试大胆闯。浦东要勇当标杆，敢为闯将，谋划推出一批影响力大、带动性强的重大战略举措，奋力掀起新一轮发展热潮，努力为全市乃至全国发展大局作出贡献。

## 6月

1日　浦东新区召开党政干部会议，传达贯彻落实5月31日市委常委会会议精神。会议强调，浦东开发开放以来，市委市政府始终高度重视浦东发展，每逢关键节点，都为浦东把脉定向、支持鼓劲。此次审议通过的《关于支持浦东新区改革开放再出发实现新时代高质量发展的若干意见》，赋予浦东更大改革自主权、发展新动力，充分体现了市委市政府对浦东发展的殷切期望，充分体现了全市各部门对浦东的大力支持，充分体现了浦东在全市大局中的独特地位。浦东全区上下要立刻行动起来，积极作为、主动作为、创新作为、有效作为，以一往无前的勇气和舍我其谁的担当，全面贯彻落实市委市政府各项决策部署，奋力开创新时代浦东开发开放的新局面。

5日　浦东新区人民政府发布《致全区人民群众关于开展扫黑除恶专项斗争的一封公开信》。7日，浦东新区召开扫黑除恶专项斗争工作汇报会，中央扫黑除恶第16督导组副组长马瑞民就做好督导工作讲话，翁祖亮汇报浦东新区扫黑除恶专项斗争工作。14日，新区召开中央扫黑除恶督导组督导浦东情况反馈会。15日，浦东新区召开扫黑除恶专项斗争督导整改动员会，通报中央扫黑除恶第16督导组督导浦东情况，并对下一阶段的整改工作进行部署。

11日　国家民政部党组书记、部长黄树贤在浦东新区调研民政工作。

12日　浦东新区举行区委中心组扩大会议，阿里巴巴技术委员会主席、阿里云创始人王坚为区委中心组成员作"数据与城市大脑"专题报告。

13日～14日　以"加快国际金融中心建设，推动经济高质量发展"为主题的第11届陆家嘴论坛召开，开幕式上中国证监会和上海市人民政府联合举办上海证券交易所科创板开板仪式。

14日 浦东新区召开大调研专题推进会,部署开展"聚焦浦东改革开放再出发,深入推进大调研常态化制度化"系列活动。会议要求开展一次全区性企业调研集中活动,推动一批企业反映比较强烈的突出问题加快解决,研究形成一批优化营商环境的指导规范,开展一次集中专题宣传活动。

15日 "改革开放再出发创新发展勇突破"2019上海市加快科创中心建设主题竞赛浦东十大品牌项目在张江科学城展示厅发布。十大品牌项有集成电路产业竞赛一项、生物医药产业竞赛两项、人工智能产业竞赛一项、航空航天产业竞赛一项、张江科学城国家战略创新型劳动竞赛一项、围绕自贸试验区建设国家战略创新型劳动竞赛一项,聚焦浦东经济发展七大硬核、围绕智能造开展的竞赛有两项,围绕数据港开展的竞赛有一项。

16日 第二届"一带一路"电影周启动仪式暨度假区影视产业重点企业签约仪式在上海国际旅游度假区申迪文化中心举行。16家著名影视企业与上海国际旅游度假区管委会签订落户意向协议。来自"一带一路"沿线53个国家和地区的电影机构共1 875部作品报名参展。

17日 中国证监会和英国金融行为监管局发布联合公告,批准上海证券交易所和伦敦证券交易所开展沪伦通业务,沪伦通正式启动。

19日 李强在浦东调研在沪外资企业,考察霍尼韦尔(中国)有限公司、上海西门子医疗器械有限公司、欧姆龙(上海)有限公司等。

25日 上海市人民政府召开新闻发布会,正式公布《中共上海市委、上海市人民政府关于支持浦东新区改革开放再出发实现新时代高质量发展的若干意见》。

同日 六届区人大常委会第24次会议通过《浦东新区人民代表大会常务委员会关于进一步优化营商环境提升在线政务服务水平的决定》。该决定从2019年7月1日起施行。

27日 "强生创新上海孵化器"("JLABS@上海")在张江高科技园区启动。该孵化器总建筑面积4 400多平方米,由上海张江药谷公共服务平台有限公司和强生创新共建,可容纳近50家创新实体,涉及制药、医疗器材、消费品和医疗技术等领域。

28日 上海市轨道交通市域线机场联络线工程开工。

## 7月

**1日** 浦东新区庆祝中国共产党成立98周年座谈会在浦东新区办公中心召开,会议强调,我们要始终按照习近平总书记对上海"四个放在"和对浦东"三个在于"的地位要求,坚持"开放浦东、振兴上海、服务全国、面向世界",坚持发挥排头兵、试验田的作用,在市委的坚强领导下,勇当标杆,敢为闯将,奋勇争先,奋发作为,以优异成绩庆祝中华人民共和国成立70周年。

**3日** 李强就推动贯彻落实十一届市委七次全会精神和《关于支持浦东新区改革开放再出发实现新时代高质量发展的若干意见》(以下简称《若干意见》)到浦东新区调研,先后到张江人工智能岛、上海自主智能无人系统科学中心、周浦镇界浜村视察。在听取浦东新区贯彻落实市委全会精神和《若干意见》情况汇报后指出,浦东新区要深入贯彻落实习近平总书记考察上海重要讲话精神,勇当标杆,敢为闯将,切实抓好市委全会精神和《若干意见》的落地落实,在打造高素质专业化干部队伍上展现新气象,为上海加快建设"五个中心"和具有世界影响力的社会主义现代化国际大都市作出更大贡献。

**5日** 殷一璀到浦东新区洋泾街道栖山农贸市场调研垃圾分类情况。

**9日** 中国质量认证中心、上海市市场监管局、中国(上海)自由贸易试验区管理委员会共同签署《共同推进上海自贸试验区一带一路国际合作暨汽车产业发展质量认证服务工作备忘录》,就优化中国(上海)自由贸易试验区汽车质量认证机制达成共识,在强制性产品认证、机动车检测、"一带一路"产品认证国际合作等方面推出一系列举措。

**10日** 应勇在浦东调研垃圾分类工作,先后视察唐镇生活垃圾分流转运中心、黎明产业循环生态园区湿垃圾资源利用的有机质固废处理厂。应勇要求,按照市委市政府统一部署,坚持依法科学规范推进垃圾分类工作,优化分类收运流程,不断提升末端资源化利用和无害化处置能力,久久为功,努力使垃圾分类成为新时尚。

**11日** 浦东新区政协"界别党支部"揭牌仪式与界别工作会议在新区办公中心举行。建立界别党支部,是新区政协贯彻落实区委《关于加强新时代人民政协党的建设工作的实施意见》精神的重要举措,新区政协已建立17个界别党支部或联合党支部。

**12日** 四届区委六次全会召开。全会审议通过《关于全面贯彻〈中共上海市委上海市人民政府关于支持浦东新区改革开放再出发实现新时代高质量发展的若干意见〉勇当新时代全国改革开放和创新发展标杆的意见》，就全力推动市委、市政府该若干意见落地见效，全力推进"四高"战略向纵深发展，勇当新时代全国改革开放和创新发展的标杆作全面部署。

**14日~15日** 浦东新区第九批8名援藏干部和第十一批7名援滇干部分别启程，奔赴对口援建地区开展工作。浦东新区第八批6名援藏干部和第十批11名援滇干部分别于7月21日和19日返沪。14日~18日，翁祖亮率浦东新区代表团赴云南大理调研对口帮扶工作。

**16日** "三高（高桥镇、高行镇、高东镇）"区域联动发展管镇企联席会议第一次会议召开。区政府于2019年4月1日将高桥镇、高行镇、高东镇地区建设项目规划建设审批事项实施单位调整为中国（上海）自由贸易试验区管理委员会保税区管理局。

**18日** 李强到临港地区调研，先后视察上海新升半导体科技有限公司、中国航发商用航空发动机有限责任公司、特斯拉工厂。李强指出，临港地区是上海面向未来发展的重要战略空间，要深入贯彻落实习近平总书记考察上海重要讲话精神，着力推进更高起点的深化改革和更高层次的对外开放，牢牢把握重大机遇、紧盯抓牢重大项目、谋深做实重大战略，全力做好集要素、兴产业、强功能、优环境的大文章，为推动上海改革开放再出发、提升城市能级和核心竞争力作出更大贡献。

**22日~23日** 李克强在上海考察工作。在上海（中国）自由贸易试验区新片区听取总体规划汇报后指出，新片区是在过去5年自贸试验区实践基础上设立的，是开发的新扩大、改革的新进展，要坚持以习近平新时代中国特色社会主义思想为指导，贯彻党中央、国务院部署，抓住新机遇，对标国际先进水平，更大力度改革开放，完善空间规划实现集约开发，让这片寸土寸金之地飞出新的金凤凰，推动高质量发展。在张江人工智能岛调研3D视觉远程医疗、智能神经仿生、智能无人系列技术等创新成果时指出，人工智能就是要把人的智慧汇聚起来，更好地为人服务。要注重基础研究，发展热门产业也需要有甘坐冷板凳的人。要加强协同合作，把成果广泛应用到制造业、服务业等领域，培育壮大新动能，造福人民。

23日　贵州省党政代表团到浦东新区考察,参观张江科学城展示厅和区城运中心。

24日~25日　山东省党政代表团到浦东新区考察,参观陆家嘴金融城党建服务中心、自贸试验区企业服务中心、区城运中心、张江科学城展示厅、华虹集团上海集成电路研发中心和上海亿通国际股份公司。

25日　上海市十五届人大常委会第十三次会议审议并表决通过《上海市人民代表大会常务委员会关于促进和保障浦东新区改革开放再出发实现新时代高质量发展的决定》。该决定对浦东新区自主创新赋权,围绕自贸试验区和科创中心建设等重点工作,浦东新区人大常委会可以依法决定在一定期限在浦东新区暂时调整或者暂时停止适用本市地方性法规的部分规定并报市人大常委会备案。

26日　长三角城市文化馆联盟在浦东揭牌成立,沪苏浙皖三省一市的139家文化馆加入该联盟,并选举产生联盟主席团。

29日　六届区人大常委会第25次会议审议通过《浦东新区人民代表大会常务委员会关于进一步优化营商环境探索"一业一证"改革的决定》。

30日　第二届中国国际进口博览会浦东新区城市服务保障工作推进会在浦东新区办公中心召开。

同日　浦东新区区委中心组与市教育卫生工作党委中心组举行联组学习会。会上,上海市教育委员会与浦东新区人民政府签署"上海区域教育综合改革创新示范区"共建协议,并围绕深入学习贯彻习近平总书记考察上海重要讲话精神,认真落实市委、市政府支持浦东改革开放再出发的若干意见,教育改革创新等进行学习交流。

31日　2019年浦东新区退役军人事务工作领导小组、双拥工作领导小组全体(扩大)会议暨纪念建军92周年"八一"军政座谈会在新区办公中心召开。

同日　浦东新区人民政府与太古可口可乐有限公司签订战略合作备忘录,太古可口可乐有限公司在浦东设立中国区总部。

同日　浦东新区"一业一证"改革发布会暨首批颁证仪式在新区办公中心举行,翁祖亮颁发首批行业综合许可证。

## 8月

3日　2019全球电竞大会在浦东开幕,首届上海电竞周启动,同时发布《电竞场馆建设规则》和《电竞场馆运营服务规范》两项标准。

6日　《中国(上海)自由贸易试验区临港新片区总体方案》正式公布。

8日　中央政治局委员、中央书记处书记、中央纪委副书记、国家监察委员会主任杨晓渡到张江高科技园区调研,察看人工智能岛和张江科学城展示厅。

9日　浦东新区市场监督管理局向国药控股国大药房上海连锁有限公司韵浦路店核发全国首张药店业态行业综合许可证,标志着浦东新区在全国率先推出的"一业一证"审批制度改革进一步深化。

13日　退役军人事务部部长孙绍骋率队到浦东新区调研退役军人工作。先后到陆家嘴长城家园、上海中心22楼陆家嘴金融城党群服务中心调研。

16日～17日　上海市浦东新区第六届人民代表大会第六次会议在上海世博中心举行。杭迎伟代表新区人民政府向大会做上半年工作情况的报告。大会选举高德彪为浦东新区第六届人民代表大会常务委员会副主任,选举吴金水为浦东新区人民法院院长。

20日　中国(上海)自由贸易试验区临港新片区在临港办公中心正式揭牌。中共中央政治局委员、上海市委书记李强为中国(上海)自由贸易试验区临港新片区揭牌。商务部部长钟山,上海市市长应勇为中国(上海)自由贸易试验区临港新片区管理委员会揭牌。中国(上海)自由贸易试验区临港新片区规划范围为上海大治河以南、金汇港以东以及小洋山岛、浦东国际机场南侧区域。按照"整体规划,分步实施"原则,先行启动南汇新城、临港装备产业区、小洋山岛、浦东国际机场南侧等区域,面积为119.5平方千米。

21日　中国(上海)自由贸易试验区临港新片区揭牌成立后的首家股份制商业银行——上海浦东发展银行上海自由贸易试验区新片区分行揭牌营业。同月28日,中国农业银行中国(上海)自由贸易试验区新片区分行揭牌开业。

同日　港城海立方装备园开园仪式举行,该园位于上海自由贸易试验区临港新片区的先行启动区域范围内,总建筑面积有3万平方米,已有5家企业入驻。

23日　复旦大学附属肿瘤医院(浦东院区)在张江国际医学园区正式落成

运行。

**同日** 上海临港智能网联汽车综合测试示范区开园。一期已建成并试运行并实现了区域内4G、5G网络全覆盖,初步形成车路协同智能交通系统环境。

**29日~31日** 主题为"智联世界,无限可能"的2019世界人工智能大会在上海举行,主会场设于上海世博中心。中共中央政治局委员、上海市委书记李强出席开幕式并致辞,第十届全国政协副主席徐匡迪院士出席开幕式,上海市市长应勇主持开幕式。开幕式上启动了"人工智能应用创新揭榜赛道",发布了新一批国家新一代人工智能开放创新平台,2019卓越人工智能引领者奖评选结果以及上海市人工智能重大应用场景。会议期间,超过60个国家的8万多名专业人士交流论道,逾24万人次参展体验,海内外200多家媒体的900余位记者到会报道。

**30日** 中共上海市委、上海市人民政府印发《关于促进中国(上海)自由贸易试验区新片区高质量发展实施特殊支持政策的若干意见》。该若干意见包含人才、税收、住房、土地规划、产业集聚、交通网络建设、城市综合服务功能等50条具体举措,原则上重大改革举措优先在新片区试点,赋予新片区管理机构市级和区级经济管理权限。

**31日** 在2019世界人工智能大会"生态引领、智链浦东"峰会上,上海市超高清视频产业金桥示范基地、金桥5G产业生态园正式揭牌,全球首个华为5G创新中心、上汽集团5G智能网联汽车电子创新中心、阿里云计算等50个项目签约落地。

## 9月

**3日** 上海市城建系统与浦东新区人民政府签订"关于支持浦东新区改革开放再出发实现新时代高质量发展"合作协议,多个事项的审批权下放浦东新区。

**同日** 浦东新区教育工作会议召开。会议提出,浦东新区要着力高质量建设"区域教育综合改革创新示范区"。

**5日** 浦东新区区委"不忘初心,牢记使命"主题教育领导小组召开第一次会议,部署全区主题教育工作,该项工作从9月开始,至11月底基本结束。会议审议主题教育相关工作安排和工作规则。9日,区委召开浦东新区"不忘初心,牢记使命"主题教育动员大会,区委对全区的主题教育派出9个指导组。10月9日,浦东新区区委"不忘初心,牢记使命"主题教育领导小组召开第二次会议。会议强调,在教育活动中要充分认识整改落实工作的重要性,切实提高检视问题的针对性,着力提高整改工作的实效性。截至9月30日,全区累计开展集中学习研讨542次,查找突出问题686个。

9日 上海银行出台《自贸新片区综合金融服务方案》,成立上海银行自贸新片区业务产品服务创新中心。

11日 "支持浦东新区改革开放再出发,加快国际贸易中心核心承载区建设签约仪式暨浦东贸易便利化工作推进会"在浦东新区办公中心举行。浦东新区人民政府与上海市商务委员会签署合作协议。21家新落户(增资)外贸重点企业分别与自贸区相关片区管理局签约。

12日 中国(上海)自由贸易试验区临港新片区首批重点项目集中签约和开工。其中签约项目23个,总投资逾110亿元。

同日 ABB中国上海机器人新工厂和研发基地在浦东康桥破土动工,总投资额1.5亿美元(约10亿元人民币),占地6.7万平方米。ABB是全球最大最先进的机器人超级工厂。

同日 中共中央政治局委员、国务院副总理胡春华到临港新片区调研,强调上海自贸试验区建设为契机、进一步解放思想,担当作为,在高水平开放上迈出新的步伐,特别要积极对标国际先进规则和标准,加大制度创新的力度,积极开展压力测试,为全国深化改革开放探索新路子,积累有益经验。

16日 浦东国际机场三期扩建主体工程暨卫星厅启用,这是全球最大单体远距离卫星厅,提供出发候机、到达及中转服务。

20日 上海图书馆东馆主体钢结构封顶。该馆位于浦东迎春路(北)、合欢路(东)、锦绣路(南)、世纪大道(西)围合区中,工程开工于2017年9月27日,2022年9月28日正式开馆运营。

20日~21日 应勇在临港新片区调研时指出,要深入学习贯彻习近平总书记考察上海重要讲话精神,深刻理解把握临港新片区的使命任务,以强烈的责任感和紧迫感,进一步举全市之力,高标准高质量启动建设临港新片区,推动总体方案加快落地,力争尽快取得有显示度、有影响力的实际成效。应勇强调,增设临港新片区是党中央、国务院进一步扩大开放的重大战略部署,也为上海未来发展提供了重要的发展空间。要以只争朝夕的紧迫感,非同一般的决心和魄力,破除束缚羁绊,大胆改革创新,大力推动重大改革优先在新片区试点,闯出一条全方位高水平开放的新路。

21日　中国(上海)自由贸易试验区临港新片区新闻中心在临港新片区管理委员会综合大楼揭牌。浦东新区融媒体中心、《解放日报》、上海广播电视台等上海多家媒体入驻。

同日　44家市属国企入进临港,签署一批重要协议。临港新片区企业发展合作联盟揭盟。

24日　中国(上海)自由贸易试验区版权服务中心和上海国际艺术品保税服务中心在浦东启动运行。

26日　中央第六巡回指导组组长欧阳淞一行到浦东指导开展"不忘初心、牢记使命"主题教育活动。

27日　上海市市场监督管理局与浦东新区人民政府签署《上海市市场监督管理局支持浦东新区(上海自贸试验区)改革开放再出发实现新时代高质量发展的工作备忘录》。备忘录涉及深化审批制度改革、营造便利化准入环境、优化监管机制等20项改革措施。

29日　中国人民政治协商会议上海市浦东新区第六届委员会第四次会议在中国浦东干部学院召开,会议选举姬兆亮为政协浦东新区第六届委员会主席,王小君为政协浦东新区第六届委员会副主席。

同日　中共上海市委宣传部与浦东新区政府在浦东新区办公中心召开部区合作专题会议,并签署《贯彻落实市委市政府〈关于支持浦东新区改革开放再出发实现新时代高质量发展的若干意见〉的工作方案》。工作方案涉及自贸试验区内的文物拍卖、电影后期制作、游戏出版、版权服务、对外文化贸易、浦东开发开放30周年宣传等19项合作项目。

同日　上海市第一座海绵化公园——南汇新城芦潮港公园开园。该园占地面积约90 667平方米。

## 10月

10日　上海浦东科技创新投资基金(简称浦东科创母基金)正式启动,首期规模55亿元,同时设立若干行业专项子基金。

15日　浦东新区区委与上海市高级人民法院党组签署区域化党建联建协议,共同开启市区联动、党建引领法治建设新篇章。

16日　市经信委、市科委、市金融工作局分别与浦东新区政府签署相关合作协议,进一步贯彻落实市委市政府《关于支持浦东新区改革开放再出发实现新时代高质量发展的若干意见》。

18日　中国(上海)自由贸易试验区临港新片区管委会发布促进产业发展若干政策和集聚发展集成电路、人工智能、生物医药和航空航天四大重点产业的若干支持措施(简称"1+4"产业政策)。

19日　第十五届世界武术锦标赛在东方体育中心开幕,来自102个国家和地区的1 100余名运动员参加比赛。

同日　浦东新区人民法院自贸区法庭和自贸区知识产权法庭临港新片区审判站挂牌成立。

20日　首届世界海事大会在中国(上海)自由贸易试验区临港新片区召开,大会以"新时代、新科技、新海事"为主题,来自近30个国家和地区的海事专家、学者、企事业单位代表和企业家等400余人出席会议。

22日　中国浦东干部学院省部级干部党性修养专题培训学员到浦东考察学习,参观浦东开发开放主题展和区城市运行综合管理中心,翁祖亮以"新时代浦东改革探索的实践与启示"为题为培训班学员授课。

同日　高效低碳燃气轮机试验装置国家重大科技基础设施项目(上海浦东)开工仪式在中国(上海)自由贸易试验区临港新片区举行。项目投资6.51亿元,建筑面积1.92万平方米,建设周期为4年。

24日　上海金桥(集团)有限公司与上海法雷奥汽车电器系统有限公司举行法雷奥智能工厂项目签约仪式,工厂建成后将成为全球最大的48伏轻混电机生产基地。

25日　浦东新区人民政府与同济大学签署战略合作框架协议,在人工智能、医疗卫生、决策咨询、干部交流和人才配套等方面深化合作。

29日　由上海市人民政府主办的第二届世界顶尖科学家论坛在临港新片区开幕,主题为"科技,为了人类共同命运"。国家主席习近平向论坛致贺信,中共中央政治局委员、上海市委书记李强宣读贺信并讲话。世界顶尖科学家协会主席、诺贝尔化学奖获得者罗杰·科恩伯格，中国科学技术协会副主席徐延豪分别致辞。李强与罗杰·科恩伯格共同为世界顶尖科学家协会上海中心揭牌。出席开幕式的有41位诺贝尔奖获得者，20位沃尔夫奖、拉斯克奖、图灵奖、麦克阿瑟天才奖、菲尔兹奖获得者，100多位中国科学院院士、中国工程院院士和中外青年科学家，高校、科研机构负责人、科创企业及金融界代表共600余人。

31日　中国（上海）自由贸易试验区推进离岸转手买卖贸易发展推介会在浦东新区办公中心举行。

## 11月

2日　上海移动国际数据中心二期工程在临港新片区正式开工，工程总建筑面积25万平方米。上海移动临港园区包括海缆登陆局、国际数据中心等核心区域。

3日~5日　"以合作共赢、构建全体风险治理共同体"为主题的陆家嘴国际再保险大会召开。陆家嘴金融城已集聚41家法人保险机构，占全市总量的75％；27家外资保险公司，占全市总量的84％；全市6家专业再保险机构陆家嘴；全国11家航运保险运营中心有9家落户陆家嘴。

4日　2019浦东文化艺术节闭幕，在为期近两个月的时间里，艺术节共推出17台、26场精品剧目，开展了600多场文化艺术活动，有200多家专业院团、社会机构参与，6 000多支市民业余文化团队参演，参与活动的市民有150多万人次。

5日　浦东新区举办"迎进博、促发展，浦东新区情况推介及交流活动"，翁祖亮、杭迎伟等新区领导与100余位外企代表相聚，面对面交流，向外企全面介绍浦东经济社会发展的最新情况和下一步发展目标，诚邀大家在浦东寻找更大的发展空间和机遇。

6日　罗氏、勃林格殷格翰、诺华、辉瑞、阿斯利康等浦东跨国药企同一日上市新药。

8日　浦东新区区委召开常委扩大会议，传达学习习近平总书记考察上海重要讲话和在第二届中国国际进口博览会开幕式上的主旨演讲精神，传达学习党的十九届四中全会精神，对全区下一步学习宣传贯彻习近平总书记重要讲话精神进行全面动员部署,全力推动中央和市委的各项指示要求在浦东落实落地。翁祖亮主持会议并强调,浦东是国家战略的集中承载地,必须义不容辞地承担起更大的责任,要按照市委市政府统一部署,切实把习近平总书记重要讲话精神贯彻落实到浦东各项工作、各个环节中去,主动担当、积极作为、奋力创造新时代的新奇迹。

同日　金桥跨境电商产业园正式开园。园区位于金桥综合保税区,占地11.3万平方米,总建筑面积约30万平方米。该产业园由上海金桥(集团)有限公司负责投资建设和运营,工程总投资约23亿元。

11日　"2019年海外人才中国(上海)自由贸易试验区创业汇"大型交流对接活动在张江高科技园区举行。

12日　2019年中国技能大赛——"四大品牌"上海市职业技能大赛开幕式暨"上海制造"专场竞赛在上海世博展览馆举行。

14日~16日　上海(浦东)公共文化和旅游服务产品采购大会开幕式暨"美好生活"长三角公共文化空间创新大赛颁奖仪式在民生艺术码头举行。

15日　金桥综合保税区正式验收签字仪式在浦东新区办公中心举行。2018年11月19日,国务院批复金桥出口加工区(南区)整合优化为金桥综合保税区。其四至范围为东至川沙路、南至高科东路、西至华东路、北至龙东大道,封关面积1.52平方千米。

18日　中国(上海)自由贸易试验区临港新片区管理委员会召开干部大会,宣布15个内设机构,核定行政编制188名。根据新片区管委会市属市管工作定位,设立办公室(审计室)、党群工作部(人力资源处)、发展改革处、制度创新和风险防范处、高新产业和科技创新处、金融贸易处、商业和文体旅游处、特殊综合保税区处(航运处)、财政处、规划和自然资源处、建设和交通管理处、生态和市容管理处、应急管理处、综合治理处、社会发展处。机构设置还按照区域性的综合管理机构的规格予以安排,15个内设机构职责中包含了作为南汇新城镇上级领导和管理机构在承担和履行公共事务管理和服务上的职能,确保精简高效、协调便利、易于管理。把新片区管委会建成充分授权、权责清晰、高效运作的区域性综合管理机构。

19日　首届浦东国际数字商务大会暨第五届互联网+国际贸易新发展、新平台、新服务峰会召开,20家电商跨境服务机构和浦东电商跨境服务基地签署战略合作计划。

20日　天津市党政代表团到浦东新区考察。

同日　中国(上海)自由贸易试验区临港新片区管委会召开政策发布会,正式发布《中国(上海)自由贸易试验区临港新片区支持人才发展若干措施》等系列人才政策。

21日　比利时经济贸易代表团访问临港新片区。

22日　李强在浦东新区开展专题调研。先后调研了浦东新区大数据中心、浦东国际人才港、长三角资本市场服务基地、张江未来公园人工智能应用场景展示馆。李强在调研中强调,要把学习贯彻党的十九届四中全会精神和习近平总书记考察上海重要讲话精神作为当前和今后一段时期的首要任务,结合实际创造性地推进各项工作,更加持续深入提高城市治理现代化水平,更加卓有成效地推进国家战略落地落实,更加精准施策推动经济高质量发展,更加积极主动扛起全面从严治党责任,为上海奋力创造新时代新奇迹贡献浦东智慧、提供浦东样板。

24日　中国(上海)自由贸易试验区首家外资综合性医院——上海阿特蒙医院正式对外开诊。

27日　华域汽车系统股份有限公司技术研发中心在张江科学城开工,总投资10亿元,总建筑面积约10万平方米。

28日　中国(上海)自由贸易试验区临港新片区管理委员会召开产业地图发布暨重大项目签约仪式,正式发布《中国(上海)自由贸易试验区临港新片区产业地图》。7个重大产业项目签约落地,涉及总投资超过150亿元。中国(上海)自由贸易试验区临港新片区投资促进服务中心同时揭牌。

同日　浦东新区2019年学区化、集团化办学推进大会召开,10个教育集团宣布成立,至此浦东新区成立教育集团26个,学区20个,学区化、集团化办学已覆盖全区80％以上公办义务教育阶段学校。

同日　2019年长三角城市基层党建工作交流会在陆家嘴金融贸易区召开。会议由中国(上海)自由贸易试验区陆家嘴管理局党组主办。

同日　福建省党政代表团一行考察浦东新区,参观张江人工智能岛、欧姆龙

(上海)公司等。

29日　国家高新区高质量发展协调会(长三角片区)在张江科学城召开,长三角区域34个国家高新区围绕"践行长三角区域一体化发展战略,率先实现国家高新区高质量发展"主题进行全面深入交流达成共识,共同发布倡议书。会议由国家科技部火炬中心主办。

## 12月

1日　国家文化和旅游部公布最新国家级非物质文化遗产代表性项目保护单位名录,上海有63家单位上榜,其中浦东7家,涉及(浦东派)琵琶艺术、(上海港)码头号子、浦东说书、上海绒绣等非遗项目。

2日　2019年中国国际海事会展在上海国际博览中心开幕,展览面积达9万平方米,30个国家和地区的2 200家企业参加展览。

3日　中国(上海)自由贸易试验区临港新片区管理委员会召开土地政策宣传介绍会,公布《关于支持临港新片区产业、研发用地提高容积率的实施意见》《关于支持临港新片区园区平台提升创新服务能力工作的实施意见》。

4日　上海市中小微企业政策性融资担保基金管理中心与浦东新区财政局举行政策性融资担保业务市、区联动合作签约仪式。同时,浦东新区出台《浦东新区小微企业增信基金管理办法》。

5日　中国(上海)自由贸易试验区临港新片区管理委员会召开城市空间资源推介会暨重大项目集中签约仪式,并发布临港主城区未来发展空间布局。此次签约共有50个重大项目落地,涉及总投资295亿元。

6日　WAIC开发者·上海临港人工智能开发者大会召开。上海市经济和信息化委员会发布上海首批7家"上海市人工智能创新中心":上海商汤智能科技有限公司、深兰科技(上海)有限公司、上海依图网络科技有限公司、上海寒武纪信息科技有限公司、优刻得科技股份有限公司、上海汽车集团股份有限公司、腾讯科技(上海)有限公司。大会正式启动设置在临港的"WAIC开发者生态平台"。

6日~8日　第三届世界医疗器械设计(中国)大会暨中国国际医疗器械创新技术展览会在浦东新区举行。

**7日** 主题为"创新与转化——生物医药高质量发展"的第七届上海院士专家峰会上海科技大学召开。

**8日** 以"新片区新产业新未来"为主题的首届"临港新片区投资论坛"在滴水湖畔召开。上海市人民政府副秘书长、浦东新区区委副书记、临港新片区管委会党组书记、常务副主任朱芝松出席大会并致辞。

**10日** 浦东新区区委第十一轮巡察工作全面展开,对上钢新村街道、南码头街道党工委和区总工会、团委、科协、残联、红十字会党组开展常规巡察,同时对若干村居党组织开展专项巡察。

**11日** 临港新片区管委会明确2020年重大项目建设计划,将推进项目130余个,总投资逾4 000亿元,年度投资500亿元。

**12日** "2019年中国金融科技上海高峰论坛"在浦东召开,论坛汇集了国内外金融科技领域行业专家在浦东共话金融科技发展前景。

**13日** 阿里巴巴上海研发中心在浦东张江人工智能岛正式启用,首批入驻的团队包括平头哥、阿里云。

**同日** 2019集成电路产学研工程师峰会在临港召开,"集成电路创新工作委员会办公室"在临港软件园同时揭牌。

**15日** 沪通铁路太仓至四团段工程开工建设,线路全长111.8千米,江苏省境内长7.3千米,上海市境内长104.5千米,设太仓、徐行、外高桥、曹路、上海东站、四团6个车站。建设工期5年。应勇出席开工仪式并宣布工程全面开工。

**16日** 上海中医药大学附属龙华医院浦东分院在浦东新区航头镇举行项目开工奠基仪式,总建筑面积76 550平方米,一期设置床位500个,项目总投资8.39亿元,计划2023年上半年竣工。

**17日** 中国金融科技场景应用创新大会暨第一届银行间市场金融科技大会在浦东召开。

**18日** 上海大歌剧院开工仪式在浦东新区世博文化公园举行,李强出席仪式并宣布开工。

**同日** 张江科学城"金科医药创新中心"正式启用,该项目是张江科学城2019年"十大重点工程"之一,总面积达2.4万平方米。

**同日** 主题为"走进上交所,拥抱科创版"的2019年长三角资本市场服务基地年会在浦东召开。

**19日** 复星凯特首个CAR-T产业化生产基地在张江科学城启动,这是浦东首个细胞治疗领域产业基地。

**同日** 临港水厂配套工程开工,该项目总体规划用地面积约12万平方米,总投资13.5亿元。

**23日** 上海海关支持上海科创中心建设创新措施发布会在张江科学城举行,正式推出《上海海关支持上海科创中心建设实施方案》(2020版)、《上海海关支持科创机构进出口研发用品便利化措施》和《上海海关对科创机构开展研发业务实施保税监管试点操作规程》等系列创新措施。

**24日** 张江科学城举行53个重点项目集中开工、入驻、签约仪式,项目涉及企业、高校、产业区、人才公寓、河道绿地、交通路网等多个方面,共投资768亿元;其中320米"科学之门"占地面积约4.2万平方米,总建筑面积58万平方米,总投资142亿元。

**25日** 龙水南路越江隧道工程、银都路越江隧道新建工程、浦星公路芦恒路节点改造工程、沿江通道浦东段(越江段-五洲大道)接线工程、世博文化公园地下预留空间工程等5项重大交通建设工程项目集中开工。

**同日** 上海市人民政府批复同意《上海市浦东新区国土空间总体规划(2017—2035)》。

**26日** 四届区委七次全会召开。全会审议区委常委会2019年工作报告,审议通过区委常委会2020年工作要点。翁祖亮作区委常委会工作报告,杭迎伟作2019年经济社会发展情况和2020年经济社会发展工作报告。全会听取区委常委会2019年度干部选拔任用工作情况的报告。全会号召,全区各级党组织和广大党员干部群众要紧密团结在以习近平同志为核心的党中央周围,在市委坚强领导下,不忘初心、牢记使命,勇当标杆、敢为闯将,以优异成绩庆祝浦东开发开放30周年,奋力创造新时代浦东改革开放再出发的新奇迹。

**28日** 历时五年建设的郊环隧道正式通车,这是黄浦江底建成的第16条公路隧道。

**30日** 中国制造Model 3首批员工车主交付仪式在临港特斯拉上海超级工厂举行,这标志着特斯拉中国制造Model 3首批车辆正式交付。

# 2020 年

## 1月

2日　李强在黄浦江浦东滨江段等地调研"一江一河"两岸公共空间贯通提升工作时指出,要高度重视城市文化、工业遗存等发掘保护,做好活化利用,充分体现城市的历史积淀和人文魅力,让人们记得住历史、记得住乡愁。

同日　临港新片区同时获"国家外贸转型升级基地(汽车及零部件)"和"上海国际服务贸易示范基地"授牌,并启用数字贸易交易促进平台临港新片区分站大屏,进一步推进新型国际贸易高质量发展。

4日~7日　中国人民政治协商会议浦东新区第六届委员会第五次会议在中国浦东干部学院召开。会议由王正泉主持,姬兆亮代表政协浦东新区第六届委员会常务委员会作工作报告,王小君报告新区政协六届三次会议以来提案工作情况。会议表彰2019年度新区政协委员履职积极分子、优秀提案、社情民意工作积极分子。大会通过《政协上海市浦东新区第六届委员会第五次会议决议》。翁祖亮出席开幕大会和闭幕大会,并在闭幕大会上讲话。

5日~8日　浦东新区第六届人民代表大会第七次会议在上海世博中心召开。开幕大会由田春华主持,杭迎伟作《政府工作报告》。大会通过投票补选刘宇青当选为浦东新区第六届人民代表大会常务委员会副主任,刘龙宝当选为浦东新区第六届人民代表大会常务委员会委员;表决通过刘宇青为浦东新区第六届人民代表大会社会建设委员会主任委员。先后表决通过《关于浦东新区人民政府工作报告的决议》《关于浦东新区2019年国民经济和社会发展计划执行情况与2020年国民经济和社会发展计划的决议》《关于浦东新区2019年预算执行情况和2020年预算的决议》《关于浦东新区人大常委会工作报告的决议》《关于浦东新区人民法院工作报告的决议》《关于浦东新区人民检察院工作报告的决议》。翁祖亮主持闭幕大会并讲话。

7日　李强到浦东临港地区和洋山深水港区实地调研推进上海自贸试验区临港新片区和国际航运中心建设。李强指出，临港新片区总体方案已经明确重点产业发展方向，要进一步聚焦集成电路等有基础有条件有优势的产业领域，强化高端产业引领功能，努力掌握产业链核心环节。希望企业把握机遇、发挥优势，以关键核心技术创新突破更好带动引领上下游产业链，推动形成充满活力的产业集群。要前瞻思考国际航运中心新一轮发展战略，努力在配置全球航运资源、提升高端航运服务能力、深化航运制度创新、推进构建长三角世界级港口群上取得新突破。

同日　特斯拉ModelY项目启动暨Model3交付仪式在临港特斯拉上海超级工厂举行。

同日　浦东新区第三届"三好两满意"争创活动表彰大会举行。20名领导干部和20个领导班子分获"好班长""好班子"荣誉称号，442名干部被评为"好干部"。

10日　2019年度浦东新区"四个责任制"述职述责评议会召开。会议指出，"四个责任制"工作必须进一步提质增效，为区委中心工作的顺利推进提供坚强的组织保障，营造良好的政治生态、舆论氛围和法治环境。核心要求是"减负增能"，提升质量要"拉长补短"，压实责任要"真刀真枪"。

同日　上海市2020年首场外资项目集中签约仪式举行。浦东新区首批19家高质量高能级外资项目签约落户，项目总投资额27.65亿美元，分别占全市60个项目的32%、项目总投资额73.2亿美元的38%。

同日　国家科学技术奖励大会在北京召开，国产喷气支线客机ARJ21荣获2019年度国家科学技术进步奖一等奖。

15日　李强参加上海市十五届人大三次会议浦东新区代表团全团审议并指出，今年将迎来浦东开发开放30周年，浦东要深入学习贯彻习近平总书记考察上海重要讲话精神，在新的历史起点上确立新的目标追求，在落实国家战略中做强做优功能，在负重奋进、攻坚克难中创造过硬成果，努力成为当今世界高水平开放的一面旗帜、我国建设社会主义现代化强国的重要窗口、超大城市治理现代化的示范样板。

同日 陆家嘴金融科技展示中心正式揭牌,旨在展示上海金融科技的发展成果、优秀金融科技企业和项目的创新案例,成为上海金融科技向全球展示的亮丽名片。

16日 全国首家外商独资的保险控股公司——安联(中国)保险控股有限公司在浦东揭牌开业,注册资本达27.18亿元。

22日 浦东新区区委召开常委会(扩大)会议。会议听取了区人大常委会、区政府、区政协和区法院、区检察院党组以及区委常委党风廉政建设责任制述责述廉工作情况的汇报。会议指出,近年来新区各部门各单位积极作为、主动作为、创新作为、有效作为,通过查找廉政风险点、形成重点责任项目的方式,深入推进党风廉政建设责任制工作,取得了显著成效,不仅切实防范了廉政风险,而且有力促进了经济社会发展,必须要持之以恒做下去,并总结经验把好的做法长期坚持下去。

27日 浦东新区区委召开常委会(扩大)会议。会议传达学习中央政治局常委会会议精神、习近平总书记重要讲话精神和李克强总理讲话精神以及市委常委会(扩大)会议精神。会议指出,新冠肺炎疫情防控工作,重点人群管控必须坚决到位;重点区域管控必须坚决到位;医疗救治必须坚决到位;物资保障必须坚决到位;信息通报必须坚决到位;责任落实必须坚决到位。

29日 浦东新区召开新冠肺炎疫情联防联控领导小组会议。会议听取新区疫情防控工作汇报,部署下阶段工作。会议指出,要强化责任落实,强化上下联动,强化社区管控,强化物资保障,强化预警预判,强化组织动员。

31日 浦东新区召开新冠肺炎疫情防控工作领导小组会议。会议指出,要坚持问题导向,加强防护保障,加强集中点场所安全,加强制度建设,加强舆论引导,加强市场供给。

## 2月

2日 浦东新区召开新冠肺炎疫情防控工作领导小组会议。会议指出,面对疫情防控的新变化、新挑战、新形势,针对人员流动更加频繁、防控形势更加复杂、工作任务更加艰巨的情况,加快从春节假期的防控模式逐步向城市常态化运行后的防控模式转变,加强研究部署,加快深化细化各项工作方案和应急预案,以一严到底的态度、一控到底的决心,全力打好疫情防控阻击战。

**4日** 浦东新区区委召开疫情防控工作专题会。会议传达学习中央进一步加强当前疫情防控工作有关精神及市委常委会扩大会议有关精神,听取相关单位关于防控工作的汇报。

**7日** 国务院指导组到浦东新区现场督导新冠肺炎疫情防控工作并召开座谈会。杭迎伟表示,浦东新区将坚决贯彻落实党中央、国务院和上海市委、市政府全面抗击疫情的决策部署,按照指导组专家的意见,落细落深落实各项防控举措,全力以赴、层层阻击,织密群防群治、联防联控、严防严控的防控网,坚决打赢疫情防控阻击战。

**10日** 中国(上海)自由贸易试验区临港新片区管委会印发《临港新片区全力防控疫情支持服务企业平稳健康发展的若干政策措施》共计16条,支持辖区企业抗击疫情,切实减轻企业经营负担,帮助重点企业复工复产。

**11日** 浦东新区召开新冠肺炎疫情防控工作领导小组(扩大)会议。会议指出,当前正处于疫情防控关键时期、紧要关头,全区各级各方面必须一严到底、一控到底,全力把疫情阻击住、打下去。

**13日** 临港新片区举行2020年首批重点产业项目签约仪式,以电话协商沟通、网上连线确认协议、在沪代表逐个到场签署的方式,签约12个项目,总投资超过200亿元。

**同日** 李强到浦东新区疾控中心实地调研疫情防控工作情况。

**14日** 浦东新区区委召开疫情防控工作专题会。会议传达学习习近平总书记在中央政治局常委会上重要讲话精神和市委常委会第110次会议精神,听取村居、市场、企业、街面、城市运行保障以及楼宇包干工作落实情况的汇报。

**同日** 中国人民银行等部门联合发布《关于进一步加快推进上海国际金融中心建设和金融支持长三角一体化发展的意见》,从积极推进临港新片区金融先行先试等方面提出30条具体措施。

**17日** 浦东新区区委召开疫情防控工作专题会。会议指出,要认真贯彻习近平总书记重要批示指示精神,全面落实市委主要领导在市疫情防控工作电视电话会议上的讲话精神,一手抓疫情防控,一手抓复工复产,确保浦东经济社会稳定发展。

**24日** 浦东新区落实中央、市委统筹推进疫情防控和经济社会发展工作电视电话会议召开。会议指出,要认真学习深刻领会全力推动习近平总书记重要讲话精神和市委部署要求在浦东落实落地。要保持定力,不获全胜绝不轻言成功,要一抓到底,严格落实疫情防控各项措施,要统筹兼顾,全力实现全年经济社会发展目标,要加强领导,在疫情防控大考中锻造过硬队伍。

**25日** 浦东新区新一批21个外资重点项目集体进行"云签约"。采用"线上+线下、主会场+分会场"方式进行,项目涉及供应链管理、医疗器械、智能制造、资产管理等多个领域,多数为全球行业细分领域头部企业,总投资超17亿美元。

**26日** 上海市第三中级人民法院(上海知识产权法院、上海铁路运输中级法院)出台《关于服务保障上海自由贸易试验区新片区建设、进一步促进营商环境优化的实施意见》,旨在充分发挥司法职能作用,服务保障中国(上海)自由贸易试验区新片区建设和营商环境优化。

**27日** 张江科学城举行重点项目集中签约、开工启动仪式。活动现场共集中签约项目30个,集中开工启动项目20个,涉及创新研发平台、集成电路、生物医药、人工智能及城市功能提升等多个领域,50个项目共投资达364亿元。

## 3月

**2日** 浦东新区召开新冠肺炎疫情防控工作会议。会议指出,必须坚决贯彻落实中央和市委市政府各项决策部署,坚持标准不降、力度不减、要求不松,坚持依法防控、科学防控、动态防控、精准防控,切实做到疫情防控和经济社会发展辩证抓、统筹抓、全面抓,确保两手抓、两不误、两促进。

**3日** 国内首单知识产权暨疫情防控资产证券化项目——浦东科创1期知识产权资产支持专项计划(疫情防控ABS)在浦东成功发行。该项目在上海证券交易所、浦东新区知识产权局和国资委的支持下,由浦东科创集团作为主发起人完成首期发行。

**同日** 国家工信部公布第九批国家新型工业化产业示范基地名单,外高桥自贸区数据中心作为上海地区唯一代表获评。

**5日** 中国(上海)自由贸易试验区临港新片区管委会、上海市银行外汇及跨境人民币业务自律机制发布《临港新片区优质企业跨境人民币结算便利化方案》。方案明确,对临港新片区内符合条件的优质企业,实行简化跨境人民币结算业务的先行先试,实现更高水平的贸易投资便利化。

**6日** 中国商飞浦东生产线首架ARJ21飞机132架机在浦东机场完成首次生产试飞,标志着ARJ21飞机第二条生产线——浦东生产线从部装到总装再到生产试飞的各环节已完全打通。

**7日** 浦东新区重大工程集中复(开)工启动仪式在济阳路快速化改建工程2标施工现场举行,标志着浦东重大工程全面复工正式启动。本批共复工35项重大工程,涉及重大基础设施、生态环境、文化产业、卫生养老等项目,总投资418亿元。

**9日** 浦东新区政府召开常务会议。会议听取并原则同意关于制订《鼓励支持浦东新区区属企业发挥示范引领作用 主动担当作为 做好新冠肺炎疫情防控工作的若干政策措施》的情况汇报。

**同日** "张江科学城企业服务平台"正式上线。该平台由张江科学城建设管理办公室推出,具有"一张网、全覆盖、多层级"的特点,通过张江科学城服务门户(PC服务端)、"张江在线"App、"i张江"小程序等多个渠道,推出政策智能匹配、在线行政审批、人才集成服务、企业精准服务、活动发布平台等功能。

**12日** 金桥5G产业生态园开园及开发区重点项目集中开工仪式举行,有42家企业、重点项目入驻签约,总投资额达到130亿元。

**同日** 临港新片区公布《中国(上海)自由贸易试验区临港新片区全面深化国际一流营商环境建设实施方案》。该方案主要围绕"1+9+X"进行设计,"1"即全面复制推广特斯拉审批模式,"9"即聚焦企业全生命周期提出9项创新工程,"X"即全面落实上海市"营商环境3.0版"的一揽子改革措施。

**17日** 浦东新区区委召开重点工作推进专题会,贯彻落实中央和市委市政府要求,部署统筹推进疫情防控和经济社会发展、加快落实"五大倍增行动"。会议提出了落实"五大倍增行动"的"10+6+X"倍增行动方案,为浦东未来5年发展提出了明确目标。

**18日** 浦东新区召开党管武装工作会议。会议要求深入贯彻党的十九大和十九届二中、三中、四中全会精神,认真落实上海警备区党委全体会议精神。会议总结新区过去一年党管武装工作,部署了今年工作任务。

**24日** 研究浦东开发开放30周年中宣部大型集中采访活动筹备工作专题会召开。会议指出,要以习近平新时代中国特色社会主义思想为指导,深入学习贯彻习近平总书记考察上海重要讲话精神,全面落实习近平总书记对上海发展"四个放在"和对浦东开发开放"三个在于"重要指示精神,全面宣传浦东开发开放30周年成果与经验。

**25日** 中共上海市委副书记,副市长、代理市长龚正在浦东调研汽车、集成电路、航空等领域企业复工复产工作时指出,要深入贯彻落实习近平总书记重要讲话精神,按照市委的部署要求,在确保疫情防控到位的同时,努力为企业提供更精准的服务,打造更好的营商环境,有力推动企业加快复工复产复市,鼓足干劲抓发展、稳增长,奋力夺取疫情防控和实现经济社会发展目标双胜利。

**26日** 浦东新区全力推动浦东科技和产业高质量发展新闻发布会召开,正式发布《浦东新区促进重点优势产业高质量发展若干政策》,并解读科技创新功能优势倍增和产业能级倍增的行动方案。根据方案,到2025年,培育形成6个"千亿元级"规模的硬核产业集群。

**同日** 中国(上海)自由贸易试验区临港新片区市场监督管理局正式揭牌成立。

**同日** 浦东新区区委召开政协工作会议。会议指出,要深入学习贯彻习近平总书记关于加强和改进人民政协工作的重要思想,不断增强做好新时代政协工作的政治自觉、思想自觉、行动自觉;要总结经验、接续奋斗,担当起新时代浦东政协工作新使命新任务;要切实抓好当前和今后一个时期新区政协重点工作;要切实加强党对政协工作的领导。

**31日** 浦东新区政府与中铝国贸集团签订了氧化铝集中结算平台建设协议。至此,中铝国贸集团所有业务全部落户中国(上海)自由贸易试验区。

**同日** 浦东新区举行第三届政府质量奖颁奖仪式,共有12家企业获第三届政府质量奖。

**同日** 临港新片区境内贸易融资资产跨境转让业务试点正式启动,临港新片区企业的境内贸易融资资产,可率先开展跨境转让,从而进一步降低融资成本。

## 4月

**1日** 2020年浦东新区"五违"整治暨土地减量、征收动迁工作动员部署大会召开。2019年,浦东共拆除违法建筑831万平方米,占全市40%;土地减量立项、验收双双位列全市第一;高行镇、张江镇在全市"无违"街镇创建中分别排名第一、第三。

**2日** 四届区纪委五次全会召开。会议指出,要切实把思想和行动统一到习近平总书记重要讲话精神上来,进一步坚定全面从严治党的信心和决心;要围绕把制度优势更好转化为治理效能,坚定不移推动全面从严治党向纵深发展。

**4日** 浦东新区召开助力莎车县决战决胜脱贫攻坚视频会议。会议指出,今年是决战决胜脱贫攻坚战的收官之年,浦东助力莎车县脱贫时间紧、任务重,全区要把助力脱贫攻坚作为重点,打最硬的仗、啃最硬的骨头,全力以赴,不折不扣地完成中央和市委市政府交给浦东的政治任务。

**8日** 上海市人民政府为新认定的21家跨国公司地区总部和10家研发中心颁发证书。其中,浦东新区共有8家地区总部,占比38%;5家研发中心,占比50%。

**9日** 浦东新区第六届全国文明城区工作推进会暨新时代文明实践中心试点工作部署会召开。会议强调,要进一步增强责任感和紧迫感,把全国文明城区创建和新时代文明实践中心试点工作摆在突出位置来抓,要聚焦难点抓突破,全力确保全国文明城区创建成功,要积极开展探索,加快在新时代文明实践中心建设中出特色、出亮点。

**13日** 中国(上海)自由贸易试验区离岸转手买卖产业服务中心启动仪式在外高桥保税区举行。这标志着上海自贸试验区离岸转手买卖由重点企业参与试点阶段进入常态化、规范化、规模化的产业发展阶段。

**15日** 张江总部园、上海集成电路设计产业园开园仪式在张江科学城举行。张江总部园规划面积约1平方千米,规划建筑面积159.9万平方米,将聚焦高成长、成规模科技企业,打造硬核科技企业总部和上市公司企业总部集聚区,打造科创策源地、产业新高地。上海集成电路设计产业园规划面积4平方千米(一期1.3平方千米),规划建筑面积170.8万平方米,产业人口约6.6万人,是市重点建设的集成电路设计产业园。

16日 浦东新区举行2019年度新区重点工程实事立功竞赛总结暨2020年度重大工程建设动员大会。2020年,浦东安排市、区重大工程297项,年度投资计划803.62亿元。

17日 "盒马村"签约仪式暨盒马鲜生产业基地项目启动活动在航头镇举行。盒马分别与浦东新区农业农村委、航头镇就特色农产品产销对接、"盒马村"建设签署战略合作框架协议。

18日 李强到浦东调研,参观浦东开发开放陈列馆并到小陆家嘴地区察看陆家嘴金融城建设发展情况。李强指出,浦东开发开放30年的实践是在我国实现第一个百年奋斗目标的历史进程中展开的,今后30年的发展正好切合了我国实现第二个百年奋斗目标的历史进程。站在新起点、迈向新征程,要深入贯彻落实习近平总书记重要讲话精神,继续举高举稳浦东开发开放这面旗帜,打好打活这张王牌,以排头兵的姿态和先行者的担当,将浦东打造成为我国推动和引领经济全球化的开放旗帜、建设社会主义现代化强国的重要窗口、深度融入全球经济格局的功能高地、超大城市的治理样板,奋力创造新时代改革开放新奇迹。

21日 上海海关、浦东新区人民政府合作备忘录签约仪式在浦东新区办公中心举行。双方签署新一轮合作备忘录,上海海关将从七个方面进一步支持浦东发展,对标国际最高标准最好水平,共同深化贸易自由化、便利化改革。

同日 金桥综合保税区揭牌仪式在浦东新区办公中心举行,9家新落户项目和企业同时进行了集中签约。

22日 上海浦东科创集团有限公司成功发行上海国资首单创新创业债券。本期债券发行额10亿元、利率2.5%,发行所得资金主要用于帮助科创类企业抗击疫情,助力浦东六大"硬核产业"高质量发展,对开拓融资渠道、服务创新企业发展具有借鉴意义。

23日 浦东新区市场监督管理局发布进一步深化"放管服"改革、持续优化营商环境"新十条"措施,聚焦提升企业开业便利度、降低企业制度性成本、维护公平市场环境、支持新经济新业态发展等方面,为助推浦东改革开放再出发提供新动能。

24日　浦东新区区委召开重点工作推进专题会,研究推进落实市委、市政府重点工作涉及浦东事项相关工作。会议强调,浦东要按照中央和市委市政府决策部署,围绕开放旗帜、强国窗口、功能高地、治理样板的定位,勇挑重担、敢于担当,用心用力抓好年度各项重点工作落地落实,体现浦东"闯将"精神和"标杆"作用,助力浦东新时代改革开放再出发。

29日　"浦东新区强化四大功能　推动总部经济高质量发展"大会在新区办公中心举行。18家跨国公司地区总部意向项目集中签约,《推进浦东新区跨国公司地区总部高质量发展若干措施》正式发布。

30日　上海铂之楷生物科技有限公司(注册浦东张江)通过"一窗通"平台选择"企业名称告知承诺制"方式进行注册登记,第一时间通过名称审核,并于当日取得营业执照。这标志着企业名称登记告知承诺制改革试点工作率先在浦东落地。

## 5月

6日　李强到临港新片区检查调研常态化疫情防控和企业复工复产情况,深入了解新片区规划建设进展。他指出,临港新片区承载着重大使命,越是关键时刻越要拿出不一般的精神状态,形成不一般的发展热潮。要全面贯彻落实习近平总书记重要讲话和指示批示精神,加快打造更具国际市场影响力和竞争力的特殊经济功能区,加快建设开放创新、智慧生态、产城融合、宜业宜居的现代化新城,更好发挥增长极和发动机的作用,在统筹推进常态化疫情防控和经济社会发展中走在前列、作出表率。

8日　上海市人民政府印发《上海市人民政府关于下放浦东新区一批行政审批的决定》,正式下放浦东18个领域共61项行政审批事项,进一步对浦东加大放权力度,赋予浦东新区更大改革自主权。

同日　临港新片区管委会与中国人民银行上海总部、上海银保监局、上海证监局、市金融工作局共同发布《全面推进中国(上海)自由贸易试验区临港新片区金融开放与创新发展的若干措施》,从落实对外开放、强化制度创新、培育金融体系等五方面提出了50条创新举措,全面推进新片区金融开放与创新发展。

**11日** 浦东新区区委"四史"中心组学习会暨"四史"学习教育部署推进会召开。会议指出,开展"四史"学习教育是一项重要政治任务,是建立"不忘初心、牢记使命"长效机制的重要内容,是贯彻落实习近平总书记考察上海重要讲话精神的实际行动。要提高政治站位,深刻认识开展"四史"学习教育重要意义;要聚焦关键重点,确保"四史"学习教育取得扎实成效;要强化责任担当,抓实抓细"四史"学习教育各项工作。

**12日** 洋山特殊综合保税区(一期)顺利通过海关总署等国家八部委组成的国务院联合验收组验收。同月16日正式揭牌,成为我国151个海关特殊监管区域中唯一的特殊综合保税区。

**15日** 浦东新区区委常委会会议暨新区新冠肺炎疫情防控工作领导小组会议召开。会议传达学习中央政治局常委会会议精神,并听取新区疫情防控有关情况汇报。会议指出,要围绕习近平总书记"及时发现、快速处置、精准管控、有效救治"十六字方针,按照市委市政府相关部署要求,结合浦东实际细化抓紧制定浦东方案,因势而变、因情施策,不断优化完善防控措施,做到疫情防控不松劲不懈怠、稳增长谋发展再加力再攻坚,确保常态化疫情防控和经济社会发展两手抓、两手硬。

**17日** 浦东新区成立全国首家残疾人党群服务中心,设立联合党支部工作平台、公益助残组织联席议事平台、党员先锋工作室、残友宣讲团、助残志愿者服务联盟五大功能板块,为新区6 000余名无法正常参加组织生活的残疾人党员提供综合服务。

**19日** 2019年度上海市科学技术奖励大会举行。浦东新区总获奖数达到86项(全市308项),创下历史新高。

**同日** 两港大道(S2—大治河)快速化工程开工仪式在临港新片区举行。建成后新片区距离浦东国际机场仅需25分钟。

**27日** "新中国史"区委中心组学习(扩大)会召开。会议指出,学习"新中国史"是"四史"学习教育重要内容。全区各级党组织要认真抓好学习教育,进一步掀起学习"四史"热潮。要充分认识办好中国的事情关键在党,始终坚持和加强党的领导;要充分认识人民是历史创造者,始终站稳人民立场;要充分认识新中国史是一部奋斗历史,始终昂扬奋发向上的精气神。

28日 浦东新区区委召开重点工作推进专题会,部署推进第六届全国文明城区创评迎检工作。会议指出,今年是浦东开发开放30周年,站在改革开放再出发新起点上,要全力以赴推进全国文明城区创建工作,推动浦东改革发展各项工作再上新台阶新水平,努力把浦东打造成为"开放旗帜""强国窗口""功能高地""治理样板"。

同日 中国证监会批准上海国际能源交易中心开展低硫燃料油期货交易,并于6月22日正式挂牌交易。标志着又一期货国际化新品种落地浦东。

同日 全球最大山姆中国会员旗舰店项目在外高桥保税区正式开工建设,2021年9月26日正式开业。

29日 临港新片区管委会行政执法机构和所属事业单位揭牌仪式在临港行政服务中心举行。新片区行政执法机构和所属事业单位总数由14家整合为9家,并进一步精简人员编制。

## 6月

2日 龚正在张江科学城调研时指出,今年是科创中心形成基本框架的交账年,要深入贯彻落实习近平总书记重要讲话和全国"两会"精神,加快全球科创资源集聚,增强科技创新策源能力,加快构建有利于科技创新的体制机制,着力突破关键核心技术,力争早日建成世界一流科学城,推动科创中心建设迈向新高度。

同日 临港新片区正式发布《洋山特殊综合保税区产业发展和空间布局规划》和《关于促进洋山特殊综合保税区对外开放与创新发展若干意见》。文件明确,要重点培育国际供应链管理、国际高端制造及相关服务业、跨境综合服务业三大产业。要努力打造国际中转集拼中心、国际分拨及配送中心、国际订单及结算中心、全球销售及服务中心、跨境数字贸易中心、全球检测维修和绿色再制造中心、高端研发和制造中心、国际金融资产交易中心、国际大宗商品现货交易中心、国际融资租赁交易中等"十大中心"。

3日 浦东新区区委召开常委会(扩大)会议,传达学习全国"两会"精神和市委常委会扩大会议精神。会议指出,要深刻领会、提高认识,切实把思想和行动统一到中央精神上来;要持之以恒、慎终如始,织牢织密常态化疫情防控网;要抢抓机遇、真抓实干,奋力担起中央和市委赋予浦东新使命新定位;要锤炼作风、提升能力,着力打造一支能战能胜王牌铁军。

4日 浦东新区红十字会第四次会员代表大会举行。大会依法进行换届选举产生浦东新区红十字第四届理事会和监事会。

同日 上海中心、嘉兴大厦、中国金融信息中心、东方金融广场等第一批楼宇楼事会和楼宇党群联盟揭牌。

5日 浦东新区精神文明建设工作会议召开,表彰浦东精神文明建设工作先进集体和先进个人,部署2020年浦东精神文明建设工作。

10日 李强到临港新片区大飞机产业园,调研中国商飞公司总装制造中心浦东基地,并出席ARJ21飞机购机协议签约和交付活动。李强指出,大飞机体现了高端制造的能级水平,代表着航空产业的核心竞争力。我们要深入贯彻落实习近平总书记重要指示精神,加快打造自主可控、安全可靠的航空产业集群,全力营造要素齐备、活力创新的产业生态系统,为履行国家使命、服务国家战略作出更大贡献。

11日 浦东新区互联网企业党建工作推进会召开,全面加强互联网企业党建工作。不分隶属、不分体制,跨区域、跨部门,体量最大的浦东互联网企业党建联盟"红色拼团"正式成立,首批有84家重点信息服务类企业党组织加入。

12日 全市首个基层"调、裁、审"三庭合一的劳动争议解决平台——"张江巡回法庭、科创仲裁庭、张江仲裁庭"在张江党群服务中心揭牌。

12日~14日 国务院安委会第十三考核巡查组到浦东新区调研和考核2019年度安全生产和消防工作。

16日 浦东新区召开做好"六稳"工作、落实"六保"任务信用赋能助力企业发展大会。对外发布《浦东新区做好"六稳"工作落实"六保"任务,信用赋能助力企业发展行动方案》《浦东新区做好"六稳"工作落实"六保"任务,"信用赋能金融助力"推动经济社会发展专项行动方案》。启动新区企业信用赋能综合服务平台。

17日 中国科学院上海高等研究院国家蛋白质科学研究(上海)设施面向全球开放提供新冠病毒全部蛋白的表达质粒。

18日~19日 第十二届陆家嘴论坛举行,主题为"上海国际金融中心2020:

新起点、新使命、新愿景"。开幕式上,中共中央政治局委员、国务院副总理刘鹤向论坛发来书面致辞。

**19日** 浦东新区区委常委会会议暨新区新冠肺炎疫情防控工作领导小组会议召开。会议传达学习市委常委会会议精神。会议传达学习市委、市政府关于疫情防控工作有关会议精神,并听取新区贯彻上级精神、落实主体责任、加强疫情防控工作、强化大型农贸市场疫情防控措施以及区纪委监委落实监督责任等情况汇报。

**22日** 经国务院批准,由工业和信息化部、财政部发起组建的国家中小企业发展基金有限公司在陆家嘴金融贸易区完成工商注册,注册资本357.5亿元,为国内首家在北京以外设立的国家级母基金。7月16日正式揭牌。

**28日** 龚正出席市政府党组"七一"党日活动,到浦东开发陈列馆、滨江步道4号"望江驿"、"船厂1862"时尚艺术中心等处参观学习。龚正指出,要深入贯彻落实习近平总书记重要讲话精神,按照中央要求和市委部署,深入开展党史、新中国史、改革开放史、社会主义发展史学习教育,坚定理想信念,筑牢思想根基,激发奋进力量,为奋力夺取疫情防控和实现经济社会发展目标双胜利提供强大思想保证。

**29日** 四届区委八次全会召开。全会总结上半年工作,部署下半年任务,审议通过区委《关于完善重大疫情防控体制机制健全公共卫生应急管理体系的实施意见》。

**30日** 2018年国家重大集成电路项目——位于临港新片区的上海积塔半导体特色工艺生产线项目正式投产。

# 7月

**1日** 浦东新区举行庆祝中国共产党成立99周年座谈会。会议强调,要按照中央和市委对浦东当好"开放旗帜、强国窗口、功能高地、治理样板"定位要求,根据区委全会最新部署,以更加坚定的理想信念、更加昂扬的精神状态,不忘初心、牢记使命,再起宏图、再创奇迹,奋力推动新时代浦东改革开放再出发。

**3日** 宝马集团、阿里巴巴集团、金桥经济技术开发区管委会、金桥集团签订四方战略合作,宣布"阿里云创新中心—宝马初创车库联合创新基地"项目正式落户于上海金桥经济技术开发区。以"互联网＋汽车"产业为战略合作专案,推动金桥乃至浦东新区成为上海实现未来智能汽车创新发展新区。

7日 临港新片区举行2020年重点产业项目集中开工仪式,总投资约480亿元的18个重点产业项目正式开工建设。

8日 红杉资本国内首个产业孵化中心——"红杉数字智能产业孵化中心"在张江人工智能岛宣布正式启用。该孵化中心旨在为数字智能领域初创企业提供企业发展、资源链接、产业协同等全方位支持,进一步推动数字智能产业发展,助力上海人工智能新高地建设。

9日 2020世界人工智能大会云端峰会在世博中心开幕。大会主题为"智联世界 共同家园",开幕式线上线下结合,以现场演讲、全息影像、视频音频等形式交互进行,发布了2020卓越人工智能引领者奖评选结果以及上海市新一批人工智能重大应用场景。闭幕式上,张江人工智能赋能中心正式揭牌。

同日 浦东新区举行"金色中环发展带"建设签约仪式并召开新区"金色中环发展带"建设启动推进大会暨区委重点工作推进专题会,正式启动"金色中环发展带"建设工作。

11日 浦东新区人工智能高质量发展发布会在张江人工智能馆举行。张江人工智能集聚区发展规划、金桥智能网联汽车测试道路正式发布,上海(浦东新区)人工智能创新应用先导区应用场景公共服务平台揭牌,28个人工智能重点项目签约。

15日 浦东新区"政府开放日"系列活动正式启动。借助网络平台,开放日活动进行了全程线上直播,来自市城管执法总队、街镇、社区居民代表约50人参加活动,向公众全面展现政府的工作。

17日 浦东新区第十二届农产品博览会正式开幕。本届农博会以"云上农博、品质生活"为主题,依托线上新经济,全面推进农业增效、农村增色、农民增收,让浦东优质的农产品品牌走入千家万户。

20日 李强在陆家嘴检查防汛工作时指出,面对当前汛情形势,决不能有丝毫侥幸心理和麻痹思想,要强化安全底线意识,始终保持高度警醒,抓紧抓实抓细防汛防台各项措施。要充分依托城市运行"一网统管",进一步提升防汛工作科学化、精细化、智能化水平,精准预警预判预防风险隐患,做到早发现、早预警、早处置。

24日 "打造上海电竞之都核心功能区"——浦东重点电竞游戏项目集中签约活动举行,30家游戏企业、赛事机构、电竞场馆及相关配备服务企业相继与各属地管委会、镇政府和开发集团签约宣布落户浦东。

同日 中日(上海)地方发展合作示范区在临港新片区揭牌,该示范区是全国6个中日地方发展合作示范区之一,以发展氢能源为未来主要产业方向。

28日 浦东新区举行2020年双拥工作领导小组全体(扩大)会议暨纪念建军93周年军政座谈会。会议指出,要更加紧密地团结在以习近平同志为核心的党中央周围,在市委市政府坚强领导下,把双拥工作的滴水汇聚成军政军民团结的洪流,为实现中国梦、强军梦凝聚强大合力,再谱发展新篇。

29日 浦东新区召开公共卫生建设推进大会。市卫生健康委员会、市申康医院发展中心先后与浦东新区签署市、区战略合作协议,11家市级医院与浦东新区卫生健康委员会签署合作意向书,共同推动市级医院在浦东建设发展,支持浦东新区区域性医疗中心建设。通过市医院等级评审的四家区属三级乙等综合性医院在会上授牌。

同日 第23届上海国际电影节"一带一路"电影周在上海国际旅游度假区启动。16家"一带一路"意向合作企业及落户度假区重点企业签约,浦东国际影视产业园共享空间同时揭牌。

30日 由全国人大常委会副委员长、九三学社中央主席武维华和全国政协副主席、九三学社中央常务副主席邵鸿率领的九三学社中央调研组到浦东调研。

31日 浦东新区区委常委会会议暨新区新冠肺炎疫情防控工作领导小组会议召开。会议传达学习中央、市委关于安全生产和防汛防台工作重要指示批示精神,并听取新区安全生产和防汛防台工作情况汇报。会议传达学习市疫情防控领导小组会议精神,并听取新区近期疫情防控工作情况汇报。

同日 全球云游戏产业联盟成立启动仪式在浦东嘉里大酒店举行。该联盟旨在突破行业共性发展瓶颈,提升产业自主创新能力。同时,通过整合各方资源,推动海内外云游戏企业发展合作。

同日 中央全面依法治国委员会办公室发布《关于第一批全国法治政府建设示范地区和项目命名的决定》,浦东新区入选第一批全国法治政府建设示范区。

## 8月

1日 "致竞未来"2020全球电竞大会在浦东召开,"上海电竞周"同步开启。全球知名电竞企业、行业机构高层汇聚上海,发表全球电竞产业发展前瞻观点。

6日 临港集团通过此前获批的跨境资金池,成功引入境外融资资金1亿美元,跨境资金池境内外联通的桥梁正式"通车"。

10日 铝期权和锌期权在上海期货交易所正式挂牌交易。此次铝、锌期权合约同步上市,将进一步丰富有色金属行业衍生产品序列,提升上海配置全球金融资源能力,不断增强上海国际金融中心辐射力和全球影响力。

11日 李强在浦东新区调研上海图书馆东馆、上海博物馆东馆等市重大文化项目建设推进情况时指出,要深入贯彻落实习近平总书记考察上海重要讲话精神,认真践行"人民城市人民建,人民城市为人民"重要理念,高质量高水平规划好建设好运营好重大文化项目,进一步优布局、补短板、提品质、强功能,努力打造新的建筑地标、风景地标、文化地标,推动打响"上海文化"品牌,更好满足人民群众精神文化需求。

13日 上海市人民政府举行新闻发布会,介绍临港新片区成立一周年改革创新情况。截至目前,临港新片区从总体方案中分解出的78项政策和制度创新任务完成过半,已落地45项,另有22项已形成方案;国家、上海市、临港新片区管委会累计制定发布各类政策107个,形成典型创新案例32个。

18日 临港新片区国际人才服务港举行开港仪式。这将进一步释放优惠人才政策与优质人才服务叠加的积极效应,为临港新片区建设成为"集聚海内外人才开展国际创新协同的重要基地"提供强大助力。

19日 李强、龚正等市领导到临港新片区调研并召开座谈会。李强指出,要深入贯彻落实习近平总书记"五个重要"的指示精神,举全市之力加快推进临港新片区建设,充分发挥联通国内国际双循环的枢纽节点作用、应对内外挑战的先手棋作用、构建更高水平开放型经济新体制的试验田作用,持续打造服务新发展格局的开放新高地、推动高质量发展的战略增长极、体现人民城市建设理念的城市样板间、全球人才创新创业的首选地。

20日 浦东新区举行创建第六届全国文明城区专题点评会暨再动员会。会议分析总结了市文明办测评反馈的工作情况,要求进一步强化思想认识,强化问题整改,强化举一反三,全力冲刺第六届全国文明城区创建迎检工作。

**21日** 龚正到浦东调研并召开"稳增长"情况座谈会。龚正指出,浦东新区在全市经济发展中具有举足轻重的地位,要深入贯彻落实习近平总书记重要讲话和指示批示精神,坚决把党中央的大政方针、决策部署和市委要求落到实处,寻新机、开新局,立足开发开放30周年新起点,推动改革开放再出发,释放制度创新红利,为全市稳增长做出表率。

**24日** 浦东新区区委召开常委会(扩大)会议。会议传达学习习近平总书记在扎实推进长三角一体化发展座谈会上重要讲话精神。会议指出,要深入学习领会习近平总书记重要战略思想,紧扣一体化和高质量两个关键词,以更加强烈责任感、使命感和紧迫感,主动把浦东改革开放融入长三角一体化发展大局,更好地在长三角一体化高质量发展中发挥引领带动作用。

**25日** 2020年浦东新区科技节暨"科技战疫主题展"开幕,以"科技战疫 创新引领"为主题,全面展示浦东科技创新成就和科技战"疫"贡献,继续深化"科普+科创+产业"发展模式。

**26日~29日** 翁祖亮、田春华率领浦东新区党政代表团到云南省大理白族自治州考察沪滇扶贫协作工作落实情况,出席各县和州召开的2020年东西部扶贫协作联席会议,调研各县的特色产业项目建设情况。

**28日** 浦东新区举行纪念张闻天诞辰120周年座谈会。会上,张闻天故居宣布建成全国首家AR空间识别红色旅游基地。

**31日** 民生证券落户浦东新区揭牌暨上海国资战投入股签约仪式在浦东新区办公中心举行。申能集团等多家市属、区属国企与泛海控股、民生证券签订战略入股协议。

**同日** 浦东新区党政代表团一行赴对口援助的西藏自治区日喀则市江孜县,慰问上海市第九批浦东援藏干部并考察援建项目开展情况。

## 9月

**1日** 经由国家市场监管总局批复,中国(上海)自由贸易试验区临港新片区启动强化竞争政策实施试点。上海市市场监督管理局联合中国(上海)自由贸易试验区临港新片区管委会发布强化竞争政策实施试点11条措施。

2日 中国(上海)自由贸易试验区金融产业投资促进平台正式上线,将力争实现"第一时间发现项目、第一时间传递信息、第一时间匹配资源、第一时间解决问题",优化金融营商环境。

同日 浦东新区特色产业园区建设推进会举行。会议指出,浦东将通过打品牌、出亮点、插旗帜,努力打造特色产业园区的浦东样板。

7日 浦东新区区委党校2020年秋季学期主体班开班仪式举行。翁祖亮作《以浦东开发开放30周年为新起点奋力推进新时代浦东高水平改革开放》报告,指出要深刻认识浦东在全国改革发展大局中肩负着特殊使命责任,要奋力推进新时代浦东高水平改革开放。

同日 中国(上海)自由贸易试验区临港新片区管委会、上海市市场监管局发布《中国(上海)自由贸易试验区临港新片区商事主体登记确认制实施办法(试行)》,商事主体登记确认制正式在临港新片区产城融合区内施行。

8日 全国抗击新冠肺炎疫情表彰大会在北京人民大会堂隆重举行。上海市浦东新区派驻机场疫情防控工作组临时党支部荣获全国抗击新冠肺炎疫情先进集体、全国先进基层党组织称号。

同日 浦东软件园获"国家数字服务出口基地"授牌。作为首批入选园区,浦东软件园未来将积极承担国家赋予的数字服务出口重任,把握数字经济发展的重大机遇,努力打造成为我国发展数字贸易重要载体和数字服务出口集聚区。

10日 临港新片区"生命蓝湾生物医药特色产业园"开园。生命蓝湾是上海市首批特色产业园中的一个,也是临港新片区生物医药产业集中承载地。

11日 浦东新区区委召开常委会(扩大)会议。会议传达学习中央政治局会议审议《关于十九届中央第五轮巡视情况的综合报告》精神以及市委领导有关讲话精神。会议指出,要提高政治站位,坚决扛起巡视整改政治任务,要加强组织领导,迅速开展巡视整改各项工作。

15日 浦东新区举行"5G技能湾"启动暨"5G技能人才培养基地"揭牌仪式。作为浦东首个"产业+技能"和"产教融合"为一体的技能品牌基地,"5G技能湾"是浦东新区加快培养技能人才的又一重要举措,也是全市首个与5G产业相结合的技能人才培养基地。

同日　第二十二届中国国际工业博览会开幕式暨颁奖仪式在国家会展中心（上海）举行，共公布10项工博会大奖（CIIF），其中浦东4家企业获工博会CIIF大奖。

18日　浦东新区区委常委会会议暨新区新冠肺炎疫情防控工作领导小组会议召开。会议传达学习习近平总书记在全国抗击新冠肺炎疫情表彰大会上重要讲话精神，并听取关于推进秋冬季疫情防控常态化工作情况汇报。会议指出，要把学习贯彻习近平总书记重要讲话精神作为当前重要政治任务，学出必胜信念，增强奋进力量，化为切实行动，奋力夺取疫情防控和实现经济社会发展目标双胜利。

24日～26日　全球高级别金融科技盛会——"外滩大会"在上海世博园区举行，主题为"科技让未来更普惠"。

25日　浦东新区人民政府发布《浦东新区法治化营商环境白皮书（2013—2020年）》，这是全国首部法治化营商环境专题型白皮书，系统阐述了浦东推进法治化营商环境建设的机制和路径，深入阐明了浦东持续优化法治化营商环境的立场和决心。

27日　中共中央政治局委员、国务院副总理胡春华到浦东调研。

30日　浦东新区举行2020年新区各界人士中秋联谊活动。翁祖亮指出，要牢记习近平总书记的嘱托，按照市委"开放旗帜、强国窗口、功能高地、治理样板"的目标要求，乘势而上、永立潮头，勇当新时代全国改革开放和创新发展的标杆。

同日　2020上海浦东国际汽车展览会在上海新国际博览中心开幕，以"智驾未来"为主题，打造汽车嘉年华。

## 10月

1日　全国首家盒马X会员店在浦东森兰商都正式开业，占地面积1.8万平方米。

15日　浦东新区召开落实市委巡视整改工作推进会议暨区委重点工作推进专题会。会议指出，巡视是发现问题的"政治体检"，整改是解决问题的政治担当。全区上下要认真对照市委要求，再接再厉、攻坚克难，全面推进整改、从严从实整改、长效常态整改，扎实做好市委巡视"后半篇文章"。

同日　浦东新区政府召开工作会议（视频会议）。会议指出，浦东要牢记习近平总书记嘱托，高举新时代改革开放旗帜，全面深化改革、全面扩大开放，以现代化经济体系推动高质量发展，以现代化治理水平创造高品质生活，以推动"五个中心"、强化"四大功能"为主要方向，努力成为我国融入全球的功能高地。

同日　2020年长三角高技术服务业质量提升示范试点建设活动在浦东举行，浦东联合南京、苏州、无锡、宁波、黄山"五市一区"打造检验检测认证行业发展升级版。

16日　浦东新区区委常委会会议推进落实市委巡视整改专题民主生活会召开。翁祖亮代表区委常委会班子作对照检查并带头开展个人对照检查，区委常委逐一开展个人对照检查，作批评和自我批评。

同日　国内首家致力于生物医药产业创新服务链的伦理服务平台——"生物医药创新研发伦理服务（张江）工作站"揭牌成立。

19日　《浦东新区促进乡村民宿健康发展的实施办法》正式发布，该文件全面系统地定义了乡村民宿及其适用范围、设立条件、申办程序、监管体系、治安标准、卫生标准等细则，在全市尚属首例。

20日　中共中央政治局委员、国务院副总理刘鹤和中共中央政治局委员、上海市委书记李强共同出席张江国家实验室揭牌活动。

21日　"学习四史重走浦东开发开放之路"活动启动仪式在浦东大道141号举行。浦东新区"四史"学习教育巴士课堂正式上线，首发路线取名为"初心之旅"。

同日　国家工信部对"2020年全国质量标杆企业"进行授牌，共有6家上海质量标杆企业入选，数量居全国第一，其中浦东新区占5家。

22日～23日　第八届上海院士专家峰会在张江举行，峰会以"未来人民城市：创新·协同·共享"为主题，邀请院士专家共话浦东高质量发展，探索和开拓人民城市建设新思路。

23日　上海市航空航天产业特色园区授牌暨临港新片区大飞机园启动仪式在中国商飞总装制造中心浦东基地举行。22个项目集中签约入驻，预计投资总额超过200亿元。

26日～28日　中国第二届全球再保险交易商年会——陆家嘴国际再保险

会议正式举行,来自政府机关、市场机构、高等院校等288家机构的1 000多名与会嘉宾,围绕"后疫情时代,如何共治风险、共创未来"的主题,共话再保险行业高质量发展。

**27日** 浦东新区召开市域社会治理现代化试点工作部署推进会。会议指出,要深入贯彻中央和市委市政府关于推进市域社会治理现代化工作重要会议、重要文件精神,以更大决心、更有力举措,扎实做好市域社会治理现代化试点各项工作,奋力开创平安浦东建设新局面,为创造新时代浦东改革开放新奇迹提供坚强保障。

**同日** 临港新片区举行"东方芯港"集成电路综合性产业基地启动仪式。中微半导体设备产业化项目等14个重点项目进行了集中签约,投资额总计达225亿元。

**28日** 上海浦东足球场运营管理有限公司与上海汽车集团股份有限公司举行冠名签约仪式,上汽集团正式冠名上港足球俱乐部新主场,命名为"上汽浦东足球场"。同月31日,举行浦东足球场阶段性交付后的首场专项赛事——2020英雄联盟全球总决赛(S10)冠亚军决赛。

**30日** 第三届世界顶尖科学家论坛在上海国际会议中心举行,中共中央总书记、国家主席习近平向论坛作视频致辞。本届论坛以"科技,为了人类共同命运"为主题,采用线上视频与线下出席相结合的方式举办,61位诺贝尔奖获得者在内的全球137位顶尖科学奖项得主、30多位国内两院院士、100余名世界优秀青年科学家参会。

**同日** 浦东开发开放30周年首个大型艺术展"风从东方来——浦东开发开放30周年艺术展"在中华艺术宫开幕。展览分为"改革巨变""时代奋斗"和"人民城市"3个篇章,持续至11月30日。

# 11月

**1日** 中央宣传部组织的浦东开发开放30周年集中采访活动在浦东启动。翁祖亮和杭迎伟出席浦东新区情况介绍会,分别介绍浦东开发开放30周年整体情况和党的十八大以来浦东经济社会发展情况。

**同日** 第二批653项由市、区授权的行政事权在临港新片区正式集中行使。

临港新片区管委会分两批承接市、区两级行政审批和行政处罚等相关事权1170项,赋权力度在全国各自贸试验区管理机构中位居前列。

2日　浦东新区召开党政负责干部会议,传达学习贯彻党的十九届五中全会精神和全市党员负责干部会议精神。会议指出,各部门、各单位要迅速行动起来,把学习宣传贯彻党的十九届五中全会精神,作为当前和今后一个时期的重大政治任务,及时进行传达、全面加深理解、坚决贯彻落实。

同日　浦东新区"金色中环发展带"建设重点项目集中开工,包括24个重点项目,总投资约400亿元。

4日　浦东新区机器人产业地图和"一谷一园"(张江机器人谷和金桥机器人产业园)规划发布。到2023年,浦东将建设成为具有较高国际影响力、国内顶级的机器人产业发展高地,总体产业规模达到500亿元。

6日　5G产业生态创新论坛暨金桥5G产业生态金海园开园仪式举行。一批重点项目集中签约入驻,总投资约25亿元。

10日　由中央广播电视总台财经节目中心和上海总站联合推出的4K纪录片《而立浦东》举行首发活动。《而立浦东》共六集,采访了200多位浦东开发开放的决策者、亲历者、见证者,全景展现了浦东开发开放30周年的辉煌历程,10日起在央视播出。

12日　浦东开发开放30周年庆祝大会在世博中心举行,习近平总书记出席大会并发表重要讲话。习近平指出,要抓住机遇、乘势而上,全面贯彻党的十九大和十九届二中、三中、四中、五中全会精神,科学把握新发展阶段,坚决贯彻新发展理念,服务构建新发展格局,坚持稳中求进工作总基调,勇于挑最重的担子、啃最硬的骨头,努力成为更高水平改革开放的开路先锋、全面建设社会主义现代化国家的排头兵、彰显"四个自信"的实践范例,更好向世界展示中国理念、中国精神、中国道路。当晚,"勇立潮头——庆祝浦东开发开放30周年文艺晚会"在上海大剧院举行。

13日　浦东新区召开党政负责干部会议,传达习近平总书记重要讲话精神和市委常委会扩大会议精神。会议强调,要深入学习领会,全面贯彻落实,切实把思想和行动统一到总书记重要讲话精神上来,以更加饱满的激情、更加昂扬的斗志、更加坚定的决心,奋力在新起点新征程开创浦东高水平改革开放新局面,为实现全面建设社会主义现代化国家的奋斗目标、实现中华民族伟大复兴的中国梦作出新的更大贡献。

**14日** 国务院印发《上海市浦东新区开展"一业一证"改革试点大幅降低行业准入审批成本总体方案》。同意在浦东新区开展"一业一证"改革试点,试点期为自批复之日起至2022年底。

**17日** 李强、龚正、蒋卓庆、董云虎等市领导到浦东展览馆参观"在国家战略的引领下——浦东开发开放30周年主题展"。李强指出,重温浦东开发开放30年的沧桑巨变,深受教育、深受鼓舞。浦东奇迹般的变化背后,是白手起家、艰苦奋斗的创业激情,是披荆斩棘、革故鼎新的创新锐气,是志存高远、追求卓越的创造追求。习近平总书记在浦东开发开放30周年庆祝大会上发表重要讲话,为浦东未来发展高瞻远瞩地定位指路。全市上下要不辱使命、不负重托,坚决把习近平总书记重要讲话精神学习好、贯彻好、落实好,汲取奋进力量,增强使命担当,在新时代全力打好浦东开发开放这张王牌。

**同日** 李强到浦东开展"贯彻落实习近平总书记在浦东开发开放30周年庆祝大会上的重要讲话精神"专题调研,并主持召开专题座谈会。李强指出,要深刻学习领会、深入贯彻落实习近平总书记重要讲话精神,牢牢把握在新的历史条件下浦东肩负的光荣使命,牢牢把握在新的起点上推动浦东高水平改革开放的行动指南,牢牢把握在新的征程上创造新奇迹、展现新气象的实践要求,全力打造社会主义现代化建设引领区,努力成为更高水平改革开放的开路先锋、全面建设社会主义现代化国家的排头兵、彰显"四个自信"的实践范例,更好向世界展示中国理念、中国精神、中国道路。

**同日** 河南省党政代表团考察浦东新区,到浦东展览馆参观"在国家战略的引领下——浦东开发开放30周年主题展",到中科院上海药物所、上海喜马拉雅科技有限公司调研。

**19日** 国际铜期货在上海期货交易所子公司上海国际能源交易中心正式挂牌交易。国际铜期货是中国期货市场上第四个国际化品种,也是首次以"双合约"模式实现国际化的期货品种。

**20日** 全国精神文明建设表彰大会在北京举行。浦东新区通过复查确认保留全国文明城区荣誉称号,实现全国文明城区创建5连冠。浦东4个村镇、11家单位、2户家庭入围新一届全国文明村镇、文明单位、文明家庭。

**同日** 作为上海市生物医药产业特色园区的重要组成部分,总规划面积2平方千米的外高桥生物医药产业园正式揭牌,复旦科技园创新中心生物医药公共服务平台等9个高能级生物医药产业项目签约落地。

**21日** 李强、龚正在浦东新区疾病预防控制中心召开市新冠肺炎疫情防控工作领导小组专题会议,研究部署当前疫情防控工作,进一步压紧压实各项防控措施。

**24日** 全国劳动模范和先进工作者表彰大会在北京隆重举行。浦东新区推荐上报的4位全国劳模、2名全国先进工作者在人民大会堂接受表彰,他们分别是兆芯集成电路有限公司副总工程师王渊峰、祝桥镇新如村党总支书记张富官、玛戈隆特骨瓷(上海)有限公司技术总监赵建东、中国石油化工研究院副总工程师缪长喜、浦东新区市场监督管理局注册许可分局党总支副书记徐敏、宣桥镇艺泰安邦居民区党总支书记陈凤英。

**25日** 世博片区重大项目推进入驻暨区域推介仪式在前滩媒体城举行。一批重点建设项目集中奠基,一批国际组织及重点企业入驻签约。

**26日** 庆祝浦东开发开放30周年理论研讨会举行,中共上海市委书记李强出席并讲话,人民日报社社长、总编辑庹震致辞,国务院发展研究中心党组书记马建堂等专家学者作主题发言。

**同日** 浦东新区人民政府与上汽集团在上海中心签署战略合作协议,由上汽集团、浦东新区和阿里巴巴集团三方联合打造的百亿级"巨无霸"项目——高端智能纯电汽车项目"智己汽车"正式启动,其作为国内首个创始轮即达百亿元级的汽车科创公司落户张江智能园区。

**28日~29日** 浦东新区召开2021年工作务虚会。会议深入贯彻落实习近平总书记重要讲话精神,全面落实十一届市委十次全会精神,深入谋划浦东明年、"十四五"乃至未来更长时期的发展,全力推动习近平总书记重要讲话精神在浦东落地生根。

**29日** 上海交通大学医学院浦东校区工程在上海国际医学园区开工建设,预计2024年建成。

**30日** 四届区委九次全会召开。全会审议通过了《中共浦东新区委员会关于深入学习贯彻习近平总书记在浦东开发开放 30 周年庆祝大会上重要讲话精神　奋力推进新时代高水平改革开放的决定》和《中共浦东新区委员会关于制定浦东新区国民经济和社会发展第十四个五年规划和二〇三五年远景目标的建议》，传达学习了十一届市委十次全会精神，听取和审议了区委常委会 2020 年工作报告。

## 12 月

1 日　龚正到浦东调研并召开"稳增长"情况座谈会。龚正指出，要切实把思想和行动统一到习近平总书记在浦东开发开放 30 周年庆祝大会上的重要讲话精神上来，把党中央的部署、市委的要求，转化为砥砺前行的强大动力，勇于担当、敢为先锋、抓住机遇、乘势而上，奋力创造新时代发展新奇迹。

2 日　2020 年上海市劳动模范（先进工作者）和上海市模范集体表彰会举行。浦东新区共有 59 名同志荣获市劳动模范（先进工作者）称号，23 个集体获得市模范集体荣誉。

3 日　人工智能创新应用先导区的应用场景公共服务平台建设项目建设启动会在张江人工智能岛举行。这是全国首个人工智能创新应用先导区。

4 日　浦东新区举行推进市级乡村振兴示范村建设座谈会。会议指出，要深入学习贯彻习近平总书记在浦东开发开放 30 周年庆祝大会上的重要讲话精神和党的十九届五中全会精神，按照市委市政府推进乡村振兴的总体要求和区委区政府的部署，各个示范村要发挥主体作用，有关部门要加强协同联动，围绕示范村建设的难点堵点，共同研究、逐个攻破，以点带面全面推动落实。

8 日　浦东新区举行经济突出贡献企业表彰活动。出席领导分别为创新创业 20 强、高成长性企业突出贡献 20 强、楼宇经济突出贡献 20 强、科技创新突出贡献 20 强、先进制造业突出贡献 20 强、现代服务业突出贡献 20 强、民营企业突出贡献 20 强、金融业突出贡献 20 强、经济特别贡献 20 强等代表企业颁证。

同日　浦东复旦附中分校教育集团正式挂牌成立。这是浦东第 27 个教育集团，至此浦东公办初中学校集团化办学实现全覆盖。

9 日　外高桥保税区成立 30 周年活动暨投资促进推介会举行，总结 30 年发展取得的成就，谋划区域改革开放再出发的新路径。

11日 浦东新区举行"推动高质量发展 创造高品质生活 构建新发展格局"建设国际消费中心推进大会。发布"推动高质量发展 创造高品质生活 构建新发展格局 浦东新区推进国际消费中心建设的若干措施",举行盒马跨境购项目介绍及启动仪式,以及15家浦东新区重点消费企业签约仪式。

同日 《临港新片区智能网联汽车产业专项规划(2020—2025)》发布。规划提出到2025年,临港新片区的智能网联汽车相关产业产值将突破1 000亿元。

14日 "新时代 新开放 新高地"中国金融人才浦东开发开放30周年高峰论坛在浦东举行,上海浦东特许金融分析师协会和上海市浦东新区金融业联合会人才工作专委会正式成立,共同推动浦东金融人才高地建设。

16日 中国(上海)自由贸易试验区启动"全球营运商计划(GOP)",进一步集聚高能级的市场主体、高层次的人才、全球性的资金,推动企业做大市场、做大增量、做强能级。首批41家企业签约。

17日 浦东新区落实国务院批复"一业一证"改革总体方案新闻通气会暨颁证仪式举行。上海道同信息技术、上海福满家便利、上海中心J酒店3家企业获颁首批具有全国范围法律效力的《行业综合许可证》,标志着浦东新区"一业一证"改革正式进入2.0时代。

同日 临港新片区知识产权综合服务窗口、中国(上海)知识产权维权援助中心临港新片区分中心揭牌。

18日 张江科学城重点项目签约、启动仪式在张江举行。围绕集成电路、生物医药、人工智能三大产业,集中签约项目58个,集中开工启动项目35个,共93个项目,投资总额约870亿元。

同日 浦东新区举行2015—2019年双拥模范(先进)命名表彰大会暨"浦东30年,谢谢光荣的您"主题活动成果展。共有600余个区级双拥模范、先进集体和个人受到命名表彰。

同日 "魅力长三角"上海(浦东)公共文化和旅游服务产品采购大会开幕。有52家长三角地区公共文化机构和文艺专业院团前来参展,2 000多个文化项目供浦东各个街镇选择采购。

21日 "浦东开发开放30周年纪念章"正式发行,限量发行15 000套,每套包含30克银质纪念章与直径60毫米铜章各一枚。

同日 "人才·科技·资本助力浦东新区开发开放新辉煌"——上海外服浦东国际人才港入驻仪式举行,上海外服全球引才平台、上海外服全球科创中心、上海东浩兰生人力资源产业股权投资基金三大平台同时揭牌。

22日 国家药品监督管理局药品审评检查长三角分中心、医疗器械技术审评检查长三角分中心在浦东挂牌成立。两个分中心的成立将进一步深化审评审批制度改革,推进长三角药品医疗器械成果转化、产业聚集和创新发展,推动长三角成为全世界最具活力的药品医疗器械创新高地。

24日 "闯上海 创未来"2020海聚英才创新创业峰会在上海国际会议中心召开。峰会发布了三项支持浦东高水平改革开放重要人才政策。

同日 浦东新区政府召开常务会议。会议听取并原则同意关于制订《浦东新区机器人产业高质量发展三年行动计划(2021—2023年)》的情况汇报。会议指出,要抓好机器人产业的开局和布局,进一步加强机器人产业生产和应用先导区建设,从基础创新、产业融合、场景应用等方面推进机器人产业发展,并推动机器人产业与浦东"六大硬核产业"、人工智能产业紧密融合、协同发展。

25日 浦东新区人民武装部召开宣布命令大会。会议指出,要始终确保党管武装正确方向,要始终强化备战打仗鲜明导向,要始终推动军民融合深度发展。

26日 上海轨道交通10号线二期、18号线一期南段(航头站-御桥站)开通试运营。

28日 浦东新区政府召开全体会议,研究《政府工作报告》。会议指出,做好明年各项工作要全面贯彻习近平总书记在浦东开发开放庆祝大会上的重要讲话以及中央经济工作会议精神,从把握新发展阶段、贯彻新发展理念、构建新发展格局的实际出发,谋划好2021年乃至今后五年的工作重点,进一步深化研究、细化分解明年主要目标、工作举措和重大项目、重要改革事项等,以"扛红旗、夺金牌、争第一"的状态,确保"十四五"迈好第一步、展现新气象,当好全市发展的稳定器、压舱石和动力源。

29日 中国国有企业混合所有制改革基金有限公司成立大会举行。该基金是经国务院批准设立的国家级基金,注册在上海自贸试验区临港新片区,总规模2 000亿元,首期募集资金707亿元。

30日　浦东新区文明委全体(扩大)会议暨创建第六届全国文明城区工作总结及新一轮创城推进大会举行。会议指出,要认真贯彻落实中央和市委关于做好新时代精神文明建设新部署新要求,以永不自满、永不懈怠的精神状态,推动文明浦东建设更上新台阶,为浦东打造社会主义现代化建设引领区提供更为强大的精神力量。

同日　上海交通大学医学院附属上海儿童医学中心的国家儿童医学中心张江院区建设项目正式开工。该项目占地约40 060平方米、总建筑面积10万平方米,设置500个床位、8个现代化手术室、40个骨髓移植舱,同时还将率先设置建设放疗中心、细胞治疗中心和临床试验中心。

# 附　　录

## 1984 年

9 月　国务院改造振兴上海调研组和上海市人民政府联合制订《关于上海经济发展战略的汇报提纲》，首次提出开发浦东问题。1984 年底，上海市人民政府将《关于上海经济发展战略的汇报提纲》上报中共中央和国务院。

## 1985 年

2 月 8 日　国务院以国发〔1985〕17 号文批转《关于上海经济发展战略的汇报提纲》，要求"力争到本世纪末把上海建设成为开放型、多功能、产业结构合理、科学技术先进、具有高度文明的社会主义现代化城市"，指出"上海的城市和工业布局，也要适应经济发展的需要。重点是向杭州湾和长江口南北两翼展开，创造条件开发浦东，筹划新市区的建设"。

## 1986 年

10 月 13 日　国务院以国函〔1986〕145 号文批复《上海市城市总体规划方案》，要求"当前，特别要注意有计划地建设和改造浦东地区。要尽快修建黄浦江大桥及隧道等工程，在浦东发展金融、贸易、科技、文教和商业服务设施，建设新居住区，使浦东地区成为现代化新区"。

## 1987 年

7 月　上海市人民政府决定成立开发浦东联合咨询小组，着手开展浦东开发专题研究。

8月　上海市规划局编制完成《浦东新区规划纲要》(草案)和相关初步方案。

## 1988年

5月2日　上海市浦东新区开发国际研讨会在西郊宾馆召开,为期3天。上海市市委书记江泽民、市长朱镕基、市政府顾问汪道涵与140多名中外专家、学者共商浦东开发大计。

11月　上海市人民政府根据中共中央、国务院同意建立浦东开发筹备机构的指示,决定成立开发浦东新区领导小组,由副市长顾传训任组长,汪道涵任顾问,办公室设于市外国投资工作委员会,叶龙蜚兼任主任。

## 1990年

2月20日　国务委员、国家计委主任邹家华率国家有关部门负责人前来上海现场办公,视察浦东开发的前期准备。

2月26日　上海市委、市政府向中央提交《关于开发浦东的报告》。

3月28日~4月8日　中共中央政治局常委、国务院副总理姚依林受中共中央总书记江泽民和国务院总理李鹏委托,率国务院特区办、国家计委、财政部、中国人民银行、经贸部、商业部、中国银行等部门负责同志来上海,对浦东开发开放问题作专题调研和论证,并向党中央、国务院呈送了《关于上海浦东开发的几个问题的汇报提纲》。

4月12日　中共中央政治局常委会议原则同意和批准浦东开发开放事宜。年初邓小平同志在上海过春节,对浦东开发准备工作表示极大的关注和高度的重视。回到北京后,他对中央领导说:"我已经退下来了,但还有几件事。我还要说一下,那就是上海的浦东开发,你们要多关心。"

# 后　记

经过30多年的开发开放建设,浦东从原来的上海城郊接合区域"蝶"变成一座功能集聚、要素齐全的现代化新城,成为我国改革开放的象征和上海现代化建设的缩影。浦东新区地区生产总值从1990年的60亿元跃进到2021年的1.54万亿元。浦东的建设成就举世瞩目,奋进历程波澜壮阔,记载好、研究好这一段伟大的发展历史,是当代史志工作者义不容辞的职责。

为纪念浦东开发开放33周年、浦东新区正式设区30年,在中共浦东新区区委、浦东新区人民政府的领导和支持下,中共上海市浦东新区委员会党史办公室、上海市浦东新区地方志办公室启动了《浦东开发开放30年大事记(1990—2020)》一书的编辑出版工作。该书以时间为线索,全面记录了30年来浦东开发开放所走过的光辉历程,突出展现了浦东新区在党中央、国务院和中共上海市委、市政府的坚强领导、亲切关怀与悉心指导下所取得的辉煌业绩。在编写过程中,参阅了《浦东情况》《浦东年鉴》《浦东时报》《浦东开发》等资料。柴志光、区雅蓉、杨隽、陈长华等同志参与了前期编写工作,区委党史办党史编研部全体同志参与了该书的编校、统稿与修订工作。区政府办公室原副主任沈立新对全书进行了审校。区委党史办领导班子给予了全程精心指导,并对全书进行了审定。上海社会科学院出版社的编辑为本书的出版付出了辛勤劳动,在此一并表示衷心感谢。

由于编者水平所限,涉及时间跨度较大,可供参考的资料有限,本书内容难免存在疏漏与不妥之处,敬请读者批评指正。

2022年10月

图书在版编目(CIP)数据

浦东开发开放 30 年大事记：1990—2020 / 中共上海市浦东新区委员会党史办公室，上海市浦东新区地方志办公室编 .— 上海：上海社会科学院出版社，2023
ISBN 978 - 7 - 5520 - 3081 - 5

Ⅰ.①浦… Ⅱ.①中… ②上… Ⅲ.①改革开放—大事记—浦东新区— 1990 - 2020 Ⅳ.①D619.513

中国版本图书馆 CIP 数据核字(2020)第 032827 号

## 浦东开发开放 30 年大事记(1990—2020)

| | |
|---|---|
| 编　者： | 中共上海市浦东新区委员会党史办公室<br>上海市浦东新区地方志办公室 |
| 出品人： | 佘　凌 |
| 责任编辑： | 董汉玲 |
| 封面设计： | 周清华 |
| 美术设计： | 霍　覃 |
| 出版发行： | 上海社会科学院出版社<br>　上海顺昌路 622 号　邮编 200025<br>　电话总机 021 - 63315947　销售热线 021 - 53063735<br>　http://www.sassp.cn　E-mail: sassp@sassp.cn |
| 排　　版： | 南京展望文化发展有限公司 |
| 印　　刷： | 上海展强印刷有限公司 |
| 开　　本： | 787 毫米×1092 毫米　1/16 |
| 印　　张： | 25.5 |
| 插　　页： | 16 |
| 字　　数： | 436 千 |
| 版　　次： | 2023 年 3 月第 1 版　2023 年 3 月第 1 次印刷 |

ISBN 978 - 7 - 5520 - 3081 - 5/D·566　　　　　　定价：120.00 元

版权所有　翻印必究